本书获国家杰出青年科学基金（71625006）、清华大学文科建设"双高"计划项目（2021TSG08101）资助。

公共政策前沿论丛
主编：薛澜 朱旭峰

数字倡导
新媒体时代的中国与全球智库

DIGITAL ADVOCACY
CHINESE AND GLOBAL THINK TANKS IN THE NEW MEDIA ERA

朱旭峰 赵静 孔媛／著

社会科学文献出版社
SOCIAL SCIENCES ACADEMIC PRESS (CHINA)

总　序

20世纪70年代末，中国开启了改革开放的伟大征程。肩负着政治、经济、社会深刻变革的历史使命，中国共产党、中国政府与亿万人民一道，攻克了无数国家治理难题，取得了令世界瞩目的发展奇迹——实行家庭联产承包责任制、建立社会主义市场经济体制、有效应对亚洲金融危机、加入世界贸易组织（WTO）、全面取消农业税、推进生态文明建设、实施创新驱动发展战略、推动共建"一带一路"、打赢脱贫攻坚战、全面建成小康社会、高效防控新冠肺炎疫情等。每一个关键的历史成就都离不开科学决策的深思熟虑以及政策执行的果敢实践。

当今世界正处在百年未有之大变局，中国全面深化改革面临新的考验。在疫情防控常态化下，全球经济社会发展面临的不确定性陡增，频现的极端天气让气候变化问题的紧迫性进一步加剧，国际贸易的不平衡让贸易保护主义再次抬头。现行国际秩序下的深层次矛盾日益突出，中国和其他新兴经济体参与全球治理面临更多的约束与挑战。与此同时，中国国内经济社会转型发展道路也不平坦，难以为继的粗放式经济增长使得推进产业结构调整、促进资源环境可持续迫在眉睫，市场机制不健全和市场失灵问题普遍共存。发展不均衡所导致的社会问题明显增多，地区差距、城乡差距、个体收入差距仍然较大，公共服务、基础设施、社会保障均等化等方面仍然存在不足，社会利益主体的多元化发展趋势比较突出。

复杂的国内国际治理问题对我国国家治理体系和治理能力现代化建设提

出了更高的要求。许多全新的、重大的国家治理命题亟待全体社会科学工作者，特别是公共政策领域学者，给出严谨分析和专业判断。需要对我国公共政策运行的主要特征、效果分析、评估改进等有更加客观全面的认识与分析；需要在对我国实践案例剖析与政策实施经验总结的基础上，探索出一套可解释中国公共政策运行规律的基本理论。建立中国特色公共政策基本理论体系时不我待！

我国公共政策学科的建设与发展始终与改革开放的实践同行，不仅广泛吸纳政策科学的学科思维指引公共政策实践，还不断孕育出适应中国国情的原创性基础理论。经历几十年的发展，公共政策学科已经成长为我国社会科学研究中的一个相对独立的领域，培养了一批具有国际影响力的高水平学者，对诠释中国政策现实、提炼中国政策经验、指导中国政策实践做出了重要贡献。不仅如此，学者们在运用政策科学经典理论时审慎地考虑其对中国情景的适用性，在对理论做出修正时，还重视对"中国特色"的主动思考，形成了一系列能够指导中国公共政策实践的本土理论成果。

今天，"中国特色"被赋予了新的内涵和时代使命。我们不应仅满足于修正既有理论，发展适应于中国国情的本土理论，而更应追求原创性的理论研究，为国际社会提供具有适宜性和生命力的普适性理论。当下的历史条件为此提供了孕育重大理论创新成果的环境和土壤。一方面，我国处在工业4.0的前沿，尖端技术和新兴业态不断涌现。学者们能够快速感知到新时代的各类治理挑战，也对公共政策制定中的科学理性分析、决策参与程序、特定领域政策知识等有了更深的认识。更为重要的是，在经济社会全面深化改革时期，国家治理面临的复杂性也为挖掘公共政策的规律提供了足够丰富的现实情景。另一方面，公共政策的研究者和实践者都广泛意识到，决策过程设计、政策工具选择等公共政策的具体运行机制在不同治理体系下仍然可以发挥相似的能动作用。特别是随着全球一体化进程逐步深化，不同国家的政策运行特征逐渐趋同。各国政府更加重视政策方案的实际治理效能，不断寻求可借鉴、可推广的政策经验，国家间的政策扩散与学习已成为常态。这样的历史机遇可以激发学者们发展出独立自主的知识体系，为更广泛的治理环境提供有益经验借鉴。

基于上述考虑，我们组织出版了这套"公共政策前沿论丛"，希望能够较为系统地介绍公共政策研究与实践领域的最新发展态势和观点主张，为参与国家治理与发展的各方人士，包括决策者、政策研究者、社会大众等，提供些许线索和启发。道阻且长，行则将至。我国公共政策领域的学者亲眼见证并亲身参与了中国改革开放的重大历史变革，也将以更广阔的国际视野、更活跃的理论思想和更扎实的实证研究为我国新时代的发展和国家治理现代化建设做出更大的贡献。

薛澜　朱旭峰
2022 年 8 月

序　言

近二十年来，我们共同见证并参与了新媒体技术所激发的全球经济、政治、社会的变革浪潮。作为第五代信息通信技术的代表，一系列以去中心化、交互性为核心特征的新媒体技术应用将信息生产与传播的权利交给了全体社会公众。以脸书（Facebook）、推特（Twitter）、微信（WeChat）、头条（TouTiao）、微博（Micro-blog）为代表的新媒体应用凭借海量的用户群体与数据、多样化的传播策略与方式，勾勒出了网络"新世界"。新媒体平台公司占据了全球市值排行榜的前列，现实世界的政治社会生活也日益受到社交媒体的影响，一场全球政治社会生态的转变正在发生。新媒体平台促成各个社会群体形成跨越时空的交互联结，在为公共部门和非营利部门组织提升透明度、增进服务能力提供有效路径的同时，也为政治参与和社会动员提供了新的契机。事实上，我们也已经在英国"脱欧"、美国总统大选等重大政治事件中屡屡看到新媒体发挥的重要作用。

作为公共政策活动中不可或缺的行动主体，智库从事科学研究分析、做知识与政治的桥梁、进行公共外交协调等。鉴于新媒体在政治社会领域独特的作用，扮演知识与政治桥梁角色的智库敏锐地捕捉到了这一特殊契机。因此，智库与新媒体的结合成为一个重要且独特的全球现象。智库积极拥抱新媒体是适应当下政治生态变化和谋求发展突破的一种必然选择。虽然全球各国的智库数量在过去十年仍呈增长态势，但智库影响决策的方式方法并没有本质变化。正如发起全球智库评价的詹姆斯·麦甘博士所说，智库影响力的发挥已进入瓶颈时期,不仅面临经营模式的转型需求,也处于更加激烈的全球思想市场竞争。智库在媒体上发声,试图让决策者关注自己的观点是智库常用的、间接影响决策的方法。移动客户端技术和新型社交媒体的出现使智库的间接影响力得以有效、快速发挥,其比传统纸媒或互联网传播更加便捷,对于智库建立联系网、增加知名度、收集与传播资讯、建立公众形象都有较强的实用性。

  从世界范围来看,智库普遍采用新媒体技术在网络空间开展数字倡导。具体表现为:将新媒体活动纳入战略规划,实现机构新媒体活动的专业化;积极利用各类主流新媒体平台,力求实现新媒体空间全覆盖;丰富成果产出和展示形式,谋求在新媒体空间的广泛传播;辐射国内外的广泛受众,利用新媒体特点增强国际影响力;等等。同样地,我们在中国智库上也观察到类似的行为模式。随着中国智库建设浪潮的不断推进,传统以专业政策研究为主业的中国智库也开始广泛涉足媒体传播业务,重视观点内容在新媒体平台上的呈现方式和后续反响。微信、微博、头条等新媒体平台成为智库内容输出、形象展示、沟通受众的重要渠道。中国智库不仅在新媒体平台上有着越来越活跃的内容生产,而且不断拓宽、加深对新媒体平台的开发,通过开设品牌栏目、推广专家观点、丰富传播形式等尝试撬动新媒体平台的"注意力"(attention)杠杆,扩大自身的社会认知与长期影响。

  更为重要的是,智库积极拥抱新媒体也为中国智库科学评价提供了新的窗口。中国特色新型智库发展方兴未艾,我们仍然需要对中国智库的发展模式和组织行为保持密切和客观的观察。以中国特色新型智库建设、国家高端智库建设试点工作为契机,国内政府、高校、科研机构纷纷提出了多样化的智库评价标准并形成了成果,以期全面准确地理解中国智库的发展现实、问题和经验。这些评价成果大多将向专家或者智库发放调查问卷作为主要的数据来源,这当然是一种相对可靠、成熟、直接的数据获取方式,但是随着国内智库评价成果的不断增多,中国智库每年都需要参与诸多的材料和数据申报工作,这无疑增加了智库的工作负担。如何在不影响智库日常工作的情况下客观观测智库行为,并给政策实践者和社会公众提供某一重要维度的评估,是我们开启这项研究计划的思考起点,而全球和中国智库对新媒体平台的普遍参与为我们实践上述想法提供了机会。为了系统理解与评估新媒体时代的全球与中国智库行为,在过去五年(2017~2021年),我们尝试与不同的新媒体平台公司深度合作,以期对智库在多种新媒体平台上的行为进行全面的研究和分析。

从2017年发布第一版《中国智库大数据报告(2016)》(后更名为《清华大学智库大数据报告》)开始,我们连续四年发布年度报告以呈现中国智库与全球智库[①]在新媒体上的数字倡导行为,并取得了相对广泛的社会认知与关注。我们建立的中国智库大数据指数(CTTBI)指标体系与评测结果已成为中国特色新型智库高端智库建设试点的重要参考维度之一,是众多成长型智库的关注点。2018年开始探索并构建的全球智库大数据指数(Global Think Tank Big-Data Index:GTTBI)让我们对智库数字倡导行为的观察延伸到了全球范围,并由此了解到全球智库运用新媒体平台的趋势与差异。此外,2017年我们还同步发行了英文版报告 "Who Influences China? Big Data Report on Chinese Think Tanks 2016"。英文版报告引起了国际智库界的关注,还吸引了加拿大、美国、泰国、韩国等多个国家的智库来访,这让我们开始考虑并着手建立清华大学公共管理学院智库研究中心(TTRC),构建国内首个集合智库机构数据、智库科研数据、智库专家数据、智库活动信息、智库产品信息等资源于一身,集检索、查询、分析、统计、信息挖掘等功能于一体的"智库大数据平台"。值得一提的是,作为一家研究智库行为的智库,我们也在今日头条平台注册了头条号,发布研究动态。我们的工作受到了国际同行的关注,美国宾夕法尼亚大学"智库研究项目"(TTCSP)在其发布的《全球智库报告2018》中提及了我们的相关成果,认为该研究是智库大数据评估的新方向。

本书是我们过去五年研究工作的系统回顾与呈现,希望能对中国智库与

[①] 在本书的研究样本中,"全球智库"不包括中国智库。在特定语境下,"全球智库"包括中国智库。通过上下文可明确其范围,不再一一说明。

全球智库的发展提供相应的经验借鉴。在此我们感谢为最初的研究设计提供咨询和建议的专家，包括李国强、荆林波、史晓琳、易鹏、王文、王莉丽、智强，为本项工作的初始智库名录建设提供支持的韩万渠、贾杨、何明帅。感谢清华大学公共管理学院智库研究中心的胡鞍钢、薛澜、苏竣、鄢一龙、黄萃等老师给予的指导建议。感谢清博大数据公司（http：//www.gsdata.cn）提供技术支持，字节跳动研究院提供数据资源和研究院专家袁祥、邱道隆、李鑫等提供的建议。感谢历年参与本项研究的助理人员，他们是吴冠生、吕姝凝、查皓、禹思坤、冯起、朱晓佳、张梓涵、宋皓昕等。感谢国家杰出青年科学基金（71625006）和清华大学自主科研计划（2016THZWLJ01）为本研究提供资助。

目　录

第一章　新媒体时代的智库与数字倡导 // 1
　　一　全球智库发展浪潮 // 3
　　二　中国特色新型智库建设进展 // 4
　　三　数字倡导：一种新的智库行为 // 8
　　四　智库参与数字倡导的内在动因 // 11

第二章　评估智库数字倡导行为 // 15
　　一　数字倡导行为的评价方法 // 17
　　二　数据平台与智库样本集 // 18
　　三　智库大数据的采集过程 // 23
　　四　综合指标体系的构建 // 33

第三章　中国智库的数字倡导 // 39
　　一　中国智库数字倡导发展态势（2016~2020年）// 41
　　二　中国智库数字倡导代表性案例 // 50

第四章　解构中国智库数字倡导行为 // 77
　　一　中国智库在微信平台上的整体趋势与活跃群体分析
　　　　（2016~2020年）// 79

二　中国智库在微博平台上的整体趋势与活跃群体分析
　　　　（2016～2018年）// 93
　　三　中国智库在头条平台上的整体趋势与活跃群体分析
　　　　（2019～2020年）// 107
　　四　历年中国智库大数据指数排名与分析 // 117

第五章　全球智库的数字倡导 // 157
　　一　全球智库在推特平台上的整体趋势与活跃群体分析
　　　　（2017～2018年）// 159
　　二　全球智库在脸书平台上的整体趋势与活跃群体分析
　　　　（2017～2018年）// 169
　　三　全球智库数字倡导代表性案例 // 180

第六章　结语 // 199

参考文献 // 205

附　录　中国智库与全球智库大数据指数评级 // 215
　　附录一　中国智库大数据指数评级 // 217
　　附录二　全球智库大数据指数评级 // 331

第一章
新媒体时代的智库与数字倡导

本章通过观察全球智库发展浪潮与中国特色新型智库建设进展捕捉了数字倡导这一新的智库行为，并深入讨论了智库参与数字倡导的内在动因。

一 全球智库发展浪潮

智库是公共政策行为中不可或缺的行动主体之一。从当前国内外公共事务需求角度看,智库主要进行科学研究分析、知识与政治桥梁、公共外交协调等工作。其一,作为政策研究,有一定政策影响力的稳定实体机构(薛澜、朱旭峰,2006,2009),智库是各个国家内部政策过程和治理体系的重要参与者,它们为科学决策提供相应的分析判断,以支持政策决策和执行效果、协调国家与社会关系、提升国家治理综合实力。其二,科学知识并不能自发流入决策过程并对决策产生影响,专家与决策者在价值观和行为模式上均存在巨大差异(Caplan,1979)。智库作为知识与政治之间的纽带(UNDP,2003),则可以通过实施多元化的策略来发挥科学知识在决策过程中的作用(Weiss,1979;Wittrock,2004;王卓君、余敏江,2016)。另外,智库还是全球治理中的重要角色,通过开展二轨外交、促进国际沟通积极参与到全球政策议题和政策方案的形成过程中(王莉丽,2019)。

日益复杂的全球治理议题和国内政策难题,使智库的作用越来越凸显。世界的变化正在重塑人类对全球治理问题与治理行动的理解(薛澜、俞晗之,2015;Acharya,2016)。第一,全球化浪潮不仅让经济活动与科技创新呈现网络化发展,还让各类公共议题之间的联动性增强,这对政策决策的科学性提出了更高的要求(Hayward,2018)。第二,以数字化技术为代表的第四次工业浪潮不但加快了全球化进程,还深刻改变了人类的交互方式与政治行为。第三,国际经贸格局的变化与新冠疫情带来的不确定性,使得各国都在反思其国内治理和国际协调的能力,重新探索其在世界新秩序形成中的地位与话语权。决策科学性的需求、第三方独立的研究观察、超越国界的治理角色,使智库在参与国内与全球治理的作用越来越凸显。世界需要智库在知识与政治间发挥更加重要的桥梁作用,也需要智库作为一类主体在经济、政治、文化急剧变化的环境中成为重要的黏合剂,以弥补政府在某些领域中的行动不足与治理失效。

世界格局的快速变化驱动着全球智库进入蓬勃发展时期，以詹姆斯·麦甘（James G. McGann）领衔的"智库研究项目"（TTCSP）吸引了各国政策实践者们对智库的关注。从 2008 年首次发布 407 家智库，[①] 到 2020 年全球智库样本 7.3 万家，[②] 无论发达国家还是发展中国家，越来越多的智库进入各国政府与公众视野中。得到全球关注的智库不但数量有了飞跃的发展，而且其运作模式也在悄然走向多元化。研究者和实践者们开始关注在多元政治体制中发挥作用的各类智库组织，以及其在政策过程中采取的多元影响策略（Schlesinger，2009；Bertelli 和 Wenger，2009；Kelstrup，2017）。各个国家的政治环境和社会文化差异使智库在运作模式上呈现复杂样态，出现了包括独立智库（Autonomous and Independent）、半独立智库（Quasi-Independent）、政府附属智库（Government-Affiliated）、高校附属智库（University-Affiliated）、政党附属智库（Political-Party Affiliated）和公司型智库（Corporate）等在内的多种智库运作模式。

事实上，新一轮的智库浪潮不仅表现为智库可显性的增强与运作模式的多样，更体现为智库与技术革命的结合所散发出的强大社会影响力。第四次科技浪潮对国家经济社会发展产生了深刻的影响，智库的发展也受到了以社交媒体、人工智能为代表的革命性技术力量的影响，智库需要采纳新的运作模式以适应这个信息流愈来愈快的新环境（McGann，2021）。随着新技术的运用和信息传播渠道的更新，智库不仅扩大了其行为与影响力的受众范围，而且对国内政策过程和全球政治经济治理活动的影响也越来越大（相德宝、张文正，2018）。

二 中国特色新型智库建设进展

当今世界正经历百年未有之大变局，中国也正处于走向高质量发展、积

[①] McGann, J. G., 2008. "2008 Global Go To Think Tank Index Report", https://repository.upenn.edu/cgi/viewcontent.cgi?article=1000&context=think_tanks.

[②] McGann, J. G., 2020. "2020 Global Go To Think Tank Index Report", https://www.bruegel.org/wp-content/uploads/2021/01/2020-Global-Go-To-Think-Tank-Index-Report_Bruegel.pdf.

极参与全球治理的关键转型期。承接国家战略发展需求、助力国家软实力提升，中国智库生逢其时，也重任在肩。加强中国特色新型智库建设成为中国推动国家治理体系和治理能力现代化的重要战略举措（李国强，2014）。自2013年中共十八届三中全会提出"建设中国特色新型智库"以来，中国特色新型智库建设迈入了全新的时代。[①] 中国智库的蓬勃发展是全球智库发展浪潮中一个不容忽视的闪光点。

中国特色新型智库建设具有战略意义，在推动国家治理现代化、提供内政外交决策咨询、争取国际话语权、讲好中国故事方面承担着积极、重要的作用（薛澜，2014；Li，2017；Xue等，2018）。[②] 近年来，高端智库建设试点工作有序开展，为中国特色新型智库建设提供了先进范例。2015年12月"国家高端智库建设试点工作会议"在北京召开，并公布了第一批25家高端智库建设试点单位名单[③]。2020年3月，经中央全面深化改革委员会第十二次会议审议批准，

[①] 2015年1月，中共中央办公厅、国务院办公厅联合印发《关于加强中国特色新型智库的意见》（下面简称"两办智库意见"），确立了中国特色新型智库发展的总体目标和发展路径。2015年11月9日，中央全面深化改革领导小组第十八次会议审议通过《国家高端智库建设试点工作方案》。

[②] 2016年5月，习近平总书记在哲学社会科学工作座谈会上强调"把党政部门政策研究同智库对策研究紧密结合起来，引导和推动智库建设健康发展、更好发挥作用"。2016年6月20日，习近平总书记出席丝路国际论坛暨中波地方与经贸合作论坛开幕式，强调"智力先行，强化智库的支撑引领作用，要加强对'一带一路'建设方案和路径的研究"。2017年2月，中央全面深化改革领导小组第三十二次会议审议通过了《关于社会智库健康发展的若干意见》，对建设中国特色社会智库做了全面系统的顶层设计。2020年2月，中央全面深化改革委员会第十二次会议审议通过《关于深入推进国家高端智库建设试点工作的意见》，会议强调，"建设中国特色新型智库是党中央立足党和国家事业全局做出的重要部署，要精益求精、注重科学、讲求质量，切实提高服务决策的能力水平"。2021年3月，《国民经济和社会发展第十四个五年规划和2035年远景目标纲要》指出"我国已转向高质量发展阶段"，并再次强调要"加强中国特色新型智库建设"。

[③] 国务院发展研究中心、中国社会科学院、中国科学院、中国工程院、中共中央党校、国家行政学院、中共中央编译局（2018年后并入中共中央党史和文献研究院）、新华社、中国人民解放军军事科学院、国防大学、中国社会科学院国家金融与发展实验室、中国社会科学院国家全球战略智库、中国现代国际关系研究院、国家发改委宏观经济研究院、商务部国际贸易经济合作研究院、北京大学国家发展研究院、清华大学国情研究院、中国人民大学国家发展与战略研究院、复旦大学中国研究院、武汉大学国际法研究所、中山大学粤港澳发展研究院、上海市社会科学院、中国石油集团经济技术研究院、中国国际经济交流中心和综合开发研究院（中国·深圳）。

中共中央宣传部正式公布新增的 5 家国家高端智库建设试点单位名单①。目前中国高端智库建设试点单位有 29 家（因中共中央党校和国家行政学院合并，总数减少 1 家）。高端智库建设试点单位的相关实践已形成了强大的示范效应，吸引各相关机构借鉴学习。各相关机构积极进行智库建设，夯实研究力量。试点单位不仅探索完善了多元化的智库内部治理结构和运行模式新路，形成了一批批针对性强、效果明显的资政成果，而且不断开展公共外交相关实践，积极在国内外舆论场中发声。

国内外各类智库评价报告均表明，在中国特色新型智库建设思路指引下，中国智库正在经历飞速发展，智库多元特色发展的局面逐步形成。美国宾夕法尼亚大学"智库研究项目"（TTCSP）发布的《全球智库报告 2020》显示，2020 年进入其数据库的中国智库总体数量已经达到 1413 家，智库数量仅次于美国，位居全球第二。其中，中国社会科学院、国务院发展研究中心、中国现代国际关系研究院、全球化智库、北京大学国际战略研究院等 8 家中国智库连续三年入选全球百强智库榜单。南京大学和光明日报联合发布的《CTTI 来源智库发展报告 2020》显示，CTTI 来源智库收录专家 15736 位，各类成果 178553 件，活动 28644 场。可以看出，在专家队伍、成果产出和活动形式方面，中国智库都具有相对雄厚的体量和规模。

具体而言，中国智库发展情况如下。

第一，智库多元化。中国具有从体制内智库到社会智库完整谱系的智库类型。各类智库近年来都取得了长足发展（Bing，2015；张述存，2017；周湘智，2019；刘西忠，2021），特别是高校智库和企业与社会智库等非事业单位性质的智库群体逐渐壮大（Goldman，1999）。《清华大学智库大数据报告》显示，2020 年中国智库样本中，高校智库数量已达 620 家，在七类智库②中遥遥领先。党政部门智库和企业与社会智库数量也分别达到 155 家和

---

① 中国国际问题研究院、中国财政科学研究院、中国科学技术发展战略研究院、北京师范大学中国教育与社会发展研究院、浙江大学区域协调发展研究中心。
② 根据"两办智库意见"，本书中中国智库包括七个基本类型：党政部门智库、社科院智库、党校行政学院智库、高校智库、军队智库、科研院所智库、企业与社会智库。

152家。

第二，智库专业化。智库专业化建设是应对越发复杂的决策环境的必然选择（陈振明，2014；陈振明、黄元灿，2019）。一批代表性智库逐步形成了有特色、专业化的研究领域。虽然经济发展与国际关系一直是中国智库的两大重点领域（Naughton，2002），但随着时代发展，社会、文化、教育、科技、生态等新领域的专业型智库正日益崛起（Wübbeke，2013；杨亚琴，2021），智库研究与国家发展的战略需求结合愈加密切。例如，CTTI来源收录的智库覆盖了53个研究领域，在产业政策、金融政策、文化政策、财政政策、市场政策、外交政策等重点领域均有超过100家智库聚焦。[①]

第三，智库影响力。中国智库在国内与国际影响力方面都得到了极大提升。政府拓宽了制度化政策建议渠道，促使形成具有实践意义的内参建议成为中国智库最重要的业务目标。通过搭建广泛开放的研究平台和专家网络，中国智库在参与公众讨论和舆论引导方面积累了更丰富的经验（Zhu，2013；胡鞍钢，2014；朱旭峰，2018）。另外，中国智库已经在政策研究、交流活动、公共传播等方面开展了国际化活动，提升了国际影响力（王辉耀，2014；李国强，2020；王文，2021）。中国智库专家们在增加英文论文与报告发布的同时，开始重视与国际同行的合作并在国际公开场合表达观点；中国智库建立了与国际智库的合作和互访机制，并通过建设海外传播平台、聘任国际专家等，增加与国际公众的互动与交流（Glaser 和 Saunders，2002；Abb，2015）。

第四，智库地域分布。中国在多个地区、多个城市形成了智库高地与研究高峰。中国智库的先锋力量不再仅仅聚集于北京、上海等几个城市，而是形成了在东南部"成块"分布的新格局，北京、上海、广东、江苏、浙江、四川、湖北等地区均成为优质智库的聚集地。[②] 智库高地的形成与地方发展

---

① 广东海丝研究院：《中国智库发展现状及趋势》，2021年8月10日，https://www.gdhsyjy.com.cn/html/hsbg/704.html。
② 四川省社会科学院、中国科学院成都文献情报中心：《中华智库影响力报告（2020）》，2020。

需要密切相关。鉴于地方政府普遍面临优化经济结构、转换增长动力的内在需求，在数字经济、产业创新、可持续发展等关键议题上克难攻坚的城市往往会产生相应的智库聚集效应，如深圳①、苏州②等城市近年来吸引了大量智力资源支持地区发展战略。

第五，智库发声渠道。中国智库正在探索多元化的影响力渠道与成果发布平台。除了不断深化与各级政府的制度化联系外，中国智库更加重视对社会公众的信息传播、内容推送和机构宣传（王莉丽，2015；吴亮等，2016）。各类智库不仅通过举办公开活动、参与新闻媒体专业内容生产等策略提升与公众的交流，还开始青睐以微信、微博、头条为代表的新媒体平台，积极参与自主宣传内容的生产和传播。该趋势不仅体现为智库与国内民众的互动，也体现为智库与国际社会的沟通（庄雪娇，2021）。

三　数字倡导：一种新的智库行为

利用新媒体平台进行内容发布、声誉管理与形象建设是中国智库与全球智库的重要发展趋势之一。新媒体的深入应用提高了社会舆论对决策过程的重要程度，赋予智库利用新媒体提升公众可见度，探索社会影响的新路径（Anstead 和 Chadwick，2018）。正如麦甘所说，全世界范围内的智库正在普遍采用新媒体技术加快机构生产信息的流动速度和体量（McGann，2021）。传统以专业政策研究为主业的中国智库也开始广泛涉足媒体传播业务，重视观点内容在新媒体平台上的呈现方式和相关的平台反响（朱旭峰、赵静，2021）。

第一，将新媒体活动纳入战略规划，实现机构新媒体活动的专业化。各国智库开始将机构在新媒体上的活动和影响纳入自身的战略规划，并将在主流新媒体平台上的机构表现作为重要的绩效指标之一。例如，在平台上的粉

---

① 《又添一"智库"！埃森哲在深圳成立全球创新研发中心》，《深圳商报》2020年1月7日，http://duchuang.sznews.com/content/mb/2020-01/07/content_22761228.html。
② 《苏州工业园区为开放创新综合试验配套高端智库》，2016年2月1日，http://www.xinhuanet.com/politics/2016-02/01/c_128691157.htm。

丝量、发文量、阅读量等成为各主要智库年度报告中参与智库排名与竞争、吸引捐赠与进行筹款的重点展示模块。此外，许多智库已经建立了专门的内设部门负责机构的公共传播与新媒体运营。智库新媒体内容的输出逐步走向制度化和专业化。

第二，积极利用各类主流新媒体平台，力求实现新媒体空间全覆盖。全球智库都在充分使用多样的新媒体平台，既有强调社交属性的脸书、推特、微信、微博等平台，也有强调多媒体内容输出的油管（YouTube）、播客（Podcast）、抖音（TikTok）平台等。除了通过在多平台部署账号、提升内容覆盖率，很多智库也有意识地让研究人员参与机构的线上声誉建设，甚至不少智库尝试利用新媒体进行主题内容的定向推介，为一些重要的专题开设专门账号。一个典型的例子是，美国国际战略研究中心有印度尼西亚（@CSISIndonesia）、俄罗斯（@CSISRussia）等账号，还有国际安全项目（@csisi_isp）、食品安全（@CSISFood）等研究分支方向的账号，并且有多个研究员开设账号（杨卫娜、郑可欣，2019）。

第三，强化成果产出，增加展示形式，在新媒体平台广泛传播。精通新媒体信息生产和展示方式已经成为智库公共沟通的基本要求（王文，2016）。其中，信息简化、数据可视化、内容多媒体化、互动活动发起等新媒体沟通方式也已成为各国各类智库专业技能的新构面（荆林波，2020）。如何在信息泛滥的新媒体平台，争取"注意力"稀缺资源是智库面临的新挑战。目前已有部分智库形成了相对成熟的运作模式，例如布鲁金斯学会就利用播客平台为公众提供多档试听节目，取得了较好的传播效果。根据2020年年报数据，布鲁金斯学会在播客平台的视频下载量已经达到1744.93万次。①

第四，辐射国内外广大受众，利用新媒体特点增强国际影响力。新媒体平台具有内容生产自由、分享订阅自由的特点，这使得国际传播不再仅仅依靠官方的、正式的、传统的专业媒体，智库通过社交媒体可以直接与海外广

---

① 《布鲁金斯学会2020年度报告》，2020年12月17日，https://www.brookings.edu/wp-content/uploads/2020/12/2020-annual-report.pdf。

大受众开展人际间的、情感性的、多元形式的互动交流（Sullivan，2017）。这种交流模式对智库来说意味着更低的成本，而且能形成更加持久和正面的传播效果。早在2015年，美国战略与国际研究中心脸书账号进行互动的粉丝有超过94%在美国之外，有85%低于35岁，充分体现出全球化和年轻化的受众特点（肖飞、李习文，2015）。近年来，中国智库也在积极利用社交媒体开展与国际社会的对话沟通。全球化智库在包括脸书（Facebook）、推特（Twitter）、领英（LinkedIn）、油管（YouTube）、微信（WeChat）等在内的多元新媒体平台上开设了账号并积极尝试传播信息。全球化智库在国际沟通上非常强调文化接近性和人性化传播，以求在跨文化传播中获得更广泛的共鸣（王辉耀、苗绿，2021）。

我们将智库利用新媒体谋求社会影响和声誉塑造的新行为称为"数字倡导"。所谓"数字倡导"，是指在新媒体时代，智库会积极利用移动互联网等先进数字技术，即时、公开、有效地在网络空间倡导和传播它们机构的观点。在传统技术情境中，学术机构、利益集团、非营利组织（NGO）等都可以通过建立网站、接受采访、发表公开讲座等方式宣扬自己的想法，从而在公共领域发挥政策倡导者的作用（Craft和Howlett，2012）。如今，新媒体平台也已成为这些机构相互交流、宣传活动、提升声誉和影响力的重要公共场域（Chadwick，2017）。例如，利益团体可以使用社交媒体来引起关注、促进公民参与。非营利机构可以使用社交媒体进行在线宣传、资金筹措并维护利益相关者网络（Guo和Saxton，2014）。社交媒体可以助推这些组织提升其在社会公众中的影响，并向其在思想市场中的受众宣传政策思想（Drezner，2017）。在此明确，本书中提及的"新媒体"是一个狭义的概念，即基于移动互联网技术实现的媒体平台，包括微信、微博、头条、推特、脸书等，但不包括以搜狐、雅虎为代表的数字门户网站，也不包括以Google、百度为代表的搜索引擎。智库数字倡导行为对研究政策过程和智库发展都有特殊意义。智库作为政策研究的组织，其根本目的在于通过各种途径扩大自身的政策影响（Zhu，2009）。需要强调的是，由于不同国家的政治生态和政策系统存在很大差异，不同国家智库谋求政策影响的策略也会有相应不同

(Köllner 等，2018；Abb 和 Yang，2018；Maslow，2018；Zhu，2020）。

本书主要观察智库数字倡导这一新行为。我们希望了解新媒体技术在中国智库与全球智库中的应用范围，调查智库选用了哪些平台、如何应用新媒体平台、进行了何种程度的内容发布，审视智库的内容发布调动了多大程度的用户反馈、智库在新媒体空间中存在多大的影响范围。

四 智库参与数字倡导的内在动因

新媒体颠覆性地改变了世界政治生态。首先，新媒体通过提高人们对政治生活的认知，在一定程度上推动了政治生活的发展。一方面，新媒体提高个体政治参与的意愿。相对于传统媒体，新兴新媒体的创新功能（例如，订阅、推送）极大地降低了个体在参与政治活动中采集信息的成本，为其平等参与政治活动提供了可能（Anduiza 等，2009；Bennett 和 Segerberg，2013）。另一方面，在线新媒体成为政治精英有效动员选民的工具（Bond 等，2012；2015；Bond 和 Messing，2015）。政治精英们容易通过新媒体来邀请公众参与政策议题讨论（Howard 和 Hussain，2013；Tufekci 和 Wilson，2012）。其次，新媒体的应用也使得政府治理效力和政府社会关系得到全面重塑（Bertot 等，2010）。一方面，新媒体平台被广泛应用于政务信息传递、公共服务精准推送、灾害危机管理等政府事务，政务智能化、科学化得以稳步推进（Mergel，2010；Merchant 等，2011）。另一方面，新媒体重视用户知识生产和反馈行为的革命性特征，重塑了政府与社会间的治理关系，公众意愿得以公开、透明、及时地出现在政府政策议程中（Dadashzadeh，2010；Carlisle 和 Patton，2013）。最后，随着网络空间日益成为人们政治生活的主流场所（孟天广、李锋，2015），新媒体对培育政策分析市场具有积极作用。一方面，新媒体促进思想交流与输出。网络公共空间可承载更多的思想辩论与争议，新媒体在线互动的便利性促进了思想交流。另一方面，新媒体促进思想的公开辩论。新媒体平台让不同的观点都可以便捷地呈现，让政府、机构和大众都有能力更加平等地获取观点信息。因此，新媒体使智库所处的政策系统和行业环境普遍发生了变化。

新媒体的核心技术价值赋予了智库增加影响力的能力和渠道。新媒体平台在信息组织和交互方式上与之前的媒体形式有根本性区别，能够为中国智库与全球智库的多元、开放发展赋能（Counts 和 Fisher, 2010）。新媒体技术的核心价值有两点：一是去中心化。信息传播过程不再有生产者与接收者的明确区分，千千万万的用户都有能力进行信息内容的自生产（user-generated content），传统大型新闻机构、出版商等对信息组织和传播的垄断地位被彻底打破，这也是新媒体区别于搜索引擎平台的重要特征（Kwak 等, 2010）。二是交互性。移动互联网为个体提供了无差别的连接方式，使所有用户在平台上都能进行公开、即时、透明的交流（Trottier 和 Fuchs, 2014；Woo‐Yoo 和 Gil‐de‐zúñiga, 2014）。这一特征使这类新媒体能够超越信息媒介的范畴，而成为社会关系的建构者，也让人的汇聚规模达到了前所未有的程度（彭兰, 2013）。

上述两点核心价值使智库获得了增加影响力的能力和渠道。其一，新媒体去中心化的特征，让新媒体空间中的信息生产和流通达到极大丰富，信息过载使注意力成为稀缺资源（Wills 和 Reeves, 2009），社交媒体为智库行业创造了一个新的竞争舞台。所有的智库，不论规模、不论历史、不论权威，都成为新媒体传播网络中的一个点。不同资质的智库都能与其他政策主体进行相对开放、平等的交流，智库可以绕过传统环境下垄断传媒渠道的专业媒体，直接与社会大众甚至决策者进行信息沟通（Lee, 2014），这在一定程度上能为小型或者初创智库提供更多的机遇。各类政策主体也可以根据自己的需求在新媒体平台上迅速且低成本地搜寻符合标准的智库主体，这极大地改善了传统政策分析市场信息不对称的情况。其二，社交媒体的传播特性和互动属性可以加速智库影响力的扩大。通过各种互动行为，例如转载、喜欢和评论，社交媒体上信息传播能够实现指数级的快速增长。这种飞速的范围传播往往不需要高昂的成本，甚至在传播过程中出现的其他用户的自生产内容还能产生更大的附加价值（Habel, 2012）。通过经营新媒体，智库能够宣传智库观点，解读政府政策，吸引决策者关注，进而试图影响政策制定；同时也可以扩大智库受众，获得媒体青睐，彰显研究实力，塑造智库声誉，获得更多来自外部的有效资助（Zhu 和 Zhao，2019）。社交媒体提供的先进技术形式能够帮助智库与新闻媒体甚至政策制定者建立直接的联系，比如通过个性化和热门议题的算法推送等。智库还可以有针对性地影响目标用户并且增强用户群黏性。

此外，从智库评价的角度而言，社交媒体可以为我们比较和评估智库行为与影响提供多元的数据（陈潭，2017）。如何评估智库影响力一直是智库评价的核心和难点（帕瑞克·克勒纳、韩万渠，2014；Abelson，2018）。我们关注的数字倡导行为及影响虽然并不能等同于智库的政策影响力，但是也与其密切相关。数字倡导行为实际代表了智库利用社交媒体在国家与社会间的信息传递和影响行为。而社交媒体使得这种信息传递得到的直接回应和反馈是能够被量化和观测的。智库在社交媒体上主动开展数字倡导行为的痕迹数据（比如发布文章）和智库在新媒体平台上的被关注程度，可以作为反映智库影响力的重要构面。

第二章
评估智库数字倡导行为

本章系统阐述智库数字倡导行为的评价思路与评价设计，并向读者展示数据采集平台情况、智库样本集选择情况、智库大数据历年采集情况、综合指标体系构建等具体细节。

我们探索并构建了基于大数据方法的全球智库影响力评价体系。该体系是国内首次运用大数据分析方法在部分全球性社交平台上对全球智库展开的综合性评级。

一　数字倡导行为的评价方法

近年来，学术界与实践界推出了众多评价智库影响力的方法，从而为决策者选择智库观点、进行知识产品外包等提供参考。我们需要承认的是，评估智库影响力是一项非常困难的工作。根本而言，评价一家智库的影响力是要看它在决策者心目中的地位。然而，智库评价者们做的很多努力都只是将"智库影响力"的概念退化为"有助于智库实现影响力的行为"。尽管它已经近乎被普遍接受，但是我们仍要提醒读者注意这种评价方式可能带来的偏差。纵观智库影响力的测量和评价方法，可以看出比较清晰的一条从主观到客观、从定性到定量、从小样本到大样本、从小数据到大数据的发展趋势。具体的评价方法也从定性访谈到向专家与决策者发放主观评价问卷，再到向智库发放调查问卷来获取客观数据，最后到搜集智库公开行为数据的大样本等。

事实上，从智库影响力评价角度来看，智库数字倡导行为不仅是智库影响力的一种新的理解维度，而且为智库影响力评价提供了多元的分析数据。本书主要推出的是针对智库数字倡导行为的大数据评价方法。一方面，大数据评价方法是在纷繁复杂的网络空间中追踪、提取和分析主体行为和影响的一类前沿方法。针对智库大数据的评价方法的优势在于客观、无偏、实时、大样本。海量的数据规模能够提供相对客观和无偏的信息资源，而不断更新的数据来源也能够提供实时的大样本数据资源。这类方法恰恰为我们分析和理解智库在新媒体上的活动情况提供了工具。另一方面，智库在新媒体平台上的数据倡导行为，为我们开发智库评价新方法提供了海量、客观、高频的观测数据。研究者难以通过"传统"的互联网搜索引擎获得新媒体平台（微信、微博和头条等）上传播的相关信息，但我们可以利用大数据抓取、存储和清洗技术对智库的活动和智库专家的言论在新媒体里大量无组织的痕迹数据进行回溯、追踪、提取和分析。智库主动开设新媒体账号进行内容生产和信息传播的数据，以及社会公众与智库在新媒体平台上的阅读、点赞、评论等多元交互数据,都可以成为评价智库行为和影响的关键指标。

本书是在大数据评价方法的基础上对国内外主要智库在多种主流新媒体平台上数字倡导行为的广泛观察,以对智库的数字倡导行为进行客观评价。我们希望通过对智库大数据评价的初步探索,寻找对智库行为进行全面动态分析的可能路径,以实现更高频次的基于智库产品的大数据分析,为智库战略规划提供建议,进而激发智库产品质量提升,为政府决策贡献力量。

二 数据平台与智库样本集

下面介绍本书的数据采集情况(见图2.1)。

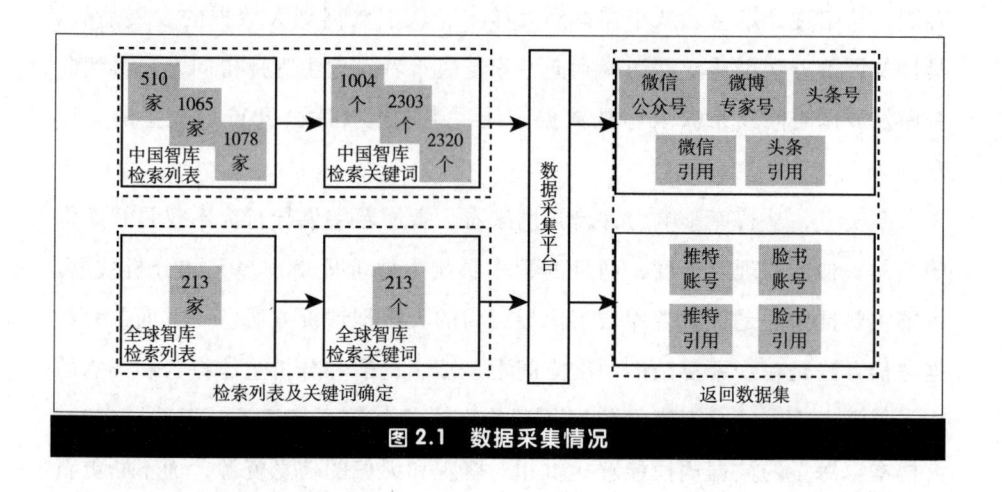

图 2.1 数据采集情况

(一)数据采集平台

本书的数据采集得到了清博智能和今日头条两个平台的支持。

清博智能为本研究提供了包括微信、微博、脸书和推特平台在内的多种源数据支持。清博智能是基于网络公开数据的产业、融媒体和舆论大数据人工智能服务商。本研究所使用的数据来源于一个实时更新的动态基础大数据平台,包括20万个网站、2100万个活跃微信公众号、2.5亿个活跃微博账号、6155个论坛和307个主流新闻类App等。该数据库由500台阿里云服务器存储支持，每天可从上述新媒体抓取和存储 300~600 GB 数据。

今日头条数据库为本研究提供了有关 2019 年头条号和头条引用的数据集。相关研究的数据采集工作得到了北京字节跳动公共政策研究院的技术支持。今日头条客户端于 2012 年 8 月上线，是一款基于数据挖掘技术的个性化推荐引擎产品，已成为国内领先的通用信息平台。据今日头条《2020 年度数据报告》，今日头条创作者 2020 全年共发布多种体裁的内容 6.5 亿条，累计获赞 430 亿个，分享相关内容 7.4 亿次，总评论量达 443 亿条。今日头条的专业创作者已达 13.8 万名。①

（二）构建中国智库检索列表

在持续五年（2016~2020 年）的中国智库数据采集研究工作中，我们构建了基础的中国智库检索列表，并进行了两次检索列表更新。三次检索列表容量分别为：510 家、1065 家、1078 家。详细的各类智库分布情况如图 2.2 所示。

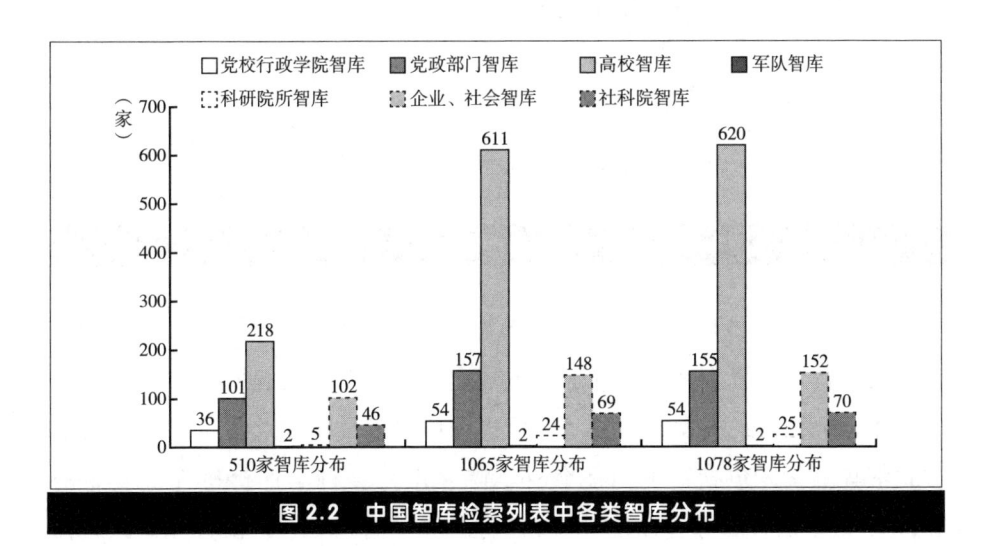

图 2.2 中国智库检索列表中各类智库分布

---

① 《今日头条发布 2020 年度数据报告：行家创作者崛起》，2020 年 12 月 31 日，http://d.youth.cn/newtech/202012/t20201231_12643292.htm。

510家智库检索列表（用于2016~2017年智库大数据检索）。2017年，根据智库评价数据库名录（包括《中国智库综合评价AMI研究报告》《CTTI来源智库发展报告》《中国智库影响力报告》等），我们挑选了510家智库。在这510家智库中，大部分是社会公认的、主要从事政策研究的智库，有的则是发挥了一定智库功能的各类半官方智库或社会组织。其中，有高校智库218家，企业与社会智库102家，党政部门智库101家，社科院智库46家，党校行政学院智库36家，科研院所智库5家，军队智库2家。具体分布情况如图2.3所示。

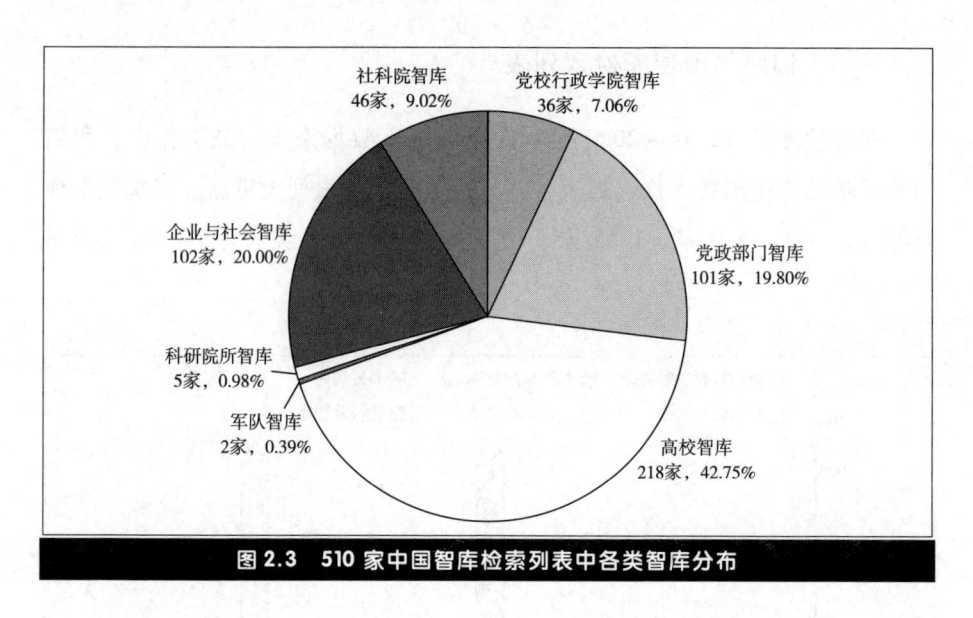

图2.3 510家中国智库检索列表中各类智库分布

1065家智库检索列表（用于2018~2019年智库大数据检索）。2019年，我们将中国智库名录扩充到1065家。1065家中国智库来源于国内知名智库评价机构最新发布的智库评价报告中提及的智库名录，以取全集的方式汇集。具体包括：中国社会科学院中国社会科学评价研究院发布的2017年《中国智库综合评价AMI研究报告》，南京大学中国智库研究与评价中心和光明日报智库研究与发布中心合作发布的"中国智库索引"（CTTI）智库（2017~2018年）和2018年《CTTI来源智库发展报告》，上海社会科学院智库研究中心发布的2018年《中国智库影响力报告》，四川省社会科学院和中国科学院成都文献情报中心合作发布的2018年《中华智库影响力报告》，等等。1065家智库分别包括：高校智库611家，企业与社会智库148家，党校行政学院智库54家，社科院智库69家，党政部门智库157家，军队智库2家，科研院所智库24家。具体分布情况如图2.4所示。

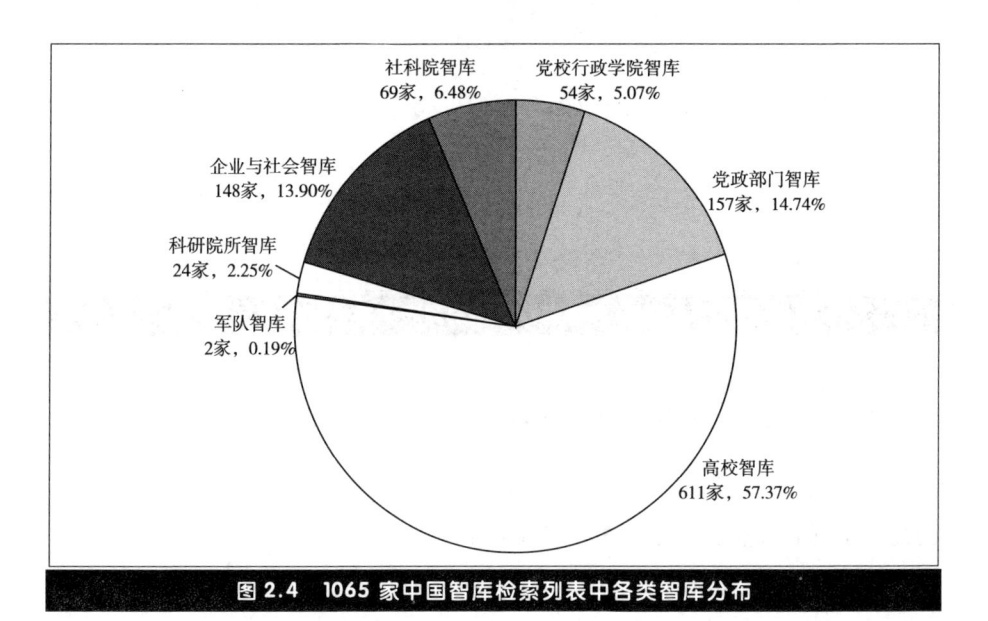

图2.4　1065家中国智库检索列表中各类智库分布

1078家智库检索列表（用于2019～2020年智库大数据检索）。2021年，我们又将中国智库名录扩充到1078家。在原有1065家机构名单的基础上，根据《全球智库报告2020》（2020 Global Go To Think Tank Index Report）中上榜的中国机构对原有名单做了进一步的扩充，同时也对撤并的机构名称进行了归并处理，最终得到1078家智库检索列表。这1078家智库包括：高校智库620家，企业与社会智库152家，党校行政学院智库54家，社科院智库70家，党政部门智库155家，军队智库2家，科研院所智库25家。具体分布情况如图2.5所示。

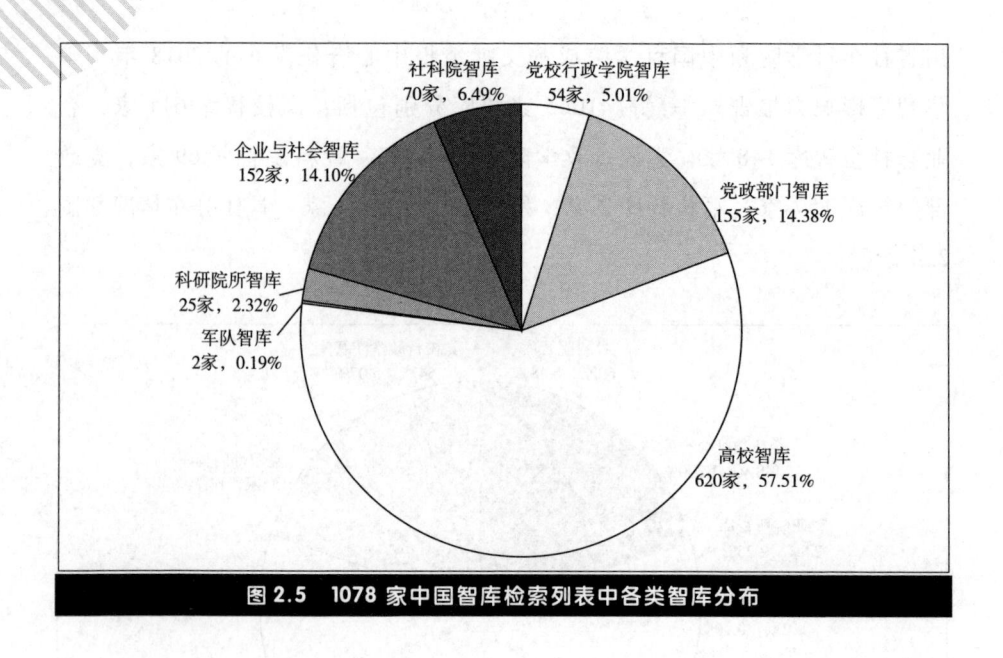

图 2.5 1078 家中国智库检索列表中各类智库分布

（三）构建全球智库检索列表

在持续两年（2017~2018 年）的全球智库数据采集研究中，我们同样构建了全球智库检索列表，共 213 家机构。

213 家智库检索列表（用于 2017~2018 年全球智库大数据检索）。结合中国社会科学院中国社会科学评价中心（现中国社会科学评价研究院）发布的《全球智库评价报告（2015）》和宾夕法尼亚大学发布的《全球智库报告 2015》（2015 Global Go To Think Tank Index Report）中所评价的全球智库名单，我们从中选取了隶属于 62 个国家或地区的 213 家全球智库（其中不包含中国大陆智库和港澳台智库）。在我们选取的 213 家全球智库中，大部分是全球知名的、主要从事政策研究的智库，还有一部分是发挥全球公共事务活动的倡导、组织与协调功能的国际组织。这 213 家全球智库包括：撒哈拉以南非洲（Sub - Saharan Africa）18 家、亚洲（Asia）45 家、中欧和东欧（Central and Eastern Europe）12 家、西欧（Western Europe）66 家、中美和南美（Central And South America）22 家、中东和北非（Middle East and North Africa）9 家、北美（North America）37 家、大洋洲（Oceania）4 家。具体分布情况如图 2.6 所示。

图 2.6　213 家全球智库检索列表中各类智库分布

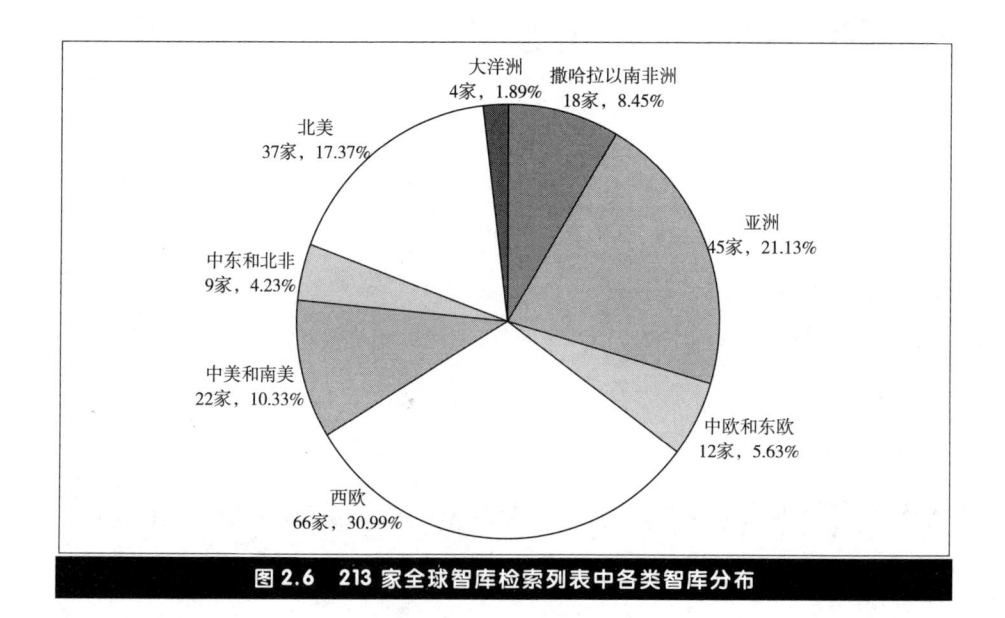

三　智库大数据的采集过程

（一）中国智库数据采集情况

利用智库的关键词列表①，我们对 2016~2020 年的数据做了逐年采集和提取。数据采集情况见表 2.1。鉴于智库在新媒体上的活动情况以及数据的可获得性，每年所获得的数据集合有所差异，但本研究历年提取到的数据单元均为微信公众号、微博专家号、微信引用、头条号和头条引用五个部分数据的子集。五个部分的数据含义及历年采集过程如下。

---

① 在中国智库的关键词列表中，我们搜索了智库的全称、简称等数据。具体而言，510 家智库关键词共计 1004 个，1065 家智库关键词共计 2303 个，1078 家智库关键词共计 2320 个。

表 2.1　2016~2020 年中国智库数据采集情况

	2016 年	2017 年	2018 年	2019 年	2020 年
源数据库					
清博智能	●	●	●	●	●
今日头条				●	
检索用关键词列表					
510 家智库检索列表	●	●			
1065 家智库检索列表			●	●	
1078 家智库检索列表				●	●
具体采集数据单元					
微信公众号	●	●	●	●	●
微博专家号	●	●	●		
头条号				●	●
微信引用	●	●	●		
头条引用				●	

微信公众号：智库关键词列表涉及的微信公众号识别与信息采集。利用建立的智库关键词列表，我们在清博智能提供的全样本微信公众号监测平台进行检索，① 先模糊识别出智库相应的官方微信公众号，再进行人工核查确认账号名单。2016~2020 年中国智库微信公众号的账号总量变化见图 2.7。本研究以年为观测期，从第二年 1 月 1 日起批量采集上年智库官方公众号的账号信息以及其所有的发文信息，包括发文量、阅读量、点赞量等。逐年提取的关键源数据总量变化见图 2.8。

---

① 受匹配和识别策略影响，只有智库在微信公众号的相应认证栏目存在规范的机构名称时，该微信公众号才会进入研究样本框。

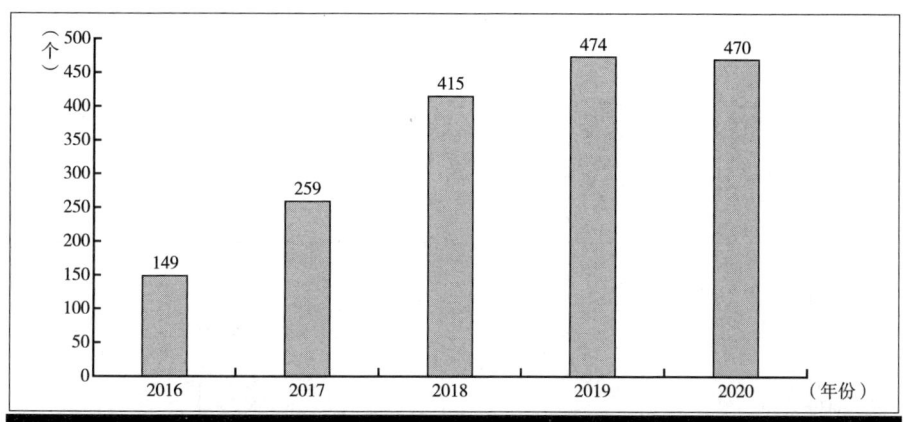

图 2.7　2016~2020 年中国智库微信公众号的关键账号总量变化

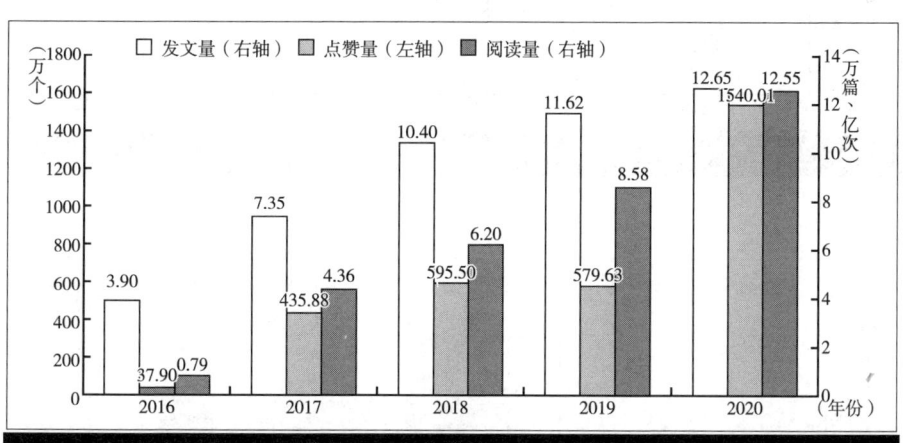

图 2.8　2016~2020 年中国智库微信公众号的关键源数据总量变化

微博专家号：智库关键词列表涉及的微博专家号识别与信息采集。利用建立的智库关键词列表，我们在清博智能提供的微博账号监测平台进行检索，模糊识别出与智库有关的专家账号，再利用人工核查确认账号名单。2016~2018 年中国智库微博专家号的账号总量变化见图2.9。[①] 本研究以年为观测期，从第二年 1 月 1 日起批量采集账号的数

---

① 受匹配和识别策略影响，只有专家在个人微博账户的相应认证栏目存在规范的机构名称时，该微博专家号才会进入研究样本框。

据字段和博文字段，得到这些微博专家号的发博量、转发量、点赞量、评论量等。逐年提取的关键源数据总量变化见图2.10。需要说明的是，2018年后微博专家号的发文量显著减少，加上其他新媒体平台的崛起，本研究不再观测微博专家号活动。

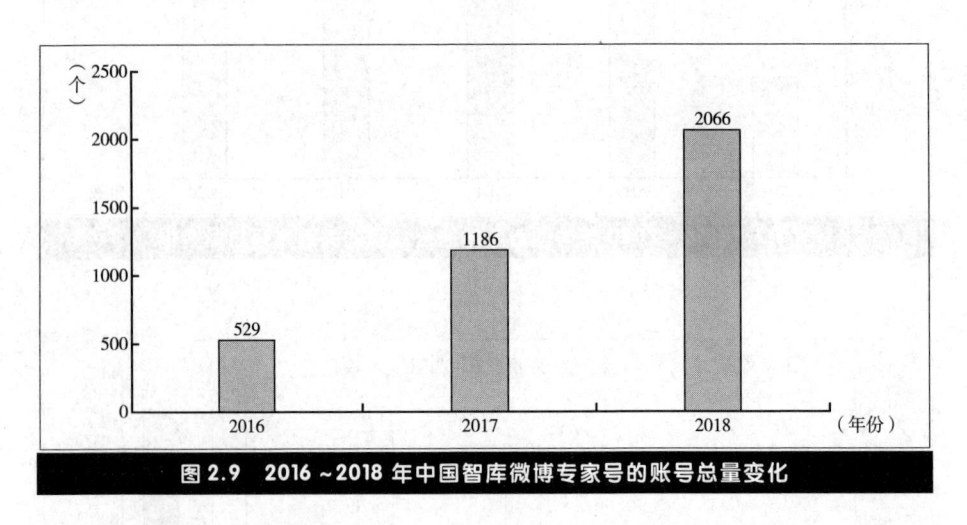

图2.9 2016~2018年中国智库微博专家号的账号总量变化

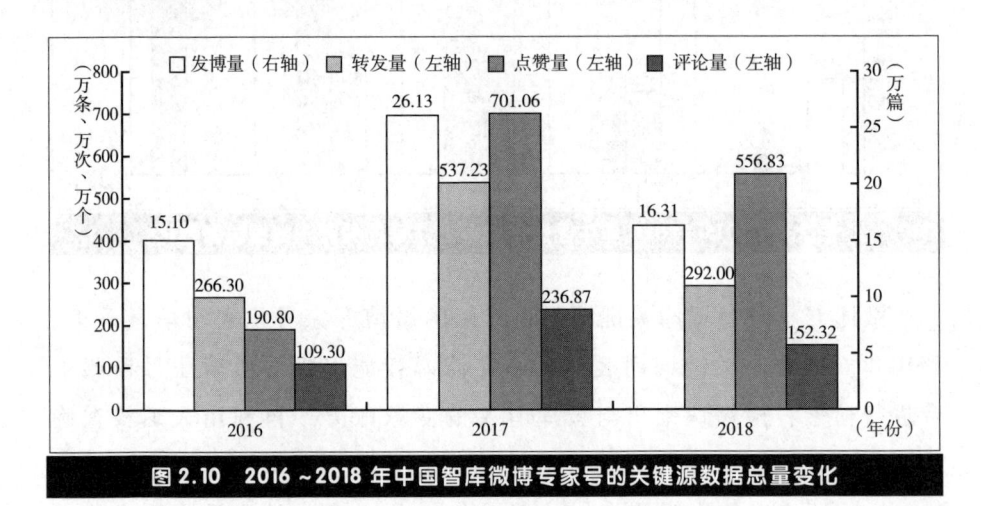

图2.10 2016~2018年中国智库微博专家号的关键源数据总量变化

头条号：智库关键词列表涉及的头条号识别与信息采集。利用建立的智库关键词列表，我们在今日头条或清博智能提供的全样本头条号监测平台进行检索，模糊识别出智库的官方头条号①。2019~2020年中国智库头条号的账号总量变化见图2.11。本研究以年为观测期，从第二年1月1日起批量采集这些头条号的账号信息和所有的发文信息，包括发文量、阅读量、评论量等。逐年提取的关键源数据总量变化见图2.12。

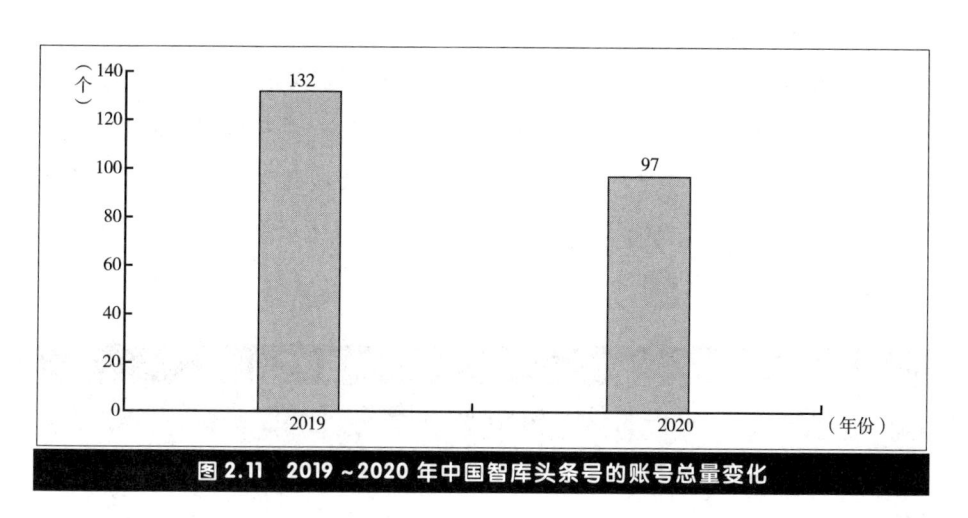

图 2.11　2019~2020 年中国智库头条号的账号总量变化

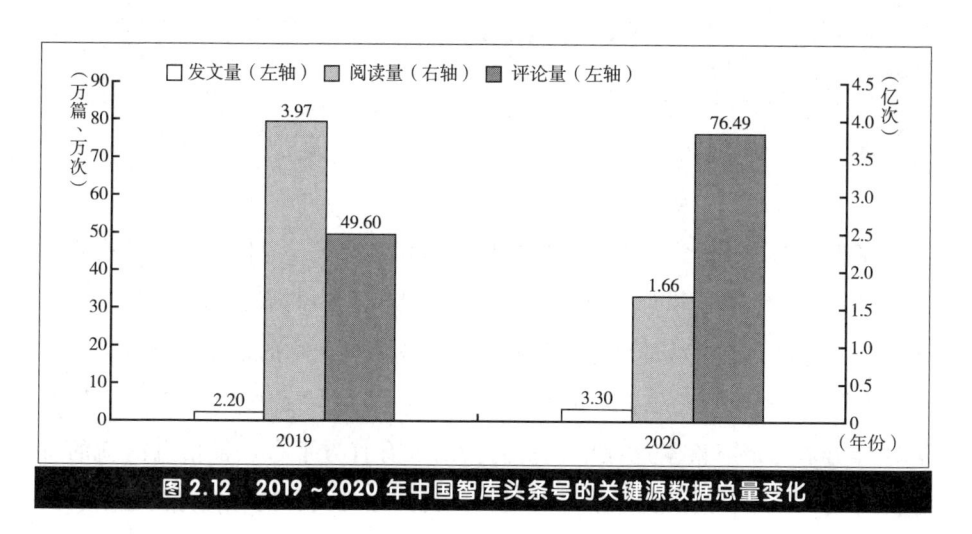

图 2.12　2019~2020 年中国智库头条号的关键源数据总量变化

---

① 受匹配和识别策略影响，只有智库在头条号账户的相应认证栏目存在规范的机构名称时，该头条号才会进入研究样本框。

微信引用：提及智库关键词列表的微信文章识别与信息采集。利用清博智能提供的微信公众号监测平台全样本账户的发文数据（微信内容空间），本研究采集了所有提到了关键词列表中智库的引用文章及其数据字段，具体包括提及特定智库的引用文章量、阅读量、点赞量等信息。2016~2018年微信引用数据总量见表2.2。

头条引用：提及智库关键词列表的头条文章识别与信息采集。利用今日头条提供的头条号监测平台全样本账户的发文数据（头条内容空间），本研究采集所有提到了关键词列表中智库的引用文章及其数据字段，包括提及特定智库的引用文章量、阅读量、点赞量等信息。限于资源，仅有2019年一年的头条引用数据（见表2.2）。

表2.2 2016~2019年中国智库引用数据总量

2016~2018年微信引用数据		
时间	引用文章量（万篇）	引用文章阅读量（亿次）	引用文章点赞量（万个）
2016~2018年	765.75	49.29	4128.69

2019年头条引用数据		
时间	引用文章量（万篇）	引用文章阅读量（亿次）	引用文章点赞量（亿个）
2019年	79.15	109.06	1.81

需要说明的是，为了保证提取数据集的相对准确，我们在采集机构微信公众号、微博专家号和头条号数据时设置了比较严格的筛选标准，只采集在账号名称、简介或者认证信息中精确出现机构中文全称的账号。随着平台的不断发展和账号体量的不断扩大，我们进一步收紧了检索条件，比如在2021年开展的最新检索过程中，我们只纳入有官方平台认证信息的新的官方机构账号，对于某一智库的下级机构开设的账号或者没有官方认证信息的账号等都不予纳入。值得说明的是，虽然不少智库和分支机构会设立多个官方公众号，但是根据我们的指标设计，合并同一家智库的多个公众号数据并不一定会提高该智库最终的GTTBI表现分值，甚至会被分支机构行为数据

稀释。虽然我们最终采集的数据集并不覆盖机构开设的所有类型的机构账号，但我们聚焦于能够代表机构整体战略的、官方正式行为的重点样本。

（二）全球智库数据采集情况

我们以213家全球智库的英文全称作为搜索关键词，在清博智能提供的500万个推特活跃账号和1亿个脸书活跃账号所构成的基础数据库中进行数据抓取工作。最终形成的数据集中包括2017~2018年全球智库的推特账号、脸书账号、推特引用和脸书引用四个数据单元（见表2.3）。这四个部分数据含义及采集过程如下。

表2.3 2017~2018年全球智库数据采集情况

	2017年	2018年
源数据库		
清博智能	●	●
检索用关键词列表		
213家智库检索列表	●	●
具体采集数据单元		
推特账号	●	●
脸书账号	●	●
推特引用	●	●
脸书引用	●	●

推特账号：我们以213家全球智库的英文全称作为搜索关键词，在500万个推特活跃账号组成的基础数据库中检索智库机构相关的推特账号，并且进行人工清洗。2017~2018年全球智库推特账号总量变化见图2.13。之后分别抓取2017和2018年的智库推特账号信息以及当年的发文数据情况。逐年提取的关键源数据总量变化见图2.14。

图 2.13 2017~2018 年全球智库推特账号总量变化

图 2.14 2017~2018 年全球智库推特账号的关键源数据总量变化

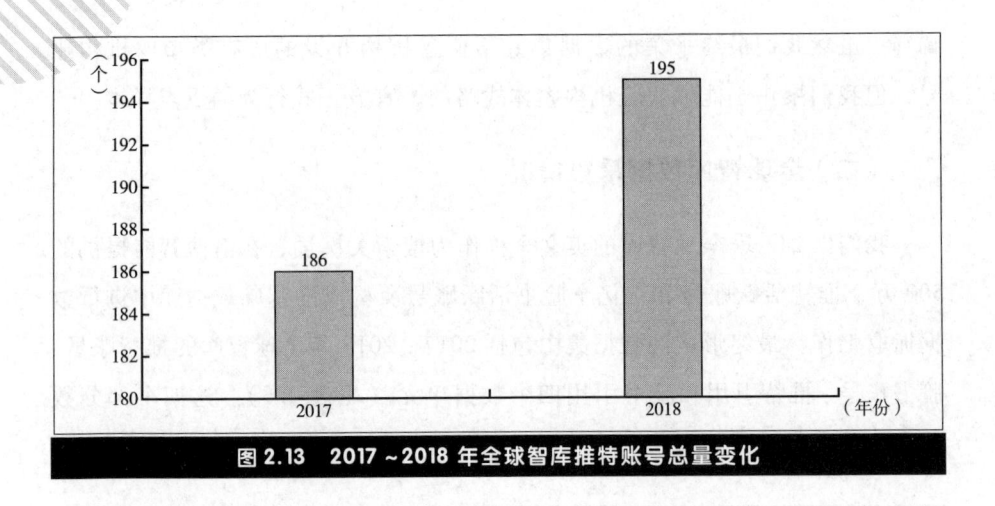

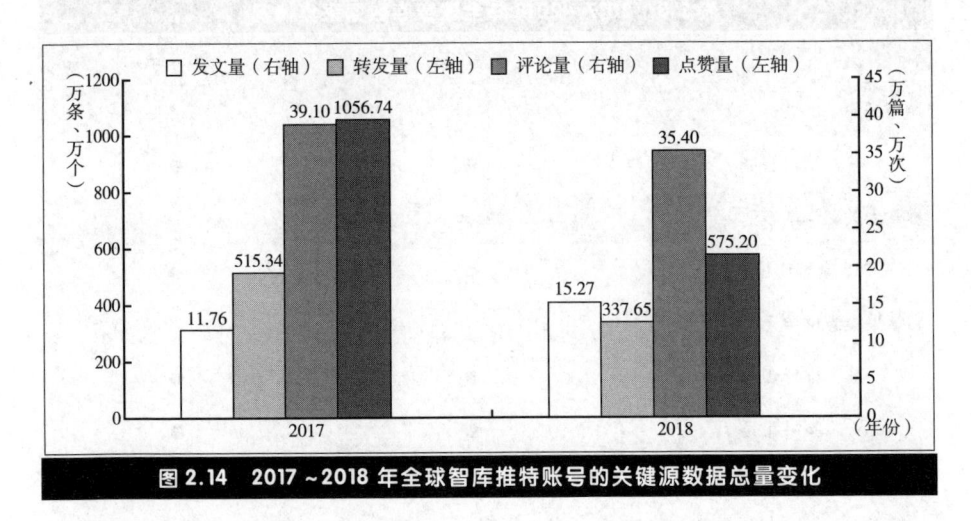

脸书账号：我们以 213 家全球智库的英文全称作为搜索关键词，在 1 亿个脸书活跃账号组成的基础数据库中检索智库机构相关的脸书账号，并且进行人工清洗。2017~2018 全球智库脸书账号总量变化见图 2.15。之后分别抓取 2017 和 2018 年的智库脸书账号信息以及当年的发文数据情况。逐年提取的关键源数据总量变化见图 2.16。

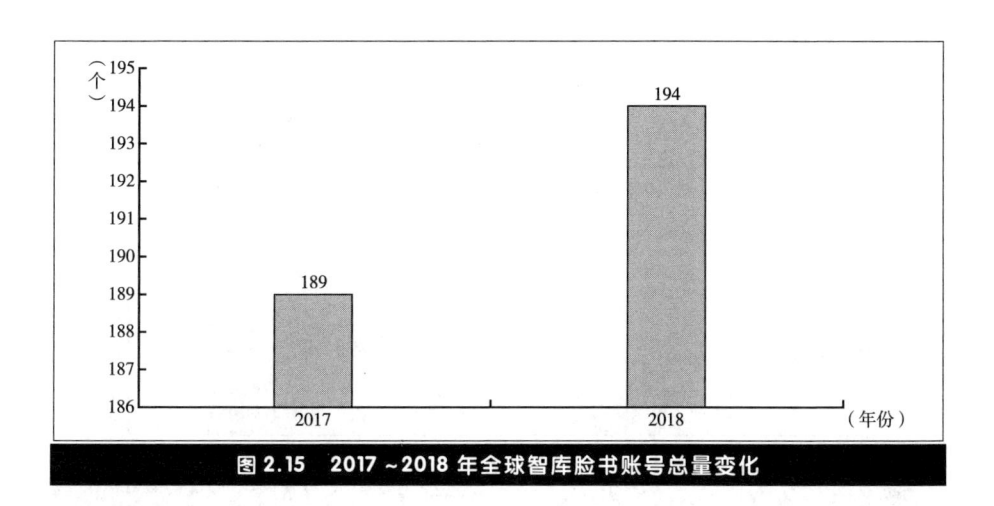

图 2.15 2017~2018 年全球智库脸书账号总量变化

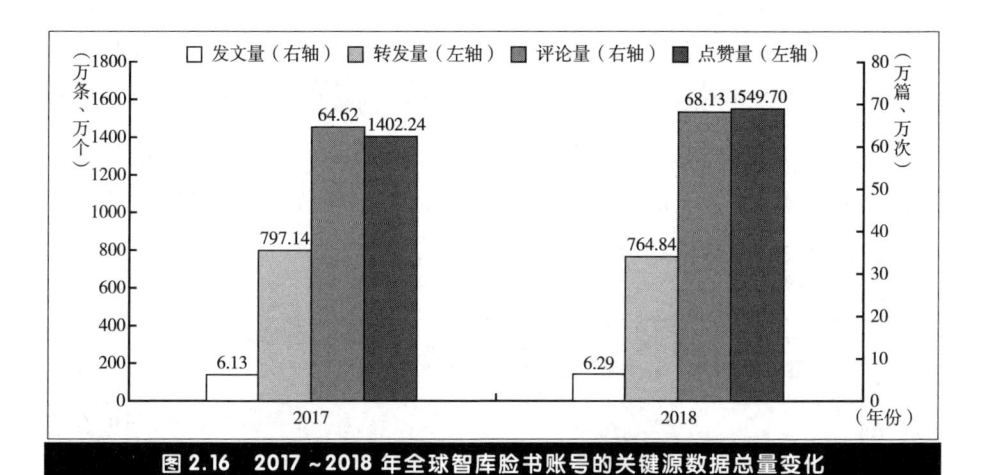

图 2.16 2017~2018 年全球智库脸书账号的关键源数据总量变化

推特引用：以 213 家全球智库的英文全称为关键词，从底层大数据平台全部监测的推特账号在当年的全部发文（推特内容空间）中，识别、匹配并采集文章内容中提及或者引用了智库名称的发文及其互动数据，最终得到所有智库在推特平台上的引用文章量以及这些文章的转发、评论和点赞量。逐年提取的关键源数据总量变化见图 2.17。

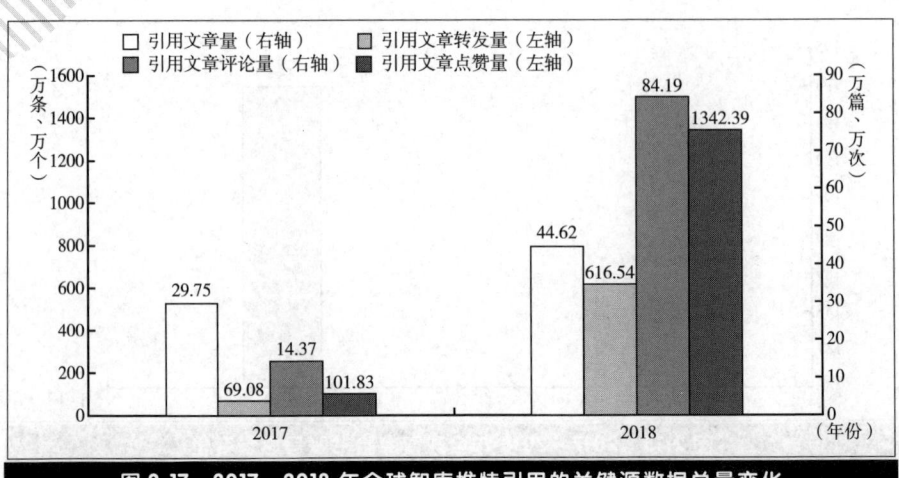

图 2.17 2017~2018 年全球智库推特引用的关键源数据总量变化

脸书引用：以 213 家全球智库的英文全称为关键词，从底层大数据平台全部监测的脸书账号在当年的全部发文（脸书内容空间）中，识别、匹配并采集文章内容中提及或者引用了智库名称的发文及其互动数据，最终得到所有智库在脸书平台上的引用文章量以及这些文章的转发、评论和点赞量。逐年提取的关键源数据总量变化见图 2.18。

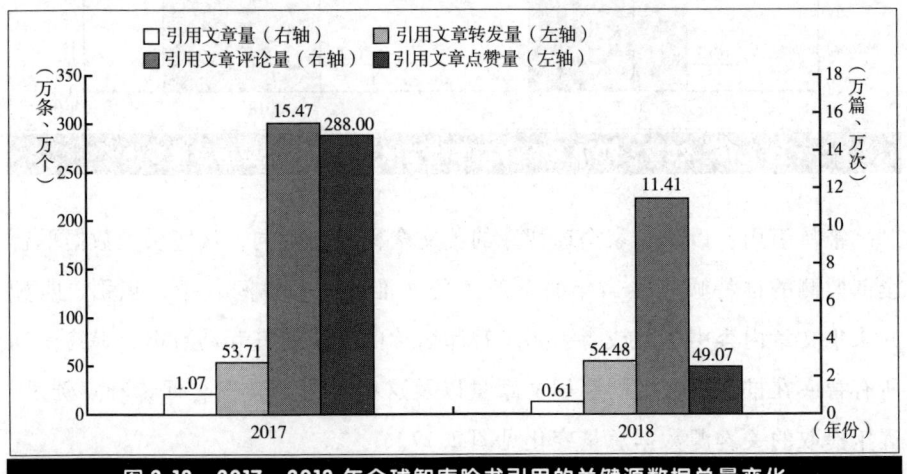

图 2.18 2017~2018 年全球智库脸书引用的关键源数据总量变化

四 综合指标体系的构建

针对中国智库和全球智库在新媒体平台上的行为大数据集,我们分别构建了两个综合指标体系:中国智库大数据指数(Chinese Think Tank Big – Data Index,CTTBI)和全球智库大数据指数(Global Think Tank Big – Data Index,GTTBI)。

(一)中国智库大数据指数(CTTBI)综合指标体系

"中国智库大数据指数"(Chinese Think Tank Big – Data Index,CTTBI)是由中国智库微信公众号指数、中国智库微博专家号指数、中国智库头条号指数、中国智库微信引用指数和中国智库头条引用指数5个一级指标构成,每个一级指标下面有若干个二级指标。

中国智库微信公众号指数的二级指标包括发文量、阅读量、点赞量、发布频次、发布容量、头条点赞比、篇均阅读量、篇均点赞量8个指标。

中国智库微博专家号指数的二级指标包括历史粉丝量、发博量、转发量、篇均评论量、篇均点赞量、篇均转发量6个指标。

中国智库头条号指数的二级指标包括发文量、阅读量、评论量、篇均阅读量、篇均评论量、平均阅读评论比6个指标。

中国智库微信引用指数的二级指标包括引用文章量、引用文章阅读量、引用文章点赞量、引用文章位置重要性度4个指标。

中国智库头条引用指数的二级指标包括引用文章量、引用文章阅读量、引用文章收藏量、引用文章分享量、引用文章评论量、引用文章点赞量6个指标。

鉴于每年数据可获得性的差异,中国智库大数据综合指标体系构成组合在每年有所不同。2016~2020年中国智库大数据指数(CTTBI)一级指标及权重见表2.4,各一级指标计算明细见表2.5。其中,2016~2018年的CTTBI由中国智库微信引用指数、中国智库微博专家号指数和中国智库微信公众号指数3个一级指标构成。2019年的CTTBI由中国智库头条号指数、中国智库头条引用指数和中国智库微信公众号指数3个一级指标构成。2020年的CTTBI由中国智库头条号指数和中国智库微信公众号指数2个一级指标构成。

表2.4 2016~2020年中国智库大数据指数（CTTBI）一级指标及权重

一级指标	各年所用指标及权重				
	2016年	2017年	2018年	2019年	2020年
中国智库微信公众号指数	● 33.33%	● 33.33%	● 33.33%	● 33.33%	● 50.00%
中国智库微博专家号指数	● 33.33%	● 33.33%	● 33.33%		
中国智库头条号指数				● 33.33%	● 50.00%
中国智库微信引用指数	● 33.33%	● 33.33%	● 33.33%		
中国智库头条引用指数				● 33.33%	

表2.5 中国智库大数据指数（CTTBI）一级指标计算明细

一级指标	二级指标	权重	lg(n+1)	0~100标准化
中国智库微信公众号指数	发文量（机构微信公众号当年发布的文章数量加总）	10%	√	√
	阅读量（机构微信公众号当年发布的文章阅读次数加总）	20%	√	√
	点赞量（机构微信公众号当年发布的文章点赞个数加总）	20%	√	√
	发布频次（总发布次数/当年天数；根据微信平台规则，一般情况下，微信公众号发布文章的频次限定为每天最多发一次）	10%		√
	发布容量（文章数/总发布次数；根据微信平台规则，一般情况下，微信公众号每次最多发布8篇文章）	10%	√	√
	头条点赞比（机构微信公众号当年发布位置为首位的文章点赞个数加总/阅读次数加总）	10%		√
	篇均阅读量（阅读量/发文量）	10%	√	√
	篇均点赞量（点赞量/发文量）	10%	√	√

续表

一级指标	二级指标	权重	lg(n+1)	0~100 标准化
中国智库微博专家号指数	历史粉丝量（机构微博专家号当年的历史粉丝量加总）	40%	√	√
	发博量（机构微博专家号当年的发博数量加总）	10%	√	√
	转发量（机构微博专家号当年的发博转发条数加总）	20%	√	√
	篇均评论量（机构微博专家号当年的发博评论次数加总/发博量）	10%	√	√
	篇均点赞量（机构微博专家号当年的发博点赞个数加总/发博量）	10%	√	√
	篇均转发量（转发量/发博量）	10%		√
中国智库头条号指数	发文量（机构头条号当年发布的文章数量加总）	20%	√	√
	阅读量（机构头条号当年发布的文章阅读次数加总）	25%	√	√
	评论量（机构头条号当年发布的文章评论次数加总）	10%	√	√
	篇均阅读量（阅读量/发文量）	20%	√	√
	篇均评论量（评论量/发文量）	20%	√	√
	平均阅读评论比（评论量/阅读量）	5%		√
中国智库微信引用指数	引用文章量（当年在微信平台上引用智库的文章数量加总）	40%	√	√
	引用文章阅读量（当年在微信平台上引用智库的文章阅读次数加总）	20%	√	√
	引用文章点赞量（当年在微信平台上引用智库的文章点赞个数加总）	20%	√	√
	引用文章位置重要性（当年在微信平台上引用智库的文章所处发布位置的重要程度，即在8篇中的位置）	20%		√
中国智库头条引用指数	引用文章量（当年在头条平台上引用智库的文章数量加总）	30%	√	√
	引用文章阅读量（当年在头条平台上引用智库的文章阅读次数加总）	10%	√	√
	引用文章收藏量（当年在头条平台上引用智库的文章收藏次数加总）	15%	√	√
	引用文章分享量（当年在头条平台上引用智库的文章分享次数加总）	15%	√	√
	引用文章评论量（当年在头条平台上引用智库的文章评论次数加总）	15%	√	√
	引用文章点赞量（当年在头条平台上引用智库的文章点赞个数加总）	15%	√	√

（二）全球智库大数据指数（GTTBI）综合指标体系

"全球智库大数据指数"（Global Think Tank Big-Data Index，GTTBI）是由全球智库推特引用指数、全球智库推特账号指数、全球智库脸书引用指数和全球智库脸书账号指数4个一级指标构成，每个一级指标下面有若干个二级指标。指标具体解释见表2.6。

全球智库推特账号指数的二级指标包括历史喜欢量、历史关注量、发文量、转发量、点赞量、评论量、篇均转发量、篇均评论量、篇均点赞量9个指标。

全球智库脸书账号指数的二级指标包括历史喜欢量、历史关注量、发文量、转发量、点赞量、评论量、篇均转发量、篇均评论量、篇均点赞量9个指标。

全球智库推特引用指数的二级指标包括引用文章量、引用文章转发量、引用文章评论量、引用文章点赞量、篇均引用文章转发量、篇均引用文章评论量、篇均引用文章点赞量7个指标。

全球智库脸书引用指数的二级指标包括引用文章量、引用文章转发量、引用文章评论量、引用文章点赞量、篇均引用文章转发量、篇均引用文章评论量、篇均引用文章点赞量7个指标。

表2.6 全球智库大数据指数（GTTBI）一级指标计算明细

一级指标	二级指标	权重	lg(n+1)	0~100标准化
全球智库推特账号指数	历史关注量（机构推特账号当年的历史关注数加总）	10%	√	√
	历史喜欢量（机构推特账号当年的历史喜欢数加总）	20%	√	√
	发文量（机构推特账号当年发布的文章数量加总）	10%	√	√
	转发量（机构推特账号当年发布的文章转发条数加总）	10%	√	√
	点赞量（机构推特账号当年发布的文章点赞个数加总）	10%	√	√
	评论量（机构推特账号当年发布的文章评论次数加总）	10%	√	√
	篇均转发量（转发量/发文量）	10%		√
	篇均评论量（评论量/发文量）	10%		√
	篇均点赞量（点赞量/发文量）	10%		√

续表

一级指标	二级指标	权重	lg(n+1)	0~100标准化
全球智库脸书账号指数	历史关注量（机构脸书账号当年的历史关注数加总）	10%	√	√
	历史喜欢量（机构脸书账号当年的历史喜欢数加总）	20%	√	√
	发文量（机构脸书账号当年发布的文章数量加总）	10%	√	√
	转发量（机构脸书账号当年发布的文章转发条数加总）	10%	√	√
	点赞量（机构脸书账号当年发布的文章点赞个数加总）	10%	√	√
	评论量（机构脸书账号当年发布的文章评论次数加总）	10%	√	√
	篇均转发量（转发量/发文量）	10%		√
	篇均评论量（评论量/发文量）	10%		√
	篇均点赞量（点赞量/发文量）	10%		√
全球智库推特引用指数	引用文章量（当年在推特平台上引用智库的文章数量加总）	40%	√	√
	引用文章转发量（当年在推特平台上引用智库的文章转发条数加总）	10%	√	√
	引用文章评论量（当年在推特平台上引用智库的文章评论次数加总）	10%	√	√
	引用文章点赞量（当年在推特平台上引用智库的文章点赞个数加总）	10%	√	√
	篇均引用文章转发量（引用文章转发量/引用文章量）	10%		√
	篇均引用文章评论量（引用文章评论量/引用文章量）	10%		√
	篇均引用文章点赞量（引用文章点赞量/引用文章量）	10%		√
全球智库脸书引用指数	引用文章量（当年在脸书平台上引用智库的文章数量加总）	40%	√	√
	引用文章转发量（当年在脸书平台上引用智库的文章转发条数加总）	10%	√	√
	引用文章评论量（当年在脸书平台上引用智库的文章评论次数加总）	10%	√	√
	引用文章点赞量（当年在脸书平台上引用智库的文章点赞个数加总）	10%	√	√
	篇均引用文章转发量（引用文章转发量/引用文章量）	10%		√
	篇均引用文章评论量（引用文章评论量/引用文章量）	10%		√
	篇均引用文章点赞量（引用文章点赞量/引用文章量）	10%		√

第三章
中国智库的数字倡导

本章对中国智库在2016~2020年于多个新媒体平台上的数字倡导行为和变化趋势进行了综合性的呈现。我们分析了在数据倡导行为和影响上比较突出的智库群体在五年内活动和影响的变动情况。同时，我们选取了若干代表性案例来说明中国智库数字倡导行为的具体情况和经验细节。

一 中国智库数字倡导发展态势（2016~2020年）

我们考察了中国智库 2016~2020 年 CTTBI 的排名情况，并对五年内表现较为良好的智库进行了评级、分析了发展趋势。我们将 CTTBI 指数每年排名前 30 的中国智库标注为 A++级，将排名 31~80 的智库标注为 A+级，将排名 81~150 的智库标注为 A 级，将排名 151~300 的智库标注为 A-级。其中，我们重点考察了五年内均有评级标注的机构，这些机构在五年内都能进入前 300 位（共计 116 家，见表 3.1），可以视为目前中国智库数字倡导中的活跃群体。

观察中国智库数字倡导的活跃群体后，我们得到以下四个关键结论。

第一，在活跃智库群体中，各类型的智库在群体规模上存在较大差异，但均形成了比较稳定的高影响团体，在新媒体空间持续发挥影响力。

在 2016~2020 年 CTTBI 指数均位于前 300 的 116 家智库中，有企业与社会智库 32 家，高校智库 20 家，党校行政学院智库 17 家，社科院智库 16 家，党政部门智库 26 家，军队智库 2 家，科研院所智库 3 家。可以发现企业与社会智库、党政部门智库、高校智库不仅在整体数量上占有优势，整体排序也相对靠前。科研院所智库和军队智库虽然机构整体数量少，但是因为机构个体规模大、级别高，在多个新媒体平台上发挥了突出的内容生产能力，实现了较好的传播效果。

不同类型智库在新媒体平台上均形成了相对稳定的高影响群体。2016~2020 年排名稳定于 A++级和 A+级的智库共计 28 家，具体包括：企业与社会智库 13 家，党政部门智库 5 家，科研院所智库 3 家，高校智库 3 家，社科院智库 2 家，党校行政学院智库 1 家，军队智库 1 家。可以发现，每一类智库都拥有实力稳定突出的头部智库。其中，连续五年均在 A++级的智库有 11 家，它们是（排名不分先后）：瞭望智库、中国科学技术协会、中国科学院、中国人民大学重阳金融研究院、中国社会科学院、全球化智库、

表 3.1 中国智库大数据指数评级及得分

智库名称	2016年 评级	2016年 得分	2017年 评级	2017年 得分	2018年 评级	2018年 得分	2019年 评级	2019年 得分	2020年 评级	2020年 得分
瞭望智库	A++	61.22	A++	56.70	A++	51.38	A++	81.98	A++	75.24
中国科学技术协会	A++	67.87	A++	66.50	A++	69.13	A++	78.02	A++	71.45
中国科学院	A++	51.60	A++	54.87	A++	57.58	A++	78.69	A++	69.11
中国人民大学重阳金融研究院	A++	66.50	A++	54.97	A++	48.82	A++	63.62	A++	68.60
中国社会科学院	A++	63.06	A++	63.24	A++	58.23	A++	66.75	A++	66.66
全球化智库	A++	62.59	A++	57.46	A++	50.97	A++	64.07	A++	66.22
中国指数研究院	A++	54.75	A++	47.18	A	37.76	A++	67.24	A++	59.72
盘古智库	A++	62.81	A++	57.85	A++	55.17	A++	58.05	A++	57.72
中国金融四十人论坛	A++	62.47	A++	45.00	A++	43.17	A++	61.97	A++	57.35
中国城市和小城镇改革发展中心	A++	58.31	A++	47.39	A++	42.07	A++	63.17	A++	57.12
综合开发研究院（中国·深圳）	A+	41.97	A-	16.70	A	30.28	A++	57.95	A++	56.97
中国人民解放军军事科学院	A	37.95	A+	41.25	A++	43.87	A++	66.79	A++	56.04
国防大学	A++	45.80	A++	60.59	A++	55.74	A++	65.75	A++	55.02
国务院发展研究中心	A++	49.39	A++	52.98	A++	46.13	A++	62.94	A++	54.51
阿里研究院	A++	42.78	A+	43.99	A+	35.08	A++	58.74	A++	54.28
黎哈尔学会	A++	52.16	A+	53.56	A++	40.98	A++	56.57	A++	52.71
北京大学国家发展研究院	A-	29.81	A+	44.76	A++	42.66	A+	42.09	A++	51.12
中国工程院	A+	46.59	A++	59.51	A++	60.09	A+	35.15	A++	49.52
中国社会科学院国家金融与发展实验室	A-	32.11	A-	24.60	A-	23.98	A+	44.84	A++	47.63
中国人民大学国家发展与战略研究院	A++	51.66	A+	41.12	A+	37.96	A++	52.19	A++	44.91

续表

智库名称	2016年 评级	2016年 得分	2017年 评级	2017年 得分	2018年 评级	2018年 得分	2019年 评级	2019年 得分	2020年 评级	2020年 得分
21世纪教育研究院	A++	57.10	A+	51.41	A+	39.87	A++	56.91	A+	44.06
中国电子信息产业发展研究院	A++	59.30	A	52.04	A++	47.62	A++	54.76	A+	43.53
上海交通大学中国发展研究院	A	38.65	A+	30.00	A	32.81	A−	23.47	A+	43.17
中共甘肃省委党校	A	39.07	A+	35.91	A	29.62	A+	49.32	A+	42.87
中国经济体制改革研究会	A++	49.57	A++	52.07	A+	40.78	A++	54.98	A+	42.76
清科研究中心	A	35.18	A	28.71	A+	32.78	A+	47.56	A+	42.67
中国人民大学国际货币研究所	A+	47.78	A++	45.10	A	38.24	A	49.09	A+	42.36
北京大学国际战略研究院	A	33.80	A++	32.18	A	30.43	A	32.07	A+	40.49
中国财政科学研究院	A	44.79	A++	51.88	A++	46.92	A+	50.22	A+	40.17
同济大学德国研究中心	A	37.17	A−	25.45	A−	22.41	A−	27.49	A+	35.77
复旦大学美国研究中心	A	37.01	A−	27.45	A	22.57	A	31.25	A+	33.22
中国新闻出版研究院	A	45.64	A+	19.42	A+	30.59	A−	30.11	A+	32.76
北京师范大学中国公益研究院	A++	50.17	A+	43.85	A+	35.49	A	34.24	A+	32.62
中国（海南）改革发展研究院	A−	36.40	A−	24.66	A++	34.39	A++	31.57	A+	32.23
中共农业中央党校	A++	32.62	A++	56.56	A++	41.01	A+	59.28	A+	30.86
自然之友环境研究所	A++	63.08	A+	47.03	A+	51.71	A	48.35	A+	30.34
中国社会科学院工业经济研究所	A+	56.02	A+	46.91	A+	37.66	A+	49.21	A+	30.00
湖南省人民政府发展研究中心	A−	28.06	A	38.38	A	38.76	A	40.88	A+	28.11
中国管理科学研究院	A++	40.32	A++	27.11	A	30.75	A+	32.01	A+	27.67
凤凰国际智库	A+	45.29	A++	49.31	A+	32.53	A+	46.72	A+	26.83
	A+	46.60	A+	37.73	A+	33.59	A+	33.27	A+	26.55

续表

智库名称	2016年 评级	2016年 得分	2017年 评级	2017年 得分	2018年 评级	2018年 得分	2019年 评级	2019年 得分	2020年 评级	2020年 得分
腾讯研究院	A	33.67	A+	40.97	A+	34.38	A+	48.57	A+	26.41
千人智库	A+	42.29	A+	37.70	A	28.61	A-	28.08	A	26.31
上海国有资本运营研究院	A	38.62	A	28.95	A-	23.65	A	31.44	A+	25.81
福卡智库	A++	54.53	A++	47.46	A+	40.02	A+	35.82	A+	25.76
胡润研究院	A-	27.13	A-	23.30	A	29.93	A-	42.58	A+	25.08
知远战略与防务研究所	A+	42.16	A	27.89	A-	25.69	A+	28.86	A+	24.95
中国社会保障学会	A	43.50	A+	42.88	A+	36.68	A+	37.24	A+	24.78
中共安徽省委党校	A	42.38	A	29.29	A-	25.47	A	35.10	A	24.77
中共云南省委党校	A-	24.56	A-	17.41	A-	22.75	A	33.35	A	23.82
易观智库	A++	52.19	A+	43.77	A	30.44	A	37.05	A	23.71
中国政法大学法治政府研究院	A-	30.23	A+	36.92	A+	31.37	A	34.43	A	23.67
中共湖北省委党校	A	25.82	A+	41.43	A++	36.87	A	34.95	A	23.61
中共中央党史和文献研究院	A++	56.91	A++	48.48	A+	43.80	A+	39.33	A	23.61
中共宁夏回族自治区委党校	A	35.93	A-	23.24	A-	25.33	A-	27.07	A	23.56
武汉大学国际法研究所	A	34.27	A	23.75	A	23.71	A	31.69	A	23.51
中国现代国际关系研究院	A+	36.61	A+	29.17	A+	29.89	A+	39.63	A+	23.37
第一财经研究院	A++	62.05	A	29.81	A++	32.85	A	32.40	A	23.28
中国计量科学研究院	A+	46.84	A+	44.28	A+	34.78	A+	32.73	A	23.00
四川省社会科学院	A+	48.03	A-	43.55	A-	40.36	A-	36.10	A	22.99
水利部发展研究中心	A	36.18	A-	26.01	A	25.37	A	29.16	A	22.95
中国社会科学院世界经济与政治研究所	A-	27.66	A	32.77	A+	38.99	A++	54.32	A	22.86

第三章 中国智库的数字倡导

续表

智库名称	2016年 评级	2016年 得分	2017年 评级	2017年 得分	2018年 评级	2018年 得分	2019年 评级	2019年 得分	2020年 评级	2020年 得分
中国教育科学研究院	A	34.07	A++	52.55	A+	32.89	A+	38.12	A	22.83
国家发展和改革委员会宏观经济研究院	A+	40.90	A++	45.67	A+	34.82	A	33.61	A	22.63
中共江苏省委党校	A+	45.94	A	26.58	A-	23.65	A	33.43	A	22.45
厦门大学教育研究院	A	36.82	A-	25.66	A-	23.49	A-	28.22	A	22.43
兰州大学中亚研究所	A-	25.71	A-	23.61	A-	23.77	A-	23.03	A	22.19
中国林业科学研究院	A	27.38	A	24.86	A	27.80	A+	44.83	A	22.18
中共北京市委党校	A-	33.46	A+	40.82	A-	23.15	A	34.01	A	22.15
上海国际问题研究院	A	34.10	A	29.67	A	28.76	A	34.87	A	22.09
中国社会科学院农村发展研究所	A	39.23	A	28.39	A+	32.74	A+	37.43	A	22.06
上海市环境科学研究院	A-	27.46	A-	23.72	A	32.15	A-	29.16	A	21.72
上海市城市规划设计研究院	A++	51.41	A	25.51	A+	35.48	A	36.71	A	21.67
中共陕西省委党校	A	39.98	A+	43.09	A+	35.64	A	34.09	A	21.62
中国国际问题研究院	A	43.03	A-	21.19	A+	37.02	A+	37.44	A	21.62
中国城市科学研究会	A	34.89	A	32.54	A-	34.68	A-	29.08	A	21.45
中国环境科学研究院	A	39.59	A+	42.70	A+	35.73	A	36.54	A	21.38
浙江大学公共政策研究院	A-	29.64	A-	22.54	A-	25.15	A-	29.41	A	21.36
内蒙古自治区社会科学院	A-	26.21	A-	21.10	A	30.23	A	30.62	A	21.04
中共广东省委党校	A	34.29	A	28.73	A-	24.54	A	33.74	A	21.00
厦门大学王亚南经济研究院	A	33.60	A	26.48	A-	25.20	A-	26.15	A	20.94
中国延安干部学院	A	34.53	A	30.16	A-	25.15	A	34.20	A	20.87
国观智库	A	37.40	A-	24.61	A-	25.87	A+	44.32	A-	20.64

· 45 ·

续表

智库名称	2016年 评级	2016年 得分	2017年 评级	2017年 得分	2018年 评级	2018年 得分	2019年 评级	2019年 得分	2020年 评级	2020年 得分
中国就业促进会	A+	42.42	A+	41.89	A	29.96	A-	29.31	A-	20.37
中共重庆市委党校	A-	33.26	A	28.36	A-	22.99	A	32.46	A-	20.34
草根智库	A+	41.86	A-	21.96	A-	22.80	A-	23.99	A-	20.29
河南省社会科学院	A+	44.79	A+	34.20	A	27.24	A	33.07	A-	20.13
中国社会科学院财经战略研究院	A-	31.96	A+	32.78	A	28.34	A+	37.97	A-	20.05
浙江大学金融研究院	A	37.19	A-	22.32	A	27.69	A-	24.65	A-	20.05
中国人口与发展研究中心	A-	31.44	A-	25.41	A-	23.51	A-	33.82	A-	19.89
国家应对气候变化战略研究和国际合作中心	A-	33.20	A-	22.98	A++	22.15	A-	29.74	A-	19.86
华中师范大学中国农村研究院	A-	30.98	A-	25.42	A++	25.47	A	30.77	A-	19.81
上海市社会科学院	A++	56.01	A++	48.99	A++	42.47	A+	37.30	A-	19.80
一带一路百人论坛	A+	42.09	A	30.80	A-	44.08	A	33.17	A-	19.77
中共河南省委党校	A-	32.58	A+	41.67	A	25.49	A	30.68	A-	19.56
上海金融与法律研究院	A++	55.48	A++	47.20	A+	44.78	A+	34.76	A-	19.54
中国土地政策与法律研究中心	A-	26.13	A-	15.14	A-	25.01	A-	23.83	A-	19.34
北京市社会科学院	A++	57.55	A+	41.19	A+	38.01	A	33.63	A-	19.25
中国能源研究会	A+	42.52	A	44.09	A	31.76	A	32.18	A-	19.25
贵州省社会科学院	A+	40.57	A	32.21	A+	29.50	A-	28.82	A-	19.22
中国国土资源经济研究院	A-	25.17	A-	24.69	A+	35.14	A-	27.34	A-	18.96
中共浙江省委党校	A-	31.25	A-	34.57	A	31.17	A	31.40	A-	18.77
中国气象科学研究院	A	35.23	A	29.75	A-	23.78	A	29.58	A-	18.70
清华大学国家金融研究院	A-	27.91	A-	20.32	A	23.90	A	33.42	A-	18.44

第三章 中国智库的数字倡导

续表

智库名称	2016 年 评级	2016 年 得分	2017 年 评级	2017 年 得分	2018 年 评级	2018 年 得分	2019 年 评级	2019 年 得分	2020 年 评级	2020 年 得分
中共山西省委党校	A -	25.82	A	32.33	A	29.79	A -	29.70	A -	18.30
山东省社会科学院	A +	41.59	A +	43.03	A	27.17	A	34.06	A -	18.17
商务部国际贸易经济合作研究院	A + +	49.43	A + +	33.27	A	29.63	A	32.47	A -	18.16
中国国际经济交流中心	A	47.32	A + +	49.23	A +	36.30	A +	37.65	A -	18.16
交通运输部规划研究院	A -	28.70	A -	23.39	A	27.55	A -	29.32	A -	17.99
中共湖南省委党校	A	33.56	A -	25.74	A -	23.53	A	32.02	A -	17.75
湖南省社会科学院	A	35.97	A +	40.87	A +	35.51	A	31.41	A -	17.66
中共河北省委党校	A -	25.97	A -	24.93	A	21.94	A -	30.30	A -	17.63
河北省社会科学院	A -	26.28	A -	39.20	A	28.97	A -	25.78	A -	17.49
华东师范大学中国现代城市研究中心	A -	28.51	A -	25.95	A -	22.06	A -	25.69	A -	17.35
国网能源研究院	A -	28.46	A -	25.39	A	29.70	A	29.24	A -	17.24
天津市社会科学院	A +	41.62	A +	34.64	A -	21.65	A	31.61	A -	17.10

注：仅包括五年均在前三百的 116 家机构，按 2020 年指数降序排列；如机构在 2016～2020 年发生重组或者撤并，机构名称以最新为准，例如，中共中央编译局相关数据并入中共中央党史和文献研究院。

· 47 ·

盘古智库、中国金融四十人论坛、中国城市和小城镇改革发展中心、国务院发展研究中心、察哈尔学会。在现实中，这些智库也都有较高的知名度和较大的规模，这为其在新媒体上的高排名提供了资源保障与支持。

当然，我们也发现，中国智库数字倡导行为能够连续五年排名前300的智库仅有116家，这意味着许多机构是在某一年或者某几年形成了短暂的突出影响，但可持续性较弱。

第二，部分中国智库五年内的评级情况有较大变化，有的机构的排名上升趋势明显，而有的机构则出现了明显的下滑。

在五年内智库评级呈上升趋势（2020年评级高于2016年评级）的有29家，其中有高校智库8家，企业与社会智库7家，党政部门智库4家，党校行政部门智库4家，社科院智库3家，军队智库1家，科研院所智库2家。大量的高校智库虽然规模较小，但它们正积极利用新媒体扩大自身影响力，如同济大学德国研究中心、上海交通大学中国发展研究院、复旦大学美国研究中心、兰州大学中亚研究所等。

有6家智库在五年内的评级呈较快的上升趋势，它们是（排名不分先后）：中国人民解放军军事科学院、中国农业科学院、北京大学国家发展研究院、中国社会科学院国家金融与发展实验室、湖南省人民政府发展研究中心、胡润研究院。它们在五年内均上升了至少两级，均由A−级上升到A+级或由A级上升到A++级。此外，综合开发研究院（中国·深圳）、腾讯研究院、中共甘肃省委党校、清科研究中心、中共湖北省委党校、北京大学国际战略研究院、中国（海南）改革发展研究院等智库在五年内的排名也呈现上升趋势。

同时，部分智库在五年内的评级呈下降趋势（2020年评级低于2016年评级），其中以企业与社会智库、党政部门智库和社科院智库为主体。一方面，可能这部分智库更多活跃在微博平台而非头条平台，导致其在2019~2020年的表现不如2016~2018年；另一方面，企业与社会智库和党政部门智库容易受市场或部门调整的影响而发生变化，从而运行不稳定，造成排名下降。

第三，不同类型的智库在整体评级分布上呈现较大差异，评级靠前的智库多为企业与社会智库和党政部门智库，评级位于中后段的智库多为高校智库和党校行政学院智库。

对比各类智库发展情况，可以发现评级稳定于前段（连续五年均位于A++级或A+级）的智库大部分为企业与社会智库和党政部门智库，而评级稳定位于中后段（连续五年均在A-级和A级）的智库大部分为高校智库和党校行政学院智库。五年内评级稳定于A++级和A+级的智库共有28家，其中13家为企业与社会智库，5家为党政部门智库。这表明企业与社会智库和党政部门智库在新媒体空间能够不断适应平台的变化，提高自己的内容生产能力，发挥强大的影响力。

评级稳定于中后段（连续五年均在A级和A-级）的智库有27家，其中有高校智库10家，党校行政学院智库8家。五年内稳定进入前300的高校智库和党校行政学院智库有大部分排名位于中后段，它们占据了中后段智库的2/3。这部分智库大多为省级地方党校和高校下属智库，由于规模较小或为地区性智库，全国知名度相对较低，虽然在五年内都进入了智库前300，但难以在短时间内形成突出的实力，进入A+级和A++级。但它们仍然能够依靠高校和地方提供的相对稳定资源，维持自己的一定影响力。

不过，我们也观察到，一些高校智库出现了比较明显的评级增幅，有近1/2的高校智库在五年内评级呈上升趋势。因此，高校智库作为高校对外拓展影响力的重要机构，正依托学校资源不断利用新媒体扩大自身影响力。

第四，中国智库在不同新媒体平台上的内容生产强度和传播效果存在显著差异。

智库在评级上的变化既反映了智库排名在时间趋势上的变动，同时也揭示了智库在不同平台之间的活动及影响差异。2016~2018年的CTTBI指标计算是基于微信、微博平台的统计数据，而2019~2020年的指标计算是基于微信、头条平台的统计数据。因此，我们对2016~2018年和2019~2020年两个阶段智库排名的跃迁情况进行了比较，其中部分机构在微信和微博平台的活跃程度和影响力更大，如上海市社会科学院、上海金融与法律研究院、北京市社会科学院四家智库在 2016～2018 年的表现明显优于 2019～2020 年。而与之相对，一些机构在微信和头条平台上表现得更突出，如综合开发研究院（中国·深圳）、中国社会科学院国家金融与发展实验室两家智库在 2019～2020 年的表现明显优于 2016～2018 年。这说明智库在不同时间和不同平台上的表现并不是均匀分布的，一些机构能够不断适应新的传播环境从而增强自身影响力，而有的机构影响力逐步衰微。部分智库在微信、微博和头条平台上表现差异巨大，也有部分智库在各个平台上均保持着非常出色的表现，在各类新媒体中发挥着稳定的影响力。

整体而言，中国智库在不同新媒体平台上的活跃度和影响力存在趋势上的差异，中国智库在微信平台上的发展势头逐年稳定上升，而在微博和头条平台上则无此现象。对比整体智库在四类平台的表现，可以发现，随着时间的推移，中国智库在微信公众号上的发文量、阅读量和点赞量都呈稳步上升的趋势，而在微博专家号和头条号上的表现稳定性较低。观察微信、微博和头条平台历年发文量－篇均阅读量/点赞量的散点图，也可以发现类似现象，如有更多智库的微信公众号逐渐向发文量相对较高、篇均阅读量相对较高的区域转移发展，而在微博、头条平台上则呈现向发文量较低的区域转移的趋势。一个可能的原因是，微信平台的强社交属性和长文本多媒体编辑形式赋予了中国智库更舒适的行动空间。

二 中国智库数字倡导代表性案例

为了说明中国智库在 2016～2020 年在新媒体平台中的具体表现，考虑智库在五年的综合表现、排名变化和类型，我们从观测智库样本中遴选出 15 家代表性机构，并详细分析这 15 家智库在 2016～2020 年的数字倡导行为情况及其背后反映出的机构特点。

本次选出的代表性机构的名称（类型）如下：中共中央党校（党校行政学院智库）、中国科学院（科研院所智库）、中国科学技术协会（科研院所智库)、中国社会科学院(社科院智库)、国务院发展研究中心(党政部门智库)、中国城市和小城镇改革发展中心(党政部门智库)、瞭望智库(党政部门智库)、中国农业科学院(党政部门智库)、北京大学国家发展研究院(高校智库)、中国人民大学重阳金融研究院(高校智库)、中国人民解放军军事科学院(军队智库)、全球化智库(企业与社会智库)、盘古智库(企业与社会智库)、中国金融四十人论坛(企业与社会智库)、察哈尔学会(企业与社会智库)。中国各代表性智库类型发布见图3.1。

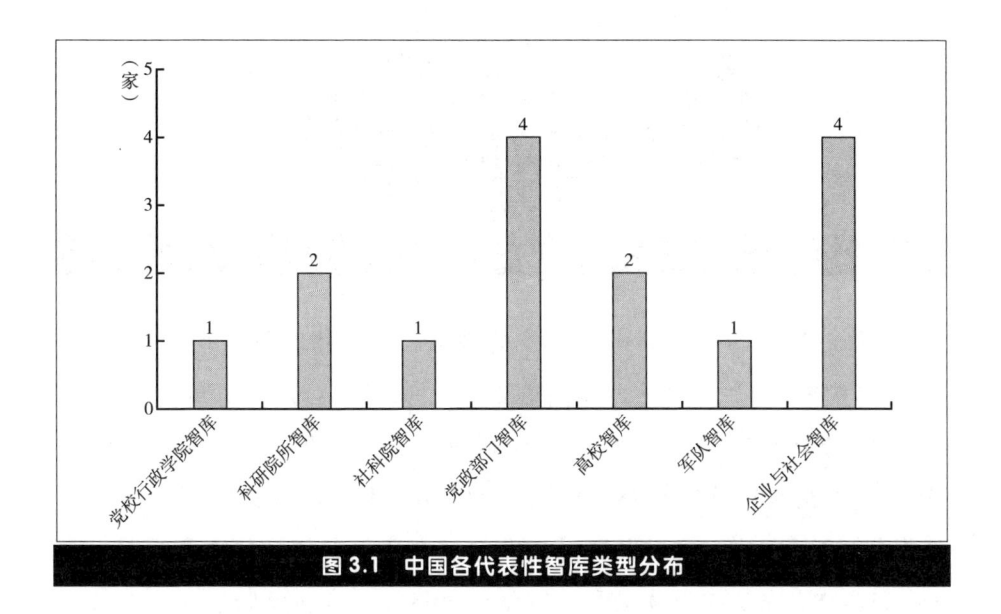

图3.1 中国各代表性智库类型分布

(一)中共中央党校

中共中央党校(国家行政学院)是党中央培训全国高中级领导干部和优秀中青年干部的学校,是研究宣传习近平新时代中国特色社会主义思想、推进党的思想理论建设的重要阵地,是首批国家高端智库建设试点单位之一。中共中央党校是党校行政学院类型的高端智库,2016~2020年其评级稳定在A++级和A+级,在微信、微博和头条等新媒体平台上的影响力都位于前列。

中共中央党校在微信平台上的发文主题紧紧围绕机构在坚持党的思想路线、推进党的理论创新方面的核心职能，发文内容既有理论研究和思想宣传（"中国特色社会主义""理论""科学"等），也体现了对党和政府的日常工作的密切关注（"习近平""重要讲话""最新"等）。具体见图3.2。

图 3.2　中共中央党校在微信平台上观测期内的累计发文词云

2016~2020年，中共中央党校的微信公众号指数排名均保持前列，尤其是2019~2020年排名均保持在前20。其发文总量为2388篇，篇均阅读量达3489.30次，点赞总量超12.12万个。2016年，其发文量为246篇，篇均阅读量为1948.31次。2020年，发文量达1228篇，篇均阅读量达4899.85次。可以发现，其发文量在逐年增加，其文章质量、关注度和影响力在篇均阅读量和点赞量两个指标上有所反映，在一众智库的微信公众号中表现优秀，尤其是阅读量和点赞量，非常突出。例如，2020年6月，中共中央党校发布的《开讲啦！党校公开课第一讲："中国共产党的文化使命"》一文获超10万次阅读量。

2016~2018年，中共中央党校的微信引用指数排名均保持在前20，其中2017年和2018年分列当年排名的第4与第3。机构在微信内容空间的引用文章总量达39.23万篇，引用文章的篇均阅读量为144.03次，点赞总量为45.95万个。中共中央党校在微信平台上的年均引用文章量约为13.08万篇，且篇均阅读量和点赞量均保持着较高水平值，表明其在微信内容空间的影响力不断扩大。

2016~2018年，中共中央党校的微博专家号指数排名保持在前20。其发文总量为14.23万篇，评论总量和点赞总量分别为4.08万次和4.58万个。中共中央党校在微博平台上的发文量2016年为3366篇，2017年最多，为8389篇，2018年有所下降，为2479篇。

2019~2020年，中共中央党校虽然没有在头条号平台上开设官方账号发布文章，但在引用方面，2019年中共中央党校的头条引用指数排名第3，仅次于中国科学院和中国社会科学院。机构2019年在头条内容空间的引用文章总量为4.28万篇，篇均阅读量为2.98万次，篇均点赞量为571.14个。可以看出，中共中央党校在头条平台影响力十分强大，篇均阅读量和点赞量都表现突出。

（二）中国科学院

中国科学院承担着重要的科学技术研究与咨询职能，是25家首批国家高端智库建设试点单位之一。中国科学院成立于1949年，是中国自然科学领域最重要的智库之一，2016~2020年其评级连续保持在A++级，在微信、微博和头条等新媒体平台上都稳定发挥着强大的影响力。

中国科学院在微信和头条平台上的发文主题主要围绕科研创新成果介绍和科学研究进展与突破等，体现了其科学技术研究与提供咨询的职能特点，发文内容有前沿科学研究（"进展""发现""揭示"等），也涉及具体的各领域知识（"环境""植物""量子"等）。具体见图3.3。

2016~2020年，中国科学院的官方微信公众号在科学传播和知识科普事业上做出了有益尝试和突出贡献，已成为兼顾专业视角和大众关切的代表性案例。在2020年，中国科学院的官方微信公众号年度发文量已超过2000篇，篇均阅读量为3703.08次；发文阅读量有146篇超过1万次。例如，2020年1月，中国科学院微信公众号的发文《科学家发现一批可能对新型肺炎有治疗作用的老药和中药》阅读量超10万次，体现了中国科学院微信

图 3.3　中国科学院在微信和头条平台上观测期内的累计发文词云

公众号对科技前沿和现实议题的关注，而这种关注也获得了突出的传播效果。

2016~2018 年，中国科学院微信引用指数排名保持在前列，2017~2018 年保持在首位。在微信内容空间的引用文章总量达 112.30 万篇，引用文章的篇均阅读量为 91.52 次，点赞总量为 120.33 万个。

2016~2018 年，中国科学院微博专家号指数排名保持在前 3。其发文总量为 12.34 万篇，评论总量和点赞总量分别为 154.54 万次和 635.07 万个。2016 年，机构微博专家号发文量超 4.95 万篇，篇均评论量为 8.03 次。2018 年，其发文量接近 2.06 万篇，篇均评论量为 17.83 次。虽然发文量有一定下降，但中国科学院在微博专家号上发文的质量得到了明显提升。

2019 年，中国科学院的头条引用指数排名第 1，在头条平台有着强大的影响力。机构在头条平台上的引用文章总量为 24.75 万篇，篇均阅读量为 1.23 万次，篇均点赞量为 205.02 个。

2019~2020 年，中国科学院头条号指数排名保持在前 10。其发文总量为 9107 篇，篇均阅读量达 8183.27 次，篇均评论量为 14.09 次。2019 年，机构在头条平台上发文 3845 篇，篇均阅读量超过 1.25 万次，篇均评论量为 18.81 次。2020 年，其发文量为 5262 篇，篇均阅读量为 5014.54 次，篇均评论量为 10.65 次。中国科学院在头条平台上的发文量较快增加的同时，发文传播效果有所减弱。

（三）中国科学技术协会

中国科学技术协会是中国科学技术工作者的群众组织，是中国共产党领导下的人民团体，是党和政府联系科学技术工作者的桥梁和纽带，是国家推动科学技术事业发展的重要力量；是首批国家高端智库建设试点单位之一。中国科学技术协会是中国最具影响力的科研院所智库之一，2016~2020年其评级一直保持在A++级，在微信、微博和头条等社交媒体平台上都有稳定和强大的影响力。

中国科学技术协会在微信和头条平台上的发文主题主要围绕科技领域新闻（"要闻""今日""创新"等）和基础科学知识普及（"科普"、"真相""原因"等），与人民群众联系紧密。具体见图3.4。

图 3.4　中国科学技术协会在微信和头条平台上观测期内的累计发文词云

2016~2020年，中国科学技术协会的微信公众号指数排名均保持在前30。其发文总量超1.65万篇，篇均阅读量达3.00万次，点赞总量为510.17万个。2016年，其发文量为869篇，篇均阅读量为162.37次。2020年，其发文量为5308篇，篇均阅读量超4.65万次。中国科学技术协会共有9739篇文章阅读量超1万次，其中1870篇文章阅读量超10万次。可以发现，随着时间推移，中国科学技术协会微信公众号上的发文量和传播效果皆迅速上升，影响力明显增强。

2016~2018年，中国科学技术协会微信引用指数排名均保持在前30。机构在微信内容空间的引用文章总量达14.89万篇，引用文章的篇均阅读量为166.47次，点赞总量超25.32万个。

2016~2018年，中国科学技术协会微博专家号指数排名保持在前10。其发文总量为7542篇，评论总量和点赞总量分别为52.86万次和117.03万个。可以看出，其在微博平台上的传播效力非常大。中国科学技术协会在微博平台上的发文量先升后降，互动活跃度则先降后升。发文量由2016年的1329篇上升到2017年的3891篇，2018年2322篇；篇均评论量由2016年的91.07次到2017年的48.16次再到2018年的94.82次；篇均点赞量由2016年的173.34个降至2017年的93.46个再升至2018年的248.17个。

2019年，中国科学技术协会头条引用指数排名第4。机构2019年在头条内容空间的引用文章总量超2.22万篇，篇均阅读量为1.09万次，篇均点赞量为178.32个。可以看出，中国科学技术协会在头条平台上引用率极高，影响力较强。

2019~2020年，中国科学技术协会头条号指数排名保持在前20，2019年进入前10。其发文总量为8207篇，机构头条平台发文的篇均阅读量达3438.20次。中国科学技术协会在头条平台上的发文量从2019年的2623篇增长为2020年的5584篇。

（四）中国社会科学院

中国社会科学院是国家哲学社会科学领域的资深研究机构，是25家首批国家高端智库建设试点单位之一。中国社会科学院有较大的实体规模，在社科领域居重要地位，2016~2020年其评级一直保持在A++级，在微信、微博和头条等新媒体平台上都有稳定和强大的影响力。

中国社会科学院作为国家哲学社会科学领域的智库，在微信和头条平台上的发文主题紧密围绕中国的政治哲学理论及国家公共政策等，发文内容既有理论方面（"经济理论""马克思主义""中国特色社会主义"等），也有具体的政策内容（"疫情""医改""教育"等），还涉及一些重要的领袖思想学习（"习近平""毛主席""精神"等）。具体见图3.5。

图3.5 中国社会科学院在微信和头条平台上观测期内的累计发文词云

2016~2020年，中国社会科学院相关微信公众号的表现不俗，篇均阅读量达1508.53次。相关账号发布的内容也表现出对现实问题的高度关切，例如2017年2月，中国社会科学院公共政策研究中心账号发布的《社科院｜为什么要取消事业编制？（一）》一文关注事业编制与人事制度改革问题，获超3.60万次阅读量。

2016~2018年，中国社会科学院微信引用指数排名均保持在前50。机构在微信内容空间的引用文章总量达43.43万篇，引用文章的篇均阅读量为77.76次，点赞总量为30.93万个。

在2016~2018年，中国社会科学院微博专家号指数排名保持在前10。其发文总量为9.76万篇，评论总量和点赞总量分别为134.58万次和370.29万个。中国社会科学院在微博平台上的发文数量和质量均呈上升趋势，其发文量从2016年的1.65万篇增长为2018年的3.99万篇；篇均评论量从8.80次增长为15.83次；篇均点赞量从2016年的18.22个上升为2018年的38.17个。

2019年，中国社会科学院头条号引用指数排名第2，仅次于中国科学院。机构2019年在头条平台上的引用文章总量为7.70万篇，篇均阅读量为1.40万次，篇均点赞量为234.41个。可以看出，中国社会科学院在头条平台有着较强的影响力。

2019~2020年，中国社会科学院头条号指数排名保持在前10。其发文总量为1918篇，虽然发文量有限，但得到了广泛的关注：篇均阅读量达2.98万次，篇均评论量为261.39次。中国社会科学院在头条平台上的发文量、篇均阅读量和篇均评论量都有大幅度的提升，发文量从2019年的361篇增长为2020年的1557篇；篇均阅读量从1.30万次增长为3.37万次；篇均评论量由47.27次增长为311.04次。中国社会科学院正积极利用头条平台扩大自己的影响力，在头条平台上的表现日益突出。

（五）国务院发展研究中心

国务院发展研究中心是直属国务院的政策研究和咨询机构，主要职责是对国民经济、社会发展和改革开放中的重大问题进行政策研究，对重大改革方案、重大政策及实施效果开展第三方评估，向公众和国际社会解读国家重大公共政策。国务院发展研究中心是首批国家高端智库建设试点单位之一，2016~2020年其评级一直保持在A++级，在微信、微博和头条等新媒体平台上有较高声誉。

国务院发展研究中心在微信和头条平台上的发文主题紧密围绕其研究国家经济社会改革发展的核心职能（"发展""改革"等），发文内容主要与经济发展相关（"经济""金融""投资"等），也关注科技创新（"人工智能""创新""科技"等），颇具国际视角（"海外""美国""世界"等）。具体见图3.6。

2016~2020年，国务院发展研究中心的微信公众号指数排名均保持在前列。其发文总量为5422篇，篇均阅读量为486.30次，点赞总量为2.00万个。2016年，其发文量为1313篇，篇均阅读量为447.48次。2020年，发文量为457篇，篇均阅读量为698.10次。可以发现，整体而言，国务院发展研究中心在微信公众号平台上发布的内容数量较高，但随着时间的推移和新媒体平台的拓展，国务院发展研究中心微信公众号平台的内容输出量逐

图 3.6　国务院发展研究中心在微信和头条平台上观测期内的累计发文词云

渐减少，但阅读量和点赞量有所上升，这说明国务院发展研究中心智库的文章质量有所提升，观点影响力也在逐渐加强。2019 年 7 月，国务院发展研究中心账号发布的《【海外智库看中国】"中美贸易战"》一文关注中美贸易战问题，获超 1.20 万次阅读量。

在 2016~2018 年，国务院发展研究中心微信引用指数排名均保持在前 30。机构在微信内容空间的引用文章总量达 15.00 万篇，引用文章的篇均阅读量为 133.86 次，点赞总量为 15.62 万个。国务院发展研究中心在微信平台上的年均引用文章量约为 5.00 万篇，且篇均阅读量和点赞量都呈上升趋势，均保持着较显著的影响力。

2016~2018 年，国务院发展研究中心微博专家号指数排名保持前列。其发文总量为 527 篇，评论总量和点赞总量分别为 408 次和 2248 个。国务院发展研究中心在微博平台上的发文数量和质量均呈上升趋势，其发文量从 2016 年的 15 篇增长为 2018 年的 402 篇。

2019 年，国务院发展研究中心头条引用指数排名第 6。机构 2019 年在头条内容空间的引用文章总量超 2 万篇，篇均阅读量为 1.20 万次，篇均点赞量为 131.17 个。可以看出，国务院发展研究中心在头条平台上的影响力较强。

2019~2020 年，国务院发展研究中心头条号指数排名保持在前 20。其发文总量为 970 篇，虽然发文量有限，但得到了一定的关注，机构头条平台发文篇均阅读量为 6764.01 次，篇均评论量为 9.18 次。国务院发展研究中心在头条平台上的发文量和篇均评论量都有大幅度的提升,发文量从2019年的336篇增长为2020年的634篇;篇均评论量由6.93次增长为10.38次。篇均阅读量差别不大,2019年为7512次,2020年为6367次。国务院发展研究中心在头条平台上注重发表文章,与其受众积极交流,扩展自己的影响力。

(六)中国城市和小城镇改革发展中心

中国城市和小城镇改革发展中心是专门从事城镇化和城镇发展政策研究和决策咨询的专业机构,同时也承担着国家发展改革委及国家相关单位部门有关农村发展改革和政策研究咨询的职能,并负责全国小城镇发展改革试点的指导工作。中国城市和小城镇改革发展中心是中国最具影响力的党政部门智库之一,2016~2020年其评级一直保持在A++级,在微信、微博和头条等社交媒体平台上都有稳定的影响力。

中国城市和小城镇改革发展中心在微信和头条平台上的发文主题紧密围绕其研究城镇化发展的核心职能,发文内容既有宏观的城镇发展政策("城镇化""大城市""小镇""改革"等),也有具体案例分析("北京""上海""特色""推广"等)。具体见图3.7。

图3.7 中国城市和小城镇改革发展中心在微信和头条平台上观测期内的累计发文词云

2016～2020年，中国城市和小城镇改革发展中心微信公众号指数排名均保持在前30，其中2016～2019年排名稳定在前10，2020年稍有下降。其发文总量为7563篇，篇均阅读量达2679.89次，点赞总量为10.31万个。2016年，其发文量为1811篇，篇均阅读量为2112.70次。2019年，发文量为1306篇，篇均阅读量为3376.19次，2020年回落（2082.39次）。这说明其能够凭借机构本身实力、公众对该领域的关注度提升以及文章内容质量吸引广泛的关注。中国城市和小城镇改革发展中心共有236篇文章阅读量超过1万次。阅读量超过1万次的文章中，2016年发布的有33篇，2017年有52篇，2018年有72篇，2019年有60篇，2020年有19篇。

2016～2018年，中国城市和小城镇改革发展中心微信引用指数排名靠前。机构在微信内容空间的引用文章三年总量达9809篇，引用文章的篇均阅读量为412.36次，点赞总量超4.83万个。

在2016～2018年，中国城市和小城镇改革发展中心微博专家号指数排名保持在前100名。其发文总量为19篇，评论总量和点赞总量分别为19次和30个。可以看出，其微博专家号使用度低。

2019年，中国城市和小城镇改革发展中心头条引用指数排名35，在头条内容空间的引用文章总量为1515篇，篇均阅读量为2.17万次，篇均点赞量为343.55个。

2019～2020年，中国城市和小城镇改革发展中心头条号指数排名保持在前20。其发文总量为1111篇，篇均阅读量达4957.33次，篇均评论量为7.20次。中国城市和小城镇改革发展中心在头条平台上的发文量上升，但篇均阅读量和篇均评论量都有所下降，发文量从2019年的300篇增长为2020年的811篇，篇均阅读量从7838.56次降为3891.53次，篇均评论量由12.81次降低为5.13次。

（七）瞭望智库

瞭望智库是新华社批准成立的、立足于国情国策研究的智库，依托新华社遍布全球的信息调研网络与深耕国策研究的基因，获得了财政部中央文化产业资金专项支持，并与《财经国家周刊》形成了"一刊一智库"的呼应格局。瞭望智库是中国最具影响力的党政部门智库之一，2016~2020年其评级一直保持在A++级，在微信、微博和头条等社交媒体平台上都有稳定的影响力，在微信公众号和头条平台的影响力最为强大。

瞭望智库在微信和头条平台上的发文主题广泛，关注国内外各方面资讯，发文内容既有国内的国情国策（"香港""南海""中央"等），也有全球各国的重大事件（"美国""日本""印度"等）。具体见图3.8。

图3.8 瞭望智库在微信和头条平台上观测期内的累计发文词云

2016~2020年，瞭望智库微信公众号指数排名均保持在前10。其发文总量超1.10万篇，篇均阅读量达6.05万次，点赞总量为667.01万个。2016年，其发文量为1360篇，篇均阅读量为3.73万次。2019年，其发文量为2162篇，篇均阅读量超7.33万次。2020年，发文量为2089篇，篇均阅读量超6.41万次。瞭望智库共有10724篇文章阅读量超过1万次，占发文总量的96.64%，其中2747篇阅读量超10万次，2016年阅读量超过10万次的文章有122篇，2017年有488篇，2018年有690篇，2019年有875篇，2020年有572篇。其中，2017年发布的《印度撤军了！》一文不仅阅读量超过10万次，点赞量也超过1.70万个。

2016～2018年，瞭望智库微信引用指数排名前列，2017～2018年上升至前30名。机构在微信内容空间的引用文章总量超3.45万篇，引用文章的篇均阅读量为1496.14次，点赞总量达26.92万个。可以看出，瞭望智库在微信平台上的影响力较高。

2016～2018年，瞭望智库微博专家号指数排名保持在前100。其发文总量为1174篇，评论总量和点赞总量分别为569次和1055个。瞭望智库在微博平台上的发文量显著下降，由2016年的1101篇降至2017年的33篇，2018年40篇。

2019年，瞭望智库头条引用指数排名第8。机构在头条内容空间的引用文章总量为5145篇，篇均阅读量为8.29万次，篇均点赞量为1562.60个。可以看出，瞭望智库在头条平台有着极强的影响力。

2019～2020年，瞭望智库头条号指数排名保持在前3。其发文总量为3185篇，篇均阅读量达7.63万次，篇均评论量为71.33次。中国科学技术协会在头条平台上的发文量上升，从2019年的1474篇增长为2020年的1711篇。

（八）中国农业科学院

中国农业科学院作为党政部门智库，充分发挥学科、专业门类齐全，高级科技人才集聚的优势，其研究围绕我国农业、农村经济和农业科技发展中的重大问题，成为国家"三农"问题和农业科技发展战略研究的学术重镇。中国农业科学院在2016年评级为A–级，2017～2019年稳定在A++级，2020年则被评为A+级，整体在微信、微博和头条等新媒体平台上都表现突出。

中国农业科学院在微信和头条平台上的发文主题紧密围绕其研究"三农"问题和农业科技发展的职能，发文内容既包括农业方面的科技创新（"科研""创新""揭示""水稻"等），也涉及农村经济建设等（"扶贫""乡村振兴"等）。具体见图3.9。

图 3.9 中国农业科学院在微信和头条平台上观测期内的累计发文词云

2016~2020年，除了2016年未开设微信公众号①外，2017~2020年，中国农业科学院微信公众号指数排名均保持在前100。其发文总量为1650篇，篇均阅读量达713.23次，点赞总量为1.09万个。2017年，其发文量为393篇，篇均阅读量为391.00次。2020年，其发文量为511篇，篇均阅读量为776.87次。可以发现，随着时间的推移和社交平台影响力的增强，中国农业科学院在微信公众号平台上的表现有所进步。纵观中国农业科学院在微信公众平台上的表现，可以发现从文章数、篇均阅读量、点赞量各项指标来看，其表现都较为良好，且在积累中进步。

2016~2018年，中国农业科学院微信引用指数排名均保持在前40，2017年和2018年较2016年的排名有很大提升。机构在微信内容空间的引用文章总量达10.46万篇，引用文章的篇均阅读量为248.06次，点赞总量为19.90万个。中国农业科学院在微信平台上的年均引用文章量约为3.49万篇。

2016~2018年，中国农业科学院的微博专家号运营取得明显进步，2017年之后，机构的微博专家号指数排名均保持在前100。其2016~2017年的发展态势尤其突出，发文总量为324篇，评论总量和点赞总量分别为6537次和7284个。中国农业科学院在微博平台上的发文数量和质量均呈显

---

① 中国农业科学院的微信公众号注册于2017年3月。

著上升趋势，其发文量从2016年的74篇增长为2017年的250篇；篇均评论量从0.03次增长为26.14次；篇均点赞量从2016年的0.05个上升为2018年的29.12个。

2019年，中国农业科学院头条引用指数排名第7。机构在头条内容空间的引用文章总量为2.19万篇，篇均阅读量为0.76万次，篇均点赞量为122.51个。可以看出，中国农业科学院在头条平台引用文章量较大，影响力较高。

2019~2020年，中国农业科学院头条号指数排名由2019年的32名下降至2020年的64名。其发文总量为35篇，在发文量有限的基础上得到了少量关注和反馈，2019年机构头条平台发文篇均阅读量为1669.38次，2020年为373.00次。

（九）北京大学国家发展研究院

北京大学国家发展研究院作为高校智库，秉承"小机构、大网络"的理念，在政府与市场的关系、新农村建设、土地、国企改革、电信改革、股市治理、人口政策以及经济结构调整等诸多重大问题上，提出了有一定影响力的政策建议。该机构也是首批国家高端智库建设试点单位之一。在2016~2020年的评级中，北京大学国家发展研究院2016年为A-级，2017年为A+级，2018年为A++级，2019年为A+级，2020年又上升至A++级，呈现显著的进步势头，在微信、微博和头条等新媒体平台上都展现出逐渐上升的影响力。

北京大学国家发展研究院在微信和头条平台上的发文主题主要围绕国家经济社会发展，发文内容既包括对经济社会问题的评析（"全球企业""货币""改革""挑战"等），也有对讲座等活动的介绍（"研讨会""举行""公开课"等）。比较特别的是，该机构特别强调专家学者的品牌作用，诸多学者（如"林毅夫""姚洋""黄益平"等）也是经常出现的高频词。具体见图3.10。

图3.10 北京大学国家发展研究院在微信和头条平台上观测期内的累计发文词云

2017~2020年[①]，北京大学国家发展研究院的微信公众号指数排名取得大幅进步，2019~2020年稳定在前30。其发文总量为1052篇，篇均阅读量达2974.25次，点赞总量为3.50万个。2017年，其发文量为81篇，篇均阅读量为213.86次。2020年，发文量为429篇，篇均阅读量为3621.23次。可以发现，北京大学国家发展研究院在微信公众号平台的表现在逐步提升，2019~2020年实现了文章数、阅读量、点赞量的各方面提升跨越，进步趋势显著。2020年4月，北京大学国家发展研究院账号发布的《王缉思：新冠疫情下的中美关系》一文获超10万次阅读量。

在2016~2018年，北京大学国家发展研究院微信引用指数排名均保持在前30，其中2018年排名第7。机构在微信内容空间的引用文章总量达4.32万篇，引用文章的篇均阅读量为823.92次，点赞总量为25.72万个。北京大学国家发展研究院在微信平台上的年均引用文章量为1.44万篇，虽然引用文章量逐年下降，但北京大学国家发展研究院在微信内容空间引用文章的篇均阅读量和点赞量呈现跨越式上升。

2016~2018年，北京大学国家发展研究院微博专家号指数排名逐年上升，由2016年的142名上升至2018年的24名。2017~2018年表现尤其突出，发文总量为2690篇，评论总量和点赞总量分别为3374次和7918个。

[①] 2017年9月，北京大学国家发展研究院认证官方微信公众号。

北京大学国家发展研究院发文质量呈上升趋势，2018年发文量有所下降，为156篇，但得到了2969次的评论和6767个的点赞。

2019年，北京大学国家发展研究院头条引用指数排名第25。机构头条号的引用文章总量为4261篇，篇均阅读量为0.96万次，篇均点赞量为161.03个。

2019~2020年，北京大学国家发展研究院的头条号表现不俗。2020年，其在头条平台上的发文总量为359篇，虽然发文量有限，但也得到了一定的关注，其头条平台发文篇均阅读量为1236.26次。

（十）中国人民大学重阳金融研究院

中国人民大学重阳金融研究院是中国最具影响力的高校智库之一，近年来其金融发展、全球治理、大国关系、宏观政策等研究在国内外均有较高认可度。2016~2020年其评级一直保持在A++级，在微信、微博和头条等社交媒体平台上都有稳定和强大的影响力。

中国人民大学重阳金融研究院在微信和头条平台上的发文主题广泛，主要发文内容既包括金融研究（"货币""投资""资本"等），也包括大国关系、国际局势（"全球化""一带一路""美国"等）。具体见图3.11。

2016~2020年，中国人民大学重阳金融研究院微信公众号指数排名均

图3.11 中国人民大学重阳金融研究院在微信和头条平台上观测期内的累计发文词云

保持在前30。其发文总量为5960篇，篇均阅读量达1645.90次，点赞总量为9.08万个。2016年，其发文量为939篇，篇均阅读量为748.69次。2020年，发文量为1336篇，篇均阅读量为3447.57次。可以发现，随着时间的推移，中国人民大学重阳金融研究院的发文量和篇均阅读量在稳步上升，说明其在微信公众平台上影响力逐渐增强。中国人民大学重阳金融研究院发布的文章中共有157篇阅读量超1万次。中国人民大学重阳金融研究院重视通过专业调查对重大问题进行深刻分析，例如机构微信公众号2017年发布的《【深度好文】密集走访欧洲十国后，审视中国优劣势》一文获超10万次阅读量和超2000个点赞量。

2016～2018年，中国人民大学重阳金融研究院微信引用指数排名均保持在前150，2016年排名前30，2017年排名前80，排名稍有下降。机构在微信内容空间的引用文章总量超2.45万篇，引用文章的篇均阅读量为1097.97次，点赞总量为22.31万个。

2016～2018年，中国人民大学重阳金融研究院微博专家号指数排名保持在前20，其中2016年和2018年排名均进入前10。其发文总量超1.15万篇，评论总量和点赞总量分别为7.32万次和22.05万个。可以看出其在微博平台上的传播效力较大。

2019年，中国人民大学重阳金融研究院头条引用指数排名第22。在头条内容空间的引用文章总量为5669篇，篇均阅读量为9775.07次，篇均点赞量为149.75个。

在2019～2020年，中国人民大学重阳金融研究院头条号指数排名保持在前20，2020年排名上升，进入前3。其发文总量为1938篇，篇均阅读量达1.22万次，篇均评论量为27.32次。中国人民大学重阳金融研究院在头条平台上的发文量、篇均阅读量和篇均评论量都在上升，发文量从2019年的471篇增长为2020年的1467篇，篇均阅读量由3555.29次增长为1.49万次，篇均评论量由10.41次增长为32.75次。这说明中国人民大学重阳金融研究院正积极利用头条平台扩展自己的影响力，在头条平台上的表现日益突出。

（十一）中国人民解放军军事科学院

中国人民解放军军事科学院承担着加强军事理论创新、加强国防科技创新、加强军事科研工作组织模式创新的职责，肩负着加快发展现代军事科学、努力建设高水平军事科研机构的使命。作为首批国家高端智库建设试点单位，中国人民解放军军事科学院围绕军事、科技等重大问题开展决策咨询研究，发挥党中央、中央军委的思想库、智囊团作用。其2016年评级为A级，2017年评级为A＋级，2018～2020年保持在A＋＋级，在微信、微博和头条等新媒体平台上都有日益稳定和强大的影响力。

中国人民解放军军事科学院在微信和头条平台上的发文主题紧密围绕其核心职能，与军事科研相关，主要发文内容既包括军事科技（"人工智能""导弹""超声速""无人机"等），也涉及政策战略研究（"政策""能力""发展"等）。具体见图3.12。

图3.12 中国人民解放军军事科学院在微信和头条平台上观测期内的累计发文词云

中国人民解放军军事科学院在2018～2020年[①]发展迅速且势头良好，其微信公众号指数排名均保持在前50。其发文总量为955篇，篇均阅读量达6209.55次，点赞总量超7.98万个。2018年，其发文量为276篇，篇均

---

① 中国人民解放军军事科学院的微信公众号注册于2017年11月。

阅读量为2042.14次。2020年，发文量为420篇，篇均阅读量为8915.15次。可以发现，中国人民解放军军事科学院在微信公众号平台上保持着高质量的内容输出，影响力也越来越大，表现十分优异。值得关注的是，中国人民解放军军事科学院发文量不多，但篇均阅读量和点赞量在高排名机构中均属优秀，其文章和观点的质量与影响力可见一斑。2019年和2020年，中国人民解放军军事科学院微信文章传播力十分强大，共有9篇文章获得超10万次的阅读量，例如，2020年11月中国人民解放军军事科学院账号发布的《全军学习贯彻党的十九届五中全会精神宣讲团到我院作宣讲报告》一文获超10万次阅读量。

2016~2018年，中国人民解放军军事科学院微信引用指数排名有所起伏，2016~2017年排名均位于前20，2018年有所下降。机构在微信内容空间的引用文章总量为7.42万篇，引用文章的篇均阅读量为475.17次，点赞总量为34.11万个。中国人民解放军军事科学院在微信平台上的年均引用文章量为2.47万篇，虽然2018年引用文章量有所下降，但中国人民解放军军事科学院在微信内容空间引用文章的篇均阅读量和点赞量在机构中横向比较都较为突出，尤其是点赞量。

2016~2018年，中国人民解放军军事科学院微博专家号指数排名逐渐升高，由2016年的前100进步至2018年的前30。其发文总量为5164篇，评论总量和点赞总量分别为2017次和5472个。中国人民解放军军事科学院在微博平台上的发文量下降，从2016年的1634篇下降为2018年的669篇，而质量呈上升趋势。

2019年，中国人民解放军军事科学院头条引用指数排名第9。机构在头条内容空间的引用文章总量为7827篇，篇均阅读量为3.45万次，篇均点赞量为694.42个。

2019~2020年，中国人民解放军军事科学院头条号指数排名由2019年的第9下降至2020年的第21。其发文总量为952篇，虽然发文量有限，但得到的关注和互动良好，机构头条平台发文篇均阅读量为7638.82次，篇均评论量为10.40次。

（十二）全球化智库

全球化智库成立于2008年，是中国致力于全球化、全球治理、"一带一路"等领域研究的重要社会智库，也是中国领先的国际化智库。2016~2020年，全球化智库评级一直保持在A++级，相关议题研究在新媒体空间发挥着稳定的影响。

全球化智库在微信和头条平台上的发文主题主要围绕全球治理、全球化等，发文内容既包括国际合作发展（"开放""人才流动""一带一路""改革开放"等），也包括全球治理相关议题（"移民""抗疫"等）。具体见图3.13。

图3.13 全球化智库在微信和头条平台上观测期内的累计发文词云

2016~2020年，全球化智库微信公众号指数排名均保持在前30。其发文总量约为1.08万篇，篇均阅读量达600.90次，点赞总量为16.16万个。全球化智库的发文量和篇均阅读量均呈稳步上升趋势，2016年，全球化智库发文量为1564篇，篇均阅读量为460.21次；2020年，其发文量为2418篇，篇均阅读量为841.71次。值得一提的是，全球化智库微信公众号共有49篇文章阅读量超过1万次，其中2018年10月推送的《党中央机构重磅调整!》和2017年3月推送的《外籍华人"准绿卡"正式实施！回国畅通无阻！》阅读量超过 10 万次。

2016～2018 年，全球化智库微博专家号指数排名保持在前 30。其发文总量为 1357 篇，评论总量和点赞总量分别为 2857 次和 5132 个。2016 年，机构微博专家号发文量为 498 篇。2018 年，其发文量为 345 篇。

2019 年，全球化智库头条引用指数排名前 50，在头条平台有着较强的影响力。机构在头条平台上的引用文章总量为 2436 篇，篇均阅读量为 1.43 万次，篇均点赞量为 226.98 个。虽然引用文章量较小，但全球化智库在头条平台上的引用文章传播效力较大。

2019～2020 年，全球化智库头条号指数排名保持在前 10。其发文总量为 1292 篇，篇均阅读量达 4424.62 次，篇均评论量为 30.94 次。2019 年，机构在头条平台上发文 470 篇，篇均阅读量超 1.03 万次，篇均评论量为 17.87 次。2020 年，其发文量为 1292 篇，篇均阅读量为 2279.63 次，篇均评论量为 35.69 次。全球化智库在头条平台上的发文量呈现快速增长的趋势，篇均阅读量有所下降，但篇均评论量有所增长。

（十三）盘古智库

盘古智库成立于 2013 年，主要聚焦全球治理、"一带一路"、创新驱动、宏观经济等领域的研究。2016～2020 年，盘古智库评级一直保持在 A++级，虽然成立时间较短，但其无疑已成为中国重要的社会智库之一。

盘古智库在微信和头条平台上的发文主题广泛，涉及经济、全球治理、国际合作等，发文内容既包括经济社会发展（"创新""改革""转型"等)，也聚焦国际关切问题（"中美关系""南海""一带一路"等)。具体见图 3.14。

2016～2020 年，盘古智库微信公众号指数排名均保持在前 50，其中 2016～2017 年保持在前 10。其发文总量为 6656 篇，篇均阅读量达 532.26 次，点赞总量为 2.58 万个。2016 年，盘古智库发文量为 1262 篇，篇均阅读量为 609.90 次。2020 年，其发文量为 1113 篇，篇均阅读量为 586.48 次。盘古智库微信公众号共有 10 篇文章阅读量超过 1 万次，其中 2017 年 2 月发布

图3.14 盘古智库在微信和头条平台上观测期内的累计发文词云

的《皮钧：警惕，特朗普终于准备"吊主"了！》获超 2.20 万次阅读量。

2016~2018 年，盘古智库微博专家号指数排名保持在前 10。其发文总量为 1679 篇，评论总量和点赞总量分别为 5.47 万次和 12.19 万个。2016 年，机构微博专家号发文量为 853 篇，篇均评论量为 19.40 次。2018 年，其发文量为 226 篇，篇均评论量为 56.03 次。虽然发文量有所下降，但传播效力有所增大。

2019 年，盘古智库头条引用指数排名前 100。机构在头条平台上的引用文章总量为 2031 篇，篇均阅读量为 3722.82 次，篇均点赞量为 55.51 个。

2019~2020 年，盘古智库头条号指数排名保持在前 30。其发文总量为 1424 篇，篇均阅读量达 3127.17 次，篇均评论量为 14.55 次。盘古智库在头条平台上的发文量、篇均阅读量和篇均评论量呈现上升趋势。2019 年，机构在头条平台上发文 510 篇，篇均阅读量为 2286.97 次，篇均评论量为 12.96 次。2020 年，其发文量为 914 篇，篇均阅读量为 3595.99 次，篇均评论量为 15.43 次。

（十四）中国金融四十人论坛

中国金融四十人论坛成立于 2008 年，专注于经济金融领域的政策研究与交流，是中国最具影响力的非官方、非营利性金融专业智库平台之一。2016~2020 年，中国金融四十人论坛评级一直保持在 A++ 级，在新媒体上发挥着稳定的影响力。

中国金融四十人论坛在微信和头条平台上的发文主题紧密围绕其研究经济金融政策的核心职能，发文内容主要与金融政策相关（"杠杆""汇率""监管""人民币"等）。具体见图3.15。

图3.15 中国金融四十人论坛在微信和头条平台上观测期内的累计发文词云

2016~2020年，中国金融四十人论坛的微信公众号指数排名均保持在前30，除2017年外，排名均位于前10。其发文总量为3908篇，篇均阅读量达5139.67次，点赞总量为12.94万个。中国金融四十人论坛的发文量和篇均阅读量保持相对稳定的状态，2016年，中国金融四十人论坛发文量为800篇，篇均阅读量为2006.59次；2020年，其发文量为761篇，篇均阅读量为8781.35次。中国金融四十人论坛共有507篇文章的阅读量超过1万次，其中2020年3月推送的《高善文：新冠疫情下的全球金融动荡》一文的阅读量超过10万次。

2016~2018年，中国金融四十人论坛微信引用指数排名位于前列，其中2016年排名进入前10。机构在微信内容空间的引用文章总量为4.41万篇，篇均阅读量为813.59次，点赞总量达19.00万个。

2016~2018年，中国金融四十人论坛微博专家号指数排名保持在前列，其中2016年和2018年排名在前50。其发文总量为230篇，评论总量和点赞总量分别为263次和1384个。2016年，机构微博专家号发文量为91篇，篇均评论量为 2.19 次。2018 年，其发文量为 19 篇，篇均评论量为 2.84 次。

2019 年，中国金融四十人论坛头条引用指数排名前 50。机构在头条内容空间的引用文章总量为 2257 篇，篇均阅读量为 4937.82 次，篇均点赞量为 62.59 个。

2019~2020 年，中国金融四十人论坛头条号指数排名保持在前 30。其发文总量为 854 篇，篇均阅读量达 3825.70 次，篇均评论量为 5.42 次。中国金融四十人论坛在头条平台上的发文量、篇均阅读量和篇均评论量均有所下降，2019 年，机构在头条平台上发文 486 篇，篇均阅读量为 4775.36 次；2020 年，其发文量为 368 篇，篇均阅读量为 2571.54 次。

（十五）察哈尔学会

察哈尔学会是中国非官方的外交与国际关系独立智库，以公共外交与国际关系、和平学为主要领域，提供前瞻性的创新思想产品，为官方提供决策支持，为公众提供新理念和新思维。自 2009 年创立以来，察哈尔学会快速发展，目前已成为中国公共外交研究领域的核心机构之一，有力地推动了中国公共外交理论与实践的发展及国际关系社会智库的完善。察哈尔学会是我国最具影响力的社会智库之一，2016~2020 年其评级一直保持在 A++级，在微信、微博和头条等社交媒体平台上都有稳定和强大的影响力。

察哈尔学会在微信和头条平台上的发文主题紧密围绕其研究外交、国际关系的核心职能，发文内容包括国家间关系（"外交""韩国""中美关系""中非"等），外交事件及政策（"对话""研讨会""共同体"等）。具体见图 3.16。

在 2016~2020 年，察哈尔学会微信公众号指数排名均保持在前 50，其中 2016~2018 年排名稳定在前 30。其发文总量为 6198 篇，篇均阅读量达 264.24 次，点赞总量超 1.78 万个。2016 年，其发文量为 869 篇，篇均阅读量为 266.33 次。2018 年发文 1519 篇，篇均阅读量 217.00 次。2020 年，发文量为 1159 篇，篇均阅读量为 324.01 次。可以发现，察哈尔学会微信公号

图 3.16 察哈尔学会在微信和头条平台上观测期内的累计发文词云

上的发文量自 2018 年达到顶峰后稍有下降，但传播效力不降反增，说明其内容质量在提高。察哈尔学会共有 5 篇文章阅读量超 1 万次，其中 2018 年发布的《张敬伟：中美贸易战走向危险不归路？》一文阅读量超 1.70 万次。

2016~2018 年，察哈尔学会微信引用指数排名均保持在前列，2017 年排名在前 100。机构在微信内容空间的引用文章总量达 7935 篇，引用文章的篇均阅读量为 571.33 次，点赞总量超 2.75 万个。

2016~2018 年，察哈尔学会微博专家号指数排名保持在前 50，其中 2017 年达到前 20。其发文总量为 6262 篇，评论总量和点赞总量分别为 11.05 万次和 17.56 万个。察哈尔学会在微博平台上的发文数量和质量均在 2017 年达到峰值，2017 年发文 5295 篇，评论量超 11.03 万次，点赞量超 17.52 万个。

2019 年，察哈尔学会头条引用指数排名前 100。机构在头条内容空间的引用文章总量为 1063 篇，篇均阅读量超 1.95 万次，篇均点赞量为 362.41 个。

2019~2020 年，察哈尔学会头条号指数排名保持在前 25。其发文总量为 1027 篇，篇均阅读量达 3760.69 次，篇均评论量为 3.16 次。察哈尔学会在头条平台上的发文量上升，从 2019 年的 287 篇增长为 2020 年的 740 篇，但篇均阅读量有所下降，从 7172.90 次降为 2437.30 次。

第四章
解构中国智库数字倡导行为

本章按照空间平台和时间变化对中国智库的数字倡导行为进行了细致观察，分析了中国智库在微信、微博和头条平台上的整体趋势和活跃群体发展情况，并剖析了历年中国智库大数据指数。具体关注与回答了如下问题：中国智库在不同新媒体平台上的数字倡导行为呈现哪些差异；不同媒体平台上活跃的中国智库群体的具体发展情况如何；不同类型的智库群体在历年的整体数字倡导活跃度如何，传播效果又如何。

一 中国智库在微信平台上的整体趋势与活跃群体分析（2016~2020年）

本小节的内容包括两个部分：其一，通过建立2016~2020年面板数据，对中国智库在微信平台上的整体活动趋势做出宏观刻画；其二，通过锁定五年内均有发文行为的活跃群体，对中国智库在微信平台上的活跃群体进行细致分析。

（一）中国智库在微信平台上的整体趋势分析

关键结论

经过2016~2020年的发展，中国智库在微信平台上的数字倡导行为整体呈蓬勃发展趋势。这不仅表现为中国智库在微信平台上的发文规模在稳步扩大后步入成熟稳定期，还表现为阅读量、点赞量等表征发文传播效果的指标呈现不断攀升的态势。整体来看，各类智库的发文量和传播效果指标也都呈现不同程度的增长，其中科研院所智库表现最为突出。同时，微信平台上智库开展数字倡导活动的整体实力也在不断提升。发文量相对较低、篇均阅读量相对较低（第三象限）的智库数量越来越少，更多智库逐渐向发文量相对较高、篇均阅读量相对较高的区域（第一象限）转移。

为了观察智库在微信平台上的大数据变化趋势，我们将2018年以后的数据按照最初的510家名录进行匹配，形成五年面板数据。[①]

2016~2020年，在微信平台上发文的智库数量整体呈先上升后稳定的

---

① 由于经历两次名录拓展，我们无法直接对名单变动前后采集的数据进行比较。

趋势。2016~2019 年，发文的智库数量从 146 家上升到 233 家；2019~2020 年发文的智库数量基本保持稳定，从 233 家变为 229 家。特别是在 2016~2017 年，在微信平台上发文的智库数量大幅上升，一年内增加了 58 家（见图 4.1）。

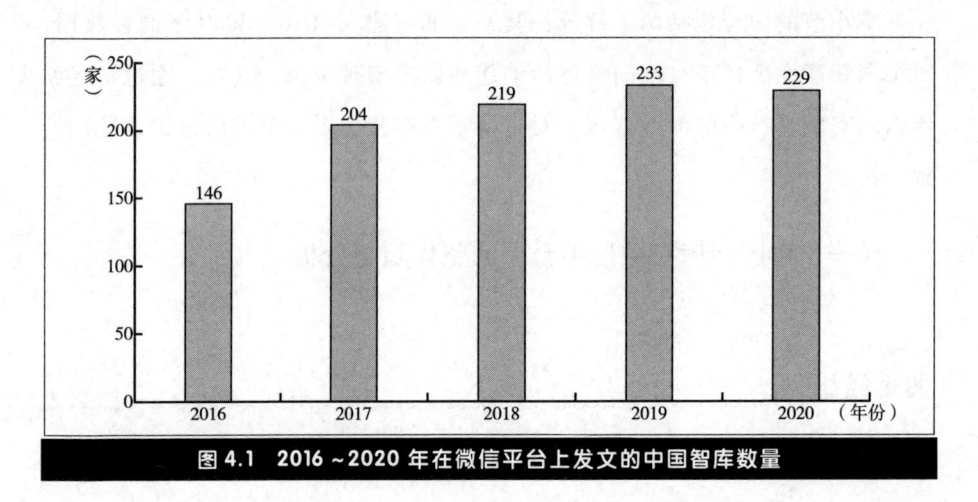

图 4.1 2016~2020 年在微信平台上发文的中国智库数量

通过比较 2016~2020 年智库在微信平台上的发文量、阅读量和点赞量源数据，可以看出 2016~2020 年中国智库发文量、阅读量和点赞量都呈上升趋势（见图 4.2）。

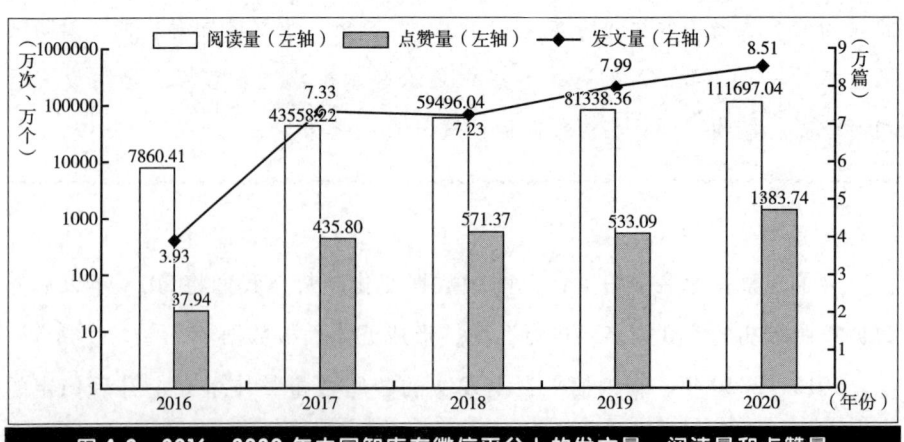

图 4.2 2016~2020 年中国智库在微信平台上的发文量、阅读量和点赞量

其中，中国智库在微信平台上的发文总量从 2016 年的 3.93 万篇大幅度上涨到 2017 年的 7.33 万篇后，在 2018 年有一定回落，这与 2016～2017 年在微信平台上发文的机构数量由 146 家上涨为 204 家密切相关。发文量从 2018 年的 7.23 万篇开始稳步上升至 2020 年的 8.51 万篇。中国智库在微信平台上的阅读总量从 2016 年的 7860.41 万次稳步上升为 2020 年的 11.17 亿次。中国智库在微信平台上的点赞总量从 2016 年的 37.94 万个稳步上升至 2018 年的 571.37 万个，在 2019 年有一定回落，而后在 2020 年大幅上升，点赞总量从 2019 年的 533.09 万个上升到 2020 年的 1383.74 万个，增加了 850.64 万个。这可能与疫情期间公众线上活动依赖度和频率增加，以及发文质量提升相关。

通过比较七类智库在微信平台上的平均发文量、篇均阅读量和平均阅读点赞比[①]3 个指标，可以发现，各类智库的平均发文量在 2016～2020 年都呈上升趋势（见图 4.3），这与所有智库在微信平台上发文总量变化的趋势相符合。

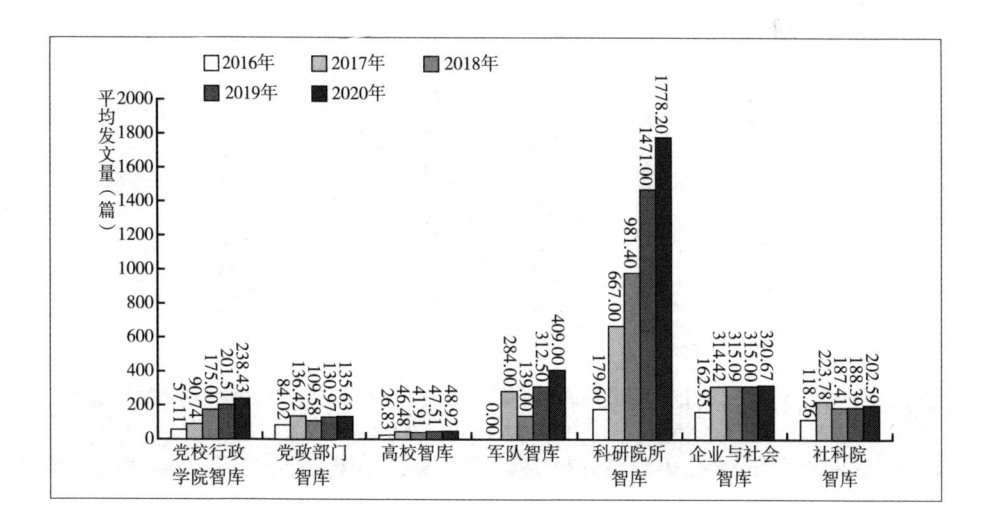

① 平均发文量：某类智库微信公众号当年发文总量/当年发文的该类智库数量。
篇均阅读量：某类智库微信公众号当年发文的阅读总量/该类智库微信公众号当年发文总量。
平均阅读点赞比：某类智库微信公众号当年发文的点赞总量/该类智库微信公众号当年发文的阅读总量。

数字倡导 | 新媒体时代的中国与全球智库 |

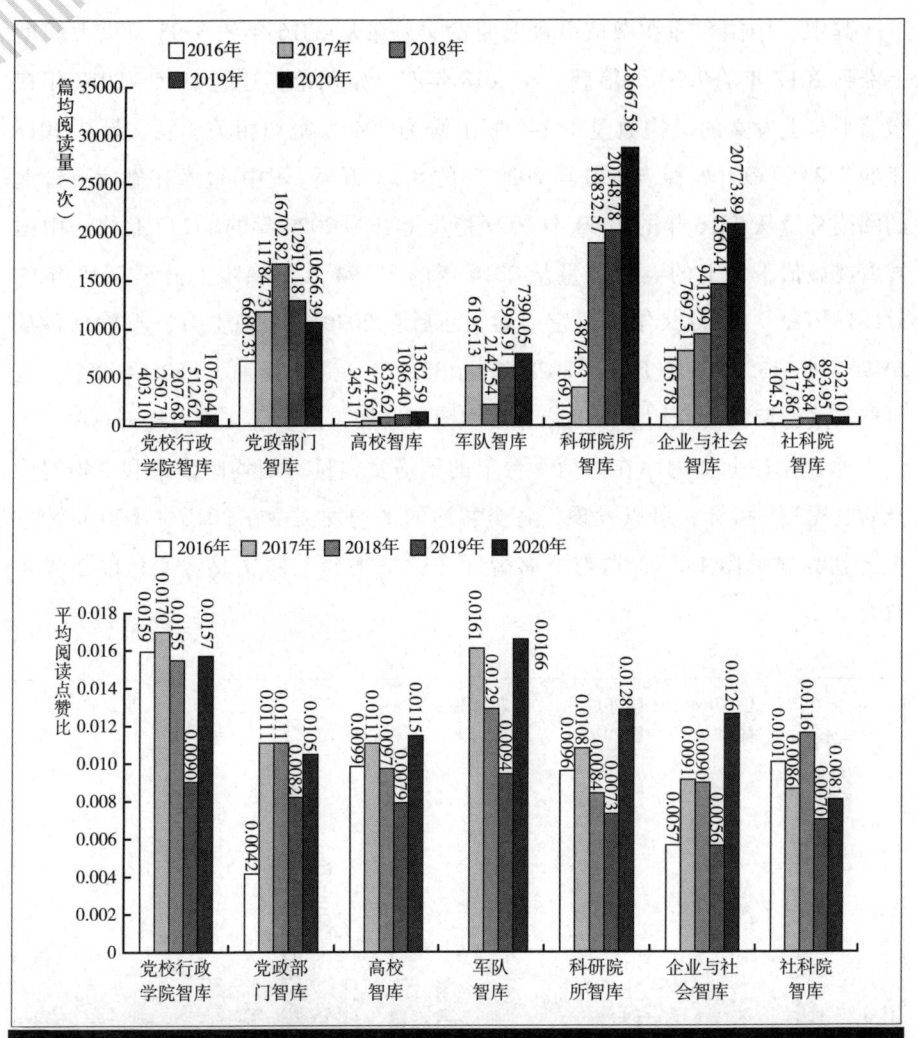

图4.3 2016~2020年各类智库在微信平台上的平均发文量、篇均阅读量和平均阅读点赞比

其中，科研院所智库的平均发文量最多且上升幅度最大。在篇均阅读量这一指标上，科研院所智库依然表现突出，在2017~2018年大幅上升后该指标一直保持在第一名。同时，党政部门智库和企业与社会智库在这一指标上也表现优秀，发文质量相对较高。平均阅读点赞比这一指标与其他两个指标呈现不同的趋势，在2016~2020年波动发展。各类智库在这一指标上表现较为均衡，党校行政学院智库和军队智库表现相对突出。

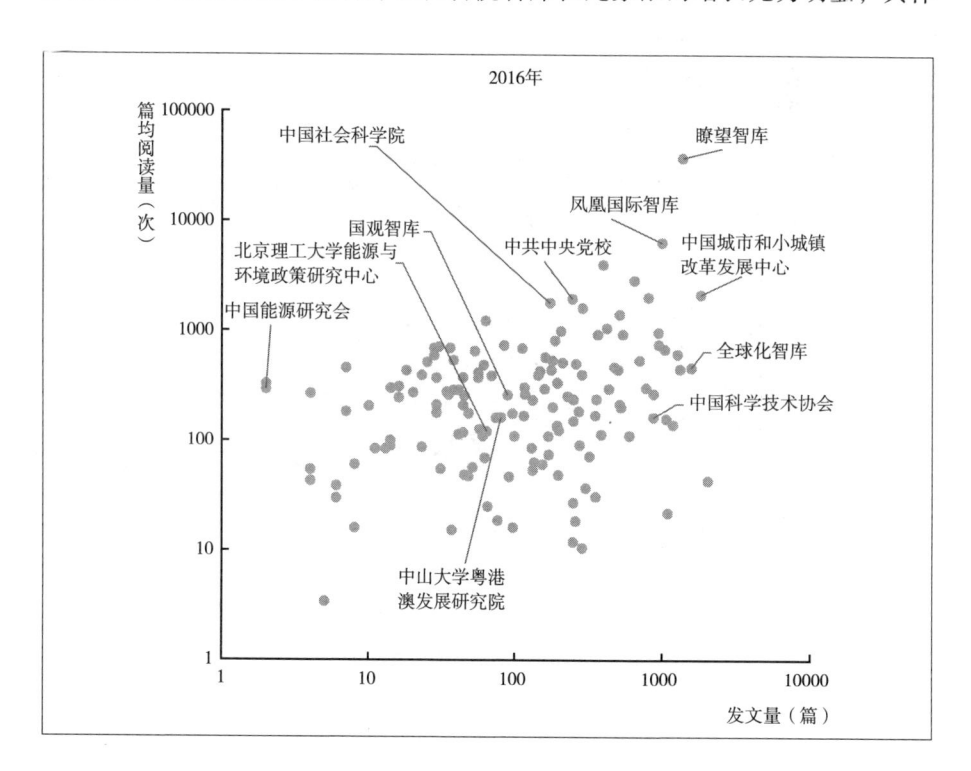

根据2016~2020年中国智库在微信平台上的"发文量-篇均阅读量"散点图，我们分别以发文量达100篇和篇均阅读量达100次为基准，划分出区别在微信平台上机构发文量（多或少）以及篇均阅读量（高或低）的四个象限。可以发现，智库微信公众号整体运营情况越来越好，篇均阅读量高（第一象限和第二象限）的智库数量逐年增加；发文量大、篇均阅读量低（第四象限）的智库数量有下降趋势（见图4.4）。

每个象限的具体描述如下。

第一象限为发文量多（大于或等于100篇）、篇均阅读量高（大于或等于100次）的分组，处于该组的智库在发文量和篇均阅读量上都有较强竞争力。纵观2016~2020年，进入第一象限的智库数量呈上升趋势，党政部门智库、党校行政学院智库和社科院智库在此象限的增长尤为明显，具体

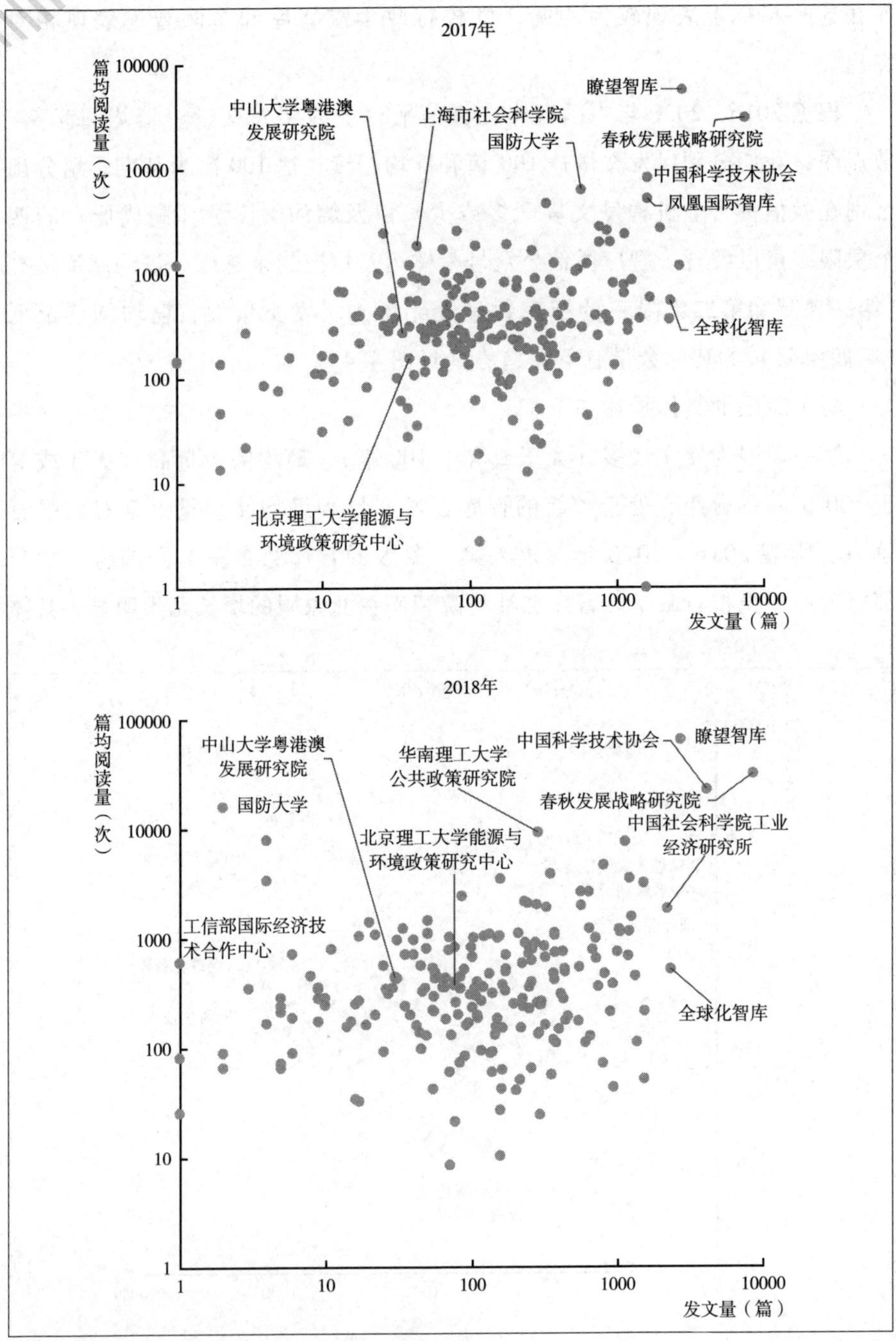
2017年
篇均阅读量（次）
100000
10000
1000
100
10
1
1
10
100
1000
10000
发文量（篇）
瞭望智库
中山大学粤港澳
发展研究院
上海市社会科学院
国防大学
春秋发展战略研究院
中国科学技术协会
凤凰国际智库
全球化智库
北京理工大学能源与
环境政策研究中心
2018年
篇均阅读量（次）
100000
10000
1000
100
10
1
1
10
100
1000
10000
发文量（篇）
中山大学粤港澳
发展研究院
国防大学
华南理工大学
公共政策研究院
中国科学技术协会
瞭望智库
春秋发展战略研究院
中国社会科学院工业
经济研究所
北京理工大学能源与
环境政策研究中心
工信部国际经济技
术合作中心
全球化智库

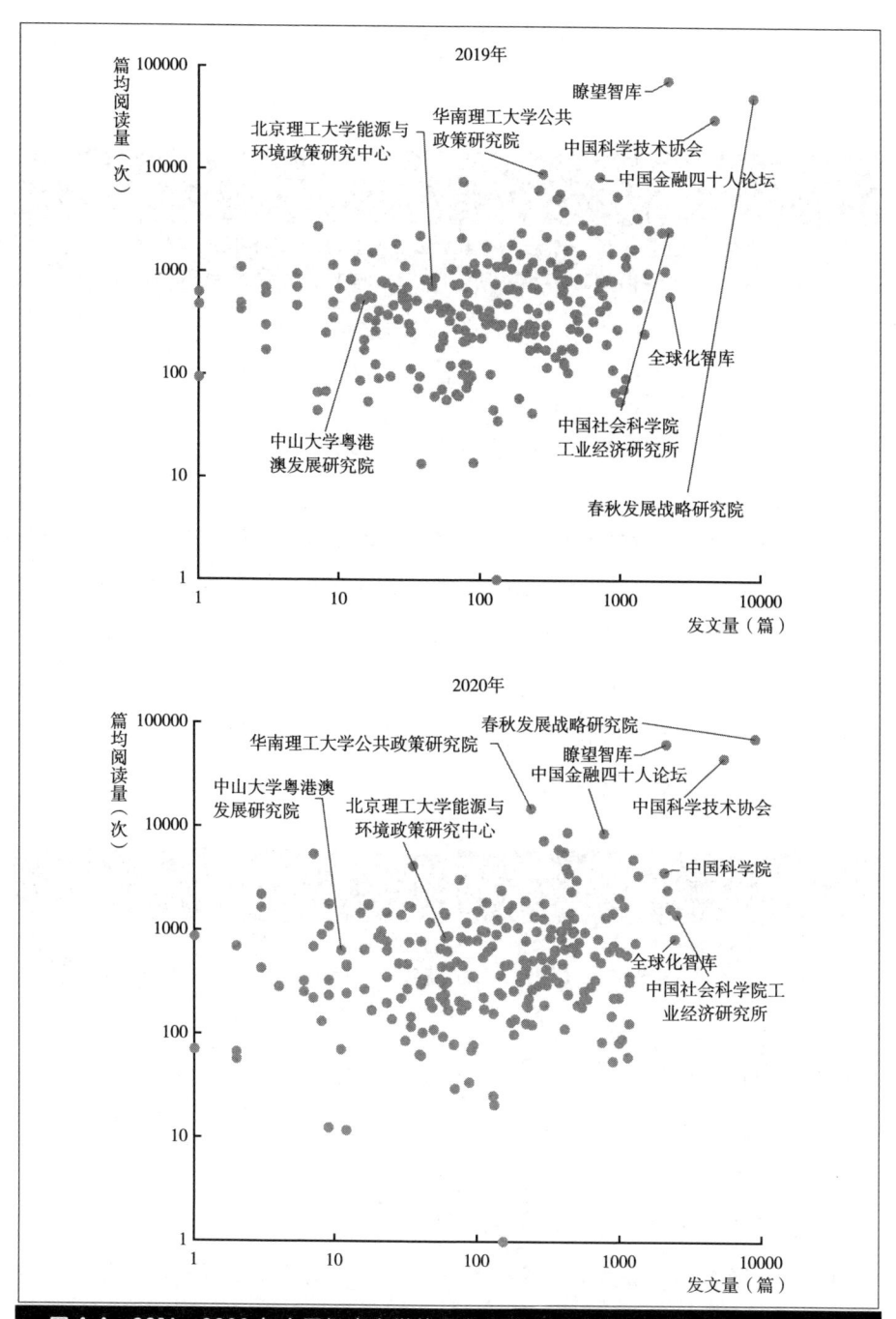

第四章 解构中国智库数字倡导行为

图 4.4 2016~2020年中国智库在微信平台上的"发文量-篇均阅读量"散点图

见表4.1。长期位于第一象限的代表性智库有：瞭望智库、中国科学技术协会和全球化智库。

表4.1 2016~2020年进入第一象限的各类智库数量

单位：家

年份	高校智库	企业与社会智库	党政部门智库	党校行政学院智库	社科院智库	科研院所智库	军队智库	总计
2016	18	25	11	5	2	1	0	62
2017	25	30	18	9	7	2	1	92
2018	22	35	21	14	11	2	1	106
2019	21	33	26	16	14	3	2	115
2020	21	31	28	17	18	4	2	121

第二象限为发文量少（小于100篇）、篇均阅读量高（大于或等于100次）的分组，处于该分组的智库虽然发文量不突出，但文章的篇均阅读量较高。进入第二象限的智库数量在2016~2017年有较大的增长，而在2017~2020年保持相对稳定，具体见表4.2。高校智库是第二象限智库的主体类型。长期位于第二象限的代表性智库有：中山大学粤港澳发展研究院、北京理工大学能源与环境政策研究中心。

表4.2 2016~2020年进入第二象限的各类智库数量

单位：家

年份	高校智库	企业与社会智库	党政部门智库	党校行政学院智库	社科院智库	科研院所智库	军队智库	总计
2016	21	6	9	4	4	1	0	45
2017	34	13	14	7	10	1	0	79
2018	41	10	15	6	6	1	1	80
2019	45	14	11	8	6	2	0	86
2020	42	15	10	10	5	1	0	83

第三象限为发文量少（小于100篇）、篇均阅读量低（小于100次）的分组，处于该分组的智库在发文量和文章的篇均阅读量上都有所不足。该象限智库数量总体较少，且数量相对稳定，具体见表4.3。

表 4.3 2016~2020 年进入第三象限的各类智库数量

单位：家

年份	高校智库	企业与社会智库	党政部门智库	党校行政学院智库	社科院智库	科研院所智库	军队智库	总计
2016	4	6	7	2	3	0	0	22
2017	2	5	5	2	2	0	0	16
2018	7	3	3	0	4	0	0	17
2019	8	4	4	2	4	0	0	22
2020	7	2	3	0	4	0	0	16

第四象限为发文量多（大于或等于100篇）、篇均阅读量低（小于100次）的分组，处于该分组的智库在发文量上较为突出，但是篇均阅读量还有待提升。进入该分组的智库数量总体也较少，且在发展中呈减少趋势，具体见表 4.4。

表 4.4 2016~2020 年进入第四象限的各类智库数量

单位：家

年份	高校智库	企业与社会智库	党政部门智库	党校行政学院智库	社科院智库	科研院所智库	军队智库	总计
2016	2	2	3	1	8	0	0	16
2017	0	5	1	5	8	0	0	19
2018	1	3	3	2	7	0	0	16
2019	2	3	0	0	5	0	0	10
2020	2	3	0	0	3	0	0	8

（二）中国智库在微信平台上的活跃群体分析

我们将在全部观测年份均有持续发文行为的智库群体称为"活跃群体"，并对各个平台上的活跃智库群体进行专门分析。发文量是衡量智库在新媒体平台上自主活跃程度的基础性指标。虽然新媒体极大降低了使用者的进入成本，更多的智库能够拥有自主发声的渠道，但是缺乏资源和能力的智库往往难以维持长久的发文行为。一方面，维持机构在平台上有一定的发文量是智库保持数字倡导活跃的必然要求；但另一方面，平台数字倡导的效果又取决于复杂多重的因素，不仅与机构原有的资源和声誉相关，也与文章质量和发文时机等相关。因此，智库持续发文也不一定会带来传播效果的提升。综上，我们对各平台活跃群体的专门分析涉及两个部分：一是考察该智库群体在平台上发文量的增长变化趋势；二是考察该智库群体在平台上的分区变化情况。

关键结论

2016~2020年，微信平台上活跃群体的发文行为呈现两极分化的态势。发文增长量为正的机构和为负的机构数量基本持平。与此同时，不同类型智库的发文增长量变化不一。高校智库和企业与社会智库在发文增长量为正和为负的机构中都占有较大比例；社科院智库发文增长量为负的机构占比更高，该类智库在整体上也呈现发文规模的萎缩。微信平台上高活跃群体的评级情况也呈现多样化的趋势。在评级中持续稳定靠前的多为企业与社会智库和党政部门智库；而评级下降较多的多为社科院智库和高校智库。

2016~2020年，在微信平台上均有发文的中国智库共有117家，这117家智库即中国智库在微信平台上的活跃群体。

1. 活跃群体的发文行为分析

为了考察中国智库在微信平台上的活跃群体的发文增长情况，我们利用回归拟合得到这117家机构发文的年均增长斜率，记为发文增长量。发文增长量排在前10位的中国智库活跃群体的发文变化趋势如图4.5所示。

117家机构在微信平台上的平均发文增长量为27.21篇/年，有59家机构发文增长量为正，57家机构发文增长量为负，1家机构发文增长量为0。其中，59家机构大多属于企业与社会智库、党政部门智库和高校智库，分别为16家、15家和15家；还有党校行政学院智库6家、社科院智库6家

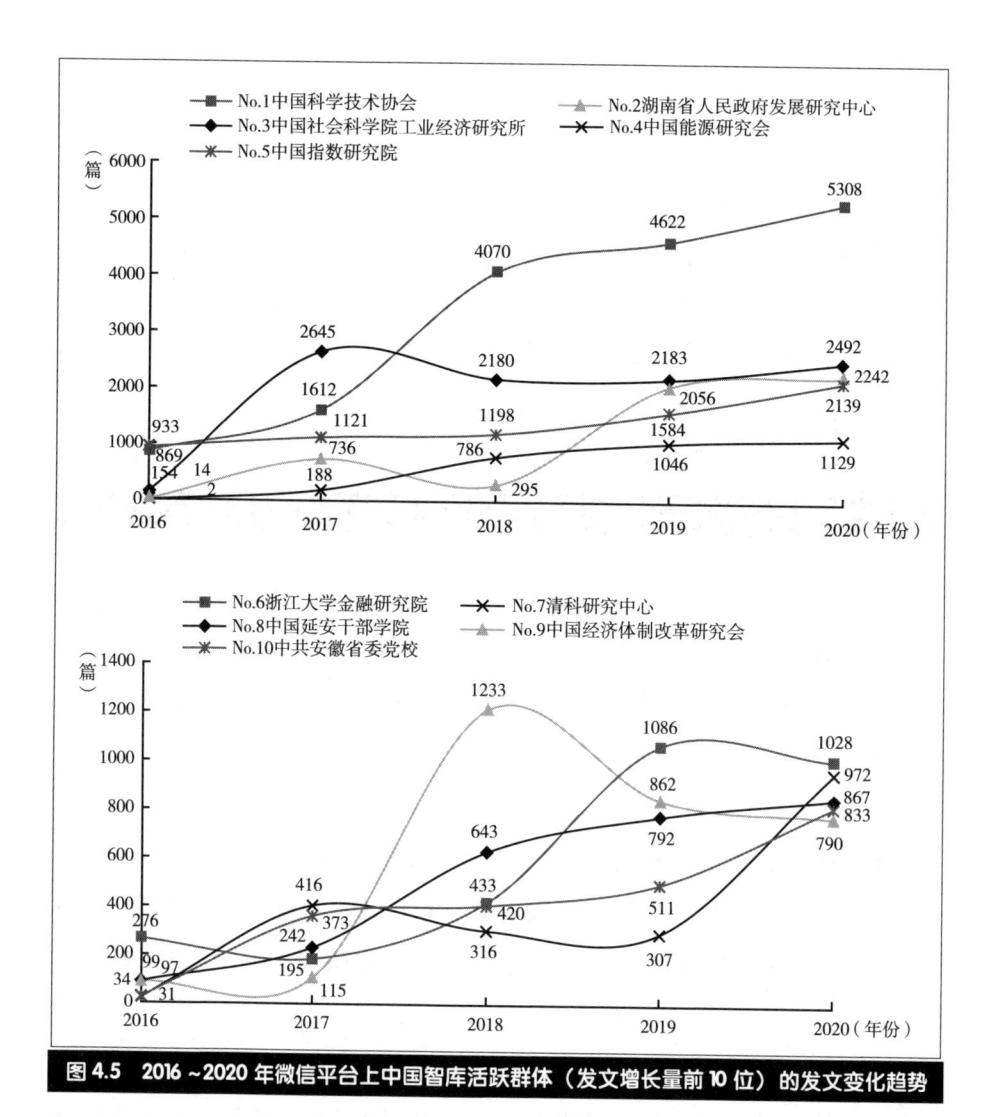

图 4.5　2016～2020 年微信平台上中国智库活跃群体（发文增长量前 10 位）的发文变化趋势

和科研院所智库 1 家。57 家机构主要为高校智库、企业与社会智库和社科院智库，分别为 18 家、18 家和 10 家，还有党校行政学院智库 4 家、党政部门智库 7 家。

我们按照机构性质分组，计算了各类智库的平均发文增长量，结果如图 4.6 所示。从机构类型来看，除社科院智库外，其他类型智库 2016～2020 年平均发文增长量均为正，但不同类型智库的平均发文增长量差异仍较大。

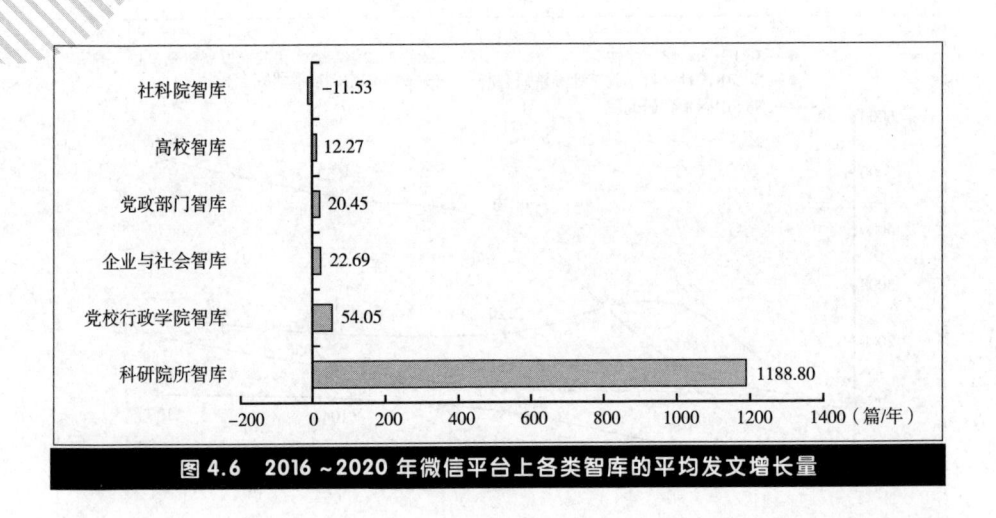

智库类型	平均发文增长量
社科院智库	-11.53
高校智库	12.27
党政部门智库	20.45
企业与社会智库	22.69
党校行政学院智库	54.05
科研院所智库	1188.80

图 4.6 2016～2020 年微信平台上各类智库的平均发文增长量

在这 117 家机构中，由于科研院所智库仅有中国科学技术协会一家，且其发文增长量在 117 家机构中排名第 1，科研院所智库平均发文增长量远高于其他类型智库。社科院智库 2016～2020 年平均发文增长量为负。

2. 活跃群体的评级情况

我们将每年微信公众号指数排 1～30 名的机构标注为 A++级，31～80 名标注为 A+级，81～150 名标注为 A 级，151～300 名注为 A-级，得到历年微信公众号指数的评级。我们对活跃群体的评级情况（见表 4.5）进行了具体分析。

其中，评级稳定靠前（连续五年位于 A++级和 A+级）的有 24 家，以企业与社会智库和党政部门智库为主，分别为 15 家和 5 家；另外有高校智库 2 家，科研院所智库 1 家，社科院智库 1 家。这部分机构大多为社会熟知的、具有较高知名度的智库，其机构规模较大、资源较多，因而在微信公众号的指标数据上常年保持较高水平。2016～2020 年，这 24 家机构年均发文量超过 1000 篇，篇均阅读量超过 1 万次，年均点赞量超过 10 万个。

表 4.5　2016~2020 年微信平台上中国智库活跃群体评级及得分（前 50 位）

序号	智库名称	发文总量	2016年 评级	2016年 得分	2017年 评级	2017年 得分	2018年 评级	2018年 得分	2019年 评级	2019年 得分	2020年 评级	2020年 得分
1	中国科学技术协会	16481	A ++	47.64	A ++	53.07	A ++	80.04	A ++	79.72	A ++	82.71
2	瞭望智库	11097	A ++	66.59	A ++	64.65	A ++	82.78	A ++	76.47	A ++	74.13
3	全球化智库	10822	A ++	56.88	A ++	48.49	A ++	55.71	A ++	55.04	A ++	61.32
4	中国社会科学院工业经济研究所	9654	A +	31.14	A ++	51.53	A ++	62.65	A ++	59.43	A ++	56.22
5	中国城市和小城镇改革发展中心	7563	A ++	61.96	A ++	50.30	A ++	59.57	A ++	57.37	A ++	51.90
6	中国指数研究院	6975	A ++	51.70	A ++	44.10	A ++	56.66	A ++	54.98	A ++	56.52
7	河南省社会科学院	6916	A ++	53.75	A ++	45.21	A +	44.21	A -	35.68	A -	40.26
8	盘古智库	6656	A ++	54.94	A ++	45.68	A ++	50.62	A +	48.39	A +	48.35
9	察哈尔学会	6198	A ++	49.90	A ++	43.82	A ++	50.84	A +	47.47	A +	47.95
10	中国电子信息产业发展研究院	6092	A ++	48.25	A +	42.19	A ++	52.40	A ++	50.92	A +	49.16
11	中国人民大学重阳金融研究院	5960	A ++	51.46	A +	45.12	A ++	54.89	A ++	55.00	A ++	58.58
12	国务院发展研究中心	5425	A ++	54.50	A ++	47.50	A +	48.52	A +	45.49	A	43.06
13	湖南省人民政府发展研究中心	5343	A	17.29	A +	36.72	A	40.28	A ++	53.88	A ++	55.35
14	上海国有资本运营研究院	5313	A ++	51.71	A ++	40.48	A +	49.82	A ++	50.86	A ++	51.62
15	山东省社会科学院	5251	A +	42.70	A +	37.11	A -	38.40	A	38.31	A -	36.33
16	第一财经研究院	4963	A ++	51.53	A +	38.95	A +	44.47	A +	44.97	A +	46.56
17	凤凰国际智库	4945	A ++	58.97	A ++	50.04	A ++	61.51	A ++	56.81	A ++	53.10
18	中国社会保障学会	4829	A ++	44.62	A ++	44.85	A ++	52.84	A +	49.19	A +	49.57
19	福卡智库	4571	A ++	43.64	A ++	44.96	A ++	50.37	A ++	50.92	A ++	51.52
20	中国金融四十人论坛	3908	A ++	52.21	A ++	41.89	A ++	56.07	A ++	59.12	A ++	58.20
21	一带一路百人论坛	3523	A ++	47.42	A ++	39.09	A +	46.55	A	42.77	A -	39.54
22	中国人民大学国家发展与战略研究院	3167	A +	41.71	A +	37.42	A ++	50.29	A +	48.36	A +	46.87

续表

序号	智库名称	发文总量	2016年 评级	得分	2017年 评级	得分	2018年 评级	得分	2019年 评级	得分	2020年 评级	得分
23	中国能源研究会	3151	A	13.87	A+	33.63	A	40.21	A	39.31	A-	38.49
24	千人智库	3143	A++	48.80	A++	41.24	A++	50.37	A+	45.40	A	43.95
25	清科研究中心	3097	A	18.36	A-	10.89	A++	52.78	A+	49.41	A+	47.83
26	中共甘肃省委党校	3069	A+	43.20	A++	39.04	A	45.04	A	44.56	A	44.59
27	浙江大学金融研究院	3018	A+	36.02	A	28.69	A	40.78	A	39.39	A-	40.09
28	易观智库	2858	A++	51.60	A+	40.56	A	49.77	A+	48.49	A+	47.41
29	中国房地产数据研究院	2647	A+	40.30	A+	32.75	A	45.56	A	39.39	A	41.59
30	中国延安干部学院	2643	A	30.16	A	30.85	A	42.67	A	41.73	A	41.75
31	知远战略与防务研究所	2566	A++	44.34	A+	37.79	A+	50.13	A+	48.39	A+	49.89
32	自然之友环境研究所	2439	A++	48.58	A++	40.57	A	49.91	A++	46.79	A++	51.14
33	腾讯研究院	2236	A	18.02	A++	42.26	A++	53.86	A++	53.59	A++	52.83
34	中共安徽省委党校	2171	A	29.91	A	35.94	A	43.76	A	44.59	A	49.54
35	中国经济体制改革研究会	2042	A	21.98	A+	34.57	A++	50.31	A	41.08	A	44.98
36	中国国际问题研究院	1896	A+	41.19	A+	34.89	A	42.10	A	40.24	A	43.23
37	北京师范大学中国公益研究院	1864	A+	37.45	A	31.24	A	39.64	A	39.20	A	40.77
38	水利部发展研究中心	1795	A++	43.24	A+	35.30	A+	46.47	A+	43.55	A+	45.90
39	阿里研究院	1781	A++	47.52	A+	36.82	A++	51.07	A++	50.74	A++	51.40
40	中国（深圳）综合开发研究院	1745	A+	36.39	A+	32.88	A	44.40	A	43.17	A	46.19
41	中共宁夏回族自治区委党校	1725	A++	43.29	A	31.48	A	42.33	A	41.80	A+	47.11
42	厦门大学王亚南经济研究院	1684	A+	38.51	A+	32.76	A	43.83	A	42.38	A	41.87
43	中共重庆市委党校	1675	A+	37.18	A+	33.55	A-	39.31	A-	36.96	A	40.69
44	贵州省社会科学院	1654	A++	48.30	A++	43.98	A-	38.25	A	31.61	A-	38.44
45	草根智库	1440	A++	50.62	A	28.55	A++	51.38	A	47.89	A	40.58
46	中国资本策划研究院	1390	A+	35.47	A	31.45	A-	36.57	A	39.28	A	42.80
47	上海国际问题研究院	1372	A+	32.92	A+	35.85	A	43.12	A	39.36	A	44.18

续表

序号	智库名称	发文总量	2016年 评级	得分	2017年 评级	得分	2018年 评级	得分	2019年 评级	得分	2020年 评级	得分
48	浙江大学公共政策研究院	1371	A+	32.75	A	29.34	A+	45.93	A+	46.27	A	42.73
49	中共中央党史和文献研究院	1349	A++	44.81	A+	38.70	A+	48.78	A+	46.96	A+	47.21
50	同济大学德国研究中心	1344	A	36.53	A+	32.33	A-	38.58	A-	35.73	A-	37.29

注：按智库发文总量降序排列。

评级出现较大下降的机构类型集中为社科院智库和高校智库。有16家智库在评级中出现了较大的下降（由2016年的A++级或者A+级下降到2020年的A-级及以下），这类智库以社科院智库和高校智库为主，分别有7家和8家，另外有企业与社会智库1家。

2016~2020年，评级能够得到较大提升的智库比较少。只有腾讯研究院和湖南省人民政府发展研究中心两家智库在评级上进步较大，均从2016年的A级上升为2020年的A++级。两家机构在大幅提高发文数量的同时，注重发文质量的提升，发文阅读量和点赞量均呈现快速增长。从2016年到2020年，腾讯研究院微信公众号的年度发文量由48篇上升为415篇，篇均阅读量由47.27次上升到4022.06次，年度点赞量由17个上涨为20123个。湖南省人民政府发展研究中心微信公众号发文量由2016年的14篇上涨为2020年的2242篇，篇均阅读量由99.43次上升为1630.47次，年度点赞量由3个上涨为2.05万个。

二 中国智库在微博平台上的整体趋势与活跃群体分析（2016~2018年）

本小节的内容包括两个部分：其一，通过建立2016~2018年面板数据，对中国智库在微博平台上的整体活动趋势做出宏观刻画；其二，通过锁定三年内均有发文行为的活跃群体，对中国智库在微博平台上的活跃群体进行细致分析。

（一）中国智库在微博平台上的整体趋势分析

关键结论

2016~2018 年，中国智库在微博平台上的数字倡导行为整体呈波动发展态势。这表现为利用微博平台开展活动的智库数量经过快速增长后在 2018 年有所下降，发博量以及评论量、点赞量等表征传播效果的指标在迅速上升后均有所回落。整体看来，各类智库在微博平台上的数字倡导行为存在较大差异，其中科研智库表现优异，其传播效果和影响力不断扩大。但微博平台上开展数字倡导活动的智库整体水平有走低的趋势。发博量相对较低、篇均点赞量相对较低（位于第三象限）的智库数量越来越多，而其他象限则没有明显的增长趋势。

为了观察中国智库专家在微博平台上行为的大数据变化趋势，我们将 2018 年的数据按照最初的 510 家名录进行匹配，形成三年面板数据。①

2016~2018 年，虽然智库专家使用微博平台的积极性未持续显著上升，但公众对微博专家号的关注度逐年稳步提升。通过比较各智库微博专家号数量和历史粉丝量源数据可以看出，利用微博平台发文的智库专家号数量有先增后降的趋势，专家号数量 2017 年比 2016 年增长 1.24 倍，2018 年保持了相对稳定的规模（比 2017 年下降 10.79%，但仍比 2016 年上升了 1 倍）。但智库微博专家号的受关注度并没有因账号数量的下降而停止增长，专家号的历史粉丝量在 2016~2018 年迅速增长，由 6173.00 万人上升至 13526.66 万人（见图 4.7）。这说明智库凭借其高质量的内容产出，在微博平台上的影响力越来越大。

---

① 由于经历两次名录拓展，我们无法直接对名单变动前后采集的数据进行比较。

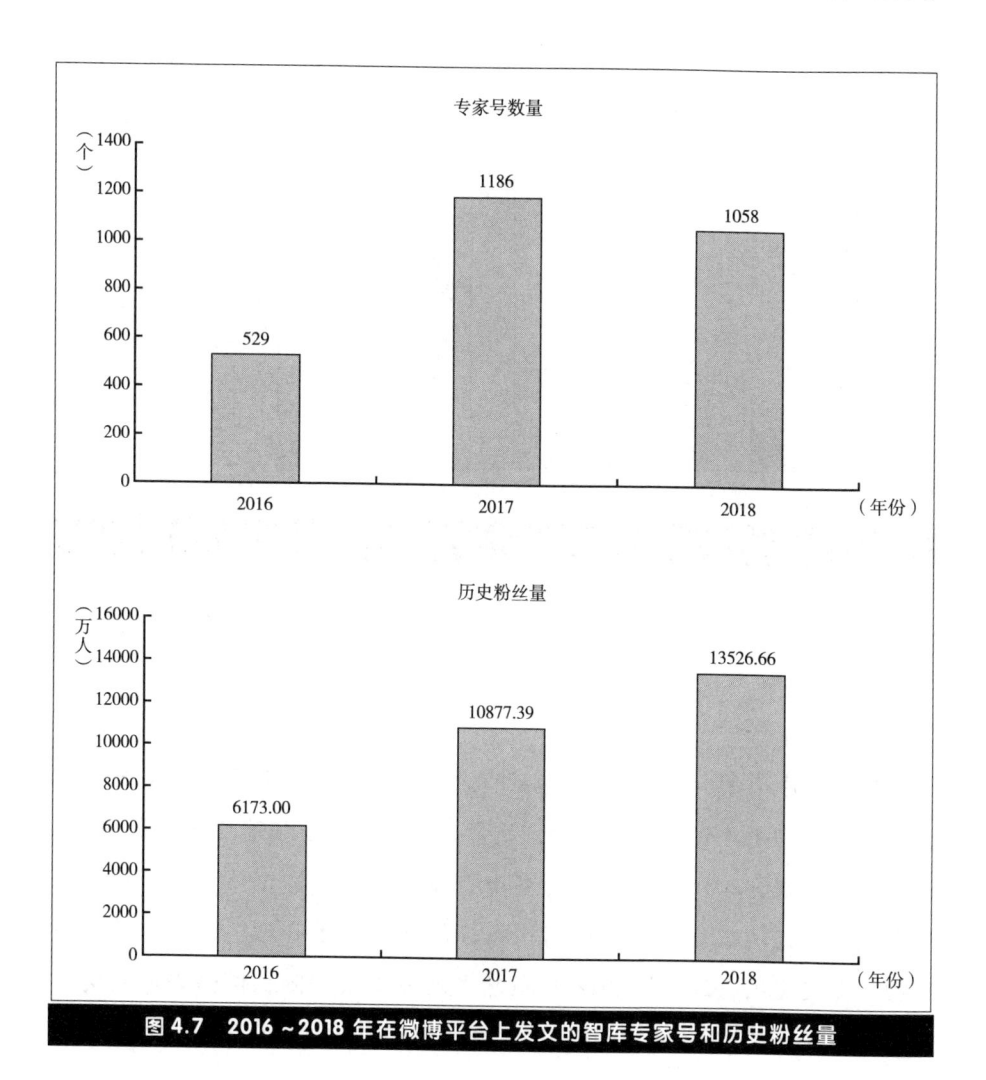

第四章 | 解构中国智库数字倡导行为

图4.7 2016～2018年在微博平台上发文的智库专家号和历史粉丝量

通过比较2016～2018年中国智库微博专家号的活跃度和影响程度（发博量、评论量、转发量、点赞量），可以看出中国智库微博专家号的整体活跃度及影响程度在2017年达到顶峰（见图4.8）。

2017年智库微博专家号的发博量比2016年增长了73.67%，但2018年比2017年减少了44.72%。智库微博专家号的转发量、评论量和点赞量也呈现类似的趋势。2017年智库微博专家号的转发量、评论量和点赞量分别比2016年上升了108.04%、131.00%和291.23%。2018年上述三个指

· 95 ·

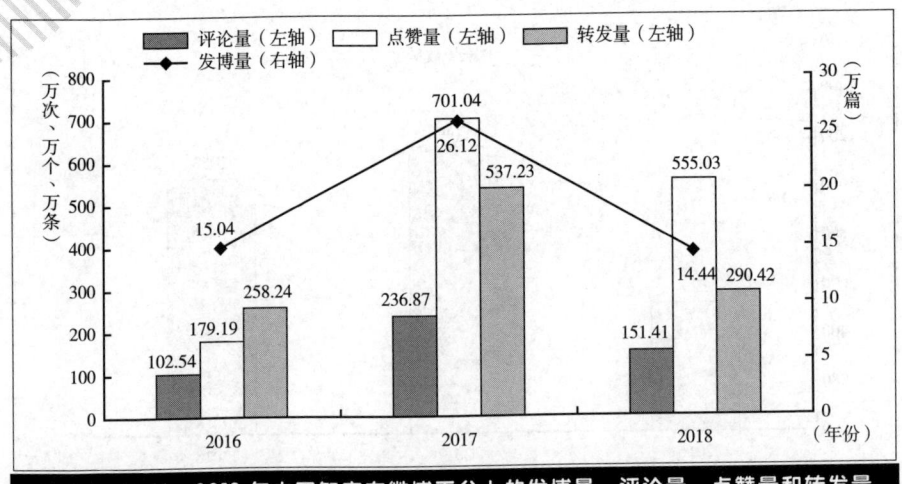

图 4.8　2016~2018年中国智库在微博平台上的发博量、评论量、点赞量和转发量

标比2017年分别下降了45.94%、36.08%和20.83%。可以看出，2018年的智库微博专家号没有保持2016~2017年的正增长趋势，各指标随账号数减少都有下降。

按照智库类型分组，我们分别计算并呈现2016~2018年各类智库在微博平台上的平均发博量、篇均评论量、篇均点赞量和篇均转发量①的变化。我们发现，2016~2018年，各类智库的上述指标整体上均呈现上升或者相对平稳的态势，且三项篇均指标的趋势基本一致。其中，科研院所智库尤其突出，2017~2018年虽然平均发文量下降，但是表征发文影响力的指标（篇均评论量、篇均点赞量和篇均转发量）均有大幅提升（见图4.9）。

---

① 平均发博量：某类智库微博专家号当年发博总量/当年发博的该类智库数量。
篇均评论量：某类智库微博专家号当年发博的评论总量/该类智库微博专家号当年发博总量。
篇均点赞量：某类智库微博专家号当年发博的点赞总量/该类智库微博专家号当年发博总量。
篇均转发量：某类智库微博专家号当年发博的转发总量/该类智库微博专家号当年发博总量。

第四章 解构中国智库数字倡导行为

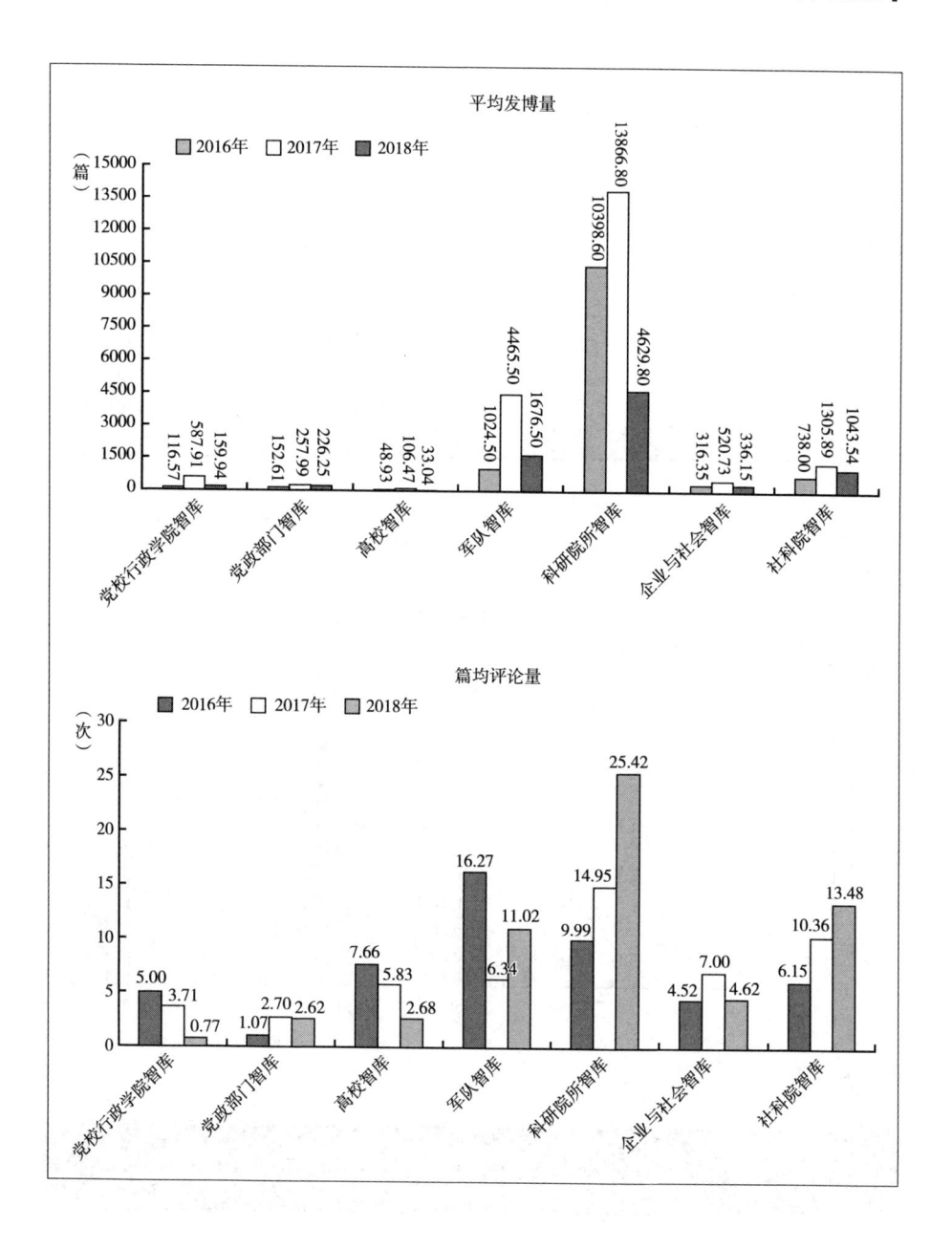

平均发博量

智库类型	2016年	2017年	2018年
党校行政学院智库	116.57	587.91	159.94
党政部门智库	152.61	257.99	226.25
高校智库	48.93	106.47	33.04
军队智库	1024.50	4465.50	1676.50
科研院所智库	10398.60	13866.80	4629.80
企业与社会智库	316.35	520.73	336.15
社科院智库	738.00	1305.89	1043.54

篇均评论量

智库类型	2016年	2017年	2018年
党校行政学院智库	5.00	3.71	0.77
党政部门智库	1.07	2.70	2.62
高校智库	7.66	5.83	2.68
军队智库	16.27	6.34	11.02
科研院所智库	9.99	14.95	25.42
企业与社会智库	4.52	7.00	4.62
社科院智库	6.15	10.36	13.48

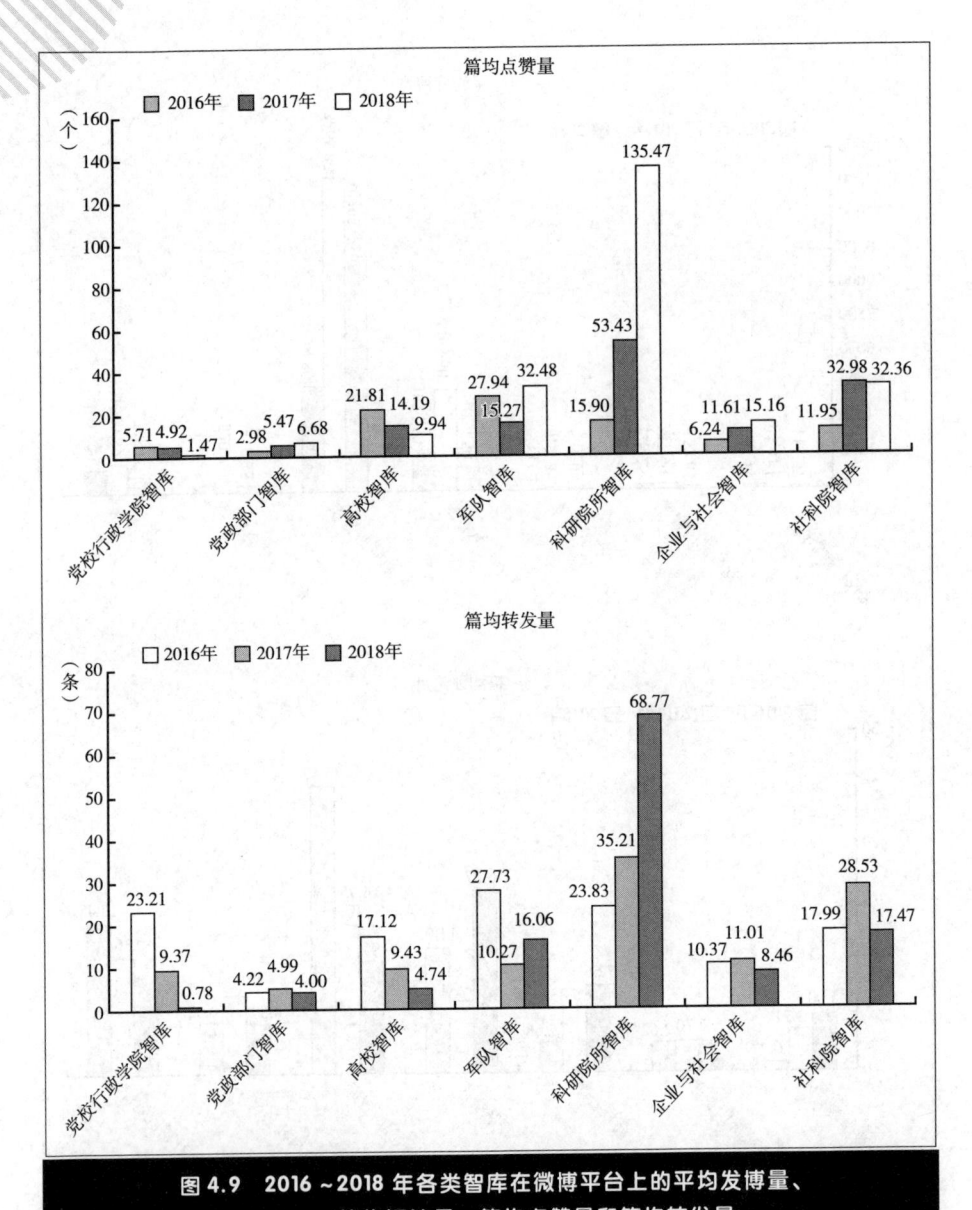

图4.9 2016~2018年各类智库在微博平台上的平均发博量、篇均评论量、篇均点赞量和篇均转发量

根据2016~2018年中国智库在微博平台上的"发博量-篇均点赞量"散点图，我们分别以发博量达100篇和篇均点赞量达10次为基准，划分出区别机构发博量（多或少）以及篇均点赞量（高或低）的四个

· 98 ·

第四章 | 解构中国智库数字倡导行为

象限。我们发现，发博量相对较少、篇均点赞量相对较低（位于第三象限）的智库数量越来越多，而其他象限则没有明显的增长趋势（见图4.10）。

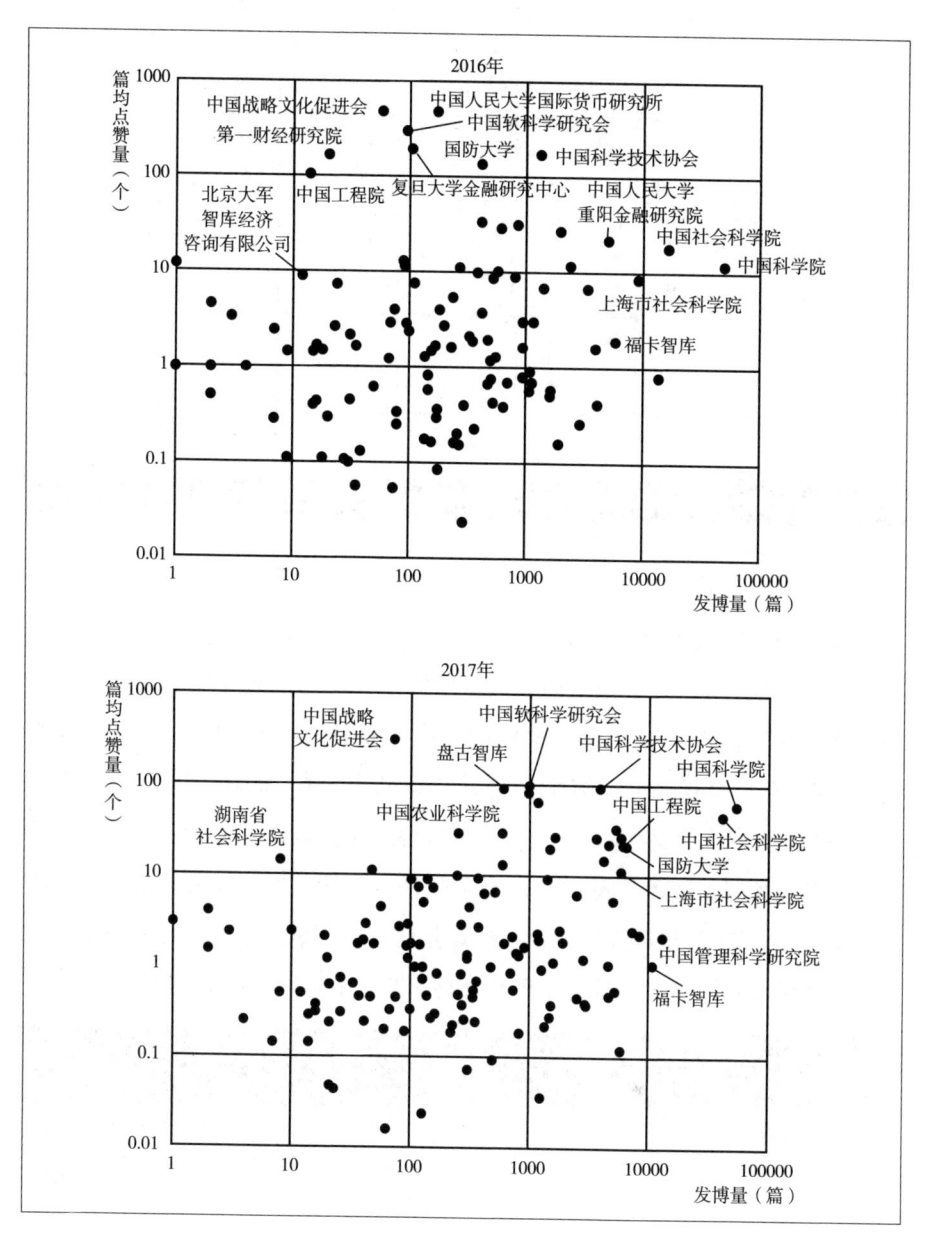

图 4.10 2016~2018 年中国智库在微博平台上的"发博量-篇均点赞量"散点图

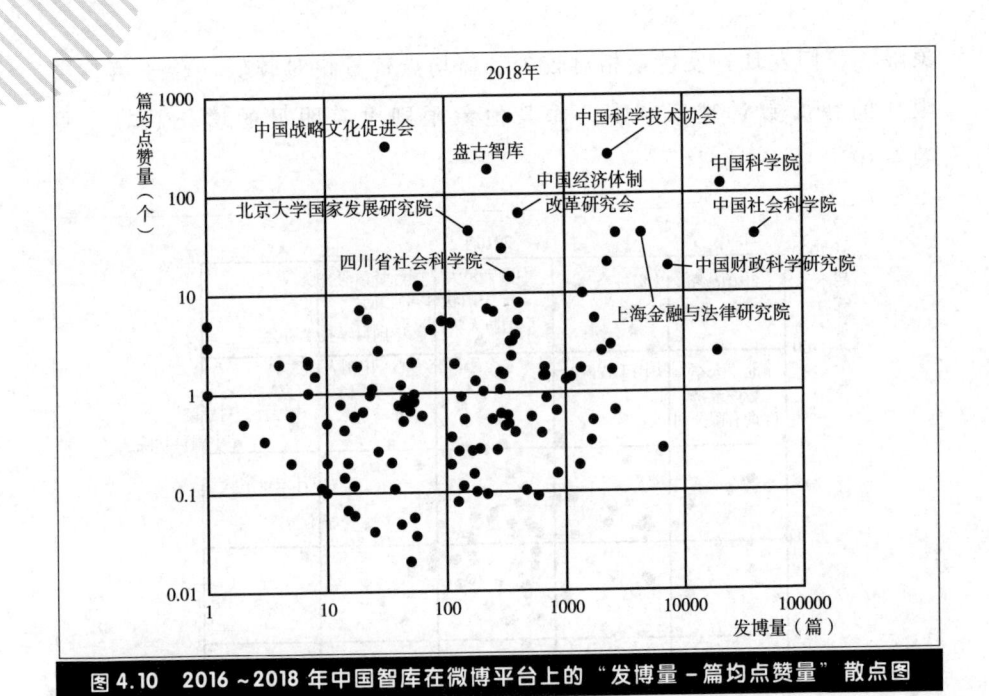

每个象限的具体描述见下。

第一象限为发博量多(大于或等于 100 篇)、篇均点赞量高(大于或等于 10 个)的分组,处于该组的智库在发博量和篇均点赞量上都有较强竞争力。2016~2018 年,进入第一象限的智库数量从 14 家上升到 21 家又下降到 13 家,总体呈现先升后降的态势,具体见表 4.6。2016~2017 年,包括企业与社会智库、社科院智库、科研院所智库和党政部门智库在内的智库群体进入第一象限的数量均有增加;然而在 2017~2018 年,除军队智库外,其他类型智库在 2018 年进入第一象限的数量皆略有回跌。长期位于第一象限的代表性智库有:中国科学院、中国社会科学院、中国科学技术协会。

表 4.6 2016~2018 年进入第一象限的各类智库数量

单位:家

年份	高校智库	企业与社会智库	社科院智库	科研院所智库	党政部门智库	军队智库	党校行政学院智库	合计
2016	4	3	2	2	2	1	0	14
2017	4	5	3	3	3	1	2	21
2018	2	4	2	2	2	1	0	13

第二象限为发博量少（小于100篇）、篇均点赞量高（大于或等于10个）的分组，处于该分组的智库虽然发博量不突出，但博文的篇均点赞量较高。进入第二象限的智库总量较少，且呈递减趋势，具体见表4.7。长期位于第二象限的代表性智库有中国战略文化促进会。此外，也有机构在数年间不仅提升了发博量，还维持了较高的篇均点赞量，从而实现了从第二象限向第一象限的移动，例如中国软科学研究会和中国工程院。

表4.7 2016～2018年进入第二象限的各类智库数量

单位：家

年份	高校智库	企业与社会智库	社科院智库	科研院所智库	党政部门智库	军队智库	党校行政学院智库	合计
2016	0	5	0	1	1	0	0	7
2017	1	1	1	0	0	0	0	3
2018	1	1	0	0	0	0	0	2

第三象限为发博量少（小于100篇）且篇均点赞量低（小于10个）的分组，处于该分组的智库在发博量和篇均点赞量上都有所不足。2016～2018年，进入第三象限的智库数量逐渐增多，具体见表4.8。军队智库未进入第三象限，社科院智库进入数量下降，企业与社会智库、高校智库和党政部门智库进入第三象限的数量均有上升，其他类型智库数量较为稳定。

表4.8 2016～2018年进入第三象限的各类智库数量

单位：家

年份	高校智库	企业与社会智库	社科院智库	科研院所智库	党政部门智库	军队智库	党校行政学院智库	合计
2016	10	12	7	0	10	0	4	43
2017	18	16	4	1	14	0	5	58
2018	20	22	1	1	22	0	3	69

第四象限为发博量多（大于或等于100篇）但篇均点赞量低（小于10个）的分组，处于该分组的智库在发博量上较为突出，但是篇均点赞量还

有待提升。2016~2018 年，高校智库、企业与社会智库和党政部门智库在第四象限中的数量均先上升再下降，而社科院智库、科研院所智库、军队智库、党校行政学院智库的进入数量则基本持平，具体见表4.9。

表4.9 2016~2018 年进入第四象限的各类智库数量

单位：家

年份	高校智库	企业与社会智库	社科院智库	科研院所智库	党政部门智库	军队智库	党校行政学院智库	合计
2016	9	16	10	1	14	1	3	54
2017	13	20	10	1	19	1	5	69
2018	11	14	11	1	15	1	5	58

（二）中国智库在微博平台上的活跃群体分析

关键结论

2016~2018 年，中国智库在微博平台上的活跃群体整体发博增长量为负，发博增长量为负的机构数量略多于为正的机构。与此同时，不同类型活跃群体的发博增长量变化不一。社科院智库、军队智库、党政部门智库在发博增长量为正的机构中占有较大比例，科研院所智库和党校行政学院智库整体呈现发博规模萎缩的趋势。活跃群体的评级整体呈现稳定趋势。其中在评级中持续稳定靠前的智库以企业与社会智库为主，仅有 2 家智库在三年中实现了跨两级的提升。

2016~2018 年，在微博平台上均有发博的中国智库共有 78 家，这 78 家智库即中国智库在微博平台上的活跃群体。

1.活跃群体的发文行为分析

为考察智库专家在微博平台上的发博量的变化情况，我们利用回归拟合得到 2016~2018 年这 78 家机构的年均增长斜率，记为发博增长量。我们发现发博增长量为正和为负的智库数量接近，增长量为负的稍多。发博增长量排在前 10 位的中国智库活跃群体的发博变化趋势如图 4.11 所示。

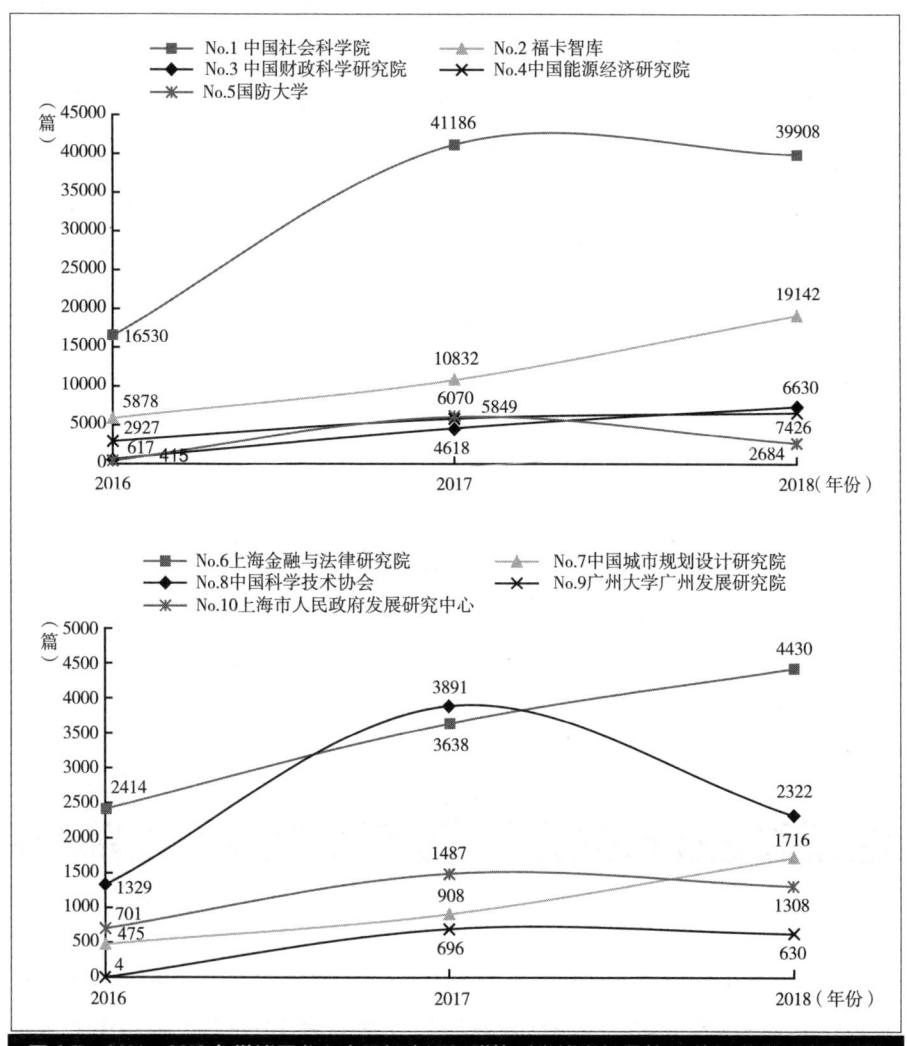

图 4.11　2016~2018 年微博平台上中国智库活跃群体（发博增长量前 10 位）的发博变化趋势

78 家机构在微博平台上的平均发博增长量为 -34.51 篇/年。其中，32 家机构的发博增长量为正，46 家机构的发博增长量为负。同时，可以看出各机构发博增长量差异较大，中国社会科学院的发博增长量每年为1.17万篇；其次是福卡智库，每年6632篇，与中国社会科学院相差43.26%，其他发博增长量为正的机构与这二者的差距很大。

我们按照机构性质分组，计算了各类智库的平均发博增长量，结果如图4.12所示。我们发现不同类型智库的平均发博增长量差异显著，社科院智库的平均发博增长量最大，科研院所智库衰退趋势明显。社科院智库、军队智库和党政部门智库的平均发博增长量维持了正增长。社科院智库平均发博增长量为768.95篇/年，军队智库为326.00篇/年，党政部门智库为279.33篇/年。企业与社会智库为-7.24篇/年，高校智库为-72.17篇/年，党校行政学院智库为-187.83篇/年，科研院所智库为-3605.50篇/年。

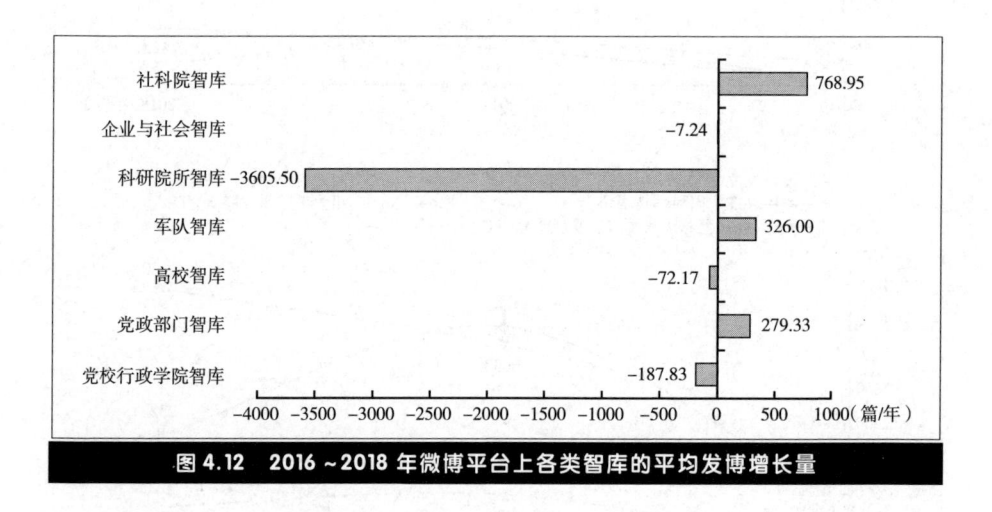

图4.12　2016～2018年微博平台上各类智库的平均发博增长量

2. 活跃群体的评级情况

我们将每年微博专家号指数排1～10名的机构标注为A++级，将11～50名标注为A+级，将51～100名标注为A级，将101～200名标注为A-级，得到历年评级。我们对活跃群体的评级情况（见表4.10）进行了具体分析，发现其中大部分智库账号评级较稳定，也有部分智库表现出上升态势。

表4.10 2016~2018年微博平台上中国智库活跃群体评级及得分（前50位）

序号	智库名称	历史粉丝量	2016年评级	2016年得分	2017年评级	2017年得分	2018年评级	2018年得分
1	中国社会科学院	39218222	A++	66.32	A++	74.69	A++	72.32
2	中国财政科学研究院	23411541	A+	49.55	A++	62.75	A++	64.88
3	中国科学院	13520219	A++	71.09	A++	75.28	A++	75.19
4	盘古智库	8292506	A++	61.20	A++	67.84	A++	72.56
5	中国青少年研究中心	5597358	A++	58.80	A+	55.61	A+	41.37
6	中国人民大学国际货币研究所	5584410	A++	77.33	A++	65.32	A+	41.15
7	中国科学技术协会	3221469	A++	67.18	A++	69.39	A++	75.39
8	全球化智库	2729474	A+	48.29	A+	52.60	A+	50.44
9	国防大学	2633715	A+	54.59	A+	59.38	A++	59.63
10	中国城市和小城镇改革发展中心	2594746	A+	42.82	A	35.98	A	34.82
11	中国人民大学重阳金融研究院	2385419	A++	61.04	A+	58.97	A++	56.81
12	21世纪教育研究院	2352542	A+	51.60	A+	51.41	A+	47.12
13	中共中央党校	1485248	A++	57.87	A+	58.65	A+	51.28
14	中国人民银行研究局	1402255	A+	45.36	A+	43.52	A+	45.22
15	中国管理科学研究院	1369256	A+	57.02	A+	58.60	A+	49.48
16	中国战略文化促进会	878096	A++	70.08	A++	78.34	A++	71.05
17	中国金融四十人论坛	752774	A+	46.23	A-	28.34	A+	40.50
18	上海金融与法律研究院	616422	A+	51.31	A+	59.03	A++	61.67
19	清华大学政治经济学研究中心	611094	A+	46.89	A+	43.67	A+	43.42
20	中国人民解放军军事科学院	589643	A	25.97	A+	48.79	A+	46.56
21	上海市社会科学院	378267	A+	54.15	A+	56.04	A+	49.32
22	中国工程院	369488	A+	53.05	A++	65.01	A+	44.42
23	中国传媒大学文化发展研究院	356381	A+	49.26	A+	48.66	A+	47.75
24	国务院发展研究中心	298061	A-	7.15	A	34.98	A+	44.78
25	中国电子信息产业发展研究院	281203	A+	43.49	A+	44.62	A+	39.14

续表

序号	智库名称	历史粉丝量	2016年 评级	2016年 得分	2017年 评级	2017年 得分	2018年 评级	2018年 得分
26	中国房地产研究会	254511	A	26.65	A	41.00	A	29.51
27	中国国际经济交流中心	159715	A	29.44	A+	47.06	A+	40.96
28	察哈尔学会	142213	A+	37.34	A+	60.54	A+	40.18
29	中国发展战略学研究会	141170	A+	41.84	A+	45.59	A+	44.35
30	北京市社会科学院	130150	A+	51.16	A	35.80	A	38.45
31	自然之友环境研究所	105311	A+	36.68	A	40.79	A	29.85
32	中国创业智库	97365	A	32.86	A	34.10	A	28.85
33	四川省社会科学院	95709	A+	38.41	A+	46.01	A+	45.11
34	云南省社会科学院	90114	A+	37.82	A	41.62	A	39.44
35	中共中央党史和文献研究院	74638	A+	40.75	A	40.01	A	38.64
36	广东省社会科学院	68541	A	24.80	A+	41.90	A	31.26
37	中国计量科学研究院	63570	A+	44.27	A	49.40	A	33.38
38	中国能源研究会	57236	A+	44.05	A+	44.57	A-	26.76
39	中国经济体制改革研究会	56043	A+	54.74	A++	64.19	A+	43.14
40	中国新闻出版研究院	54208	A	25.80	A	34.32	A	35.04
41	中国城市规划设计研究院	50273	A+	37.19	A	41.19	A+	40.80
42	天津市社会科学院	50180	A+	43.93	A+	48.42	A+	46.31
43	福卡智库	49784	A+	39.80	A+	45.73	A+	48.84
44	黑龙江省社会科学院	38392	A	24.63	A-	18.60	A	37.26
45	中国政法大学知识产权研究中心	29899	A	31.23	A	38.92	A	38.25
46	南方民间智库	28715	A	33.58	A+	42.73	A	37.75
47	中国劳动保障科学研究院	25880	A-	4.27	A	35.79	A-	25.56
48	广州大学广州发展研究院	25211	A-	17.46	A	41.69	A	36.05
49	中国环境科学研究院	20632	A	32.09	A-	29.63	A	29.82
50	易观智库	18745	A	22.87	A	33.36	A-	27.08

注：按智库2018年历史粉丝量降序排列。

评级稳定靠前（连续三年均在 A＋＋级和 A＋级）的有 26 家，其中企业与社会智库占比最多。这些机构的指标数据均保持较高水准，传播效果较强。观察发现，绝大部分机构成立时间较长，在现实社会中享有较高知名度，其本身的规模、资源和实力可能影响了微博专家号的活跃度和影响程度。

2016~2018 年，评级有大幅提升的机构有 2 家，包括国务院发展研究中心和中国金融四十人论坛。国务院发展研究中心的发博量连年大量增加（由 2016 年的 15 篇增加到 2017 年的 110 篇再增加到 2018 年的 402 篇），其他表征传播效果的指标也相应提升。而中国金融四十人论坛虽然 2018 年的发博量较 2017 年有所减少（由 2017 年的 120 篇减至 2018 年的 19 篇），但 2018 年的评论量与转发量较 2017 年有所提高（转发量由 4 条上升至 75 条，评论量由 10 次上升至 54 次），说明其内容质量有所提升。

三 中国智库在头条平台上的整体趋势与活跃群体分析（2019~2020 年）

本小节的内容包括两个部分：其一，通过建立 2019~2020 年面板数据，对中国智库在头条平台上的整体活动趋势做出宏观刻画；其二，通过锁定两年内均有发文行为的活跃群体，对中国智库在头条平台上的活跃群体进行细致分析。

（一）中国智库在头条平台上的整体趋势分析

关键结论

2019~2020 年，中国智库数字倡导行为在头条平台上呈现稳定发展态势。这既表现在利用头条平台开展活动的机构数量稳中有降，也表现在中国智库在头条平台上发文量稳中有升，阅读量和评论量也都保持稳定。整体来看，各个智库在发文量和篇均阅读量指标上都略有波动，在平均阅读评论比指标上呈现上升趋势，其中社科院智库表现尤为突出，3个指标均呈现上升趋势。但中国智库在头条平台上开展数字倡导活动的群体影响力有所降低。这表现为篇均阅读量相对较低的智库（位于第三、四象限）数量增多。

通过比较2019年和2020年在头条平台上发文的中国智库数量及其发文量、阅读量、评论量变化可以发现，虽然利用头条平台发文的智库数量减少，但传播效果总体趋向积极（见图4.13、图4.14）。

图4.13 2019~2020年在头条平台上发文的中国智库数量

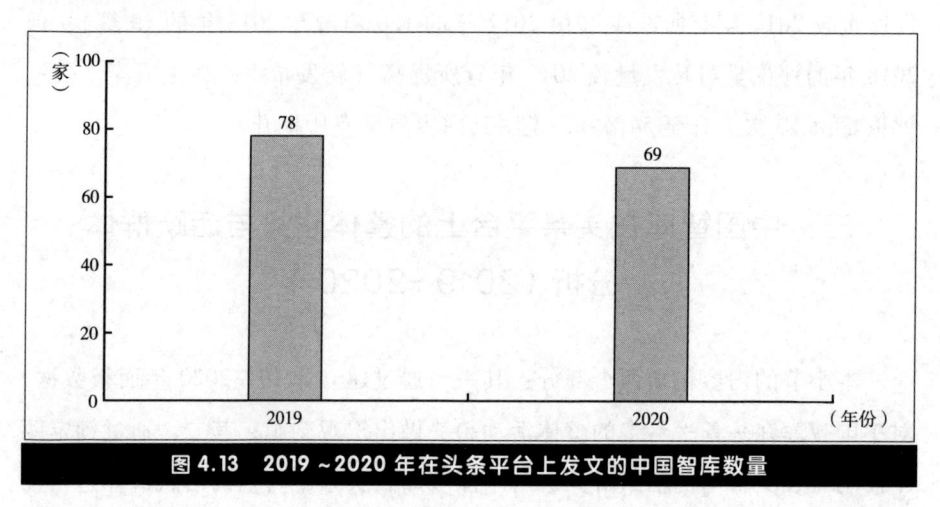

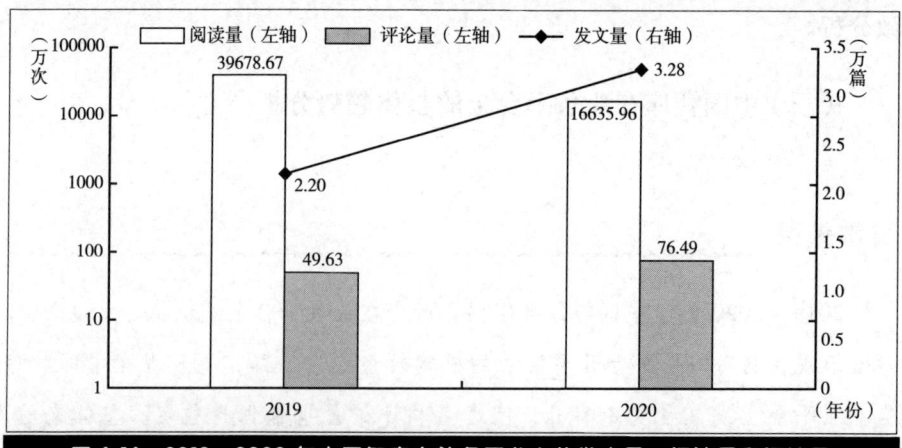

图4.14 2019~2020年中国智库在头条平台上的发文量、阅读量和评论量

2019~2020年，中国智库在头条平台上活动的机构数量下降了11.54%，但从账号活跃度来看，2020年智库头条号的发文量比2019年增长了49.09%，文章的评论量则增长了54.12%。这说明仍在发文的机构大量增加内容、输出产出，并实现了较大的传播效力。

我们分别计算并呈现各类智库2019~2020年平均发文量、篇均阅读量和平均阅读评论比①的变化。分析发现，各类智库在发文量上基本保持增长态势，但是传播效果有一定差异（见图4.15）。

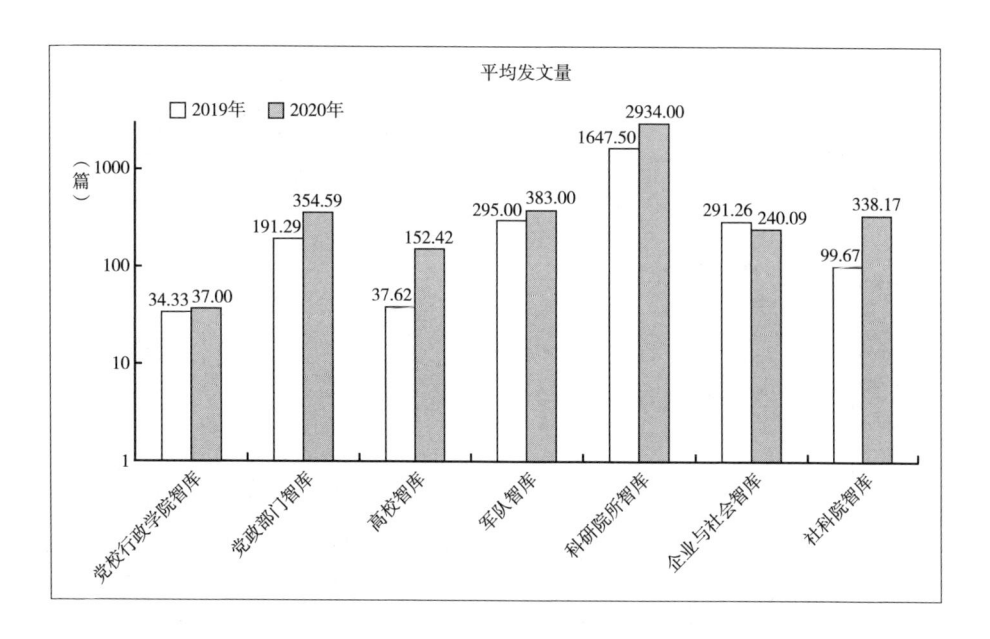

平均发文量

智库类型	2019年	2020年
党校行政学院智库	34.33	37.00
党政部门智库	191.29	354.59
高校智库	37.62	152.42
军队智库	295.00	383.00
科研院所智库	1647.50	2934.00
企业与社会智库	291.26	240.09
社科院智库	99.67	338.17

可以看出，科研院所智库的发文量显著高于其他类型智库，而社科院智库则在篇均阅读量和平均阅读评论比上表现突出且增长迅速。社科院智库2020年的篇均阅读量比2019年增长了185.37%，2020年的平均阅读评论

---

① 平均发文量：某类智库头条号当年发文总量/头条号当年发文的该类智库数量。
篇均阅读量：某类智库头条号当年发文的阅读总量/该类智库头条号当年发文总量。
平均阅读评论比：某类智库头条号当年发文的评论总量/该类智库头条号当年发文的阅读总量。

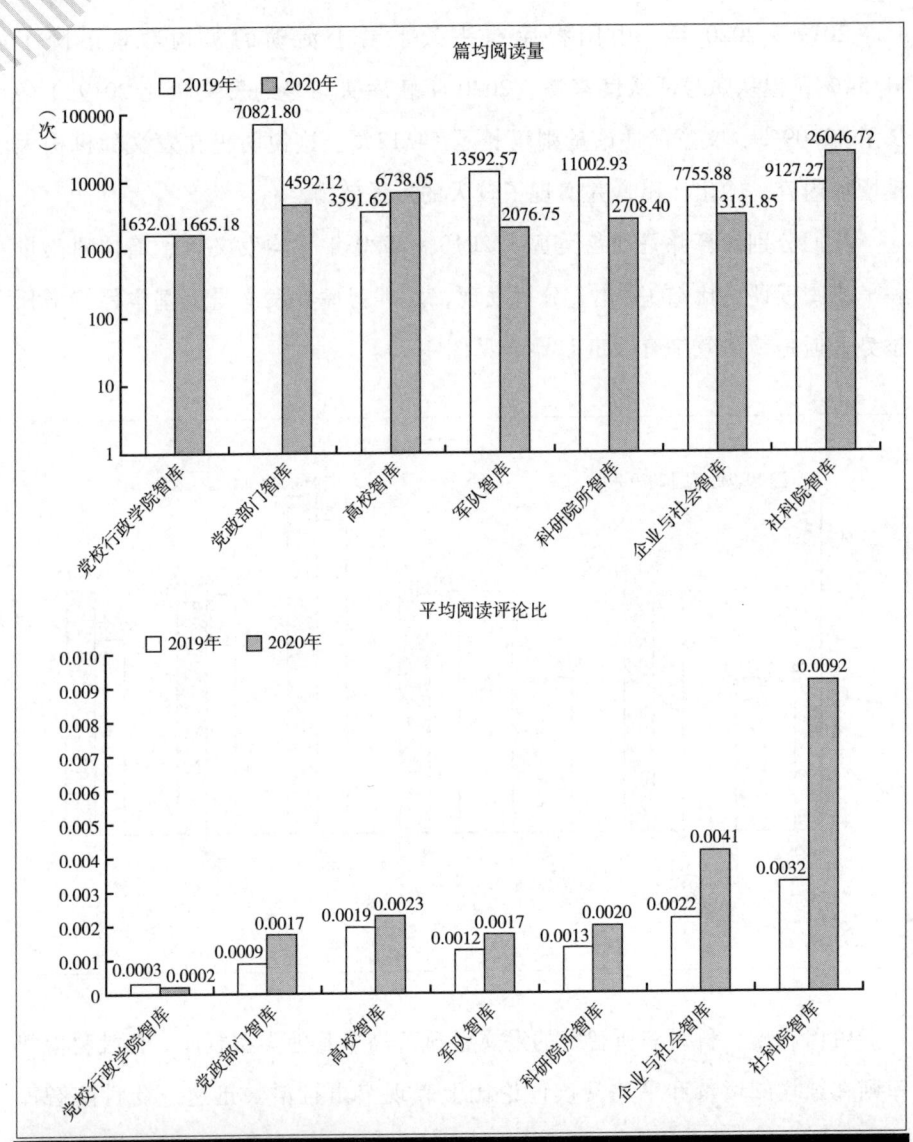

图 4.15 2019~2020 年各类智库在头条平台上的平均发文量、篇均阅读量和平均阅读评论比

比比 2019 年增长了 187.50%。这说明社科院智库头条号的产出内容能够引起广泛关切。另外，可以看出与总量变化趋势相同，2019~2020 年中国智库头条号平均发文量和平均阅读评论比基本呈上升趋势，而篇均阅读量基本

第四章 | 解构中国智库数字倡导行为

呈下降趋势,说明虽然发文传播范围有所缩小,但是公众更愿意参与阅读后的内容自生产。

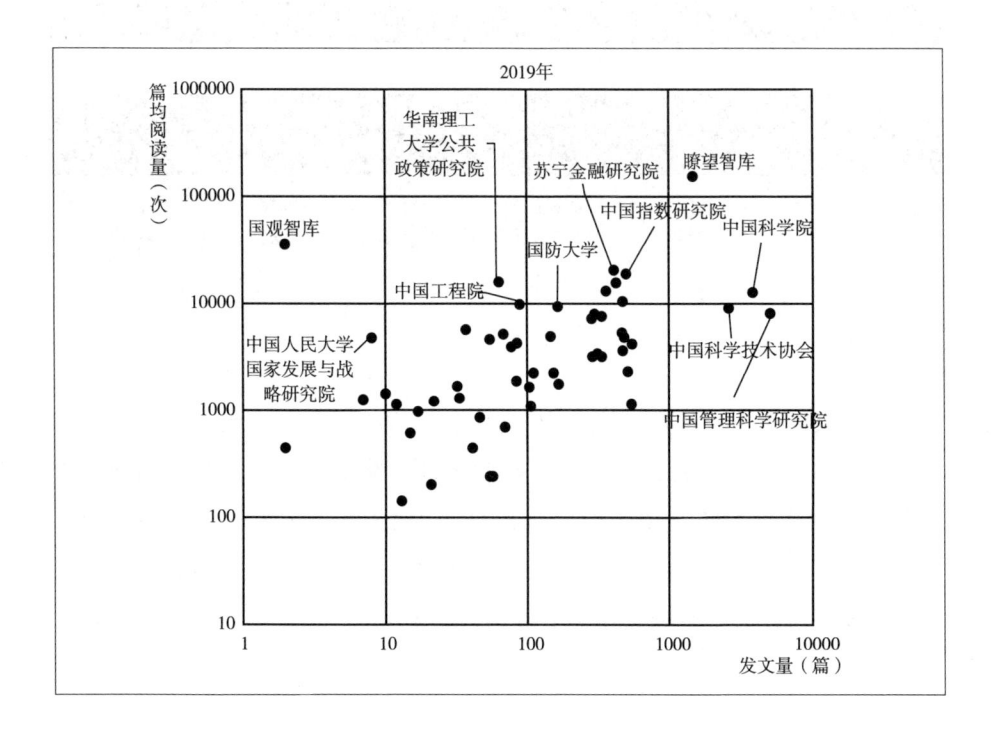

根据2019~2020年中国智库在头条平台上的"发文量-篇均阅读量"散点图,我们分别以发文量达100篇和篇均阅读量达1000次为基准,划分出区别智库在头条平台上发文量(多或少)以及篇均阅读量(高或低)的四个象限。2019~2020年,篇均阅读量相对较低的智库(位于第三、四象限)数量增多,而其他象限则没有明显的增长趋势(见图4.16)。

每个象限的具体描述如下。

第一象限为发文量多(大于或等于100篇)、篇均阅读量高(大于或等于1000次)的分组,处于该组的智库在发文量和篇均阅读量上都有较强竞争力。2019年进入第一象限的智库有28家,2020年有23家(见表4.11);两年都在第一象限的机构有19家。处于第一象限的代表性智库有:瞭望智库、中国科学院。

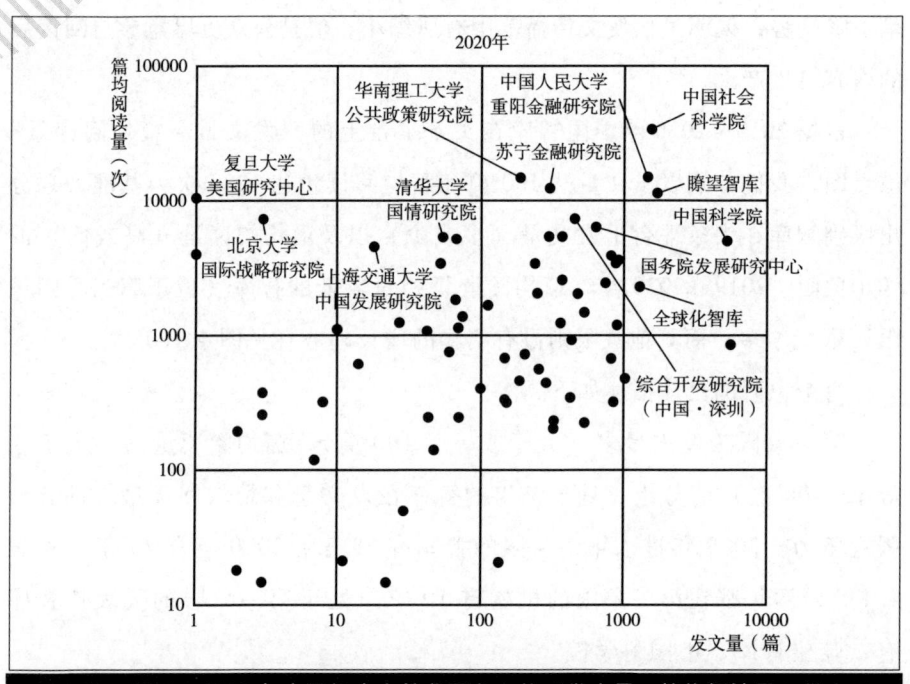

图4.16 2019~2020年中国智库在头条平台上的"发文量-篇均阅读量"散点图

表4.11 2019~2020年进入第一象限的各类智库数量

单位：家

年份	高校智库	企业与社会智库	社科院智库	科研院所智库	党政部门智库	军队智库	党校行政学院智库	合计
2019	3	12	2	2	6	2	1	28
2020	3	12	1	1	3	2	1	23

第二象限为发文量少（小于100篇）、篇均阅读量高（大于或等于1000次）的分组，处于该分组的智库虽然发文量不突出，但文章的篇均阅读量较高。2020年进入第二象限的智库数量与2019年相比也维持在相似的水平，高校智库和企业与社会智库是第二象限分组中占比较高的智库类型，其中高校智库占比较大且增长明显，具体见表4.12。

表 4.12　2019~2020 年进入第二象限的各类智库数量

单位：家

年份	高校智库	企业与社会智库	社科院智库	科研院所智库	党政部门智库	军队智库	党校行政学院智库	合计
2019	5	7	0	2	2	0	0	16
2020	7	2	1	1	2	0	0	13

第三象限为发文量少（小于 100 篇）、篇均阅读量低（小于 1000 次）的分组，处于该分组的智库在发文量和篇均阅读量上都有所不足。2020 年进入第三象限的智库数量比 2019 年多，尤其是高校智库（见表 4.13）。这说明可能有较多的高校智库 2020 年进入头条平台发展，但是内容输出的数量和质量并不能迅速跟上。

表 4.13　2019~2020 年进入第三象限的各类智库数量

单位：家

年份	高校智库	企业与社会智库	社科院智库	科研院所智库	党政部门智库	军队智库	党校行政学院智库	合计
2019	2	3	2	0	3	0	0	10
2020	9	6	0	0	1	0	0	16

第四象限为发文量多（大于或等于 100 篇）、篇均阅读量低（小于 1000 次）的分组，处于该分组的智库在发文量上较为突出，篇均阅读量还有待提升。2019 年并没有智库落入这一象限，2020 年有 17 家智库进入第四象限（见表 4.14）。

表 4.14　2019~2020 年进入第四象限的各类智库数量

单位：家

年份	高校智库	企业与社会智库	社科院智库	科研院所智库	党政部门智库	军队智库	党校行政学院智库	合计
2019	0	0	0	0	0	0	0	0
2020	4	4	1	2	6	0	0	17

（二）中国智库在头条平台上的活跃群体分析

关键结论

2019~2020年，中国智库在头条平台上的活跃群体的发文增长量总体为正。发文增长量为正的机构数量多于为负的机构数量。与此同时，不同类型的活跃群体在发文增长量上变化不一。企业与社会智库和高校智库在发文增长量为正和为负的机构中都占有较大比例；党政部门智库则在发文增长量为正的机构中占比更高。头条平台上活跃群体的评级浮动较为稳定，没有出现大幅度变化。

2019~2020年在头条平台上均有发文的中国智库共有47家，这47家智库即中国智库在头条平台上的活跃群体。

1. 活跃群体的发文行为分析

我们计算了2019~2020年上述47家智库在头条平台上的发文增长量变化。我们发现，发文增长量为正的智库有34家，发文增长量为负的智库有13家。发文增长量排在前10位的中国智库活跃群体的发文变化趋势如图4.17所示。

智库	篇/年
中国科学技术协会	2961
中国科学院	1417
中国社会科学院	1196
中国人民大学重阳金融研究院	996
全球化智库	822
深圳市人民政府发展研究中心	737
中国工程院	727
中国城市和小城镇改革发展中心	511
察哈尔学会	453
中国人民大学国际货币研究所	426

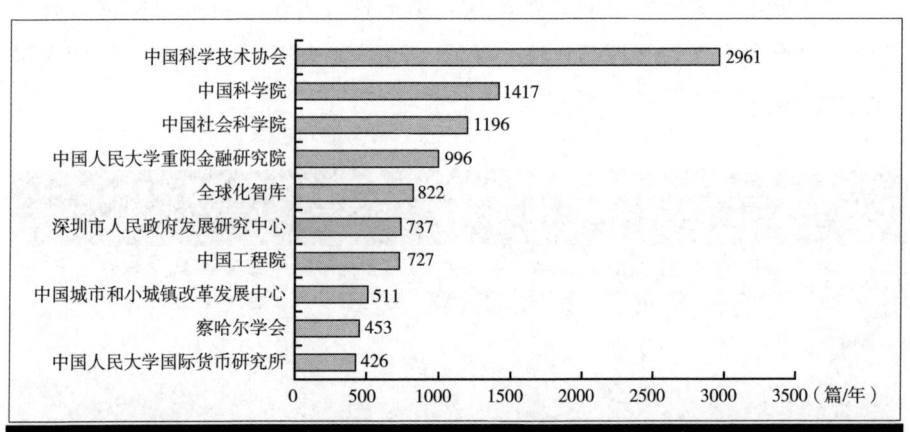

图4.17 2019~2020年头条平台上中国智库活跃群体（发文增长量前10位）的发文变化趋势

47家机构在头条号平台上的发文增长量总体为正。中国科学技术协会的发文增长量最大，其次是中国科学院，第三名则为中国社会科学院，均是在线下拥有较大实体规模和实力的智库。

我们按照机构性质分组，计算了各类智库的平均发文增长量。可以发现，不同类型智库在头条平台上的平均发文增长量差异较大。科研院所智库和社科院智库的平均发文增长量较大，而企业与社会智库呈衰退趋势（见图4.18）。

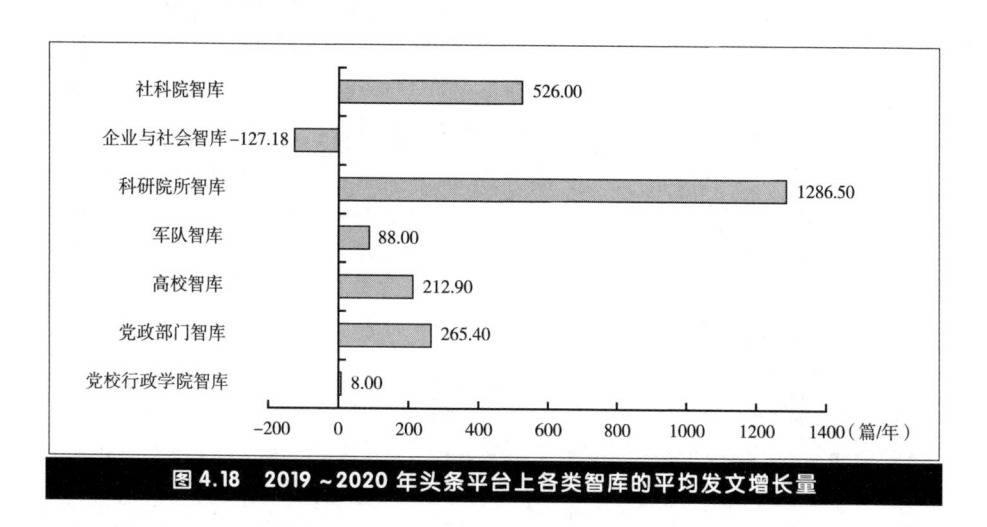

图4.18　2019～2020年头条平台上各类智库的平均发文增长量

智库类型	平均发文增长量（篇/年）
社科院智库	526.00
企业与社会智库	-127.18
科研院所智库	1286.50
军队智库	88.00
高校智库	212.90
党政部门智库	265.40
党校行政学院智库	8.00

在这47家机构中，企业与社会智库的占比最大，有17家，其中9家发文增长量为负，其平均发文增长量为负。高校智库有10家，其中6家为正增长，4家为负增长，其平均发文增长量为正。其余10家党政部门智库、1家党校行政学院智库、2家军队智库、4家科研院所智库和3家社科院智库发文增长量均为正。

2. 活跃群体的评级情况

我们将每年头条号指数排1～10名的机构标注为A++级，将11～25名标注为A+级，将26～50名标注为A级，将51～100名标注为A-级，得到历年评级。我们对活跃群体的评级情况（见表4.15）进行了具体分析。我们发现，2019～2020年大部分智库头条号评级较为稳定，仅有小部分智库呈上升趋势。

表 4.15　2019～2020 年头条平台上中国智库活跃群体评级及得分（前 30 位）

序号	智库名称	发文总量	2019 年 评级	2019 年 得分	2020 年 评级	2020 年 得分
1	中国科学院	9107	A ++	76.95	A ++	75.74
2	中国科学技术协会	8207	A ++	71.07	A +	60.20
3	中国管理科学研究院	5951	A ++	75.58	A +	53.67
4	瞭望智库	3185	A ++	87.66	A ++	76.36
5	中国人民大学重阳金融研究院	1938	A +	61.66	A ++	78.62
6	中国社会科学院	1918	A ++	70.20	A ++	92.46
7	全球化智库	1762	A ++	66.81	A ++	71.11
8	盘古智库	1424	A +	61.65	A ++	67.09
9	中国信息通信研究院	1391	A	52.18	A	45.46
10	中国指数研究院	1374	A ++	69.01	A +	62.93
11	深圳市人民政府发展研究中心	1315	A +	55.33	A	47.03
12	中国城市和小城镇改革发展中心	1111	A +	62.71	A +	62.33
13	察哈尔学会	1027	A +	58.46	A +	57.46
14	中国房地产数据研究院	1021	A +	61.21	A +	56.94
15	国务院发展研究中心	970	A +	60.79	A ++	65.96
16	中国人民解放军军事科学院	952	A ++	67.75	A +	54.56
17	中国（深圳）综合开发研究院	915	A +	62.30	A ++	67.75
18	中国工程院	905	A +	58.14	A +	50.29
19	中国金融四十人论坛	854	A +	60.42	A +	56.50
20	苏宁金融研究院	712	A ++	71.28	A ++	71.96
21	中国人民大学国际货币研究所	636	A	42.88	A	40.80
22	中国经济体制改革研究会	621	A +	57.98	A	40.53
23	阿里研究院	559	A +	57.17	A +	57.15
24	中国社会科学院国家金融与发展实验室	499	A	40.04	A	49.59
25	中国人民大学国家发展与战略研究院	429	A	39.67	A	42.96
26	上海外国语大学中东研究所	421	A	48.69	A	40.88
27	国防大学	404	A +	60.11	A +	54.67
28	中国电子信息产业发展研究院	375	A	34.81	A	37.90
29	人民网新媒体智库	351	A +	59.46	A +	56.05
30	中国财政科学研究院	333	A -	30.21	A	35.59

注：按智库发文总量降序排列。

评级稳定靠前（连续两年均在 A＋＋级和 A＋级）的智库有 22 家，企业与社会智库有 11 家，占比最多；没有账号评级大幅提升（2020 年较 2019 年提升两级）的智库，也没有账号评级大幅下降（2020 年较 2019 年降低两级）的智库，整体趋势平稳。

四　历年中国智库大数据指数排名与分析

（一）2016 年中国智库大数据指数排名与分析

该年度，中国智库大数据指数（CTTBI）排名前 10 的机构有：中国科学技术协会、中国人民大学重阳金融研究院、中共中央党校、中国社会科学院、盘古智库、全球化智库、中国金融四十人论坛、第一财经研究院、瞭望智库和中国电子信息产业发展研究院。详细排名见附表 1.4。

该年度，中国智库微信公众号指数排名前 10 的机构有：瞭望智库、中国城市和小城镇改革发展中心、凤凰国际智库、全球化智库、盘古智库、国务院发展研究中心、河南省社会科学院、中国金融四十人论坛、上海国有资本运营研究院和中国指数研究院。详细排名见附表 1.1。

该年度，中国智库微博专家号指数排名前 10 的机构有：中国人民大学国际货币研究所、中国科学院、中国战略文化促进会、中国科学技术协会、中国社会科学院、中国软科学研究会、盘古智库、中国人民大学重阳金融研究院、中国青少年研究中心和中共中央党校。详细排名见附表 1.2。可以看出，中国智库微博专家号指数排名和微信公众号指数排名差别较大。

该年度，中国智库微信引用指数排名前 10 的机构有：北京大学中国经济研究中心、中国经济五十人论坛、中国人民银行研究局、中国人事科学研究院、中国指数研究院、北京大学国家发展研究院、中国人民银行金融研究所、中国金融四十人论坛、中国科学技术协会和百度数据研究中心。详细排名见附表 1.3。可以看出，经济、金融、财经类智库的观点往往受到各类活跃微信公众号的广泛引用。

1. 中国智库大数据指数（CTTBI）

关键结论

2016年，中国智库大数据指数更多地反映了智库在微信平台中的被关注程度（引用），智库通过微信公众号和微博专家号自主扩大平台影响的活动对中国智库大数据指数（总指数）的贡献率较小。科研院所智库和军队智库在2016年中国智库大数据指数中的平均值表现相对突出，高校智库和党校行政学院智库则表现相对较弱。

我们对比了七类智库的微信公众号、微博专家号、微信引用三个指数对中国智库大数据指数（总指数）的贡献率。可以看到，微信引用指数贡献率在三个指数中都占有相对重要的位置。相比另外两个指数，微信公众号指数贡献率所占比例在组间的变化幅度较小。微博专家号指数贡献率则在科研院所智库中占有最大比例，在高校智库中所占比例最小（见图4.19）。

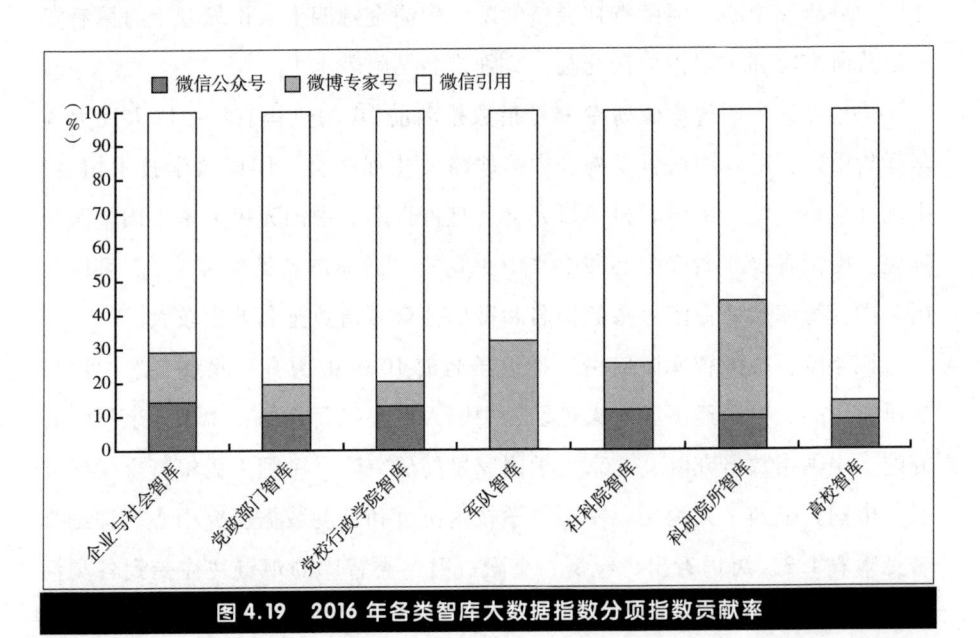

图 4.19 2016 年各类智库大数据指数分项指数贡献率

我们将各类型中国智库大数据指数（CTTBI）加总并除以该类型中有得分的智库数量，得到了各类智库大数据指数的平均值。可以发现，科研院所智库和军队智库的均值比较突出。高校智库和党校行政学院智库均值较低，社科院智库、企业与社会智库和党政部门智库指数居中。但总的来看，这七类智库CTTBI均值差异并不太大（见图4.20）。

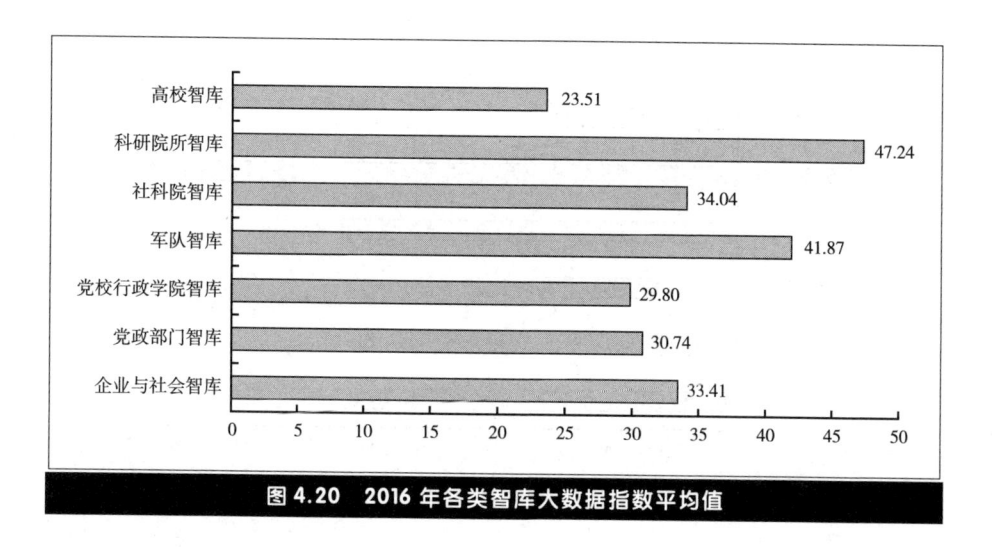

类型	数值
高校智库	23.51
科研院所智库	47.24
社科院智库	34.04
军队智库	41.87
党校行政学院智库	29.80
党政部门智库	30.74
企业与社会智库	33.41

图 4.20　2016年各类智库大数据指数平均值

2. 智库微信公众号指数

关键结论

2016年，科研院所智库和企业与社会智库微信公众号的发文量相对领先，但是不同类型智库微信公众号的平均发文量差距并不大。党政部门智库的微信公众号获得了非常亮眼的发文传播效果。比较不同类型智库的篇均阅读量和篇均点赞量，党政部门智库在上述两个指标上表现非常突出。

我们观察各类智库微信公众号的平均发文量、篇均阅读量和篇均点赞量[①]，可以看出科研院所智库微信公众号的平均发文量最多，党政部门智库的篇均阅读量和篇均点赞量表现最为突出（见图4.21）。除此之外，企业与社会智库也比较积极地利用微信公众号的运营来扩大其受众范围，并获得了比较显著的传播效果。

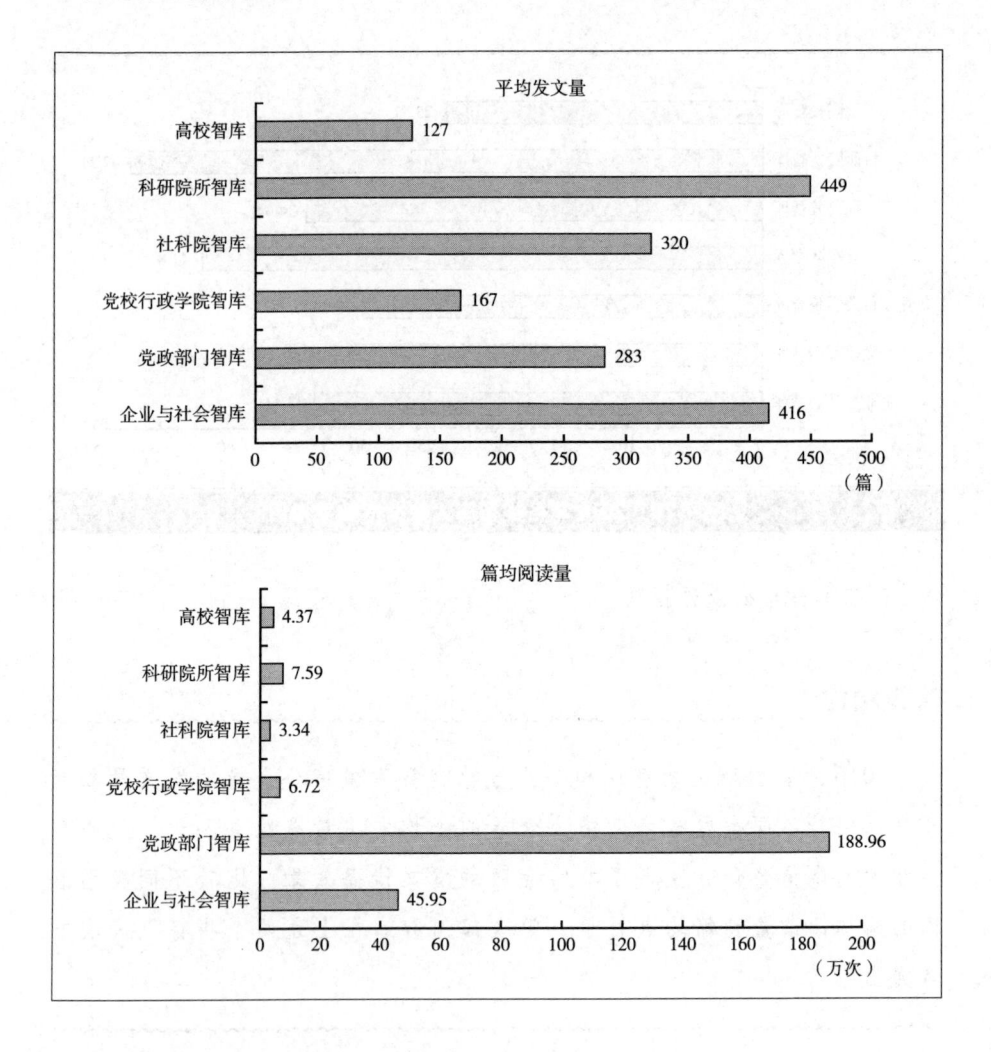

平均发文量

类别	数量（篇）
高校智库	127
科研院所智库	449
社科院智库	320
党校行政学院智库	167
党政部门智库	283
企业与社会智库	416

篇均阅读量

类别	数量（万次）
高校智库	4.37
科研院所智库	7.59
社科院智库	3.34
党校行政学院智库	6.72
党政部门智库	188.96
企业与社会智库	45.95

---

① 篇均点赞量：某类智库微信公众号当年发文的点赞总量/该类智库微信公众号当年发文总量。

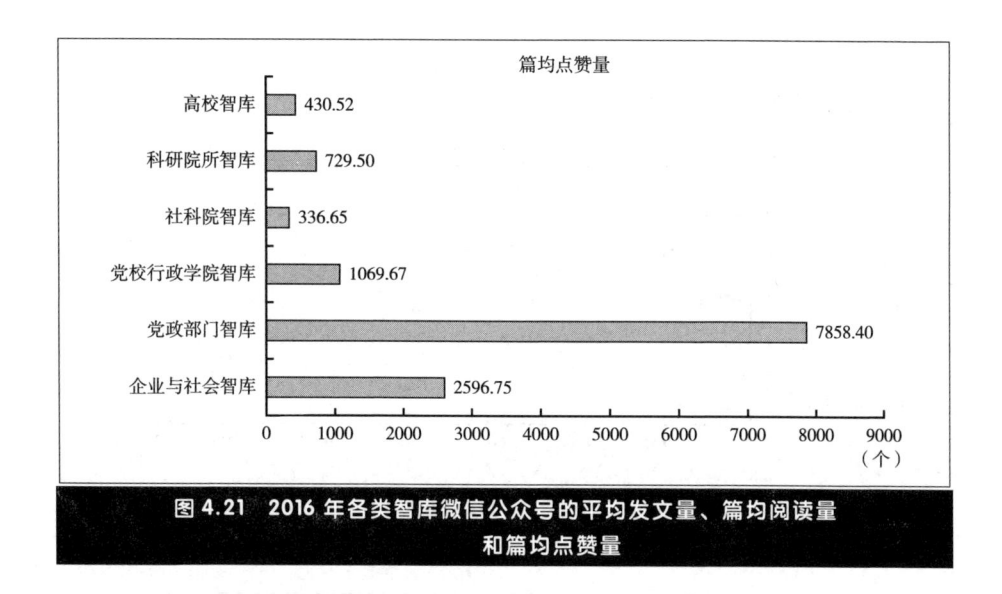

第四章 | 解构中国智库数字倡导行为

篇均点赞量

类型	数值
高校智库	430.52
科研院所智库	729.50
社科院智库	336.65
党校行政学院智库	1069.67
党政部门智库	7858.40
企业与社会智库	2596.75

图4.21　2016年各类智库微信公众号的平均发文量、篇均阅读量和篇均点赞量

3. 智库微博专家号指数

关键结论

2016年，科研院所智库在微博平台上的优势明显。比较不同类型智库微博专家号的平均发博量和一系列传播效果指标（篇均转发量、篇均评论量和篇均点赞量），可以发现科研院所智库的表现遥遥领先于其他类型智库。

我们比较2016年各类智库微博专家号的平均发博量、篇均转发量、篇均评论量和篇均点赞量，可以发现，表征智库微博专家号传播效果的三类指标与平均发博量的趋势基本相同。科研院所智库的表现最为突出，其次是社科院智库和军队智库（见图4.22）。

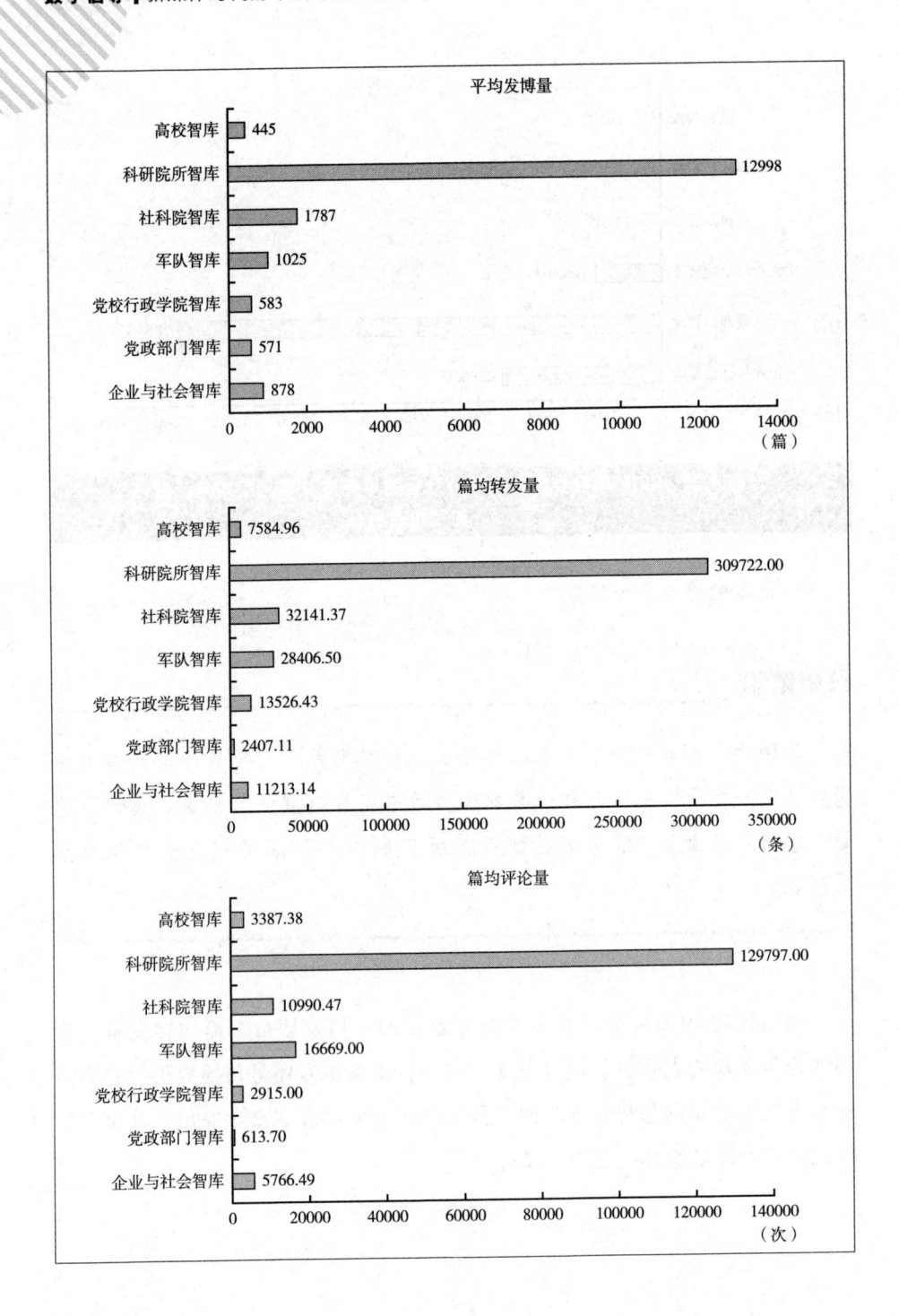

平均发博量

智库类型	数量（篇）
高校智库	445
科研院所智库	12998
社科院智库	1787
军队智库	1025
党校行政学院智库	583
党政部门智库	571
企业与社会智库	878

篇均转发量

智库类型	数量（条）
高校智库	7584.96
科研院所智库	309722.00
社科院智库	32141.37
军队智库	28406.50
党校行政学院智库	13526.43
党政部门智库	2407.11
企业与社会智库	11213.14

篇均评论量

智库类型	数量（次）
高校智库	3387.38
科研院所智库	129797.00
社科院智库	10990.47
军队智库	16669.00
党校行政学院智库	2915.00
党政部门智库	613.70
企业与社会智库	5766.49

篇均点赞量

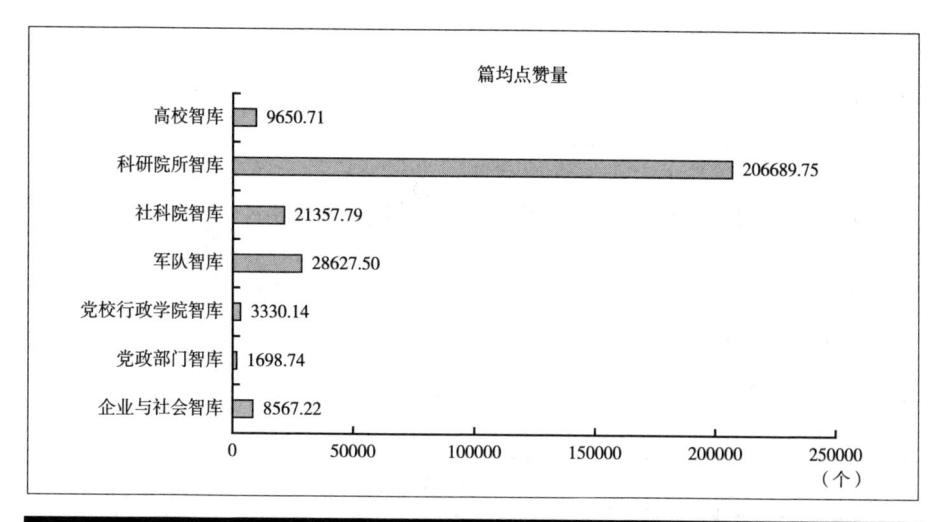

高校智库	9650.71
科研院所智库	206689.75
社科院智库	21357.79
军队智库	28627.50
党校行政学院智库	3330.14
党政部门智库	1698.74
企业与社会智库	8567.22

（个）

图 4.22　2016 年各类智库微博专家号的平均发博量、篇均转发量、篇均评论量和篇均点赞量

4. 智库微信引用指数

关键结论

2016 年，军队智库和科研院所智库在微信平台上的受关注程度非常高，党校行政学院智库在微信平台上的受关注程度相对较低。比较不同类型智库的平均引用文章量，可以发现军队智库和科研院所智库的平均引用文章量最高，而党校行政学院智库则最低。提及军队智库的微信文章拥有非常突出的传播效力，这可能反映了微信平台用户对于军事话题的兴趣。比较不同类型智库的篇均引用文章阅读量和点赞量，可以发现军队智库表现非常优异。

从微信平台中不同类型智库的平均引用文章量及其传播效果（篇均引用文章阅读量和篇均引用文章点赞量）[①] 来看，总体上，军队智库在平均引

---

① 平均引用文章量：某类智库当年在微信平台上的引用文章总量/当年在微信平台上被引用的该类智库数量。
篇均引用文章阅读量：某类智库当年在微信平台上的引用文章阅读总量/该类智库当年在微信平台上的引用文章总量。
篇均引用文章点赞量：某类智库当年在微信平台上的引用文章点赞总量/该类智库当年在微信平台上的引用文章总量。

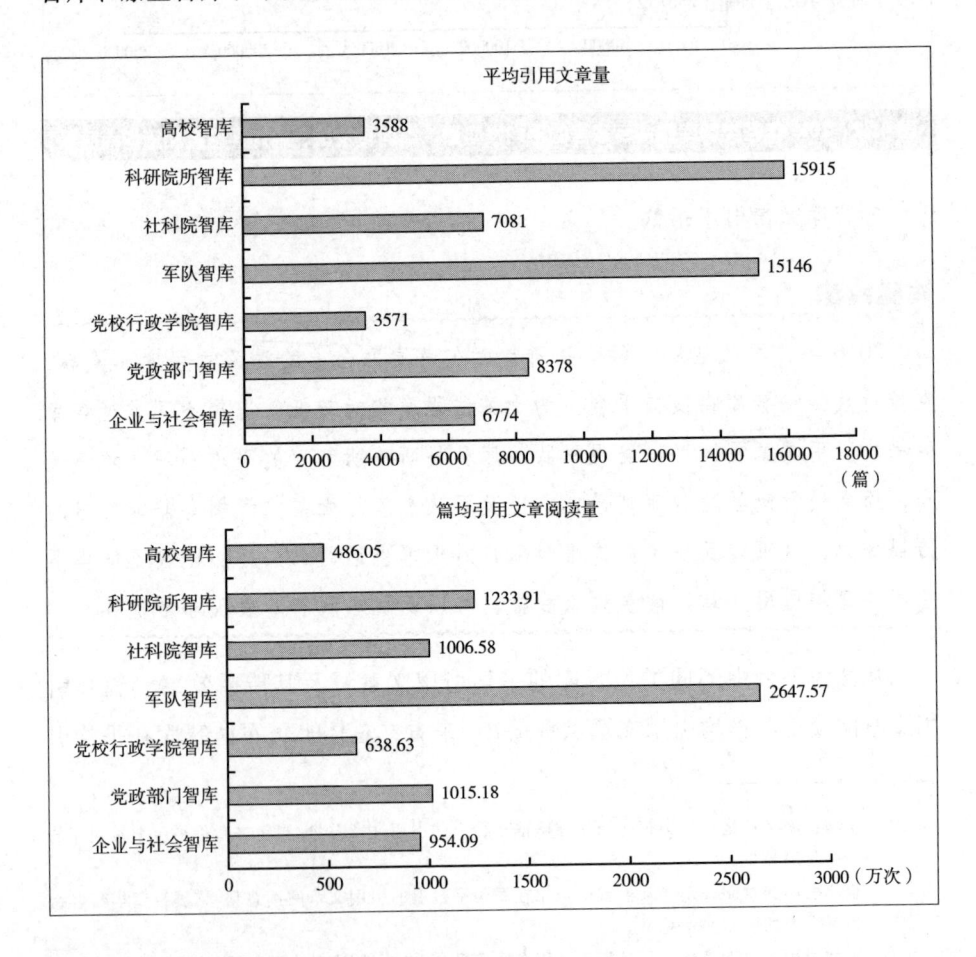

用文章量和篇均引用文章阅读量、篇均引用文章点赞量上都有较大的优势；而在平均引用文章量中，科研院所智库比军队智库多（见图4.23）。高校智库平均引用文章量较少，引用文章传播效果较差。

（二）2017年中国智库大数据指数排名与分析

该年度，中国智库大数据指数（CTTBI）排名前10的机构有：中国科学技术协会、中国社会科学院、国防大学、中国工程院、盘古智库、全球化智库、瞭望智库、中国农业科学院、中国人民大学重阳金融研究院和中国科

平均引用文章量

智库类型	篇数
高校智库	3588
科研院所智库	15915
社科院智库	7081
军队智库	15146
党校行政学院智库	3571
党政部门智库	8378
企业与社会智库	6774

篇均引用文章阅读量

智库类型	万次
高校智库	486.05
科研院所智库	1233.91
社科院智库	1006.58
军队智库	2647.57
党校行政学院智库	638.63
党政部门智库	1015.18
企业与社会智库	954.09

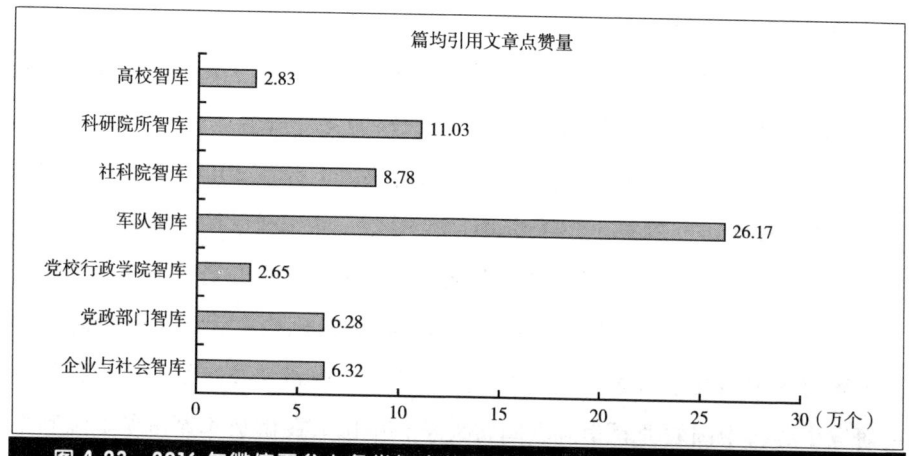

	篇均引用文章点赞量
高校智库	2.83
科研院所智库	11.03
社科院智库	8.78
军队智库	26.17
党校行政学院智库	2.65
党政部门智库	6.28
企业与社会智库	6.32

图 4.23　2016 年微信平台上各类智库的平均引用文章量、篇均引用文章阅读量和篇均引用文章点赞量

学院。详细排名见附表 1.8。其中，中国科学技术协会在 2016～2017 年均位居 CTTBI 排名第 1。中国科学技术协会、中国社会科学院、盘古智库、全球化智库、瞭望智库、中国人民大学重阳金融研究院六家机构在 2016～2017 年的排名均在前 10。中国社会科学院从 2016 年的第 4 上升到 2017 年的第 2，盘古智库和全球化智库在 2016 年和 2017 年均分居第 5 和第 6，瞭望智库从 2016 年的第 9 上升到 2017 年的第 7。

该年度，中国智库微信公众号指数排名前 10 的机构有：上海春秋发展战略研究院、瞭望智库、中国科学技术协会、中国社会科学院工业经济研究所、中国城市和小城镇改革发展中心、凤凰国际智库、全球化智库、国务院发展研究中心、国防大学和盘古智库。详细排名见附表 1.5。其中，瞭望智库、中国城市和小城镇改革发展中心、凤凰国际智库、全球化智库、国务院发展研究中心、盘古智库六家机构在 2016～2017 年的微信公众号指数排名均稳定在前 10。

该年度，中国智库微博专家号指数排名前 10 的机构有：中国战略文化促进会、中国科学院、中国社会科学院、中国科学技术协会、盘古智库、中国人民大学国际货币研究所、中国工程院、中国经济体制改革研究会、中共北京市委党校和中国财政科学研究院。详细排名见附表 1.6。中国战略文化促进会、中国科学院、中国社会科学院、中国科学技术协会、盘古智库、中国人民大学国际货币研究所六家机构在2016~2017年的微博专家号指数排名均稳定在前10，其中五家机构排名上升，中国战略文化促进会从2016年的第4上升到2017年的第1，中国科学院从2016年的第3上升到2017年的第2，中国社会科学院从2016年的第6上升到2017年的第3，中国科学技术协会从2016年的第5上升到2017年的第4，盘古智库从2016年的第8上升到2017年的第5。

该年度，中国智库微信引用指数排名前10的机构有：中国科学院、中国工程院、中国社会科学院、中共中央党校、中国科学技术协会、国务院发展研究中心、中国农业科学院、国防大学、中国人民解放军军事科学院和中国指数研究院。详细排名见附表1.7。中国科学技术协会和中国指数研究院在2016~2017年均排在前10，中国科学技术协会从2016年的第9上升到2017年的第5。2017年新晋前10的智库有中国科学院、中国工程院、中国社会科学院、中共中央党校、国务院发展研究中心、中国农业科学院、国防大学和中国人民解放军军事科学院。

1. 中国智库大数据指数（CTTBI）

关键结论

2017年，中国智库大数据指数仍主要反映智库在微信平台上的被关注程度（引用），微信公众号和微博专家号两个指数对总指数的贡献率较2016年有所提升。表现最好的是军队智库和科研院所智库，两者间差异不大，高校智库的表现相对较弱。

我们对比了七类智库的微信公众号、微博专家号、微信引用三个指数对总指数的贡献率。可以发现，相比2016年，微信引用指数对总指数的贡献率下降，微博专家号指数和微信公众号指数对总指数的贡献率在多类智库中皆达到了20%左右。在七类智库中，微信引用指数贡献率在三个分指数中都占有最大的比例。相对另外两个指数，微信公众号指数贡献率所占比例在组间的变化幅度较小。微博专家号指数贡献率所占比例在组间变化幅度较大，在科研院所智库中占有最大比例，在高校智库中占比最小（见图4.24）。

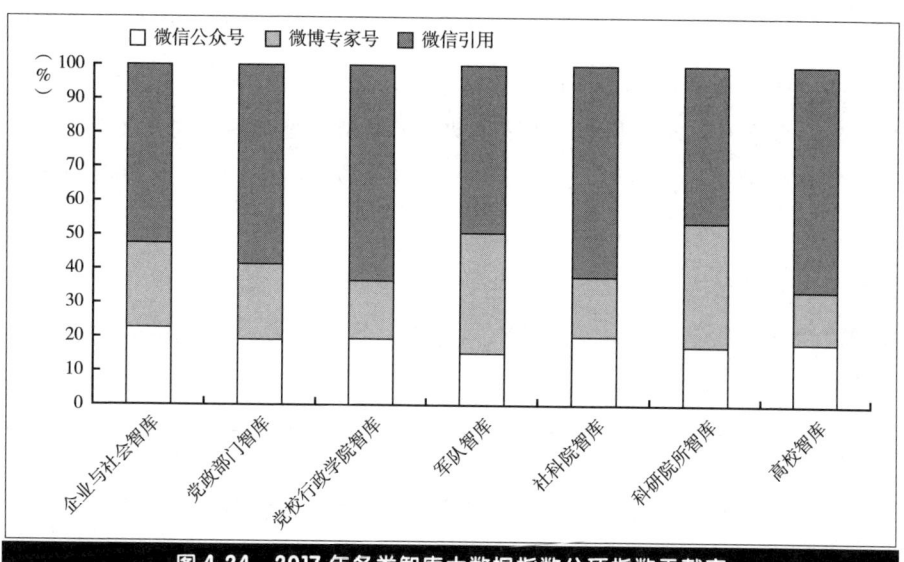

图 4.24　2017年各类智库大数据指数分项指数贡献率

通过观察各类智库大数据指数的平均值可以看出，科研院所智库和军队智库的平均值比较突出。这个情况与2016年比较一致。科研院所智库和军队智库的平均值明显高于其他类型智库。其他五类智库的平均值差异不大，高校智库表现相对较弱（见图4.25）。

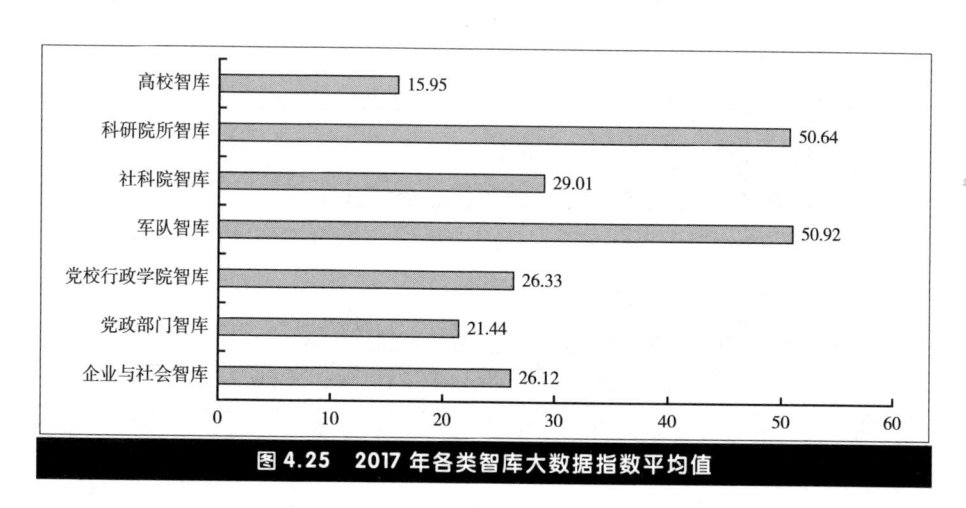

图 4.25　2017年各类智库大数据指数平均值

- 高校智库：15.95
- 科研院所智库：50.64
- 社科院智库：29.01
- 军队智库：50.92
- 党校行政学院智库：26.33
- 党政部门智库：21.44
- 企业与社会智库：26.12

2. 智库微信公众号指数

关键结论

2017年,科研院所智库微信公众号的发文量保持领先,但是不同类型智库微信公众号的发文量差距不大。比较不同类型智库的平均发文量,可以发现科研院所智库排名第1,企业与社会智库和军队智库亦有较高的发文量。军队智库、党政部门智库和企业与社会智库的发文传播效果较好,与高校智库、社科院智库和党校行政部门智库有明显差距。企业与社会智库在微信平台上的篇均阅读量表现最为突出,篇均点赞量最亮眼的则是军队智库。

观察各类智库微信公众号的平均发文量、篇均阅读量和篇均点赞量,可以看出,科研院所智库微信公众号的平均发文量表现最为突出,篇均阅读量和篇均点赞量表现较优。此外,企业与社会智库和军队智库分别在篇均阅读量和篇均点赞量上表现突出;党政部门智库也实现了不错的互动效果,成功扩大了其受众范围(见图4.26)。

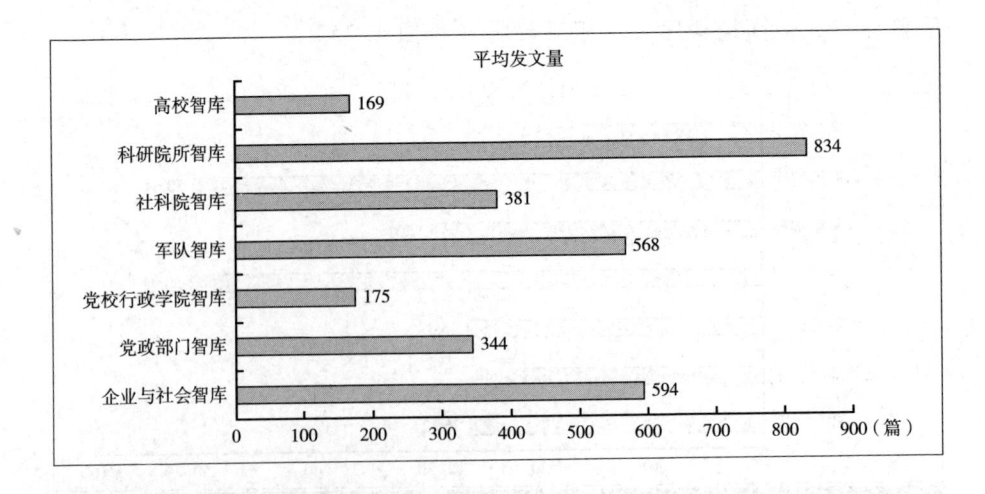

类型	平均发文量
高校智库	169
科研院所智库	834
社科院智库	381
军队智库	568
党校行政学院智库	175
党政部门智库	344
企业与社会智库	594

篇均阅读量

智库类型	数值（万次）
高校智库	7.96
科研院所智库	323.05
社科院智库	15.93
军队智库	351.88
党校行政学院智库	4.42
党政部门智库	405.93
企业与社会智库	457.16

篇均点赞量

智库类型	数值（个）
高校智库	891.77
科研院所智库	34927.50
社科院智库	1375.33
军队智库	56697.00
党校行政学院智库	745.50
党政部门智库	45043.03
企业与社会智库	41771.94

图 4.26 2017 年各类智库微信公众号的平均发文量、篇均阅读量和篇均点赞量

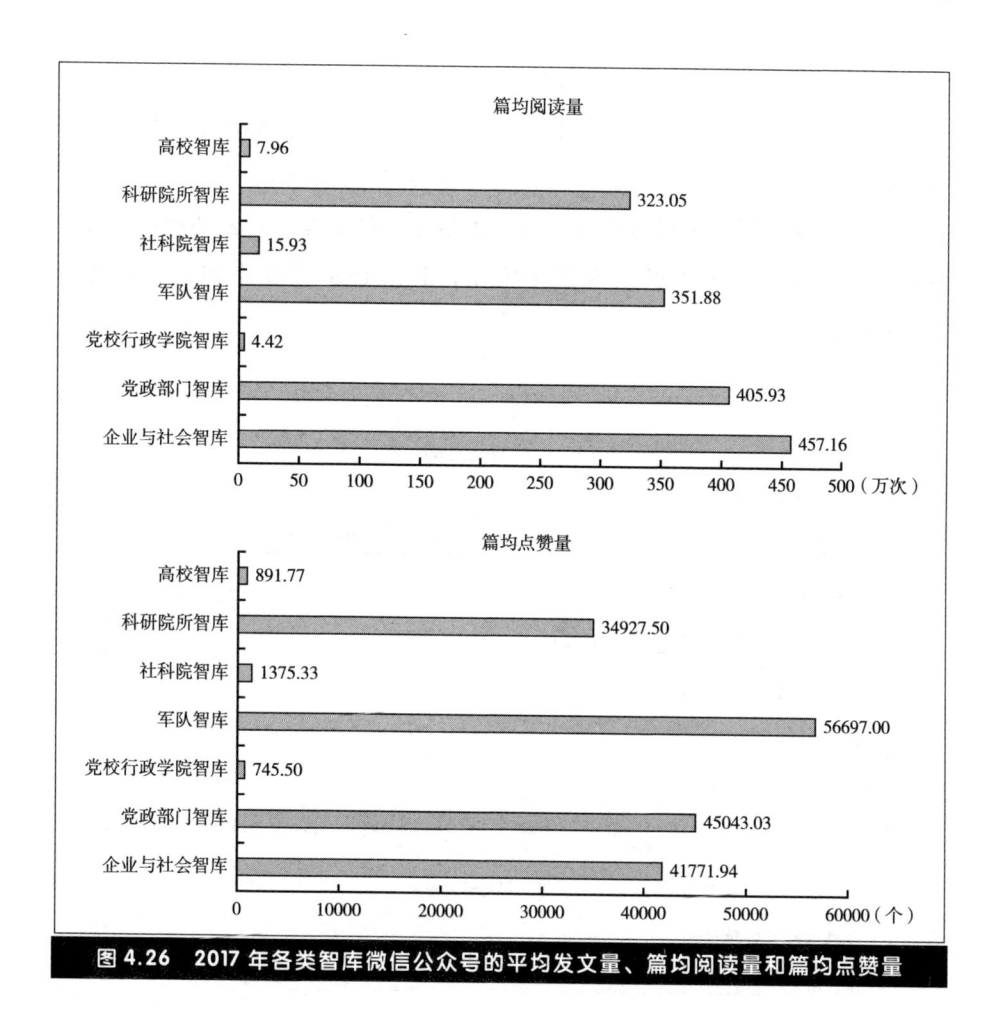

3. 智库微博专家号指数

关键结论

2017 年，科研院所智库在微博平台上的活跃度和影响程度上优势明显，此外，军队智库和社科院智库也表现良好。比较不同类型智库微博专家号的平均发博量及篇均转发量、篇均评论量和篇均点赞量等一系列数据，可以发现科研院所智库远超其他类型智库。

我们观察2017年各类智库微博专家号的平均发博量、篇均转发量、篇均评论量和篇均点赞量,发现科研院所智库发文的活跃度远高于其他类型智库。企业与社会智库、高校智库和党政部门智库的平均发博量处在中后位置。表征智库微博专家号传播效果的三类指标与微博专家号发博量的趋势基本相同,科研院所智库的表现最为突出,其次是军队智库和社科院智库(见图4.27)。

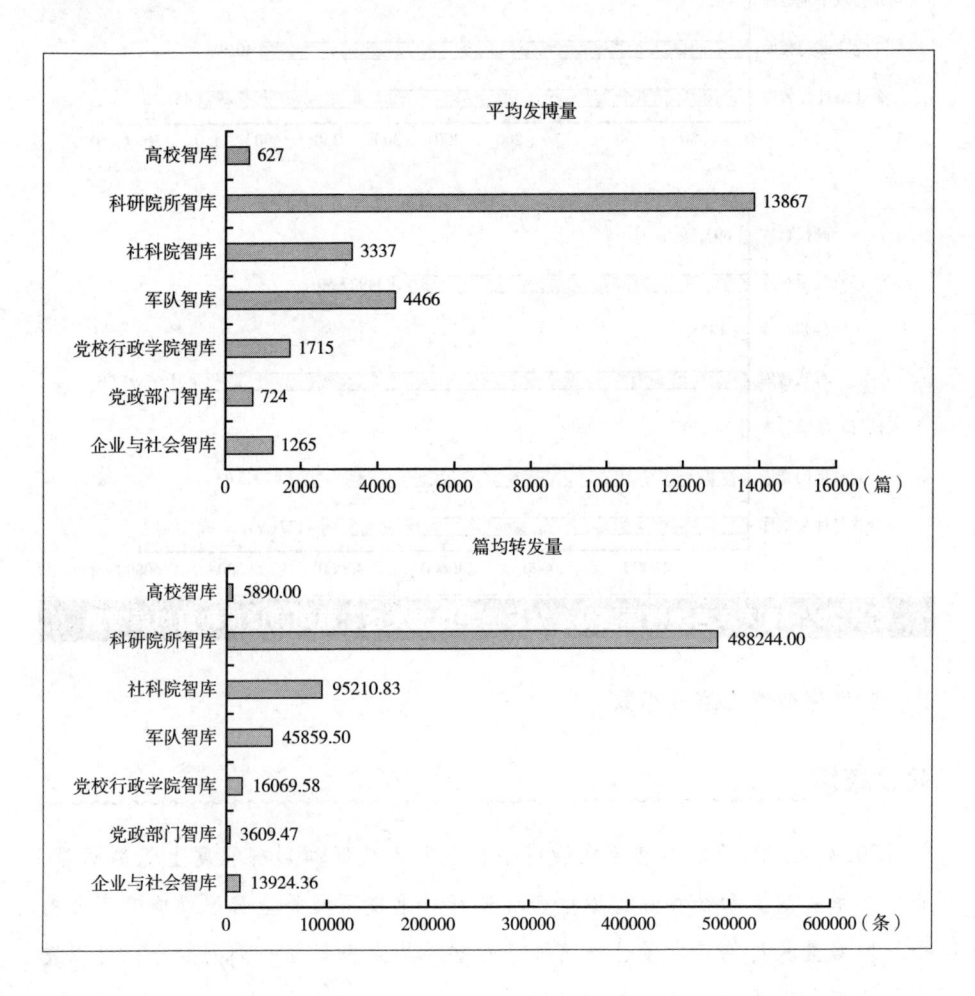

平均发博量

智库类型	平均发博量
高校智库	627
科研院所智库	13867
社科院智库	3337
军队智库	4466
党校行政学院智库	1715
党政部门智库	724
企业与社会智库	1265

篇均转发量

智库类型	篇均转发量
高校智库	5890.00
科研院所智库	488244.00
社科院智库	95210.83
军队智库	45859.50
党校行政学院智库	16069.58
党政部门智库	3609.47
企业与社会智库	13924.36

篇均评论量

- 高校智库: 3644.49
- 科研院所智库: 207308.00
- 社科院智库: 34572.61
- 军队智库: 28329.00
- 党校行政学院智库: 6366.67
- 党政部门智库: 1955.36
- 企业与社会智库: 8846.93

篇均点赞量

- 高校智库: 8865.95
- 科研院所智库: 740961.80
- 社科院智库: 110056.50
- 军队智库: 68205.50
- 党校行政学院智库: 8438.25
- 党政部门智库: 3958.28
- 企业与社会智库: 14678.86

图4.27 2017年各类智库微博专家号的平均发博量、篇均转发量、篇均评论量和篇均点赞量

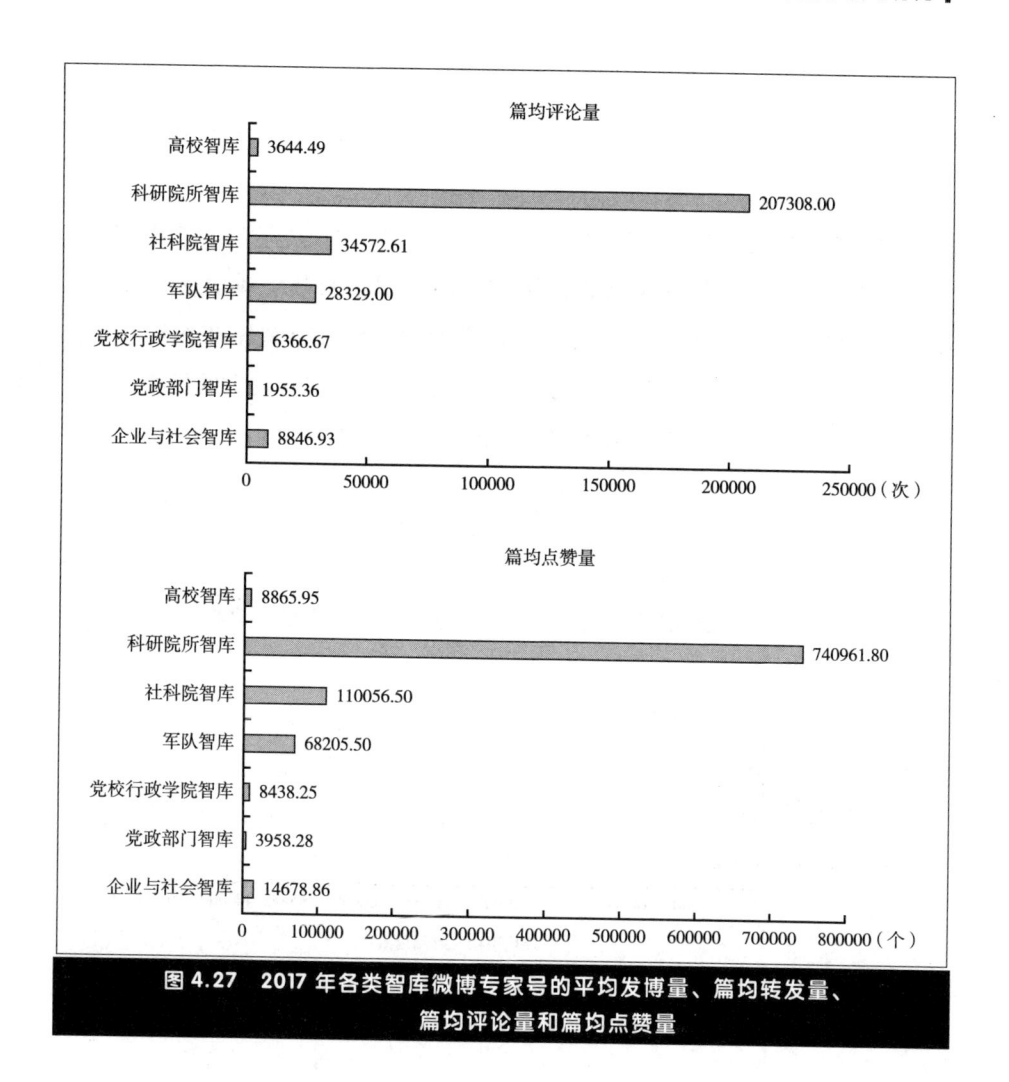

4. 智库微信引用指数

关键结论

2017年，科研院所智库在微信平台上的受关注程度也远高于其他类型智库，此外军队智库在微信平台上亦表现良好，高校智库在微信平台上整体表现较弱。科研院所智库的平均引用文章量最高，高校智库的最低。提及科研院所智库的微信文章拥有非常突出的传播效力，这可能反映了微信平台用户对于科普科技类话题的兴趣。比较不同类型智库的篇均引用文章阅读量和点赞量,可以发现科研院所智库表现格外优异,位列第2的军队智库与其有相当的差距。

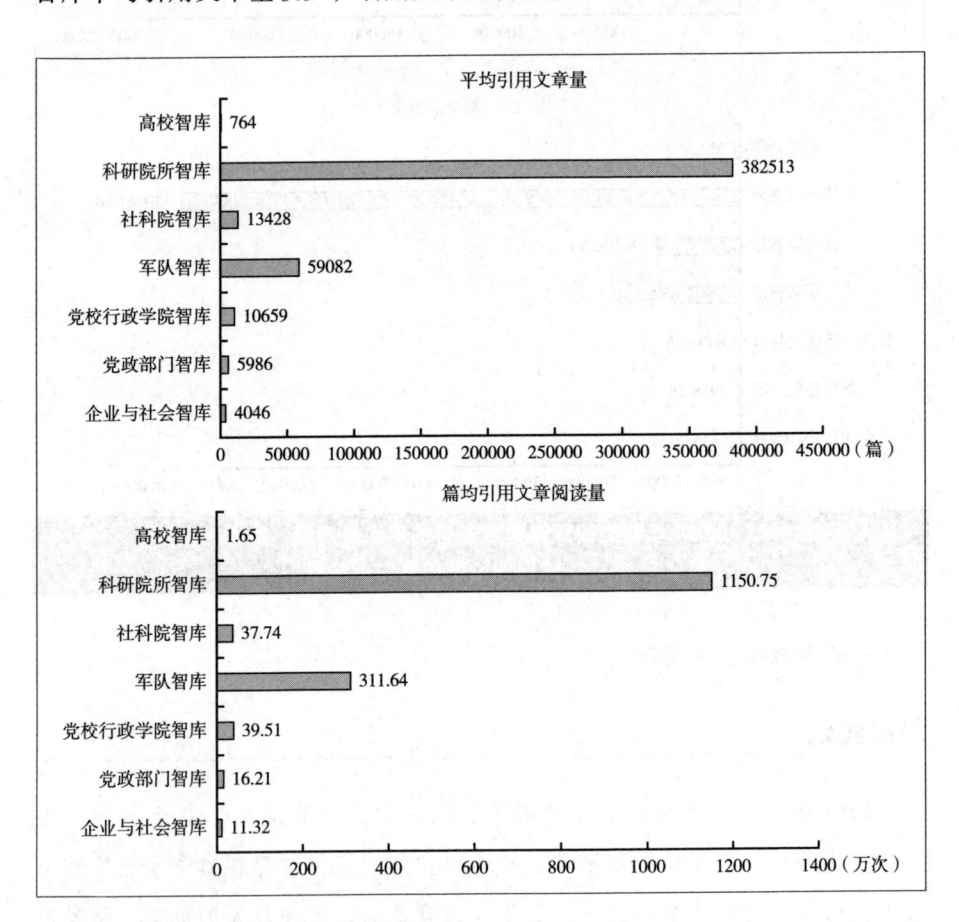

从微信平台中不同类型智库的平均引用文章量及其传播效果(篇均引用文章阅读量、篇均引用文章点赞量)来看,科研院所智库在平均引用文章量和篇均引用文章阅读量、篇均引用文章点赞量上都有较大的优势。高校智库平均引用文章量较少,引用文章的传播效力较小(见图4.28)。

平均引用文章量

类型	数值
高校智库	764
科研院所智库	382513
社科院智库	13428
军队智库	59082
党校行政学院智库	10659
党政部门智库	5986
企业与社会智库	4046

(篇)

篇均引用文章阅读量

类型	数值
高校智库	1.65
科研院所智库	1150.75
社科院智库	37.74
军队智库	311.64
党校行政学院智库	39.51
党政部门智库	16.21
企业与社会智库	11.32

(万次)

篇均引用文章点赞量

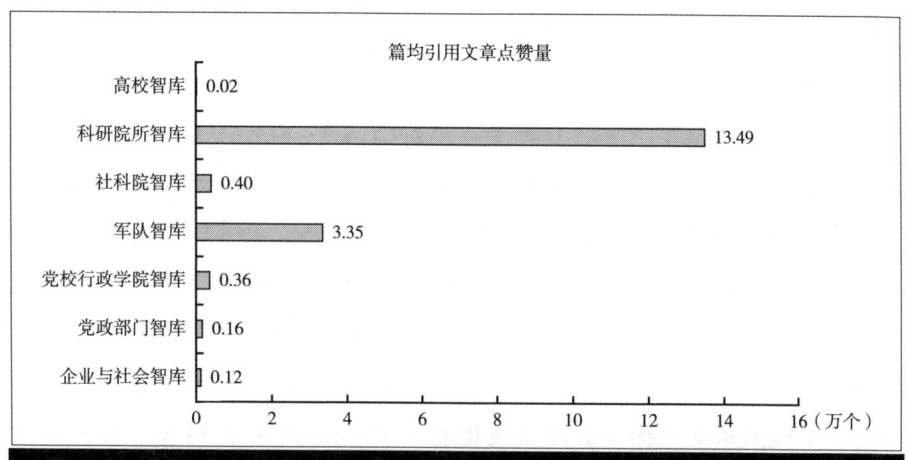

高校智库	0.02
科研院所智库	13.49
社科院智库	0.40
军队智库	3.35
党校行政学院智库	0.36
党政部门智库	0.16
企业与社会智库	0.12

图 4.28 2017 年微信平台上各类智库的平均引用文章量、篇均引用文章阅读量和篇均引用文章点赞量

（三）2018年中国智库大数据指数排名与分析

该年度，中国智库大数据指数（CTTBI）排名前10的机构有：中国科学技术协会、中国工程院、中国社会科学院、中国科学院、国防大学、盘古智库、中共中央党校、瞭望智库、全球化智库和中国人民大学重阳金融研究院。详细排名见附表1.12。其中，中国科学技术协会在2017～2018年均位居第1。中国工程院、中国社会科学院、中国科学院、国防大学、盘古智库、瞭望智库、全球化智库和中国人民大学重阳金融研究院在2017～2018年均位居前10。中共中央党校上升幅度比较大，由2017年的第27上升到2018年的第7。

该年度，中国智库微信公众号指数排名前10的机构有：上海春秋发展战略研究院、瞭望智库、中国科学技术协会、中国社会科学院工业经济研究所、南风窗传媒智库、凤凰国际智库、中国城市和小城镇改革发展中心、中国指数研究院、中国金融四十人论坛和武汉大学环境法研究所。详细排名见附表1.9。其中，上海春秋发展战略研究院连续两年（2017年、2018年）成为微信公众号指数最高的机构。除此之外，瞭望智库、凤凰国际智库、中国城市和小城镇改革发展中心则在 2016~2018 年均出现在前 10 的位置。

该年度，中国智库微博专家号指数排名前 10 的机构有：中国科学技术协会、中国科学院、盘古智库、中国社会科学院、中国战略文化促进会、中国财政科学研究院、上海金融与法律研究院、国防大学、中国人民大学重阳金融研究院和武汉大学质量发展战略研究院。详细排名见附表1.10。中国科学技术协会的排名从 2016 年的第 5 上升到 2017 年的第 4，最终上升到 2018 年的第 1。此外，中国科学院、盘古智库、中国社会科学院、中国战略文化促进会四家机构在 2016~2018 年的微博专家号指数排名均稳定在前 10。

该年度，中国智库微信引用指数排名前 10 的机构有：中国科学院、中国工程院、中共中央党校、国防大学、中国社会科学院、北京教育科学研究院、北京大学国家发展研究院、中国科学技术协会、中国电子信息产业发展研究院和全球化智库。详细排名见附表 1.11。其中，中国科学院、中国工程院在 2017~2018 年的微信引用指数排名稳定在第 1 和第 2。此外，中共中央党校、国防大学、中国社会科学院、中国科学技术协会四家机构在 2017~2018 年均排在微信引用指数前 10。2018 年新晋前 10 的智库有北京教育科学研究院、北京大学国家发展研究院、中国电子信息产业发展研究院和全球化智库。

1. 中国智库大数据指数（CTTBI）

关键结论

2018 年，中国智库微信公众号指数、微博专家号指数和微信引用指数对总指数的贡献率差距进一步缩小，智库微信引用指数持较小优势。在除高校智库外的各类智库中，微信公众号指数和微博专家号指数的贡献率所占比重已经超过四成。军队智库在 2018 年大数据指数中的平均值表现最为突出，其他类型智库则表现相近。

第四章 | 解构中国智库数字倡导行为

我们对比了七类智库的微信公众号、微博专家号、微信引用三个指数对总指数的贡献率。可以看到，军队智库仍然是比较特殊的一类。相比其他智库，军队智库的三个指数对总指数的贡献率相对均衡。在其他六类智库中，微信引用指数贡献率在三个指数中都占有相对重要的位置（见图4.29）。

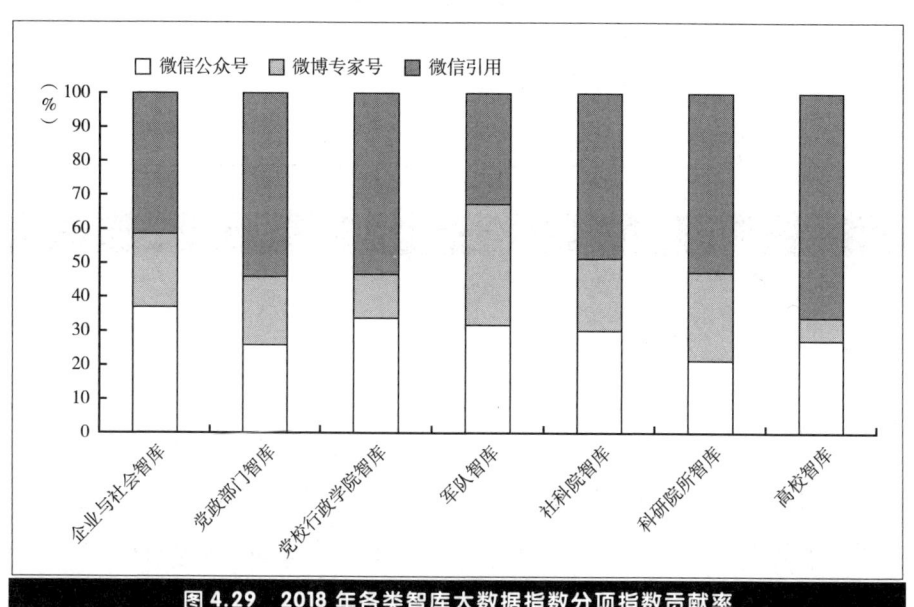

图 4.29　2018 年各类智库大数据指数分项指数贡献率

通过对比各类智库大数据指数的平均值可以看出，军队智库大数据指数的平均值明显高于其他类型智库。在其他六类智库中，社科院智库和企业与社会智库拥有比较高的平均值。相比2017年，各类智库大数据指数的平均值均有所下降，其中科研院所智库下降最为明显（见图4.30）。这表明在智库各类账号数量激增的情况下，智库影响力出现了分化，部分智库注册了账号但缺乏与之匹配的内容生产能力，导致智库之间差异增大。

智库类型	大数据指数平均值
高校智库	14.50
科研院所智库	19.25
社科院智库	21.42
军队智库	49.80
党校行政学院智库	18.14
党政部门智库	18.05
企业与社会智库	20.12

图 4.30　2018 年各类智库大数据指数平均值

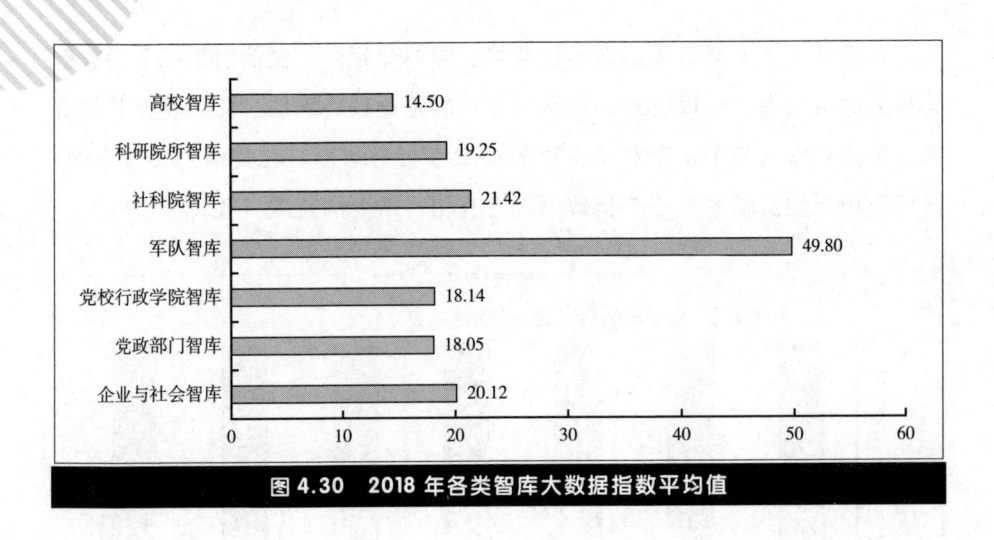

2. 智库微信公众号指数

关键结论

2018 年，除科研院所智库仍优势明显外，企业与社会智库和党政部门智库也表现良好。比较不同类型智库微信公众号的平均发文量、篇均阅读量和篇均点赞量，可以发现，科研院所智库保持领先，企业与社会智库的平均发文量和传播效果较优，党政部门智库也在微信平台上达成了较好的传播效果。

通过观察各类智库微信公众号的平均发文量、篇均阅读量和篇均点赞量可以看出，科研院所智库的平均发文量最多，其发文的篇均阅读量和篇均点赞量也颇高，获得了微信用户的积极互动（见图 4.31）。除此之外，企业与社会智库和党政部门智库也比较积极地利用微信官方账号的运营来扩大其受众范围，并获得了比较显著的传播效力。

第四章 | 解构中国智库数字倡导行为

平均发文量

社科院智库	187
企业与社会智库	315
科研院所智库	981
军队智库	139
高校智库	42
党政部门智库	110
党校行政学院智库	175

（单位：篇）

篇均阅读量

社科院智库	12.27
企业与社会智库	296.62
科研院所智库	1848.23
军队智库	29.78
高校智库	3.50
党政部门智库	183.04
党校行政学院智库	3.63

（单位：万次）

篇均点赞量

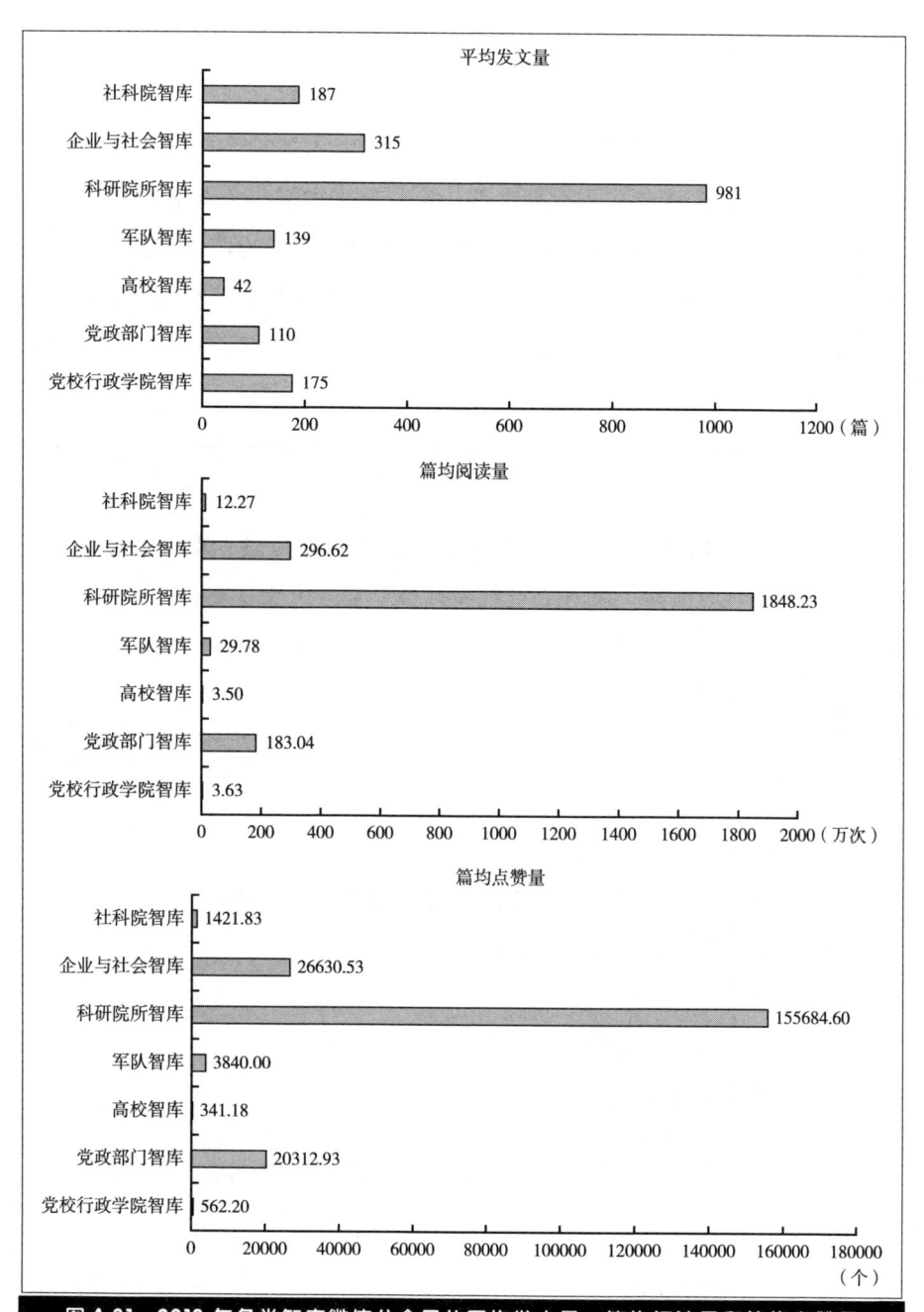

社科院智库	1421.83
企业与社会智库	26630.53
科研院所智库	155684.60
军队智库	3840.00
高校智库	341.18
党政部门智库	20312.93
党校行政学院智库	562.20

（单位：个）

图 4.31 2018 年各类智库微信公众号的平均发文量、篇均阅读量和篇均点赞量

3. 智库微博专家号指数

关键结论

2018年，从微博专家号指数来看，除科研院所智库依然在发博量和传播效果上领先外，社科院智库和军队智库亦发文较多。比较不同类型智库微博专家号的指标数据，可以发现，社科院智库和军队智库的平均发博量、篇均转发量、篇均评论量和篇均点赞量虽次于科研院所智库，但明显优于其他类型智库。

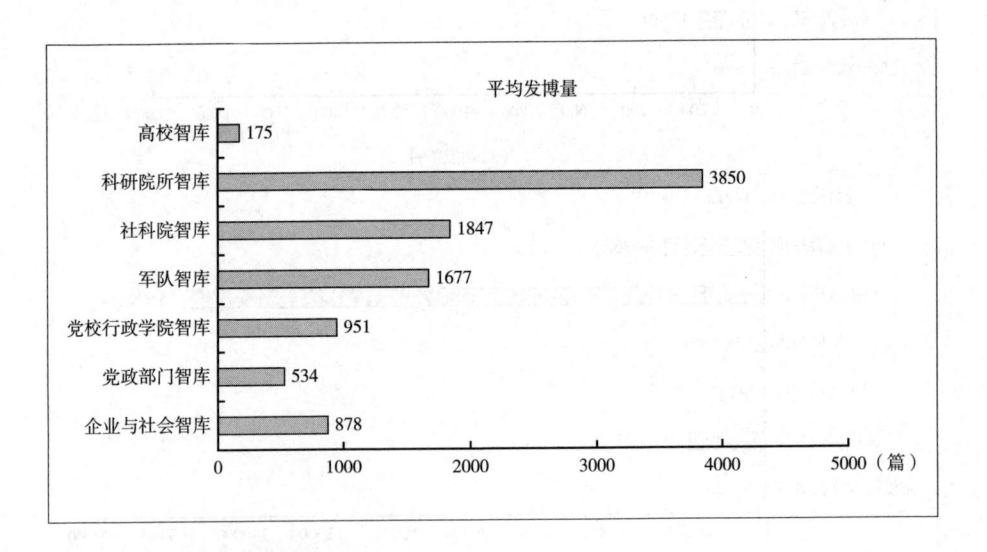

我们观察2018年各类智库微博专家号的平均发博量、篇均转发量、篇均评论量和篇均点赞量，发现表征智库微博专家号传播效果的三类指标与微博专家号发博量的趋势基本相同。科研院所智库的表现最为突出，其次是军队智库和社科院智库（见图4.32）。

智库类型	平均发博量（篇）
高校智库	175
科研院所智库	3850
社科院智库	1847
军队智库	1677
党校行政学院智库	951
党政部门智库	534
企业与社会智库	878

第四章 | 解构中国智库数字倡导行为

篇均转发量

高校智库	793.93
科研院所智库	227878.86
社科院智库	32250.12
军队智库	26921.00
党校行政学院智库	682.60
党政部门智库	1955.70
企业与社会智库	6193.06

（条）

篇均评论量

高校智库	465.96
科研院所智库	84185.86
社科院智库	24886.62
军队智库	18472.50
党校行政学院智库	599.10
党政部门智库	1287.17
企业与社会智库	3374.75

（次）

篇均点赞量

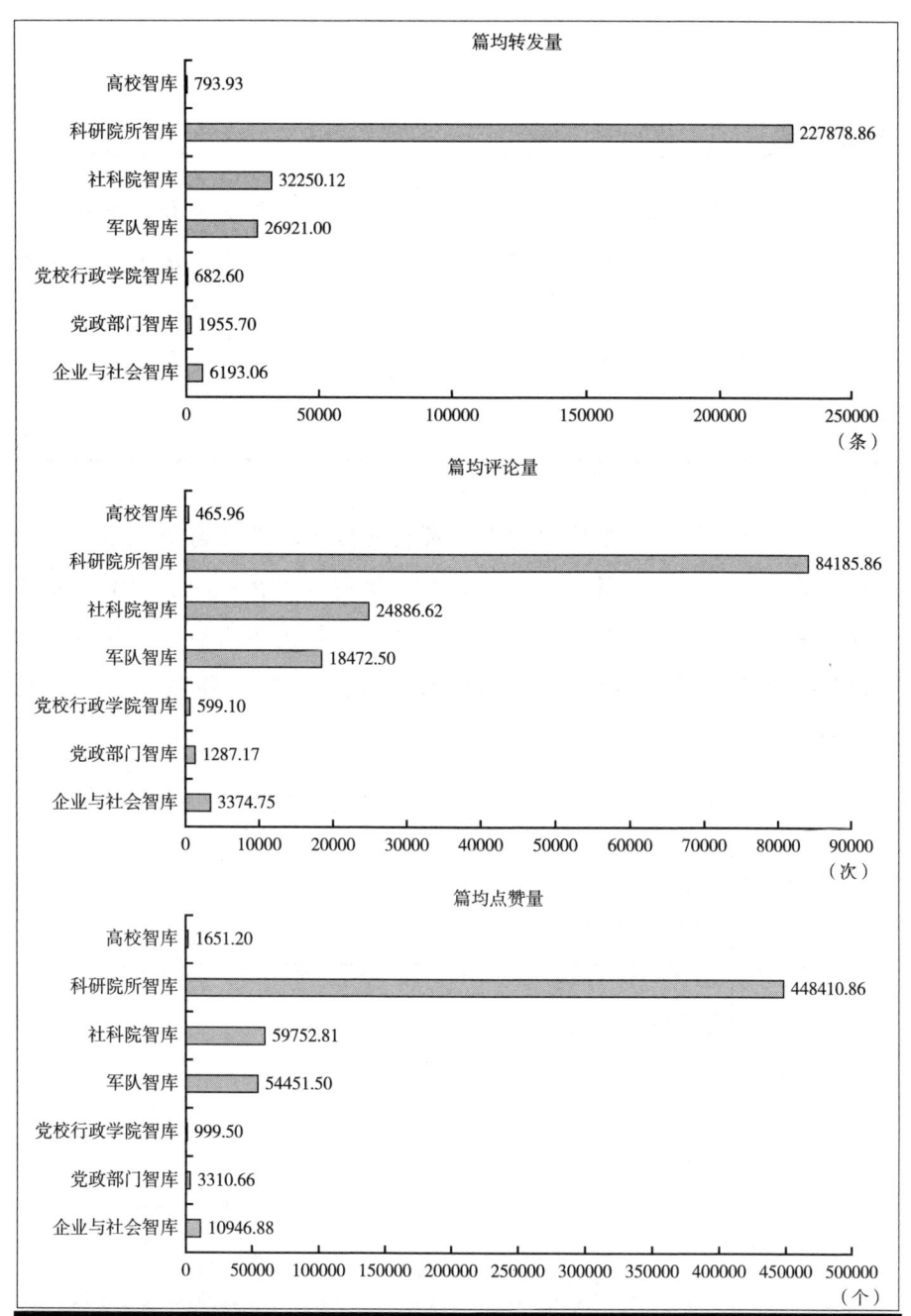

高校智库	1651.20
科研院所智库	448410.86
社科院智库	59752.81
军队智库	54451.50
党校行政学院智库	999.50
党政部门智库	3310.66
企业与社会智库	10946.88

（个）

图.4.32　2018年各类智库微博专家号的平均发博量、篇均转发量、篇均评论量和篇均点赞量

· 139 ·

4. 智库微信引用指数

关键结论

2018年，除科研院所智库在微信平台上受到较多关注外，军队智库在平均引用文章量和篇均引用文章点赞量上也表现良好。比较不同类型智库的平均引用文章量、篇均引用文章阅读量和篇均引用文章点赞量等数据，可以发现，科研院所智库遥遥领先，军队智库同样获得了不小的关注。

从不同类型智库的平均引用文章量及其传播效果（篇均引用文章阅读量、篇均引用文章点赞量）来看，科研院所智库在平均引用文章量和篇均引用文章阅读量、篇均引用文章点赞量上都优势明显。高校智库和企业与社会智库平均引用文章量较少，引用文章的传播效力较小（见图4.33）。

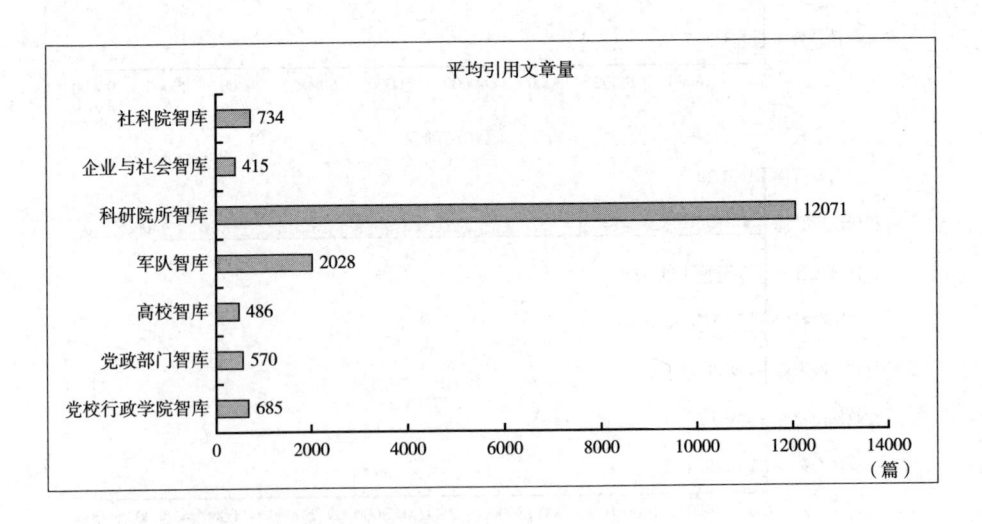

平均引用文章量

智库类型	数量（篇）
社科院智库	734
企业与社会智库	415
科研院所智库	12071
军队智库	2028
高校智库	486
党政部门智库	570
党校行政学院智库	685

篇均引用文章阅读量

- 社科院智库 115.85
- 企业与社会智库 63.48
- 科研院所智库 1860.41
- 军队智库 54.33
- 高校智库 80.07
- 党政部门智库 88.49
- 党校行政学院智库 108.78

（万次）

篇均引用文章点赞量

- 社科院智库 1.66
- 企业与社会智库 0.92
- 科研院所智库 23.55
- 军队智库 8.52
- 高校智库 1.25
- 党政部门智库 1.64
- 党校行政学院智库 1.40

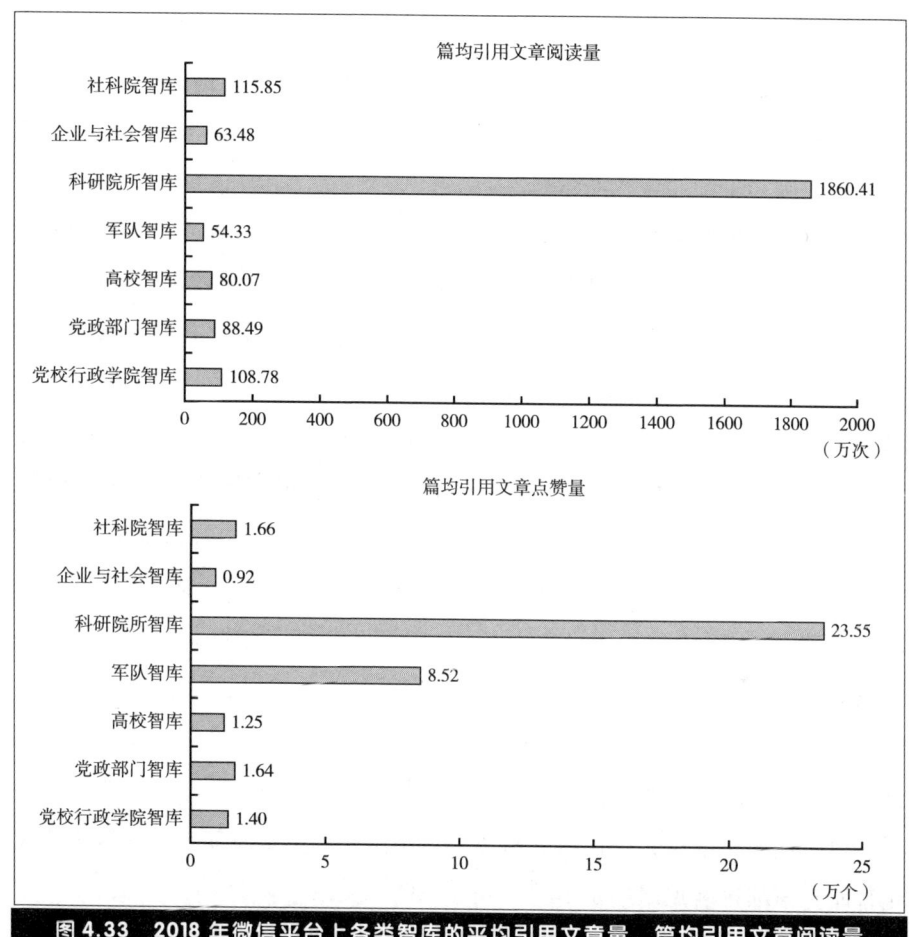

（万个）

图 4.33　2018 年微信平台上各类智库的平均引用文章量、篇均引用文章阅读量和篇均引用文章点赞量

（四）2019年中国智库大数据指数排名与分析

该年度，中国智库大数据指数（CTTBI）排名前10的机构有：瞭望智库、中国科学院、中国科学技术协会、苏宁金融研究院、中国指数研究院、中国人民解放军军事科学院、中国社会科学院、国防大学、全球化智库和中国人民大学重阳金融研究院。详细排名见附表1.16。瞭望智库排名上升幅度较大，由2018年的第8上升到2019年的第1。中国科学技术协会、中国科学院、国防大学、中国社会科学院、全球化智库和中国人民大学重阳金融研究院在 2018~2019 年的排名均在前 10。此外，苏宁金融研究院、中国指数研究院、中国人民解放军军事科学院在 2019 年新晋前 10。

该年度，中国智库微信公众号指数排名前 10 的机构有：上海春秋发展战略研究院、中国科学技术协会、瞭望智库、南风窗传媒智库、苏宁金融研究院、中国社会科学院工业经济研究所、中国科学院、中国金融四十人论坛、中国城市和小城镇改革发展中心以及凤凰国际智库。详细排名见附表 1.13。上海春秋发展战略研究院在 2018~2019 年的微信公众号指数排名中稳居第 1，中国科学技术协会、瞭望智库也稳定在影响力前 3。此外，中国社会科学院工业经济研究所、南风窗传媒智库、中国金融四十人论坛、中国城市和小城镇改革发展中心以及凤凰国际智库五家机构在 2018~2019 年均排在前 10。2019 年新晋前 10 的智库有苏宁金融研究院和中国科学院。

该年度，中国智库头条号指数排名前 10 的机构有：瞭望智库、中国科学院、中国管理科学研究院、每经智库、苏宁金融研究院、中国科学技术协会、中国社会科学院、中国指数研究院、中国人民解放军军事科学院和全球化智库。详细排名见附表 1.14。

该年度，中国智库头条引用指数排名前 10 的机构有：中国科学院、中国社会科学院、中共中央党校、中国科学技术协会、国防大学、国务院发展研究中心、中国农业科学院、瞭望智库、中国人民解放军军事科学院和中国电子信息产业发展研究院。详细排名见附表 1.15。

1. 中国智库大数据指数（CTTBI）

关键结论

2019 年，中国智库大数据指数以微信和头条两个平台为数据源，头条引用指数成为中国智库大数据指数的压舱石。中国智库头条引用指数对总指数的贡献率最大，微信公众号指数和头条号指数对总指数的贡献相对较少。从各类智库大数据指数的平均值来看，军队智库的表现最为突出，高校智库表现相对较弱。

我们对比了七类智库的微信公众号、头条号、头条引用三个指数对总指数的贡献率。可以看出，除了较为特殊的军队智库三个指数对总指数的贡献率较为均衡外，其他六类智库中，头条引用指数贡献率占比最大。另外，微信公众号指数贡献率在组间变化幅度较小；头条号指数贡献率占比最小，这在党政行政学院智库和高校智库中表现尤为突出（见图4.34）。

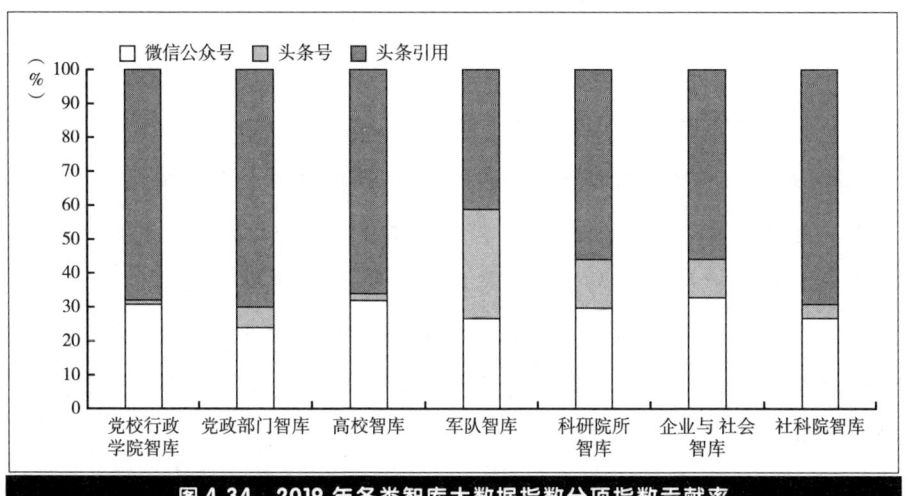

图 4.34　2019 年各类智库大数据指数分项指数贡献率

我们比较了各类智库大数据指数的平均值，发现军队智库的影响力表现非常突出，明显高于其他类型智库。在其他六类智库中，企业与社会智库和科研院所智库拥有比较高的平均值，但总的来看，这六类智库的平均值差异并不大（见图4.35）。

智库类型	指数值
社科院智库	22.90
企业与社会智库	24.05
科研院所智库	24.16
军队智库	66.27
高校智库	11.76
党政部门智库	19.53
党校行政学院智库	22.29

图 4.35　2019 年各类智库大数据指数平均值

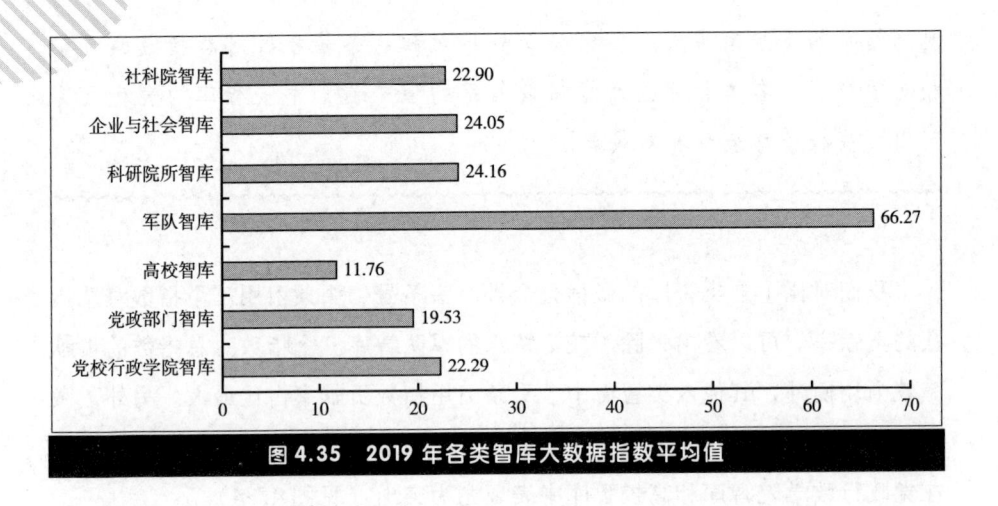

2. 智库微信公众号指数

关键结论

2019 年，科研院所智库和企业与社会智库微信公众号的平均发文量领先，高校智库平均发文量较少，其他类型智库平均发文量比较接近。除科研院所智库外，企业与社会智库和党政部门智库在微信平台上的发文传播效果也表现较优。比较不同类型智库在微信平台上的篇均阅读量和篇均点赞量，可以发现，上述三类智库相比其他类型智库拥有较高的指标数据。

我们观察各类智库微信公众号的平均发文量、篇均阅读量和篇均点赞量，可以看出，科研院所智库在微信公众号上拥有最多的平均发文量，其篇均阅读量和篇均点赞量也居于首位，显著的传播效力可见一斑。除此之外，企业与社会智库也积极发文，并取得了不错的篇均阅读量和篇均点赞量（见图 4.36）。

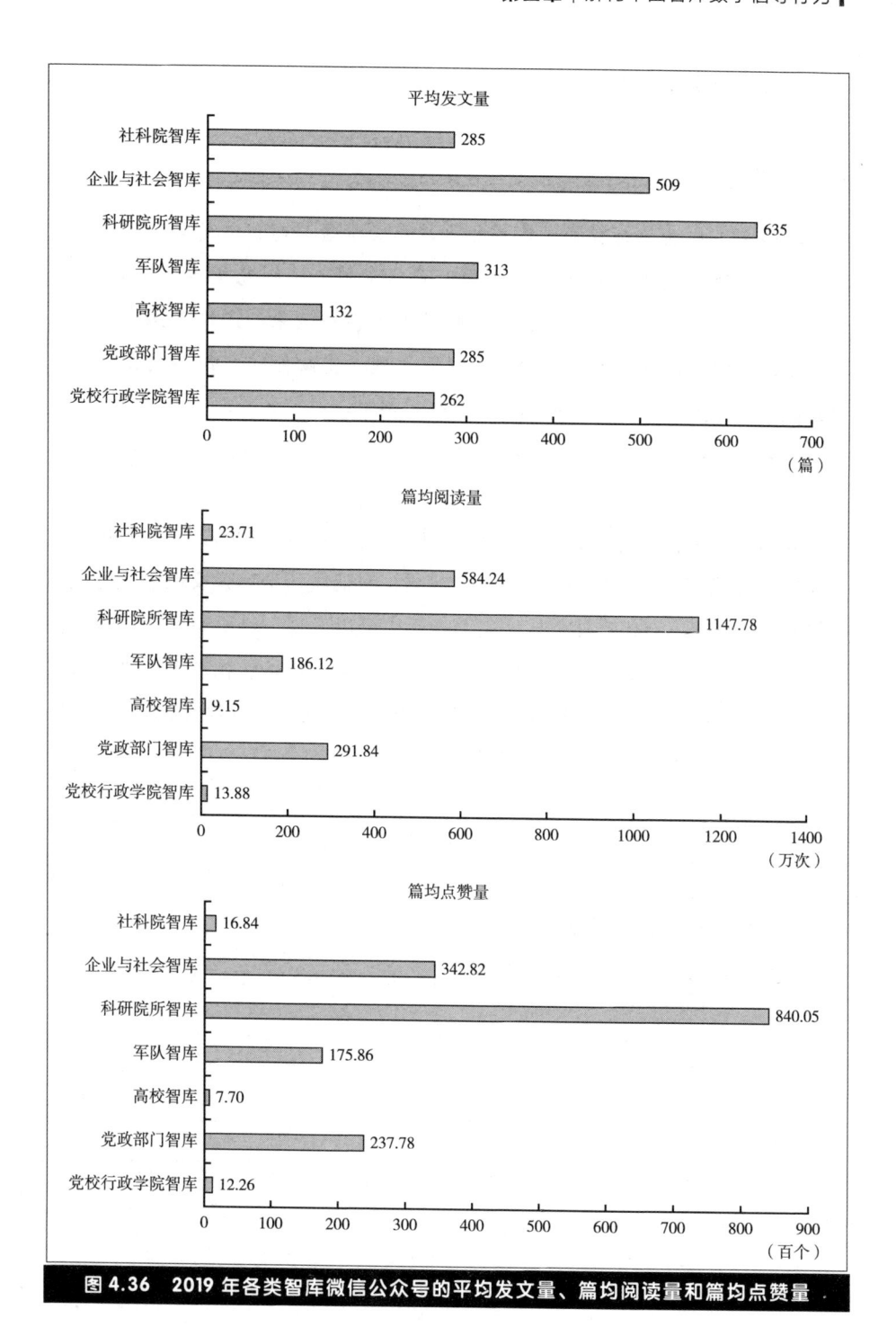

第四章 | 解构中国智库数字倡导行为

平均发文量

类型	数值
社科院智库	285
企业与社会智库	509
科研院所智库	635
军队智库	313
高校智库	132
党政部门智库	285
党校行政学院智库	262

（篇）

篇均阅读量

类型	数值
社科院智库	23.71
企业与社会智库	584.24
科研院所智库	1147.78
军队智库	186.12
高校智库	9.15
党政部门智库	291.84
党校行政学院智库	13.88

（万次）

篇均点赞量

类型	数值
社科院智库	16.84
企业与社会智库	342.82
科研院所智库	840.05
军队智库	175.86
高校智库	7.70
党政部门智库	237.78
党校行政学院智库	12.26

（百个）

图 4.36 2019 年各类智库微信公众号的平均发文量、篇均阅读量和篇均点赞量

3. 智库头条号指数

关键结论

2019年，科研院所智库头条号的平均发文量显著超过其他类型智库。比较不同类型智库头条号的平均发文量，可以发现，科研院所智库优势明显。党政部门智库在头条平台上取得了极好的发文传播效果。比较不同类型智库头条号的篇均阅读量和篇均评论量，可以发现，党政部门智库甚至在篇均阅读量这一指标上超过了科研院所智库，表现突出。

我们比较了各类智库头条号的平均发文量、篇均阅读量和篇均评论量[①]。从2019年各类智库头条号的平均发文量来看，科研院所智库发文的活跃度远高于其他类型智库。除此之外，从这三个指标中可以发现，科研院所表现最为突出，其次较为突出的还有党政部门智库，其平均发文量虽然相较于科研院所智库不多，但篇均阅读量甚至超出了科研院所智库，也得到了相当高的篇均评论量，可见其发布的文章获得了不错的传播效果（见图4.37）。

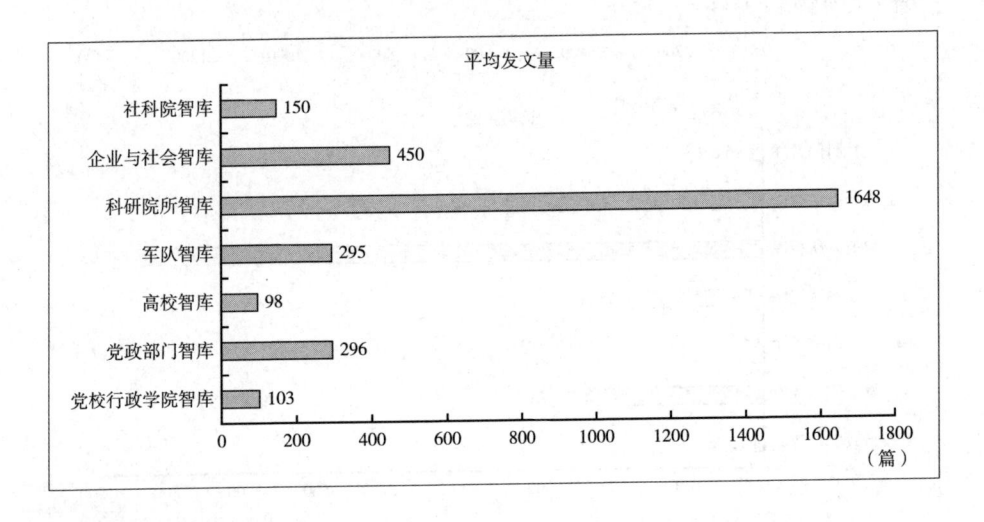

智库类型	平均发文量（篇）
社科院智库	150
企业与社会智库	450
科研院所智库	1648
军队智库	295
高校智库	98
党政部门智库	296
党校行政学院智库	103

---

① 篇均评论量：某类智库头条号当年发文的评论总量/该类智库头条号当年发文总量。

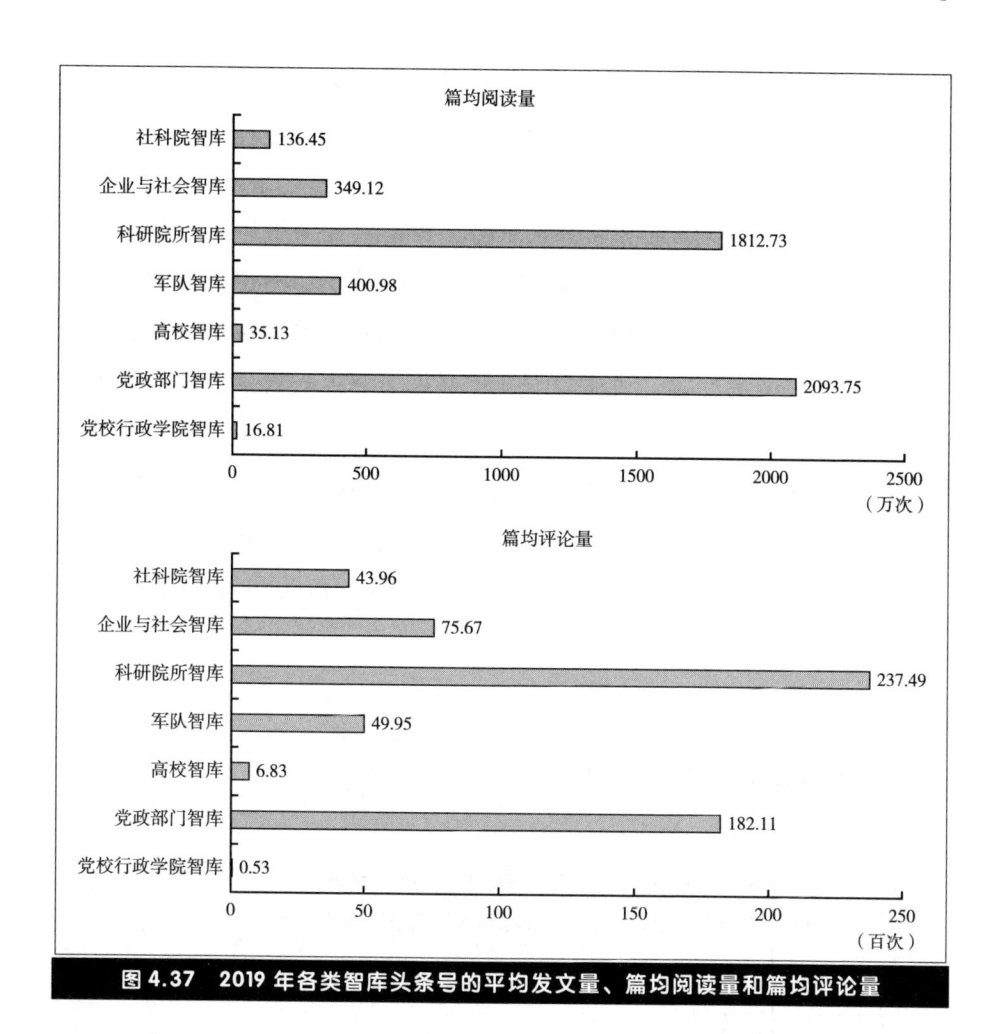

篇均阅读量

智库类型	数值（万次）
社科院智库	136.45
企业与社会智库	349.12
科研院所智库	1812.73
军队智库	400.98
高校智库	35.13
党政部门智库	2093.75
党校行政学院智库	16.81

篇均评论量

智库类型	数值（百次）
社科院智库	43.96
企业与社会智库	75.67
科研院所智库	237.49
军队智库	49.95
高校智库	6.83
党政部门智库	182.11
党校行政学院智库	0.53

图 4.37　2019 年各类智库头条号的平均发文量、篇均阅读量和篇均评论量

4. 智库头条引用指数

关键结论

2019 年，科研院所智库和军队智库在头条平台上的受关注程度较高，高校智库和企业与社会智库在头条平台上的受关注程度较低。比较不同类型智库的平均引用文章量，可以发现科研院所智库和军队智库的平均引用文章量最高，高校智库最低。提及军队智库的头条平台文章传播效力最佳，这显示了头条平台用户可能对军事主题的文章内容兴趣较高。比较不同类型智库

的篇均引用文章阅读量和点赞量,可以发现军队智库表现格外突出。

从头条平台中不同类型智库的平均引用文章量及引用文章传播效果（篇均引用文章阅读量、篇均引用文章点赞量）①来看,科研院所智库和军队智库在平均引用文章量和篇均引用文章阅读量、篇均引用文章点赞量上都具有比较大的优势。科研院所智库和军队智库有所区别的是,科研院所智库的平均引用文章量更多,但其表现传播效果的指标（篇均引用文章阅读量和篇均引用文章点赞量）次于军队智库,可见军队智库在头条平台上的传播效力更大。高校智库、企业与社会智库在头条平台上的平均引用文章量及引用文章传播效果两方面都表现平平（见图4.38）。

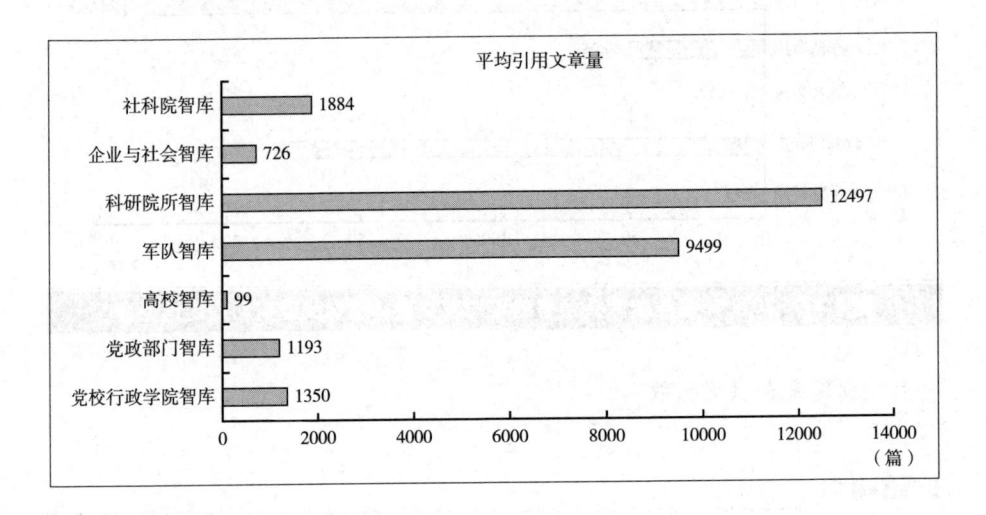

平均引用文章量

社科院智库	1884
企业与社会智库	726
科研院所智库	12497
军队智库	9499
高校智库	99
党政部门智库	1193
党校行政学院智库	1350

（篇）

---

① 平均引用文章量：某类智库当年在头条平台上的引用文章总量/当年在头条平台上被引用的该类智库数量。
篇均引用文章阅读量：某类智库当年在头条平台上的引用文章阅读总量/该类智库当年在头条平台上的引用文章总量。
篇均引用文章点赞量：某类智库当年在头条平台上的引用文章点赞总量/该类智库当年在头条平台上的引用文章总量。

篇均引用文章阅读量

智库类型	数值（万次）
社科院智库	2479.35
企业与社会智库	695.64
科研院所智库	15144.08
军队智库	34548.62
高校智库	136.41
党政部门智库	1437.53
党校行政学院智库	3587.83

篇均引用文章点赞量

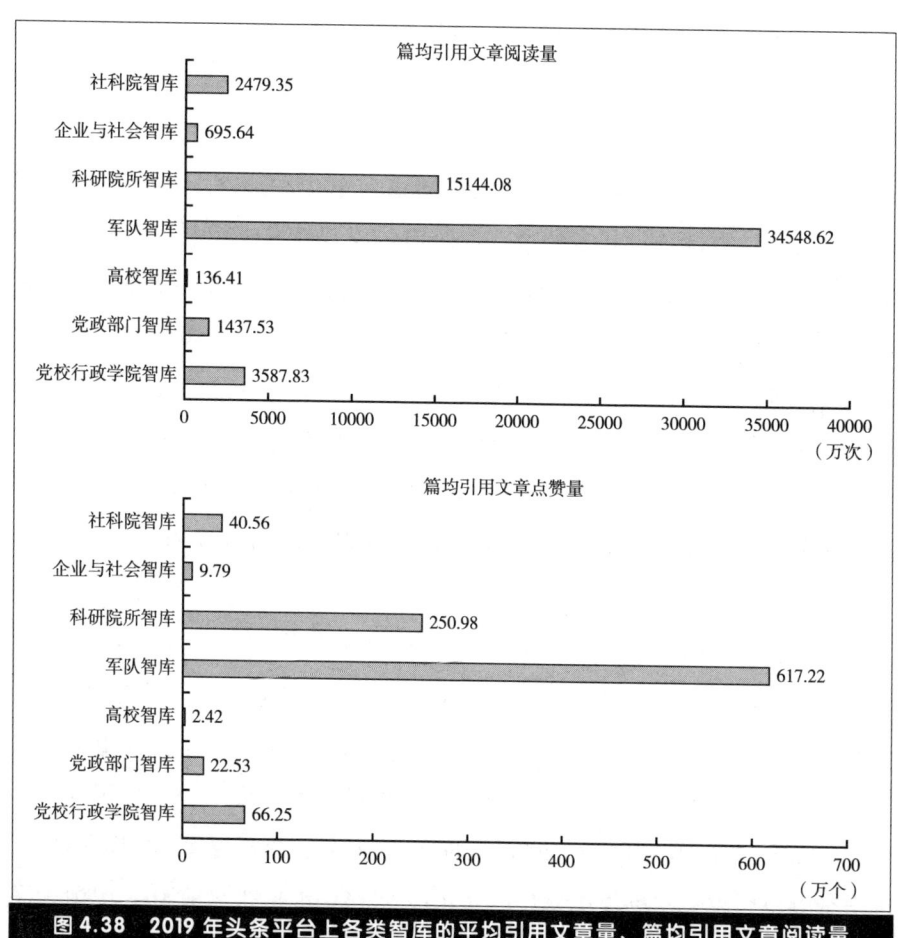

智库类型	数值（万个）
社科院智库	40.56
企业与社会智库	9.79
科研院所智库	250.98
军队智库	617.22
高校智库	2.42
党政部门智库	22.53
党校行政学院智库	66.25

图4.38 2019年头条平台上各类智库的平均引用文章量、篇均引用文章阅读量和篇均引用文章点赞量

（五）2020年中国智库大数据指数排名与分析

该年度，中国智库大数据指数（CTTBI）排名前10的机构有：瞭望智库、中国科学技术协会、中国科学院、中国人民大学重阳金融研究院、中国社会科学院、全球化智库、苏宁金融研究院、华南理工大学公共政策研究院、中国指数研究院和盘古智库。详细排名见附表1.19。瞭望智库、中国科学技术协会和中国科学院三家机构在2019～2020年均分别位居第1、第2和第3。中国人民大学重阳金融研究院、中国社会科学院、

全球化智库、苏宁金融研究院和中国指数研究院五家机构在2019~2020年均位列前10。除此之外，华南理工大学公共政策研究院首次进入前10榜单。

该年度，中国智库微信公众号指数排名前10的机构有：上海春秋发展战略研究院、中国科学技术协会、南风窗传媒智库、瞭望智库、中国科学院、全球化智库、中共中央党校、苏宁金融研究院、中国人民大学重阳金融研究院和中国金融四十人论坛。详细排名见附表1.17。其中，上海春秋发展战略研究院、中国科学技术协会在2019~2020年的微信公众号指数排名中稳定在第1和第2。南风窗传媒智库、瞭望智库、中国科学院、苏宁金融研究院和中国金融四十人论坛五家机构在2019~2020年均排在前10。除此之外，中共中央党校、中国人民大学重阳金融研究院首次进入前10榜单。

该年度，中国智库头条号指数排名前10的机构有：中国社会科学院、中国人民大学重阳金融研究院、瞭望智库、中国科学院、苏宁金融研究院、全球化智库、华南理工大学公共政策研究院、综合开发研究院（中国·深圳）、盘古智库和国务院发展研究中心。详细排名见附表1.18。中国社会科学院由2019年的第7上升到2020年的第1。此外，瞭望智库、中国科学院、苏宁金融研究院三家机构连续两年（2019~2020年）排名前10。中国人民大学重阳金融研究院、全球化智库、华南理工大学公共政策研究院、综合开发研究院（中国·深圳）、盘古智库和国务院发展研究中心首次进入前10榜单。

1. 中国智库大数据指数（CTTBI）

关键结论

2020年，中国智库大数据指数来源于智库微信公众号和头条号，除军队智库两个指数对总指数的贡献率基本持平外，中国智库大数据指数更多地反映了中国智库在微信平台上的表现。中国智库的微信公众号指数对总指数的贡献率显著大于头条号指数的贡献率。军队智库的平均值表现最为突出，其他类型智库没有显著差距，高校智库和党政部门智库的平均值表现相对较弱。

我们对比了七类智库的微信公众号、头条号两个指数对总指数的贡献率。可以看出，除了较为特殊的军队智库的两个指数对总指数的贡献率较为均衡外，其他六类智库中微信公众号指数对总指数的贡献率占比最大。另外，微信公众号指数和头条号指数所占比例在组间变化幅度都较大，党校行政学院智库的两个指数所占比例差异最大（见图4.39）。

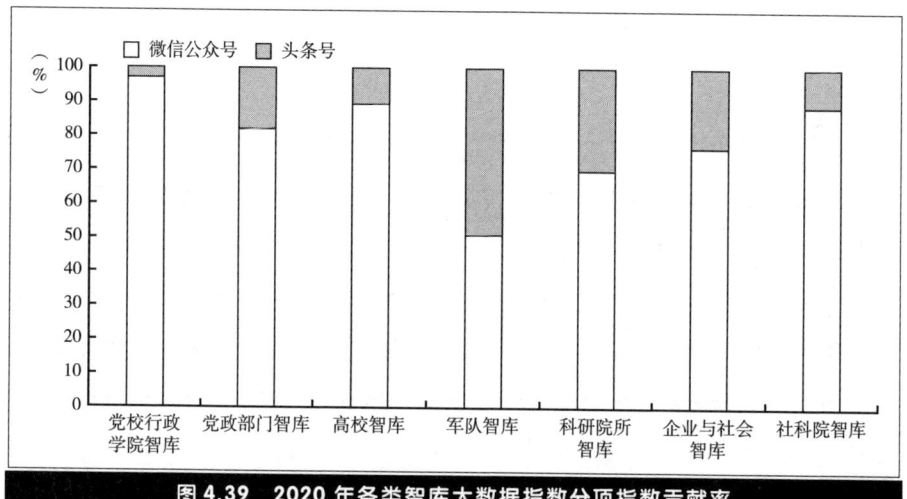

图4.39 2020年各类智库大数据指数分项指数贡献率

我们比较了各类智库大数据指数的平均值。可以看出，较为特殊的军队智库的平均值明显高于其他类型智库。在其他六类智库中，企业与社会智库和科研院所智库拥有比较高的平均值，高校智库平均值最小（见图4.40）。

智库类型	指数平均值
社科院智库	11.24
企业与社会智库	15.46
科研院所智库	15.09
军队智库	55.53
高校智库	6.55
党政部门智库	9.00
党校行政学院智库	12.53

图 4.40　2020 年各类智库大数据指数平均值

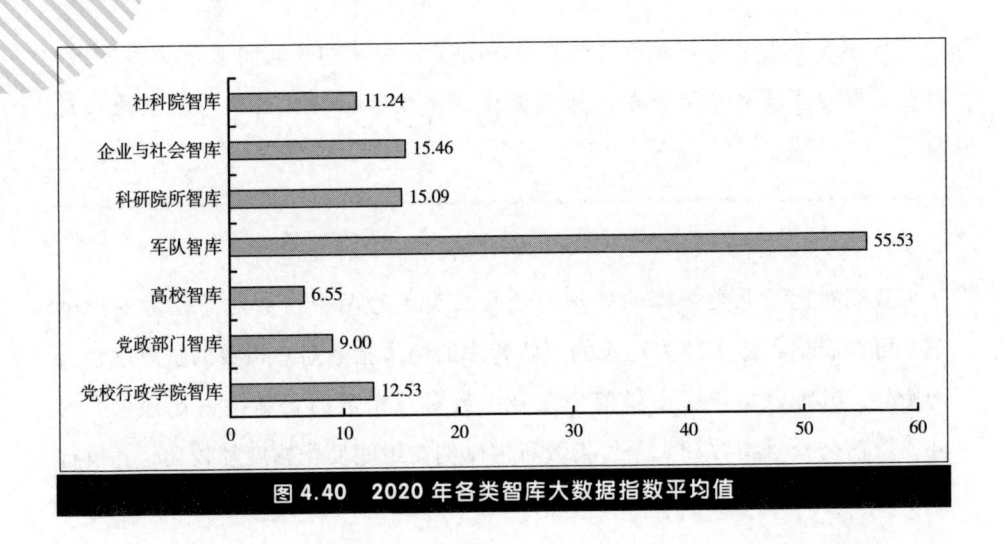

2. 智库微信公众号指数

关键结论

2020 年，除科研院所智库外，企业与社会智库和军队智库微信公众号的平均发文量相对领先，但与其他类型智库的发文差距并不悬殊。比较不同类型智库微信公众号的平均发文量，可以发现，高校智库的平均发文量相对较少。科研院所智库和企业与社会智库的发文传播效果最为优秀。

通过观察各类智库微信公众号的平均发文量、篇均阅读量和篇均点赞量，可以看出，科研院所智库的平均发文量最多，其发文传播效果也保持了一贯的优势，传播效力超出其他类型智库。除此之外，企业与社会智库和军队智库也积极在微信公众号上发表文章，取得了不错的传播效果与互动成效（见图 4.41）。

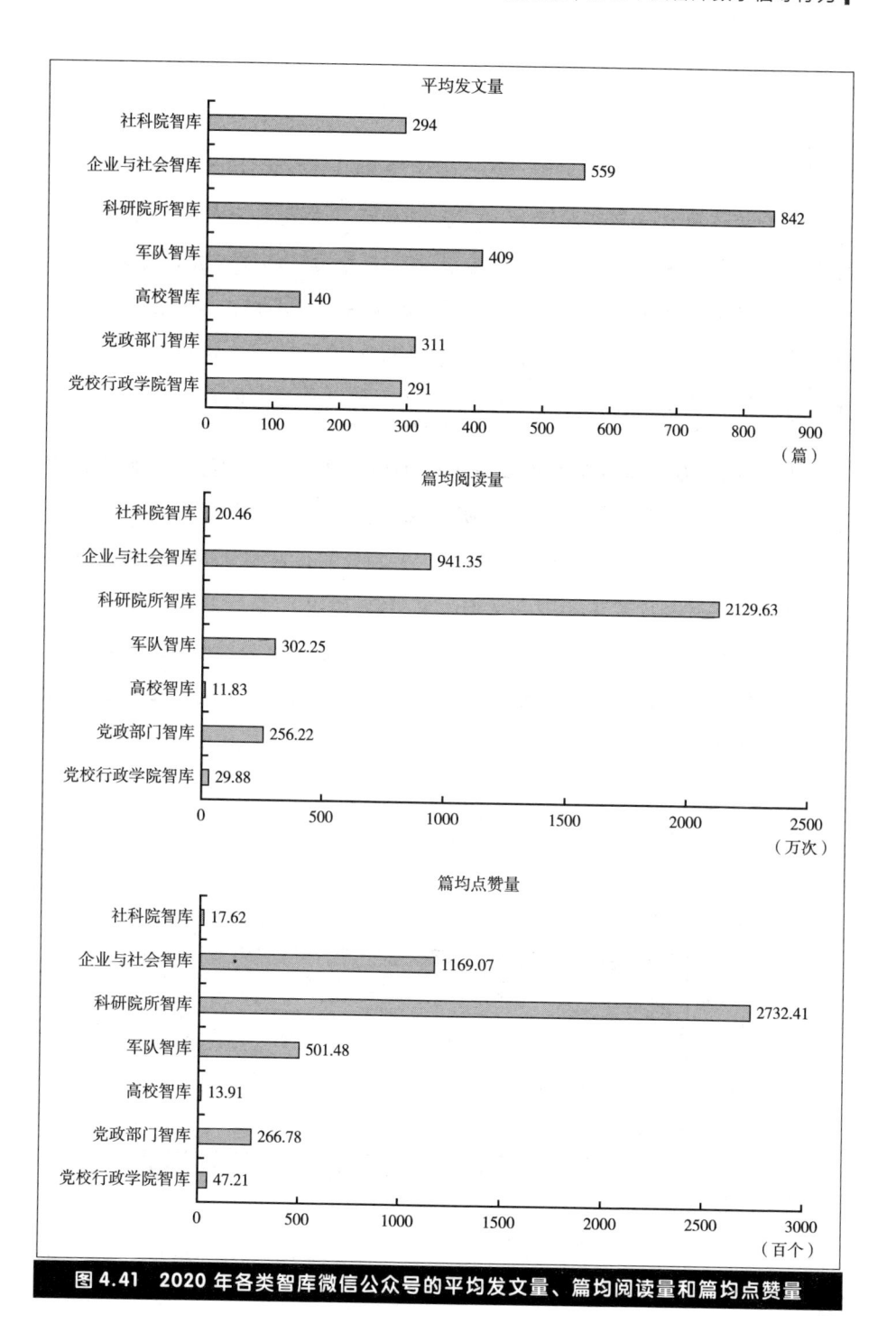

第四章 | 解构中国智库数字倡导行为

平均发文量

社科院智库	294
企业与社会智库	559
科研院所智库	842
军队智库	409
高校智库	140
党政部门智库	311
党校行政学院智库	291

（篇）

篇均阅读量

社科院智库	20.46
企业与社会智库	941.35
科研院所智库	2129.63
军队智库	302.25
高校智库	11.83
党政部门智库	256.22
党校行政学院智库	29.88

（万次）

篇均点赞量

社科院智库	17.62
企业与社会智库	1169.07
科研院所智库	2732.41
军队智库	501.48
高校智库	13.91
党政部门智库	266.78
党校行政学院智库	47.21

（百个）

图 4.41 2020 年各类智库微信公众号的平均发文量、篇均阅读量和篇均点赞量

· 153 ·

3. 智库头条号指数

关键结论

2020年，除科研院所智库外，社科院智库和党政部门智库头条号的平均发文量亦表现良好。比较不同类型智库头条号的平均发文量，可以发现，科研院所智库远超其他类型智库。社科院智库头条号取得了格外出色的发文传播效果。比较不同类型智库头条号的篇均阅读量和篇均评论量，可以发现，社科院智库皆位居第1，甚至远超平均发文量排第1的科研院所智库。

我们观察2020年各类智库头条号的平均发文量、篇均阅读量和篇均评论量。从平均发文量来看，科研院所智库发文的活跃度远高于其他类型智库。除此之外，从这三个指标总体来看，社科院智库和科研院所智库表现突出，其中社科院智库在该年度的平均发文量较2019年有所上升，位居第2，并在篇均阅读量和篇均评论量上超出了平均发文量最多的科研院所智库，尤其是得到了相当高的篇均评论量（见图4.42），可见其发表的文章在头条号上传播效果显著，互动效果好。

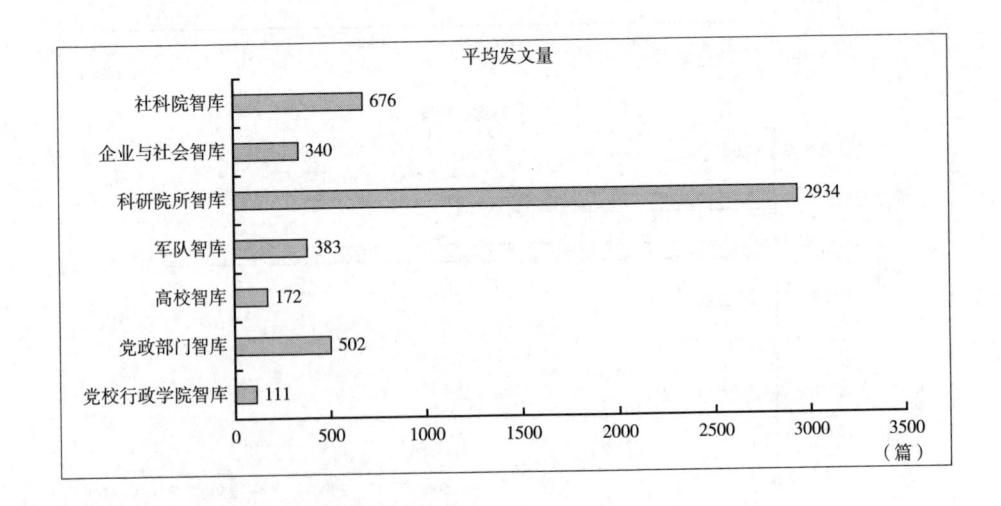

平均发文量

智库类型	平均发文量（篇）
社科院智库	676
企业与社会智库	340
科研院所智库	2934
军队智库	383
高校智库	172
党政部门智库	502
党校行政学院智库	111

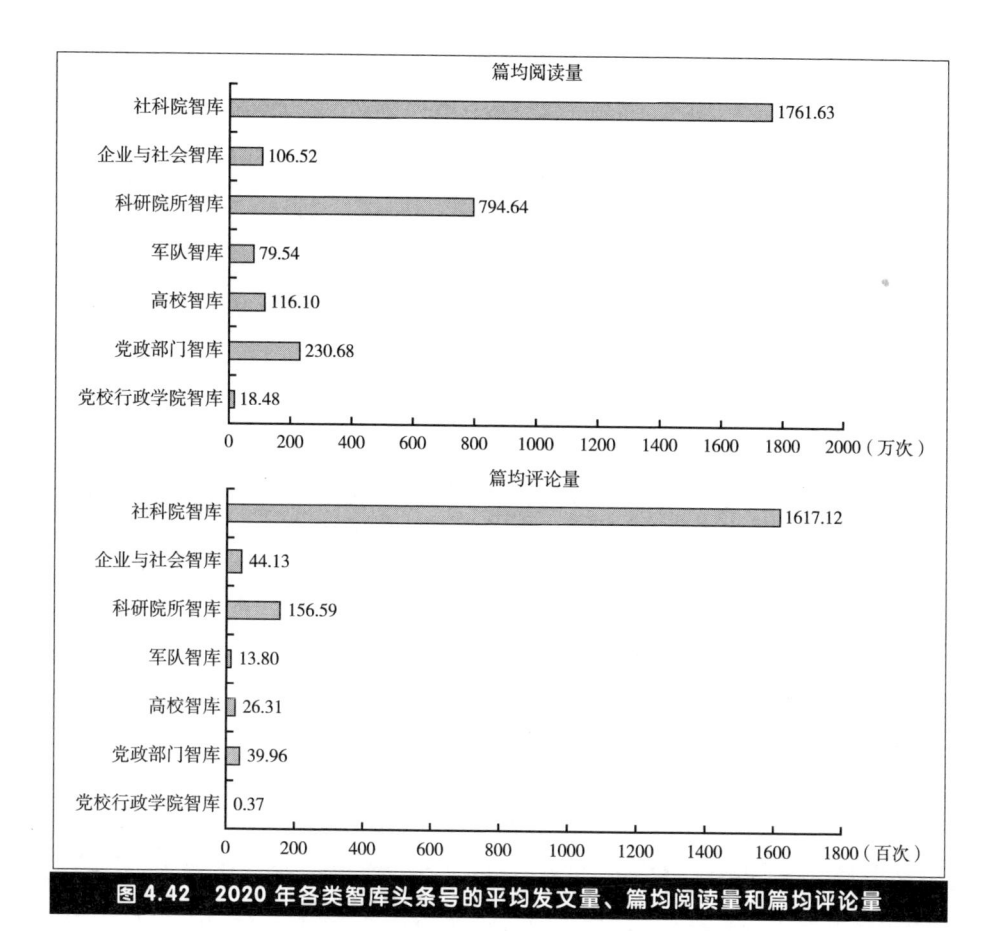

第四章 解构中国智库数字倡导行为

篇均阅读量

社科院智库	1761.63
企业与社会智库	106.52
科研院所智库	794.64
军队智库	79.54
高校智库	116.10
党政部门智库	230.68
党校行政学院智库	18.48

（万次）

篇均评论量

社科院智库	1617.12
企业与社会智库	44.13
科研院所智库	156.59
军队智库	13.80
高校智库	26.31
党政部门智库	39.96
党校行政学院智库	0.37

（百次）

图 4.42　2020 年各类智库头条号的平均发文量、篇均阅读量和篇均评论量

第五章

全球智库的数字倡导

本章对全球213家智库在2017～2018年于推特和脸书平台上的数字倡导行为和变化趋势进行了综合性的呈现。我们分析了在数据倡导行为和影响上比较突出的智库群体的影响变动情况。同时，我们选取了若干代表性案例来展示全球智库数字倡导行为的具体情况和经验细节。

一 全球智库在推特平台上的整体趋势与活跃群体分析（2017~2018年）

（一）全球智库在推特平台上的整体趋势分析

关键结论

2017~2018年，全球智库在推特平台上从事数字倡导的活跃度上升，相对传播效果却在减弱。具体表现为全球智库的发文总量在增长，但是文章的转发、评论、点赞等总量在下降。各大洲智库数字倡导行为的变化情况也有所不同，北美洲智库和欧洲智库呈走强趋势，亚洲智库则有所衰落。随着时间的推移，北美洲智库和欧洲智库更多地进入了发文量多、篇均点赞量高（第一象限）的分组，更少地进入发文量多、篇均点赞量低（第四象限）的分组；亚洲智库则相反。

比较2017~2018年全球智库在推特平台上的发文量、转发量、评论量、点赞量，可以发现，全球智库在推特上的发文量增加，其传播效力却在减小，具体表现为全球智库在推特上发布的文章的转发量、评论量和点赞量在下降（见图5.1）。

2018年，全球智库共有195个推特账号，共发布文章15.27万篇，比2017年增长了29.85%（2017年为11.76万篇）。推特官方账号文章的转发量由2017年的515.34万条下降到2018年的337.65万条，降幅为34.48%；评论量由2017年的39.11万次下降到2018年的35.40万次，降幅为9.46%；点赞量从2017年的1056.74万个下降到2018年的575.20万个，降幅为45.57%。

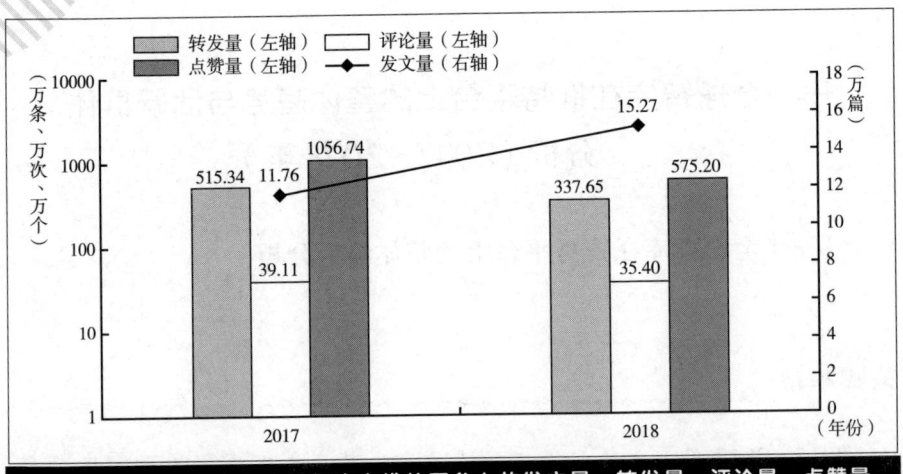

图 5.1 2017~2018 年全球智库在推特平台上的发文量、转发量、评论量、点赞量

我们认为，这可能与推特平台 144 个限词的运营模式有关，字数限制的规则在一定程度上不能让智库更多地发布观点性文章，而仅能发布新闻或活动报道性文章，导致全球智库影响力下降。

我们将全球智库按照所在大洲进行分类，分别计算并呈现各大洲智库 2017~2018 年的平均发文量及篇均指标①变化。可以发现，各大洲智库在发文量上均保持增长态势，但是发文的传播效果呈现明显差异，其中亚洲智库和南美洲智库下降趋势明显，欧洲智库和北美洲智库相对较好（见图 5.2）。

各大洲智库推特账号的平均发文量均呈现上升趋势，其中北美洲智库的平均发文量最多。除此之外，南美洲智库的篇均评论量、篇均转发量和篇均点赞量在经历了 2017 年的激增以后，在 2018 年回到了一个较低的水平。相比其他各大洲智库，亚洲智库三个篇均指标下降的趋势也比较明显。其他各大洲智库的数据基本保持稳定，欧洲智库以上指标数据均保持较高水准。

根据 2017~2018 年全球智库在推特平台上的"发文量－篇均点赞量"

---

① 平均发文量：某大洲智库推特账号当年发文总量/当年发文的该大洲智库数量。
篇均转发量：某大洲智库推特账号当年发文的转发总量/该大洲智库推特账号当年发文总量。
篇均评论量：某大洲智库推特账号当年发文的评论总量/该大洲智库推特账号当年发文总量。
篇均点赞量：某大洲智库推特账号当年发文的点赞总量/该大洲智库推特账号当年发文总量。

第五章 全球智库的数字倡导

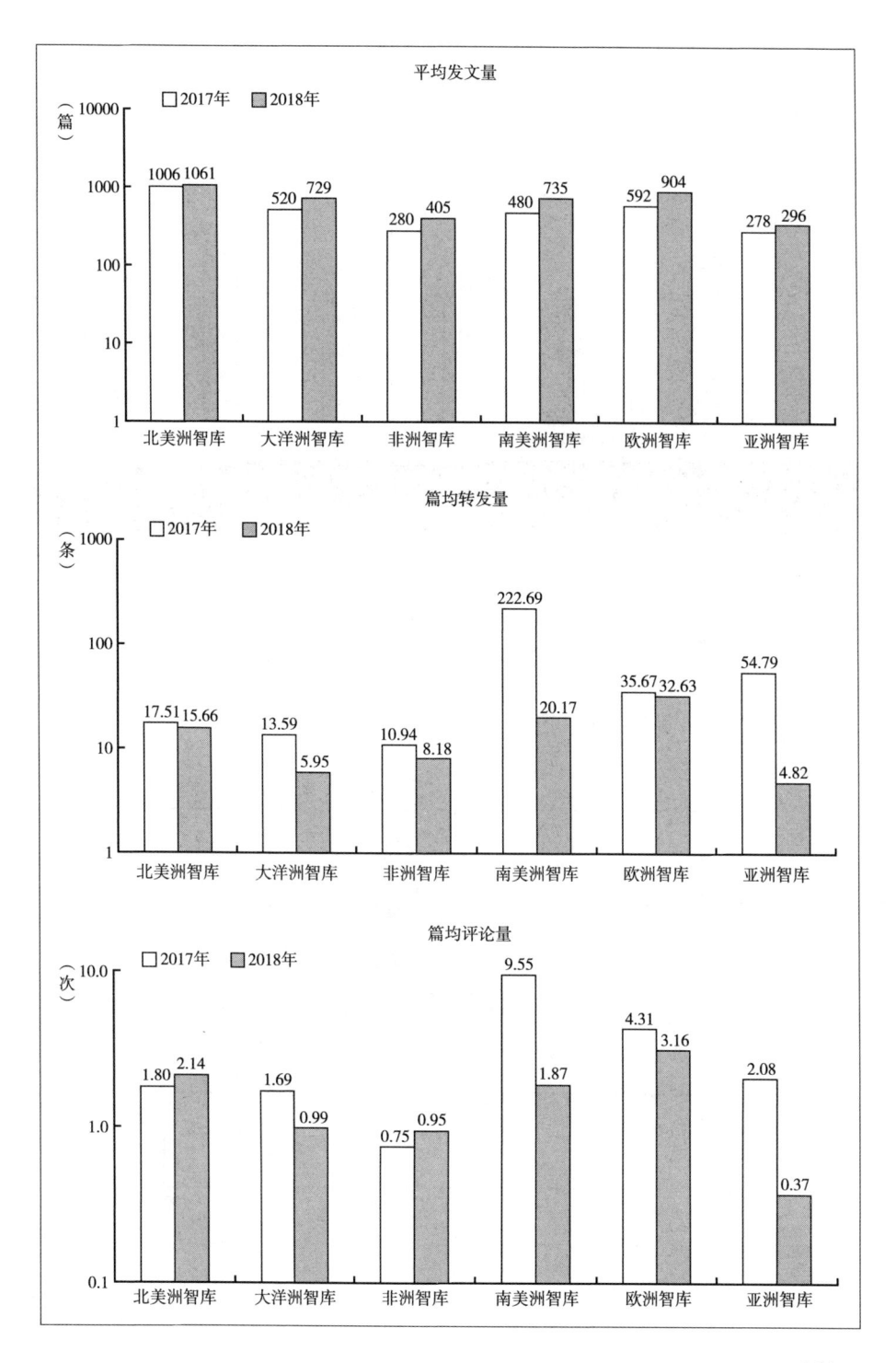

平均发文量

智库	2017年	2018年
北美洲智库	1006	1061
大洋洲智库	520	729
非洲智库	280	405
南美洲智库	480	735
欧洲智库	592	904
亚洲智库	278	296

篇均转发量

智库	2017年	2018年
北美洲智库	17.51	15.66
大洋洲智库	13.59	5.95
非洲智库	10.94	8.18
南美洲智库	222.69	20.17
欧洲智库	35.67	32.63
亚洲智库	54.79	4.82

篇均评论量

智库	2017年	2018年
北美洲智库	1.80	2.14
大洋洲智库	1.69	0.99
非洲智库	0.75	0.95
南美洲智库	9.55	1.87
欧洲智库	4.31	3.16
亚洲智库	2.08	0.37

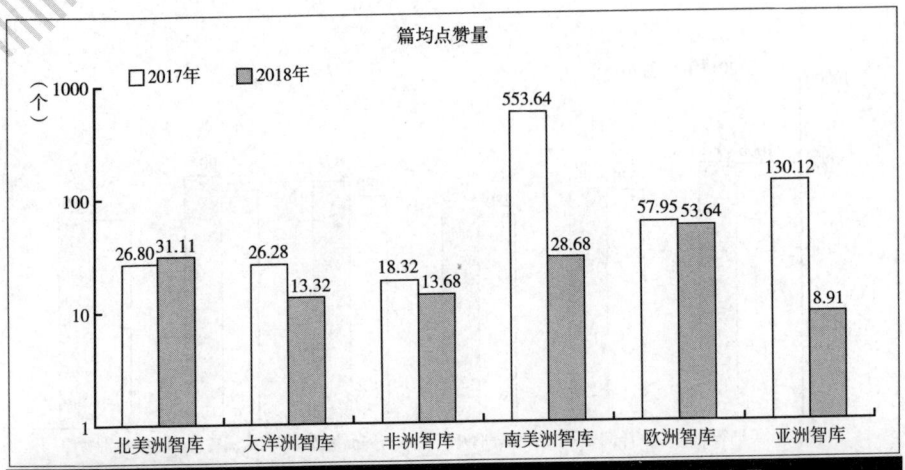

图 5.2　2017~2018 年各大洲智库在推特平台上的平均发文量、篇均转发量、篇均评论量和篇均点赞量

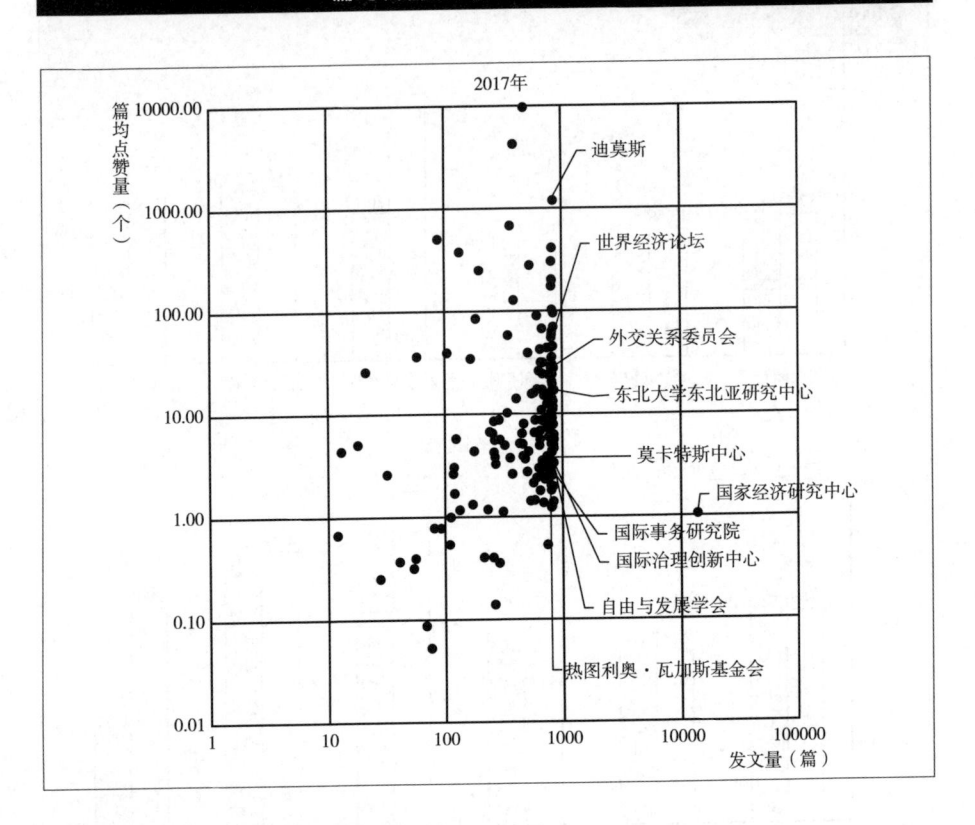

第五章 | 全球智库的数字倡导

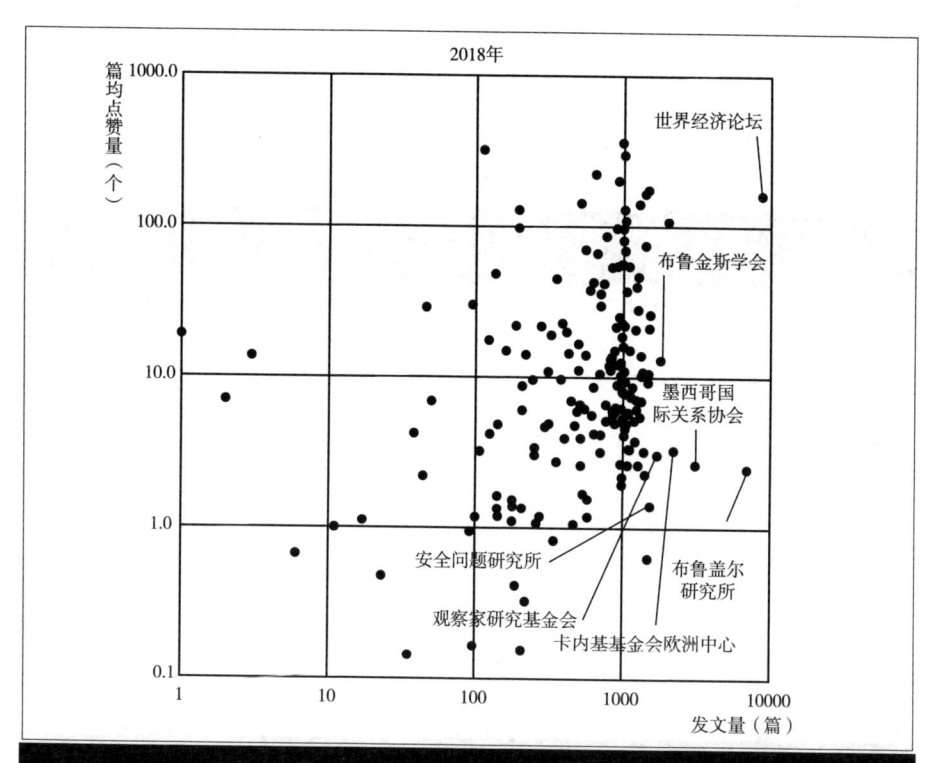

图5.3 2017~2018年全球智库在推特平台上的"发文量－篇均点赞量"散点图

注：由于技术上的爬取限制，2017年各机构发文量采集存在分布上的截断，很多机构发文量采集结果在800篇左右。

散点图，我们分别以发文量达100篇和篇均点赞量达10个为基准，划分出区别推特账号发文量（多或少）以及篇均点赞量（高或低）的四个象限（见图5.3）。相比2017年，2018年北美洲智库和欧洲智库更多地进入了发文量多、篇均点赞量高（第一象限）的分组，而更少地进入发文量多、篇均点赞量低（第四象限）的分组；亚洲智库则相反。

每个象限的具体描述见下。

第一象限为发文量多（大于或等于100篇）、篇均点赞量高（大于或等于10个）的分组，处于该组的智库在发文量和篇均点赞量上都有较强的竞争力。2017年与2018年进入第一象限的智库数量相近，具体见表5.1。2018年，欧洲智库和北美洲智库进入第一象限的机构数量都有所增长。非

· 163 ·

洲智库和大洋洲智库进入第一象限的机构数量也有所增加，非洲智库由2017年的5家上升至2018年的7家，大洋洲智库由1家上升至2家。而亚洲智库呈下降趋势，由2017年的13家下降为2018年的5家。

表5.1　2017~2018年进入第一象限的各大洲智库数量

单位：家

年份	欧洲智库	北美洲智库	亚洲智库	南美洲智库	非洲智库	大洋洲智库	合计
2017	27	20	13	7	5	1	73
2018	35	23	5	7	7	2	79

第二象限为发文量少（小于100篇）、篇均点赞量高（大于或等于10个）的分组，处于该分组的智库虽然发文量不突出，但文章的篇均点赞量较高。2017年和2018年进入第二象限的智库数量基本一致，数量并不多，具体见表5.2。也就是说，智库推特账号中比较少有发文量不突出但是传播效果非常突出的情况。

表5.2　2017~2018年进入第二象限的各大洲智库数量

单位：家

年份	欧洲智库	北美洲智库	亚洲智库	南美洲智库	非洲智库	大洋洲智库	合计
2017	0	1	2	0	0	0	3
2018	1	0	2	1	0	0	4

第三象限为发文量少（小于100篇）、篇均点赞量低（小于10个）的分组，处于该分组的智库在发文量和篇均点赞量上都有所不足。2017年和2018年进入第三象限的智库数量基本一致，具体见表5.3。欧洲数量呈下降趋势，非洲2018年不存在此类智库，北美洲和南美洲2018年各增加了1家机构。

表5.3　2017~2018年进入第三象限的各大洲智库数量

单位：家

年份	欧洲智库	北美洲智库	亚洲智库	南美洲智库	非洲智库	大洋洲智库	合计
2017	4	0	7	0	1	0	12
2018	2	1	7	1	0	0	11

第四象限为发文量多（大于或等于100篇）、篇均点赞量低（小于10个）的分组，处于该分组的智库在发文量上较为突出，但是篇均点赞量还有待提升。2017～2018年，该象限中欧洲智库和北美洲智库都呈下降态势，亚洲智库则更多地进入了这个分组，具体见表5.4。

表5.4 2017～2018年进入第四象限的各大洲智库数量

单位：家

年份	欧洲智库	北美洲智库	亚洲智库	南美洲智库	非洲智库	大洋洲智库	合计
2017	41	19	17	9	8	2	96
2018	33	16	26	7	8	1	91

（二）全球智库在推特平台上的活跃群体分析

关键结论

2017～2018年，全球智库在推特平台上的活跃群体发文量维持着总体上升势头。从地区来看，各大洲智库活跃群体均保持了发文量的正增长，欧洲智库发文增长量优势明显。欧洲智库在推特平台上的平均发文增长量最大。从评级情况来看，全球智库在推特平台上的活跃群体能够保持自身的内容稳定产出并且获得持续的传播效果。

2017～2018年，在推特平台上均有发文的全球智库共有174家，这174家智库即全球智库在推特平台上的活跃群体。

1. 活跃群体的发文行为分析

为了考察2017～2018年全球智库在推特平台上的活跃群体的发文量增长情况，我们计算了这174家机构的发文增长量，以比较观测期内整体的增长态势。发文增长量排在前10位的全球智库活跃群体的发文变化趋势如图5.4所示。

世界经济论坛	7842
布鲁盖尔研究所	6087
墨西哥国际关系协会	2275
布鲁金斯学会	1769
观察家研究基金会	1690
卡内基基金会欧洲中心	1385
自由市场基金会	1355
地缘政治研究中心	1346
安全问题研究所	1217
卡内基中东中心	1050

图 5.4　2017~2018 年推特平台上全球智库活跃群体（发文增长量前 10 位）的发文变化趋势

174 家机构在推特平台上的平均发文增长量为 203.84 篇/年，有 121 家机构的发文增长量为正，53 家机构的发文增长量为负。其中，121 家机构大多为欧洲智库和北美洲智库，分别有 47 家和 36 家；其余还有亚洲智库 17 家，南美洲智库 10 家，非洲智库 8 家和大洋洲智库 3 家。53 家机构主要为欧洲智库和亚洲智库，分别有 23 家和 17 家，另外还有非洲智库 6 家，南美洲智库 4 家和北美洲智库 3 家。

我们按照机构所在大洲分组，计算了各大洲智库的平均发文增长量，结果如图 5.5 所示。各大洲智库的平均发文增长量均为正，但不同大洲智库平均发文增长量仍有差异。

在这 174 家机构中，由于大洋洲智库仅有 3 家，且平均发文增长量均为正，大洋洲智库平均发文增长量高于亚洲智库、北美洲智库和非洲智库。北美洲智库虽然平均发文增长量为正的智库多达 36 家，但国家经济研究中心这一机构的平均发文增长量为 -12837 篇/年，拉低了整体平均发文增长量。

2. 活跃群体的评级情况

我们将推特账号指数排 1~10 名的划为 A++ 级，11~50 名的划为 A+ 级，51~100 名的划为 A 级，101~200 名的划为 A- 级，得到历年评级。我们对活跃群体的评级情况做了具体分析（见表 5.5）。

第五章 全球智库的数字倡导

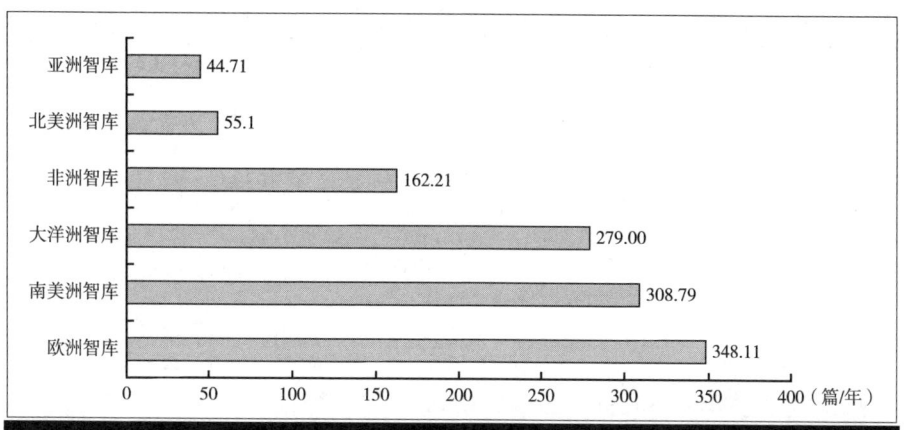

图 5.5 2017~2018 年推特平台上各大洲智库的平均发文增长量

- 亚洲智库：44.71
- 北美洲智库：55.1
- 非洲智库：162.21
- 大洋洲智库：279.00
- 南美洲智库：308.79
- 欧洲智库：348.11

表 5.5 2017~2018 年推特平台上全球智库活跃群体的评级及得分（前 30 位）

序号	智库名称（英文）	智库名称（中文）	历史关注量	2017 年 评级	2017 年 得分	2018 年 评级	2018 年 得分
1	World Economic Forum	世界经济论坛	3326481	A++	52.99	A++	77.71
2	World Bank Institute	世界银行研究所	2942767	A+	52.77	A++	66.41
3	Council on Foreign Relations	外交关系委员会	388825	A+	45.89	A+	57.60
4	Comision Economica para America Latina	拉丁美洲经济委员会	357179	A	43.36	A+	51.22
5	Brookings Institution	布鲁金斯学会	354281	A-	32.79	A+	52.60
6	Cato Institute	卡托研究所	353092	A+	52.19	A++	62.54
7	Carnegie Endowment for International Peace	卡内基国际和平基金会	223412	A	42.97	A	48.38
8	Chatham House	查塔姆社——皇家国际事务研究所	183655	A+	46.81	A+	50.00
9	RAND Corporation	兰德公司	166763	A+	44.79	A+	50.08
10	World Resources Institute	世界资源研究所	154635	A+	47.45	A+	56.64
11	International Crisis Group	国际危机组织	148690	A+	45.24	A+	51.63
12	Overseas Development Institute	海外发展研究院	109293	A	43.21	A	47.98
13	International Institute for Strategic Studies	国际战略研究所	106230	A	42.29	A	48.71

续表

序号	智库名称(英文)	智库名称(中文)	历史关注量	2017年 评级	2017年 得分	2018年 评级	2018年 得分
14	United States Institute of Peace	美国和平研究所	105547	A+	43.80	A+	49.95
15	FUNDAR, Centro de Analisis e Investigacion	研究和分析中心	105448	A+	51.89	A+	59.02
16	Hoover Institution	斯坦福大学胡佛研究所	101946	A+	49.96	A++	69.40
17	Urban Institute	城市研究所	98548	A+	45.08	A	47.83
18	Center for Global Development	全球发展中心	90758	A+	45.25	A	46.62
19	Center for American Progress	美国进步研究中心	84224	A++	55.07	A+	55.41
20	Fundacao Getulio Vargas	热图利奥·瓦加斯基金会	80943	A-	38.06	A-	40.95
21	Lithuanian Free Market Institute	立陶宛自由市场研究所	72423	A+	50.35	A+	57.66
22	Institute of Development Studies, University of Sussex	萨塞克斯大学发展研究院	62808	A	41.86	A+	50.72
23	Centro de Estudios Publicos	公共研究中心	61456	A	39.77	A	44.11
24	Asia Society Policy Institute	亚洲社会政策研究所	60266	A	42.27	A	45.27
25	Bruegel	布鲁盖尔研究所	54234	A	39.35	A+	50.50
26	Lowy Institute for International Policy	洛伊国际政策研究所	51737	A-	38.33	A+	49.00
27	Consejo Latinoamericano de Ciencias Sociales	拉丁美洲科学研究理事会	50881	A+	48.99	A++	66.34
28	Woodrow Wilson International Center for Scholars	伍德罗·威尔逊国际学者中心	50280	A	40.98	A	43.00
29	National Bureau of Economic Research	美国国家经济研究局	48593	A-	36.64	A-	41.08
30	Adam Smith Institute	亚当·斯密研究所	46492	A+	44.84	A+	56.95

注：按智库2018年历史关注量降序排列。

评级稳定靠前（连续两年均在A++级和A+级）的有32家，北美洲智库和欧洲智库占比最多，这些机构的指标数据均保持较高水准，传播效果较强，我们观察到，其中大部分机构本身在社会中就享有较高声誉，拥有较强实力，机构本身的现实规模、资源和实力可能在很大程度上影响了其在推特平台上的评级情况。

账号评级有大幅提升（2018年较2017年提升了两级）的机构有5家。

分析其原因，有像地缘政治研究中心这样的第二年增发大量文章（由2017年的56篇增加到2018年的1402篇），提升内容产量输出的机构；也有像公共研究中心这样的发文量差别不大，但第二年的转发量、评论量、点赞量有了大幅提高（转发量由3654条上升至3.58万条，评论量由257次上升至4280次，点赞量由2198个上升至4.93万个），提升内容质量输出的机构；还有像非洲经济研究协会这样的小规模地方性机构，因为其研究内容逐渐为人所关注成为主流而得到更多资源，产生了更大的影响力。

二 全球智库在脸书平台上的整体趋势与活跃群体分析（2017~2018年）

（一）全球智库在脸书平台上的整体趋势分析

关键结论

2017~2018年，全球智库在脸书平台上进行数字倡导的活跃度上升，但是传播效果只有微弱提升，表现为发文量升高，但是转发量有所下降，评论量、点赞量只有少量增加。各大洲智库的数字倡导发展也有不同的走向，虽然北美洲智库和欧洲智库仍占据优势，但亚洲智库和非洲智库有走强趋势。不同于推特平台北美洲智库和欧洲智库长期占据优势，亚洲智库和非洲智库更多地进入了发文量多、篇均点赞量高（第一象限）的行列。

比较2017~2018年全球智库在脸书平台上的发文量、转发量、评论量、点赞量趋势变化发现，虽然全球智库在脸书平台上的发文量显著增长，但是公众对智库脸书平台上发文质量和内容的认可度只有非常微小的提升，具体表现为全球智库在脸书平台上的文章转发量有所减少，评论量和点赞量也只有少量增加（见图5.6）。

2018年，共有194个脸书账号，共发布6.29万篇文章，比2017年发布的6.13万篇文章增加了2.61%。与智库在推特平台上呈现的发文量上升、文章传播效果降低的特征有所不同，智库在脸书平台上的传播效力有更为细分的差别。2018年，采集到的智库脸书官方账号，涉及764.85万条转发量，比2017年的797.15万条减少了4.05%，而评论量达到68.14万次，比2017年的64.62万次增加了5.43%，点赞量达到1549.70万个，比2017年的1402.23万个增加了10.52%。

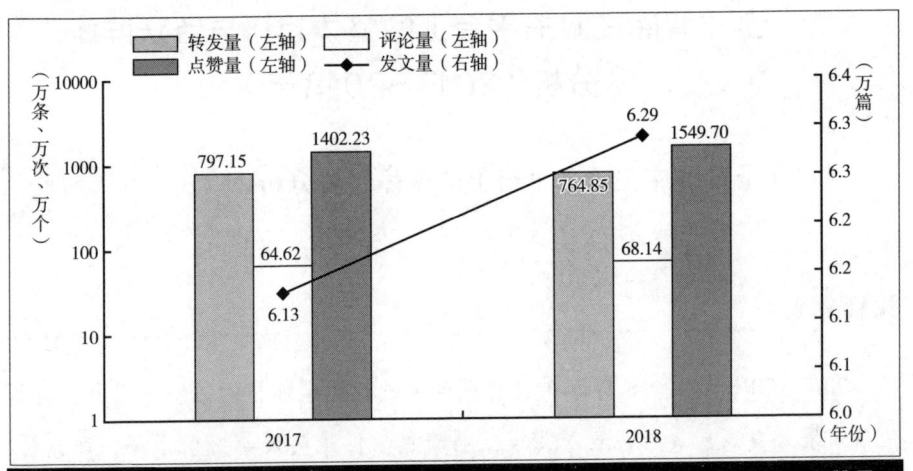

图 5.6　2017~2018年全球智库在脸书平台上的发文量、转发量、评论量、点赞量

我们将全球智库按照所在大洲进行分类，分别计算并呈现各大洲智库在2017~2018年的平均发文量及篇均指标①变化。可以发现，各大洲智库在平均发文量上并没有统一的趋势，发文的传播效果也有明显差异，其中大洋洲智库和南美洲智库呈下降趋势，北美洲智库和欧洲智库则表现较好

---

① 平均发文量：某大洲智库脸书账号当年发文总量/当年发文的该大洲智库数量。
篇均转发量：某大洲智库脸书账号当年发文的转发总量/该大洲智库脸书账号当年发文总量。
篇均评论量：某大洲智库脸书账号当年发文的评论总量/该大洲智库脸书账号当年发文总量。
篇均点赞量：某大洲智库脸书账号当年发文的点赞总量/该大洲智库脸书账号当年发文总量。

(见图 5.7）。

各大洲智库在脸书账号上的平均发文量变化并没有统一的趋势，北美洲智库、欧洲智库和亚洲智库的平均发文量有所上升，大洋洲智库和南美洲智库的平均发文量有所下降，非洲智库的平均发文量保持在稳定水平，北美洲智库的平均发文量最高。除此之外，北美洲智库和欧洲智库脸书账号发文的传播效果指标（篇均转发量、篇均评论量和篇均点赞量）排在第 1 或第 2，传播效力显著大于其他各大洲智库。

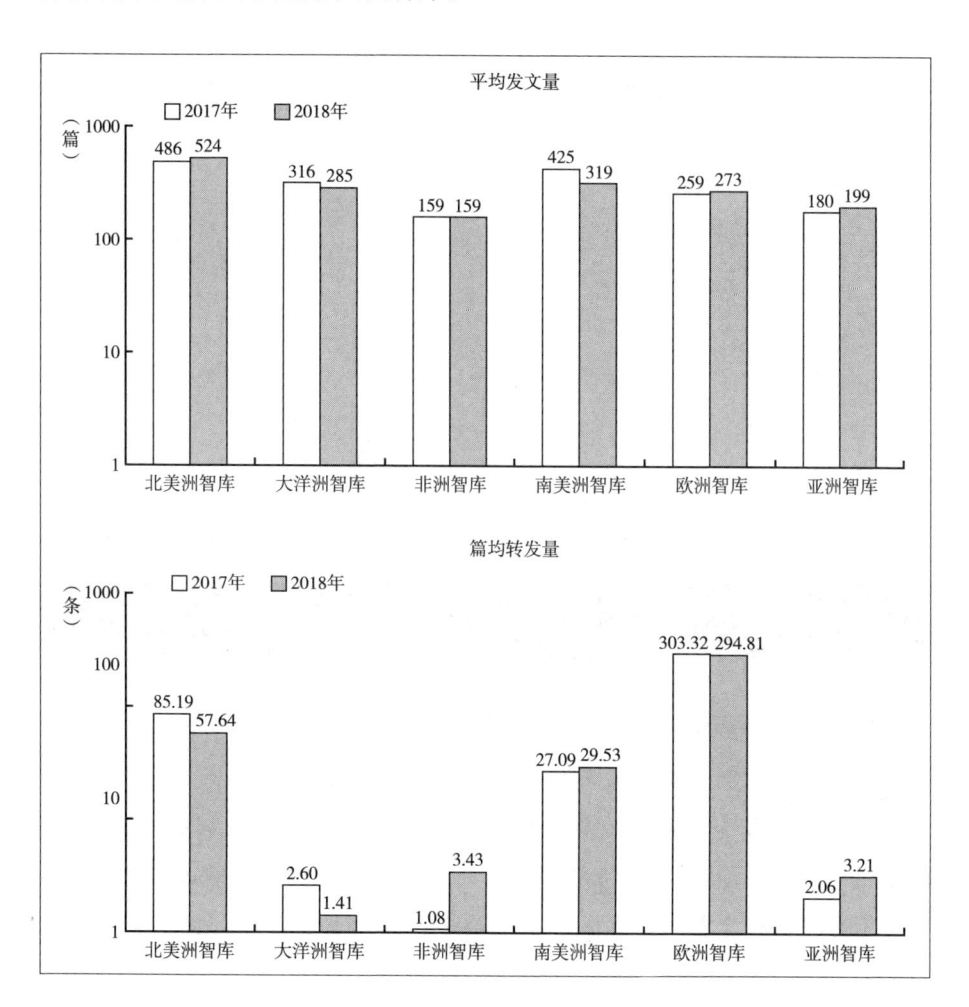

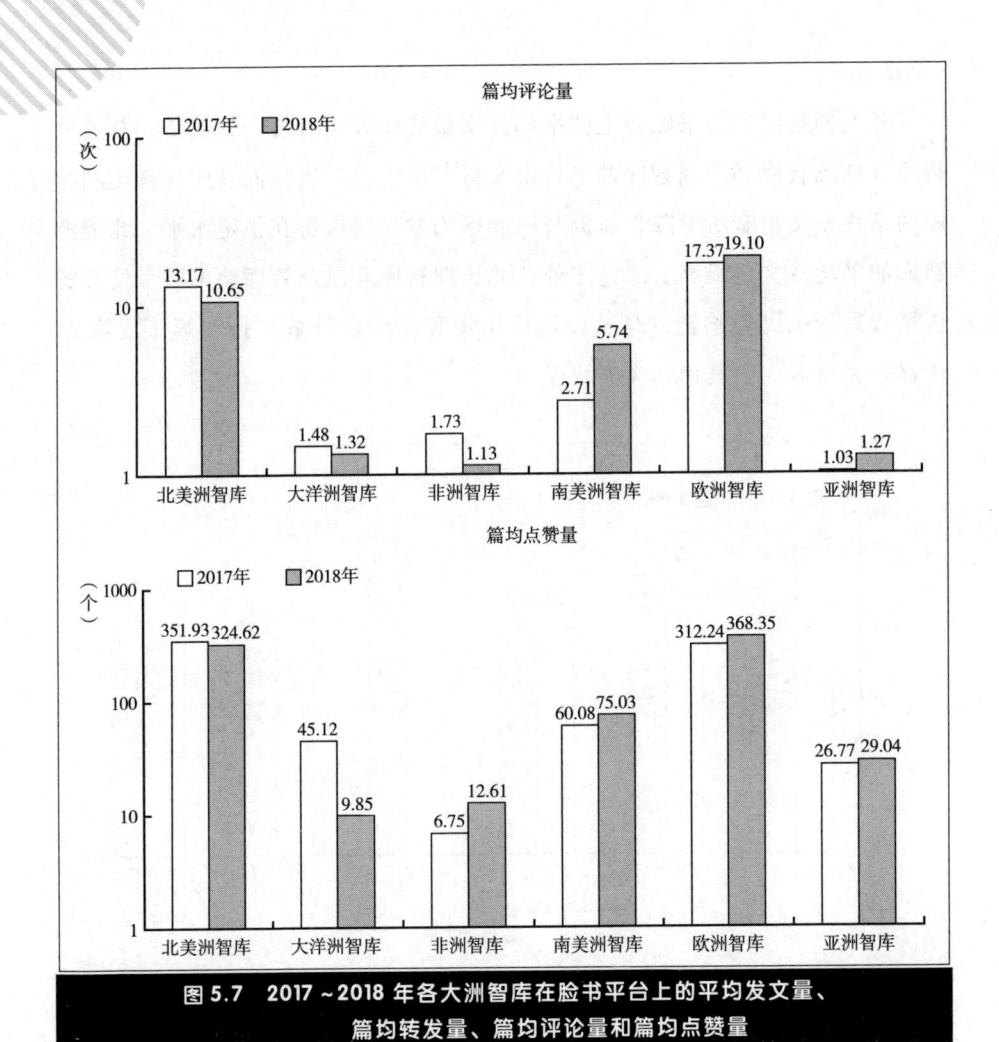

图5.7 2017~2018年各大洲智库在脸书平台上的平均发文量、篇均转发量、篇均评论量和篇均点赞量

根据2017~2018年的全球智库在脸书平台上的"发文量-篇均点赞量"散点图，我们分别以发文量达100篇和篇均点赞量达10个为基准，划分出区别脸书账号发文量（多或少）以及篇均点赞量（高或低）的四个象限（见图5.8）。不同于推特平台北美洲智库和欧洲智库长期占据优势，亚洲智库和非洲智库更多地进入了发文量多、篇均点赞量高（第一象限）的行列。

每个象限的具体描述见下。

第一象限为发文量多（大于或等于100篇）、篇均点赞量高（大于或等于10个）的分组，处于该组的智库在发文量和篇均点赞量上都有较强竞争力。可以看出，2017~2018年进入第一象限的各大洲智库总体规模相当，相对稳定，具体见表5.6。欧洲智库和北美洲智库在发文量和篇均点赞量上都较其他地区的机构竞争力更强，在传播内容的数量和质量上都表现突出。欧洲智库、亚洲智库和非洲智库进入第一象限的数量都出现了上升趋势，欧洲智库由2017年的28家增长到2018年的30家，亚洲智库由15家上升至18家，非洲智库由1家上升至5家。而北美洲智库进入第一象限的数量则出现了下降，由2017年的26家下降为2018年的23家。同样，南美洲智库数量也由2017年的13家下降为2018年的10家。

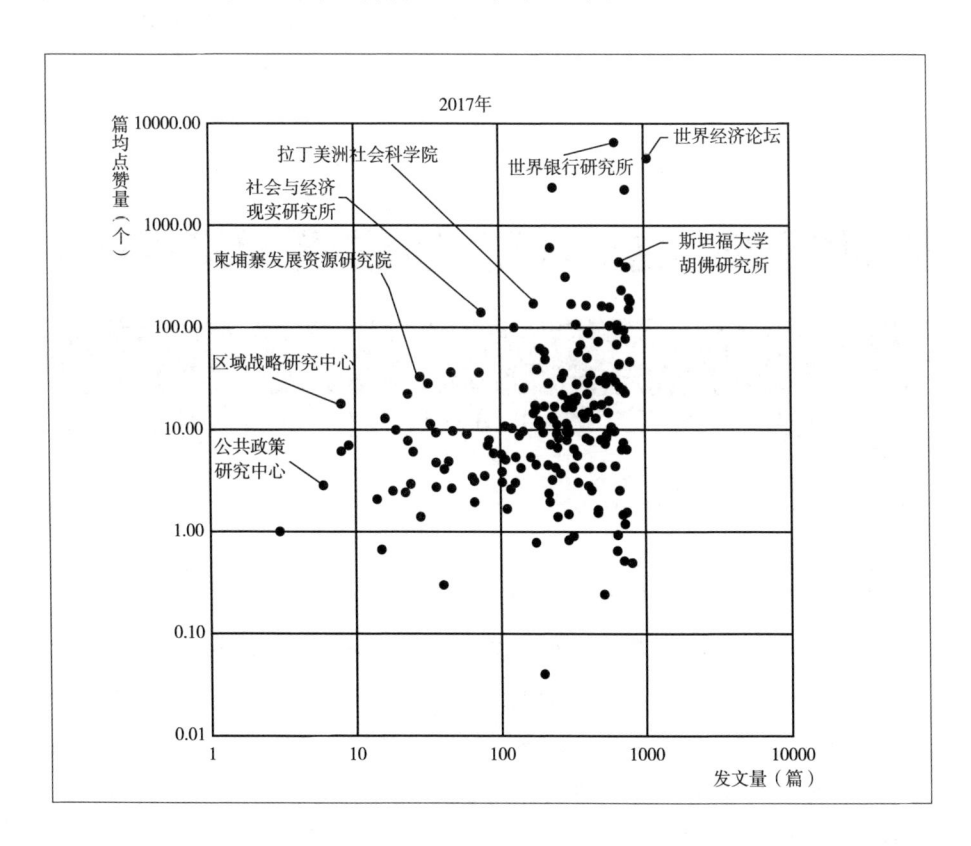

图5.8 2017~2018年全球智库在脸书平台上的"发文量-篇均点赞量"散点图

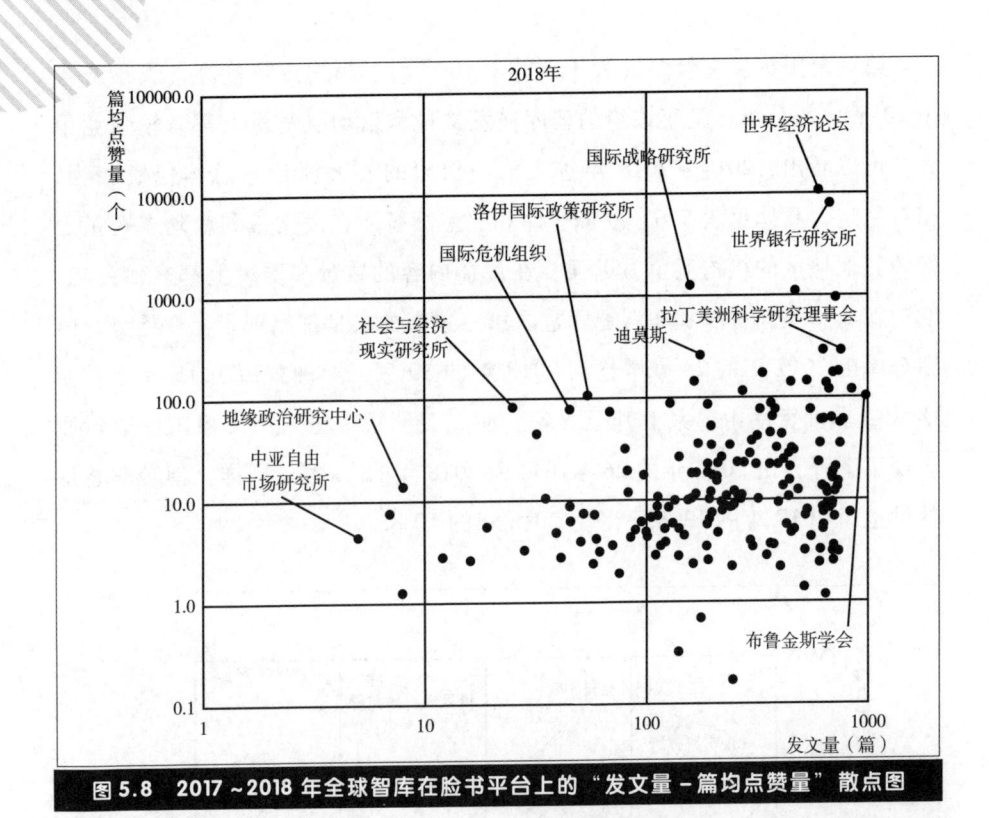

表5.6 2017~2018年进入第一象限的各大洲智库数量

单位：家

年份	欧洲智库	北美洲智库	亚洲智库	南美洲智库	非洲智库	大洋洲智库	合计
2017	28	26	15	13	1	1	84
2018	30	23	18	10	5	1	87

第二象限为发文量少（小于100篇）、篇均点赞量高（大于或等于10个）的分组，处于该分组的智库虽然发文量不突出，但篇均点赞量较高。可以发现，进入此象限的智库数量基本一致，仅增加了2家，具体见表5.7。但是从整体数量上来讲，脸书账号发文量少、篇均点赞量高的智库数量多于智库推特账号。我们推测这可能与两个平台不同的内容发布特征（比如发文的篇幅）有关。

表 5.7　2017~2018 年进入第二象限的各大洲智库数量

单位：家

年份	欧洲智库	北美洲智库	亚洲智库	南美洲智库	非洲智库	大洋洲智库	合计
2017	2	1	3	1	2	0	9
2018	3	1	4	1	1	1	11

第三象限为发文量少（小于 100 篇）、篇均点赞量低（小于 10 个）的分组，处于该分组的智库在发文量和篇均点赞量上都有所不足。2017~2018 年，进入此分组的智库数量呈下降趋势，具体见表 5.8。其中，亚洲智库和非洲智库下降趋势明显。

表 5.8　2017~2018 年进入第三象限的各大洲智库数量

单位：家

年份	欧洲智库	北美洲智库	亚洲智库	南美洲智库	非洲智库	大洋洲智库	合计
2017	10	0	12	0	7	0	29
2018	10	0	6	0	6	0	22

第四象限为发文量多（大于或等于 100 篇）、篇均点赞量低（小于 10 个）的分组，处于该分组的智库在发文量上较为突出，但是篇均点赞量还有待提升。进入该象限的各大洲智库数量保持稳定，具体见表 5.9。其中，欧洲智库数量不变，非洲智库和大洋洲智库数量下降，北美洲智库、亚洲智库、南美洲智库数量微微上升。

表 5.9　2017~2018 年进入第四象限的各大洲智库数量

单位：家

年份	欧洲智库	北美洲智库	亚洲智库	南美洲智库	非洲智库	大洋洲智库	合计
2017	28	14	11	3	6	3	65
2018	28	17	12	4	2	2	65

（二）全球智库在脸书平台上的活跃群体分析

关键结论

2017～2018年，全球智库在脸书平台上的活跃群体中，发文增长量为负的机构数量多于为正的机构数量。从地区来看，不同大洲的活跃群体发文增长量差异巨大。北美洲智库、非洲智库和欧洲智库的平均发文增长量呈现小幅上涨，其他各大洲的智库平均发文增长量均为负数。从评级情况来看，全球智库在脸书平台上的活跃群体表现稳定，各项数据逐渐提高，通过开展稳定的数字倡导活动获得了持续的传播效果。

2017～2018年，在脸书平台上均有发文的全球智库共有178家，这178家智库即全球智库在脸书平台上的活跃群体。

1. 活跃群体的发文行为分析

为了考察全球智库在脸书平台上的活跃群体的发文增长量情况，我们计算了这178家机构的发文增长量，以比较观测期内全球智库活跃群体的增长态势。发文增长量排在前10位的全球智库活跃群体的发文变化趋势如图5.9所示。

178家机构在脸书平台上的平均发文增长量为7.02篇/年，有86家机构的发文增长量呈现为正，92家机构的发文增长量为负。其中，86家机构大多为欧洲智库、北美洲智库和亚洲智库，分别为29家、27家和19家；其余还有非洲智库5家、南美洲智库4家和大洋洲智库2家。92家机构主要为欧洲智库、亚洲智库、北美洲智库和南美洲智库，分别为38家、19家、14家和11家，另外还有非洲智库8家和大洋洲智库2家。

我们按照机构所在大洲分组，计算了各大洲智库的平均发文增长量，结果如图5.10所示。除南美洲智库和大洋洲智库外，其他各大洲智库平均发文增长量均为正，不同大洲智库平均发文增长量差异较大。

第五章 全球智库的数字倡导

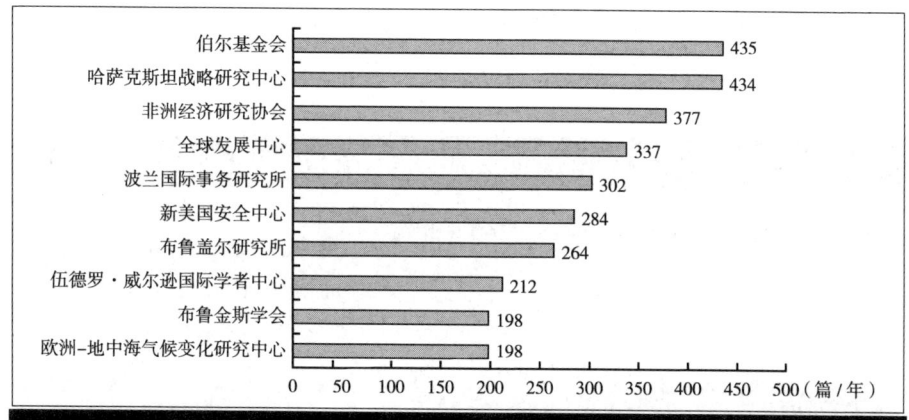

智库	发文量（篇/年）
伯尔基金会	435
哈萨克斯坦战略研究中心	434
非洲经济研究协会	377
全球发展中心	337
波兰国际事务研究所	302
新美国安全中心	284
布鲁盖尔研究所	264
伍德罗·威尔逊国际学者中心	212
布鲁金斯学会	198
欧洲-地中海气候变化研究中心	198

图 5.9　2017~2018 年脸书平台上全球智库活跃群体（发文增长量前 10 位）的发文变化趋势

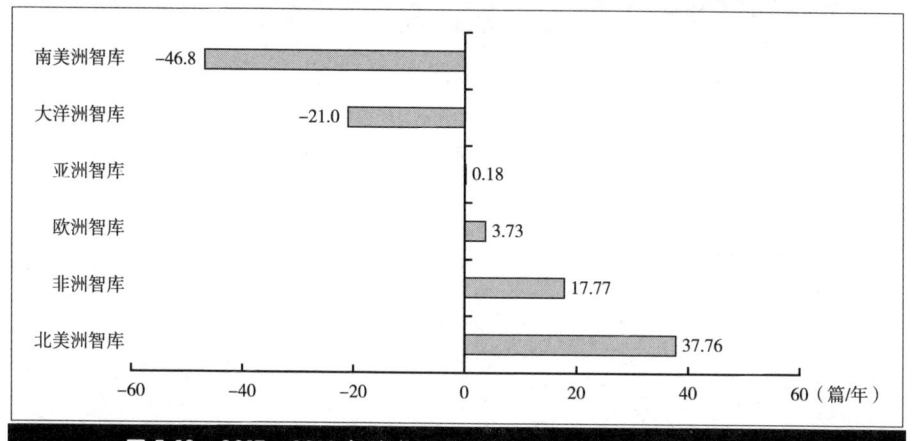

大洲	平均发文增长量（篇/年）
南美洲智库	-46.8
大洋洲智库	-21.0
亚洲智库	0.18
欧洲智库	3.73
非洲智库	17.77
北美洲智库	37.76

图 5.10　2017~2018 年脸书平台上各大洲智库的平均发文增长量

在这 178 家机构中，北美洲智库中平均发文增长量为正的有 27 家，为负的有 14 家，由于平均发文增长量为正的机构多且增长量更高，整体平均发文增长量超出其他大洲；而非洲智库虽然平均发文增长量为负的有 8 家，超过了为正的 5 家，但非洲经济研究协会的平均发文增长量为 377 篇/年，拉高了整体水平。

2. 活跃群体的评级情况

我们将脸书账号指数排 1~10 名的划为 A++级，11~50 名的划为 A+

· 177 ·

级，51~100名的划为A级，101~200名的划为A-级，得到历年评级。我们对活跃群体的评级情况做了具体分析（见表5.10）。

表5.10 2017~2018年脸书平台上全球智库活跃群体的评级及得分（前30位）

序号	智库名称(英文)	智库名称(中文)	历史关注量	2017年评级	2017年得分	2018年评级	2018年得分
1	World Economic Forum	世界经济论坛	7068425	A++	96.94	A++	99.31
2	World Bank Institute	世界银行研究所	2563305	A++	69.76	A++	68.20
3	Fundacao Getulio Vargas	热图利奥·瓦加斯基金会	796330	A+	49.53	A+	52.52
4	Acton Institute for the Study of Religion and Liberty	阿克顿研究所	787938	A+	50.16	A+	48.63
5	Center for Strategic and International Studies	战略与国际研究中心	545161	A+	52.62	A+	51.11
6	Council on Foreign Relations	外交关系委员会	411282	A+	52.75	A+	53.22
7	Brookings Institution	布鲁金斯学会	407291	A++	56.04	A++	56.44
8	Cato Institute	卡托研究所	360234	A++	56.72	A++	56.60
9	Hoover Institution	斯坦福大学胡佛研究所	334950	A++	57.50	A++	57.02
10	Comision Economica para America Latina	拉丁美洲经济委员会	331025	A+	51.40	A+	49.67
11	Observer Research Foundation	观察家研究基金会	313349	A+	46.63	A+	46.78
12	Consejo Latinoamericano de Ciencias Sociales	拉丁美洲科学研究理事会	303054	A++	54.54	A++	56.75
13	Carnegie Endowment for International Peace	卡内基国际和平基金会	230911	A+	43.49	A+	42.68
14	Fernando Henrique Cardoso Institute	费尔南多·恩里克·卡多佐研究所	200881	A+	47.03	A+	47.91
15	World Resources Institute	世界资源研究所	185937	A+	41.80	A+	46.96
16	Institute of Development Studies, University of Sussex	萨塞克斯大学发展研究院	182422	A+	41.81	A+	44.67
17	Fundacao Armando Alvares Penteado	法阿琶基金会	181442	A+	47.29	A+	47.89
18	United States Institute of Peace	美国和平研究所	173752	A+	44.89	A+	48.01
19	Brookings Doha Center	布鲁金斯·多哈中心	168660	A+	40.53	A+	44.34
20	Centre for Civil Society	公民社会中心	151533	A+	40.91	A+	43.46

续表

序号	智库名称(英文)	智库名称(中文)	历史关注量	2017年 评级	2017年 得分	2018年 评级	2018年 得分
21	Woodrow Wilson International Center for Scholars	伍德罗·威尔逊国际学者中心	104906	A	40.04	A+	45.43
22	French Institute of International Relations	法国国际关系研究院	101177	A+	46.66	A+	49.68
23	Chatham House	查塔姆社——皇家国际事务研究所	95805	A+	42.62	A+	46.38
24	Center for American Progress	美国进步研究中心	91686	A+	50.64	A+	49.11
25	Center for Global Development	全球发展中心	89387	A	38.57	A	40.98
26	Carnegie Middle East Center	卡内基中东中心	82569	A+	45.41	A+	44.98
27	Heinrich Boll Foundation	伯尔基金会	77088	A-	26.93	A+	47.40
28	Overseas Development Institute	海外发展研究院	73119	A	37.08	A	38.93
29	KOREA Institute of Science and Technology	韩国科学技术政策研究院	62559	A	38.97	A+	44.11
30	Friedrich Ebert Foundation	弗里德里希·艾伯特基金会	60877	A+	40.57	A+	43.49

注：按智库2018年历史关注量降序排列。

评级稳定靠前（连续两年均在A++级和A+级）的有41家，其中以北美洲智库和欧洲智库为主，从指标数据来看，这些机构数据表现较好，水准较高，取得了较强的传播效果。脸书平台本身在北美洲和欧洲使用很广泛也是两个大洲数字倡导行为收效甚佳的原因之一。

脸书平台上智库的评级十分稳定。有大的提升（2018年较2017年提升超过两级）的有1家，是伯尔基金会。有一定提升（2018年较2017年提升一级）的机构则较多，有11家，其中由A-级提升至A级的有8家，由A级提升至A+级的有3家。分析其原因，其中有第二年增发大量文章提升内容产量输出的机构；也有文章量差别不大，但第二年的转发量、评论量、点赞量有了大幅提高，提升内容质量的机构。但在脸书平台上，智库机构的指标数据提升趋势并非是跨越式的，而是逐渐提高。

三 全球智库数字倡导代表性案例

为了说明全球智库2017~2018年在推特和脸书平台上的具体表现，我们考虑智库在这两年的综合表现、排名变化和所属地区，从观测智库样本中遴选出8家代表性机构。本章分析解读了这8家智库在2017~2018年的发展情况和所反映出的机构特点。

各代表性机构名称和类型如下：迪莫斯（Demos，欧洲智库）、布鲁盖尔研究所（Bruegel，欧洲智库）、经济事务研究所（Institute of Economic Affairs，欧洲智库）、布鲁金斯学会（Brookings Institution，北美洲智库）、拉丁美洲科学研究理事会（Consejo Latinoamericano de Ciencias Sociales，南美洲智库）、伊马尼政策与教育中心（IMANI Centre for Policy and Education，非洲智库）、独立研究中心（Centre for Independent Studies，大洋洲智库）和世界银行研究所（World Bank Institute，国际组织智库）。

（一）迪莫斯

迪莫斯（Demos）是英国领先的跨党派的智库，是英国智库发展过程中第三波浪潮（思想库同政党开展建设性合作、注重公共影响力）的代表，[①] 主要进行政治研究，其定位是人民、思想和民主的拥护者，研究内容包括政策研究、现代政治、技术革命和气候变化等。在2017~2018年，迪莫斯脸书账号指数表现一般，推特账号指数表现优异，脸书引用指数和推特引用指数在2018年表现良好，发挥了较为强大的影响力。

迪莫斯在推特和脸书平台上的发文主题围绕着其与政党开展建设性合作的公共职能，发文内容主要与政党活动相关［"vote"（投票）、"voter"（投票者）、"trump"（川普）等］，也体现了其政治理念［"democracy"（民主）、"rights"（权利）、"people"（人民）等］。具体见图5.11。

[①] 朱旭峰：《思想库都是美国式的吗？——美、英、德三国思想库发展模式比较》，《中国社会科学报》2010年12月14日。

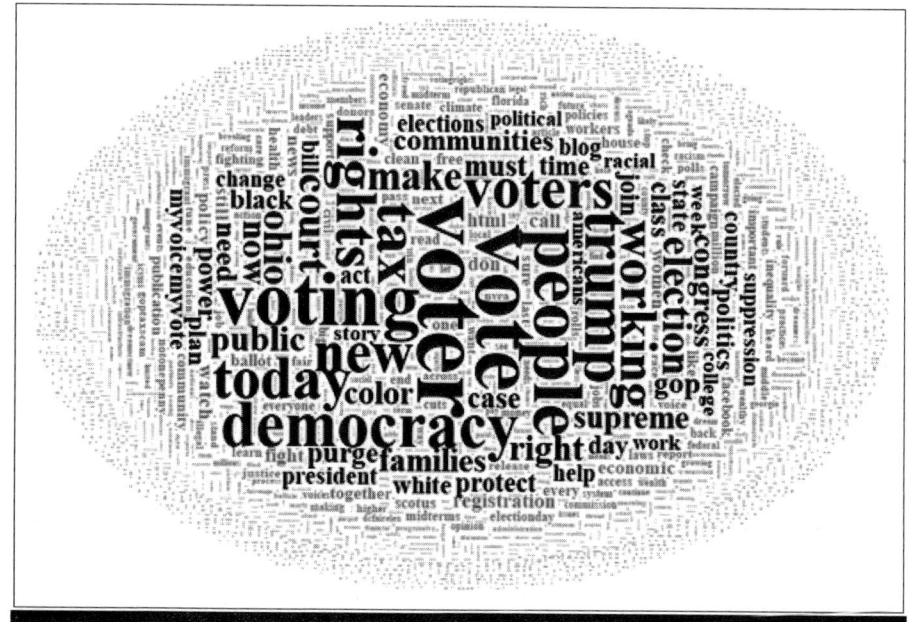

图 5.11　迪莫斯在推特和脸书平台上观测期内的累计发文词云

2017~2018年，迪莫斯的脸书账号发文量为304篇，转发量为1.78万条，评论量为3276次，点赞量为5.83万个。2017年，其发文量为127篇，篇均转发量39.43条，篇均评论量为2.99次，篇均点赞量为99.92个；2018年，发文量为177篇，篇均转发量为72.36条，篇均评论量为16.36次，篇均点赞量为257.68个。整体而言，迪莫斯在脸书平台上的发文量中等。迪莫斯在脸书平台上的发文量大幅上升，其取得的转发量、评论量和点赞量也大幅提升，说明迪莫斯的内容输出量增长，观点影响力也得到了提升。2018年9月，迪莫斯在脸书平台上发布的关于公共卫生系统的民主呼吁的内容[1]获得了较为突出的点赞量。

2018年，迪莫斯在脸书平台上的引用文章量为100篇，转发量为6.00万条，评论量为4288次，点赞量为5.07万个，篇均转发量为600.35条，

---

[1]　原文：Sănătate pentru toţi, nu doar pentru cei bogaţi. Solicităm, din nou, demisia Ministrului de Finanţe，…#democratie #solidaritate #demos。

篇均评论量为42.88次，篇均点赞量为507.58个。可以看出，2018年迪莫斯在脸书平台上的引用文章量虽然不大，但转发量、评论量和点赞量都十分突出，说明该机构在脸书平台上的影响力十分强大。

2017~2018年，迪莫斯的推特账号发文量为1832篇，转发量为65.80万条，评论量为2.15万次，点赞量为135.80万个。2017年，其发文量为849篇，篇均转发量为569.97条，篇均评论量为18.41次，篇均点赞量为1182.25个；2018年，其发文量为983篇，篇均转发量为177.12条，篇均评论量为5.93次，篇均点赞量为360.40个。可以发现，迪莫斯在推特平台上的表现十分优异，但相比2017年，其在2018年的发文量虽有少量增加，但转发量、评论量和点赞量有所降低，这说明其在推特平台上的影响力有所减弱。2017年10月，迪莫斯在推特平台上转发的关于倡导枪支管控的内容①获较大关注。

2018年，迪莫斯在推特平台上的引用文章量为7.94万篇，转发量为185.20万条，点赞量为481.72万个，篇均转发量为23.33条，篇均点赞量为60.67个。2018年，迪莫斯在推特平台上的引用文章量非常高，转发量和点赞量也非常高，表现优异，影响力强大。

（二）布鲁盖尔研究所

布鲁盖尔研究所（Bruegel）创立于2005年，是位于布鲁塞尔的一家欧洲非营利性研究咨询机构。其研究包括欧洲宏观经济及其治理、金融及其监管、能源和气候、创新和竞争力。在2017~2018年，布鲁盖尔研究所脸书账号指数表现一般，推特账号指数和脸书引用指数表现良好，推特引用指数表现优异，发挥了强大的影响力。

布鲁盖尔研究所在推特和脸书平台上的发文主题围绕着其欧洲经济研究机构的定位，发文内容主要与研究主题相关［"europe"（欧洲）、

---

① 原文：I want gun control. I want Puerto Rico to have what it needs. I want children to have health insurance. I want something better than this.

"economic"（经济）、"gdp"（国内生产总值）等］，也有其一定的政治关切［"brexit"（英国脱欧）、"china"（中国）、"countries"（国家）等］。具体见图5.12。

图 5.12　布鲁盖尔研究所在推特和脸书平台上观测期内的累计发文词云

2017~2018年，布鲁盖尔研究所脸书账号发文量为960篇，转发量为818条，评论量为113次，点赞量为3070个。2017年，其发文量为348篇；2018年，其发文量为612篇。整体而言，布鲁盖尔研究所在脸书平台上的发文量中等。随着时间的推移和平台的拓展，布鲁盖尔研究所在脸书平台上的发文量大幅上升，转发量、评论量和点赞量也有所提升，这说明布鲁盖尔研究所的内容输出量在增长，观点影响力也略有加强。2018年3月，布鲁盖尔研究所在脸书平台上发布的关于英国两党在脱欧谈判上的焦灼境况的内容[①]获较多点赞量。

---

① 原文：The #BREXIT Game：negotiations are beginning to look like a "prisoners' dilemma", where both parties have an incentive to be uncooperative, risking an outcome that would be unfavourable for all. http：//bru.gl/2phY6gM。

2017~2018年，布鲁盖尔研究所在脸书平台上的引用文章量为339篇，转发量为1.56万条，点赞量为3.34万个。2017年，在脸书平台上的引用文章量为248篇，篇均转发量为15.45条，篇均点赞量为81.51个；2018年，引用文章量为91篇，篇均转发量为129.01条，篇均点赞量为144.77个。可以看出，布鲁盖尔研究所在脸书平台上的引用文章量虽有所下降，但转发量和点赞量都显著提高。

2017~2018年，布鲁盖尔研究所推特账号发文量为7727篇，转发量为2.12万条，评论量为766次，点赞量为1.91万个。2017年，其发文量为820篇，篇均转发量为2.61条，篇均点赞量为2.48个；2018年，发文量为6907篇，篇均转发量为2.78条，篇均点赞量为2.47个。可以发现，布鲁盖尔研究所在推特平台上的表现较为优异，相比2017年，其在2018年的发文量显著增加，但转发量、点赞量未见明显提升，这说明布鲁盖尔研究所在推特平台上未有力推动其影响力提升。2018年10月，布鲁盖尔研究所在推特平台上发布的关于英国脱欧话题的图片①获较多点赞量。

2017~2018年，布鲁盖尔研究所在推特平台上的引用文章量为2.93万篇，转发量为8.85万条，点赞量为22.58万个。2017年，其引用文章量为2228篇，篇均转发量为2.56条，篇均点赞量为5.34个；2018年，其引用文章量为2.70万篇，篇均转发量为3.06条，篇均点赞量为7.90个。布鲁盖尔研究所在推特平台上的引用文章量和转发量、评论量都有显著增加，2018年其在引用文章量上表现突出。

（三）经济事务研究所

经济事务研究所（Institute of Economic Affairs）是英国最初的自由市场

---

① 图片内容：The #BREXIT Game: #negotiations are beginning to look like a "prisoners' dilemma", where both parties have an incentive to be uncooperative, risking an outcome that would be unfavourable for all. @ mariademertzis & @ viegi_ nic #EUCO #eucouncil #Brexiters https://bru.gl/2J7ik6A pic.twitter.com/By71RybIWO。

智囊团，成立于1955年。智库的研究主要是分析和阐述市场在解决经济和社会问题中的作用，以期提高对自由社会基本制度的理解。2017~2018年，经济事务研究所在脸书和推特平台上都有较强的影响力，其脸书账号指数、推特账号指数、脸书引用指数和推特引用指数的排名均位于中等偏上水平。

经济事务研究所在推特和脸书平台上的发文主题围绕着其英国经济社会智囊团的职能，发文内容主要体现其在政治、经济和社会问题中的各项关切["brexit"（英国脱欧）、"economic"（经济）、"media"（媒体）、"trade"（贸易）、"market"（市场）等]。具体见图5.13。

图 5.13　经济事务研究所在推特和脸书平台上观测期内的累计发文词云

2017~2018年，经济事务研究所脸书账号发文量为1295篇，转发量为9015条，评论量为4455次，点赞量为3.16万个。2017年，其发文量为597篇，篇均转发量为7.49条，篇均评论量为3.88次，篇均点赞量为32.63个；2018年，其发文量为698篇，篇均转发量为6.51条，篇均评论量为3.07次，篇均点赞量为17.39个。可以发现，经济事务研究所在脸书平台上的发文量稳中有升，但篇均转发量、篇均评论量和篇均点赞量稳中略有下降。2018 年 9 月，经济事务研究所在脸书平台上发布的征集住房危机的自由市场解决方案的内容①获近 700 个点赞量。

2018 年，经济事务研究所在脸书平台上的引用文章量为 13 篇，转发量为 2 条，点赞量为 3 个。

2017～2018 年，经济事务研究所推特账号发文量为 2069 篇，转发量为 2.71 万条，评论量为 7712 次，点赞量为 4.69 万个。2017 年，其发文量为 807 篇，篇均转发量为 9.34 条，篇均评论量为 2.50 次，篇均点赞量为 14.07 个；2018 年，其发文量为 1262 篇，篇均转发量为 15.53 条，篇均评论量为 4.51 次，篇均点赞量为 28.15 个。可以发现，经济事务研究所在推特平台上的发文量、转发量、评论量和点赞量都出现了明显的上升，影响力不断增强。2017 年 11 月，经济事务研究所在推特平台上发布的关于全球贫困的话题②获超 2000 个点赞量。

2017～2018 年，经济事务研究所在推特平台上的引用文章量为 4137 篇，转发量为 4.95 万条，点赞量为 6.69 万个。2017 年，其引用文章量为 921 篇，篇均转发量为 3.67 条，篇均点赞量为 5.00 个；2018 年，其引用文章量为 3216 篇，篇均转发量为 14.34 条，篇均点赞量为 19.36 个。经济事务研究所在推特平台上的引用文章量、转发量、评论量和点赞量均有所上升，表明其在推特平台上的整体受关注度有所提升。

（四）布鲁金斯学会

布鲁金斯学会（Brookings Institution）是美国智库，位于华盛顿特区使馆区。作为华盛顿历史最悠久的智库，该学会研究公共政策、外交政策和全

---

① 原文：10 days left to enter the Richard Koch Breakthrough Prize, an essay competition which looks for free-market solutions to the housing crisis. £ 50000 top prize! Details here。

② 原文：In 1980, 40 per cent of the world's population lived in abject poverty, surviving on less than $2 a day. Today only 8 per cent do. The answer to global poverty is * more * capitalism-not less! https://iea.org.uk/media/oxfam-should-start-putting-people-before-ideology/… pic.twitter.com/kJZHJcnSMr。

球经济发展相关问题。作为美国著名的综合性政策研究机构，2017~2018年，布鲁金斯学会脸书账号指数表现优秀，推特账号指数表现一般，脸书引用指数和推特引用指数表现良好。

布鲁金斯学会在推特和脸书平台上的发文主题围绕着其美国综合性政策研究的职能，发文内容主要与美国政治相关［"trump"（特朗普）、"president"（总统）、"policy"（政策）等］。具体见图5.14。

图 5.14　布鲁金斯学会在推特和脸书平台上观测期内的累计发文词云

2017~2018年，布鲁金斯学会脸书账号发文量为1764篇，转发量为15.63万条，评论量为3.53万次，点赞量为21.81万个。2017年，其发文量为783篇，篇均转发量为109.99条，篇均评论量为20.53次，篇均点赞量为151.10个；2018年，其发文量为981篇，篇均转发量为71.50条，篇均评论量为19.62次，篇均点赞量为101.68个。整体而言，布鲁金斯学会在脸书平台上的发文量较多。随着时间的推移和平台的拓展，布鲁金斯学会在脸书平台上的发文量有所增加，转发量、评论量和点赞量却略微下降，这说明其影响力略有降低。值得肯定的是，布鲁金斯学会在脸书平台上的影响力十分稳定。2017年2月，布鲁金斯学会在脸书平台上发布的针对特朗普新上任国家安全顾问的评论①获约0.70万个点赞量。

2017~2018年，布鲁金斯学会在脸书平台上的引用文章量为214篇，转发量为1.84万条，点赞量为2.44万个。2017年，其引用文章量为126篇，篇均转发量为132.26条，篇均点赞量为166.10个；2018年，其引用文章量为88篇，篇均转发量为19.95条，篇均点赞量为39.59个。布鲁金斯学会在脸书平台上的引用文章量、转发量和点赞量呈下降趋势。

2017~2018年，布鲁金斯学会推特账号发文量为1811篇，转发量为2.12万条，评论量为2300次，点赞量为2.39万个。2018年1月，布鲁金斯学会在推特平台发布的关于美国移民在创新和创业方面贡献的内容②获超400个点赞量，为其推特账号最高点赞量。

2017~2018年，布鲁金斯学会在推特平台上的引用文章量为1.03万篇，转发量为3.23万条，点赞量为5.97万个。2017年，其引用文章量为1954篇，篇均转发量为2.85条，篇均点赞量为4.63个；2018年，其引用文章量为8304篇，篇均转发量为3.22条，篇均点赞量为6.10个。相较于其较少的发文量，布鲁金斯学会在推特平台上的引用文章量和转发量、评论量较为突出，可以看出其在引用文章方面表现突出，影响力较强。

（五）拉丁美洲科学研究理事会

拉丁美洲科学研究理事会（Consejo Latinoamericano de Ciencias Sociales）是南美洲智库，其秘书处位于阿根廷首都布宜诺斯艾利斯。拉丁美洲科学研究理事会是联合国教科文组织承认的非政府性国际机构，致力于社会科学和

---

① 原文："Trump's new national security adviser spent much of his career fighting and winning wars in the Middle East, which required him to know the local cultures and treat Muslims like humans rather than scripturally programmed robots." McMaster has the Islamophobes worried And that's a good thing, says Will McCants. brookings.edu.

② 原文：While immigrants represent about 15% of the general US workforce, they account for around 25% of its entrepreneurs and inventors. http://brook.gs/2BO0r8r。

人文领域的研究。2017～2018年，拉丁美洲科学研究理事会脸书账号指数和脸书引用指数皆表现优异，推特账号指数表现较为突出，推特引用指数表现良好。

拉丁美洲科学研究理事会在推特和脸书平台上的发文主题围绕着其南美洲科学研究智库的定位，发文内容显示出很强的地域关注〔"latin"（拉丁）、"caribbean"（加勒比）、"brazil"（巴西）等〕，也与其研究相关〔"conference"（会议）、"sciences"（科学）、"world"（世界）等〕。具体见图5.15。

图 5.15　拉丁美洲科学研究理事会在推特和脸书平台上观测期内的累计发文词云

2017～2018年，拉丁美洲科学研究理事会脸书账号发文量为1542篇，转发量为21.09万条，评论量为2.15万次，点赞量为37.04万个。2017年，其发文量为787篇，篇均转发量为130.93条，篇均评论量为9.06次，篇均点赞量为192.49个；2018年，其发文量为755篇，篇均转发量为142.83条，篇均评论量为19.01次，篇均点赞量为289.93个。整体而言，拉丁美洲科学研究理事会在脸书平台上的发文量较多,虽然两年的发文量基本持平,并未随着时间的推移和平台的拓展而增加,但转发量、评论量和点赞量明显上升,这说明其在脸书平台上的影响力在上升。

2017~2018年,拉丁美洲科学研究理事会在脸书平台上的引用文章量为286篇,转发量为6.88万条,点赞量为9.05万个。2017年,其引用文章量为194篇,篇均转发量为284.04条,篇均点赞量为406.55个;2018年,其引用文章量为92篇,篇均转发量为148.51条,篇均点赞量为126.81个。拉丁美洲科学研究理事会在脸书平台上的引用文章量、转发量和点赞量呈下降趋势。

2017~2018年,拉丁美洲科学研究理事会推特账号发文量为1955篇,转发量为11.22万条,评论量为1.69万次,点赞量为22.64万个。2017年,其发文量为675篇,篇均转发量为44.90条,篇均评论量为4.98次,篇均点赞量为66.86个;2018年,其发文量为1280篇,篇均转发量为63.98条,篇均评论量为10.57次,篇均点赞量为141.64个。拉丁美洲科学研究理事会在推特平台上的发文量稍有下降,但相比2017年,其2018年发文的转发量、评论量和点赞量皆有极大提升,篇均评论量和篇均点赞量皆上涨超100%,这说明其在推特平台上的影响力上升显著,也带动其账号影响力排名大幅上升。2018年11月,拉丁美洲科学研究理事会在推特平台上转发的关于反对新自由主义政策的观点表达[①]获1.50万个点赞量。

2017~2018年,拉丁美洲科学研究理事会在推特平台上的引用文章量为721篇,转发量为1.09万条,点赞量为3.56万个。2017年,其引用文章量为213篇,篇均转发量为5.32条,篇均点赞量为4.61个;2018年,其引用文章量为508篇,篇均转发量为19.24条,篇均点赞量为68.14个。拉丁美洲科学研究理事会在推特平台上的引用文章量、转发量和评论量皆大幅上涨,尤其是篇均点赞量增长近15倍,可以看出其影响力提升迅速,发展势头强劲。

---

① 原文:Debemos acuñar una nueva categoría de frente social, cívico, patriótico, en el cual se agrupen todos los sectores que son agredidos por las políticas del neoliberalismo. Que no es de derecha ni de izquierda. #Clacso2018pic. twitter. com/VED45n70Ft。

（六）伊马尼政策与教育中心

伊马尼政策与教育中心（IMANI Centre for Policy and Education）是非洲智库，位于加纳共和国。该智库作为非洲重要的智库，关注社会政策、经济问题、能源资源和创新科技问题。2017~2018年，伊马尼政策与教育中心脸书账号指数和脸书引用指数排名表现良好，处于中等偏上水平，而推特账号指数和推特引用平台指数表现一般，稳定在中等偏后水平。

伊马尼政策与教育中心在推特和脸书平台上的发文主题围绕着其非洲智库的职能，发文内容主要与本国政治经济相关［"ghana"（加纳）、"government"（政府）、"ghbudget"（加纳预算）等］，也有其对社会经济问题的关切［"finance"（金融）、"business"（商业）等］。具体见图5.16。

图5.16 伊马尼政策与教育中心在推特和脸书平台上观测期内的累计发文词云

2017~2018年，伊马尼政策与教育中心脸书账号发文量为688篇，转发量为1923条，评论量为6065次，点赞量为1.44万个。2017年，其发文量为270篇，篇均转发量为3.81条，篇均评论量为17.54次，篇均点赞量为32.18个；2018年，其发文量为418篇，篇均转发量为2.14条，篇均评论量为3.18次，篇均点赞量为13.61个。伊马尼政策与教育中心在脸书平台上的发文量有所增长，但转发量、评论量和点赞量有所下降，这说明其在脸书账号平台上的影响力略有降低。2017年1月，伊马尼政策与教育中心在脸书平台上发布的关于加纳的新财政部部长通过议会审查的问询的内容①获超1000个点赞量。

2017~2018年，伊马尼政策与教育中心在脸书平台上的引用文章量为32篇，转发量为251条，点赞量为3259个。2017年，其引用文章量为23篇，篇均转发量为8.26条，篇均点赞量为50.96个；2018年，其引用文章量为9篇，篇均转发量为6.78条，篇均点赞量为231.89个。虽然引用文章量有所下降，但2018年篇均点赞量有较大幅度增长。

2017~2018年，伊马尼政策与教育中心推特账号发文量为1424篇，转发量为3253条，评论量为468次，点赞量为4698个。2017年，其发文量为719篇，篇均转发量为2.08条，篇均点赞量为2.43个；2018年，发文量为705篇，篇均转发量为2.49条，篇均点赞量为4.19个。伊马尼政策与教育中心在推特平台上的表现较为稳定，转发量、评论量和点赞量略有上升。2017年8月，伊马尼政策与教育中心在推特平台上转发的关于欧足联超级杯的视频内容②获较多点赞量。

2017~2018年，伊马尼政策与教育中心在推特平台上的引用文章量为19篇，转发量为29条，点赞量为80个。2017年，其引用文章量为8篇，篇均转发量为1.75条，篇均点赞量为4.00个；2018年，其引用文章量为11篇，篇

---

① 原文：IMANI'S 8 BROAD QUESTIONS FOR GHANA'S NEW FINANCE AND SENIOR MINISTERS TO BE VETTED BY PARLIAMENT TODAY 1. Your Party's Manifesto Pledge: Corporate taxes shall be reduced from 25% to 20% in an NPP administration. Capital equipment will be tax free. VAT on imported medicines not produced in Ghana to be abolished. VAT on domestic airline tickets to be abolished. VAT on SMEs to come down from 17.5% to 3%. QUESTIONS: (i) Could you please clarify whether your proposed corporat…。

② 原文：It's the UEFA super cup！Catch the match live on 2CTV：http：//bit.ly/TigoTV & predict the scoreline to win BIG！#Enjoy2CTVonTigopic. twitter. com/IuNAwZlNRK。

均转发量为 1.36 条，篇均点赞量为 4.36 个。伊马尼政策与教育中心在推特平台上的引用文章量较少，且没有明显变化，转发量、评论量和点赞量也相对较低，整体表现较为一般。

（七）独立研究中心

独立研究中心（Centre for Independent Studies）成立于1976年，是澳大利亚领先的独立公共政策智囊团，其研究领域包括经济政策、外交政策、社会政策、政府与政治等多个方面。2017~2018年，独立研究中心在脸书和推特平台上有较强的影响力，账号指数和引用指数排名均位于中等偏上水平，表现良好。

独立研究中心在推特和脸书平台上的发文主题围绕着其独立公共政策智囊团的定位，发文内容主要与本国政治经济相关〔"australia"（澳大利亚）、"government"（政府）、"australian"（澳大利亚人）等〕，也有其对各种社会问题的关切〔"tax"（税）、"education"（教育）等〕。具体见图 5.17。

图 5.17 独立研究中心在推特和脸书平台上观测期内的累计发文词云

2017~2018 年，独立研究中心脸书账号发文量为 745 篇，转发量为 1100 条，评论量为 1630 次，点赞量为 7517 个。2017 年，其发文量为 260 篇，篇均转发量为 0.85 条，篇均评论量为 1.38 次，篇均点赞量为 9.29 个；2018 年，发文量为 418 篇，篇均转发量为 1.90 条，篇均评论量为 2.74 次，篇均点赞量为 10.64 个。独立研究中心在脸书平台上的发文量、转发量、评论量和点赞量均有增长，其脸书账号影响力也有上升。2018 年 8 月，独立研究中心在脸书平台上发布的关于移民问题的内容①获 390 个点赞量。

2017~2018 年，独立研究中心在脸书平台上的引用文章量为 51 篇，转发量为 1222 条，点赞量为 4082 个。2017 年，其引用文章量为 44 篇，篇均转发量为 20.95 条，篇均点赞量为 69.54 个；2018 年，其引用文章量为 7 篇，篇均转发量为 42.86 条，篇均点赞量为 146 个。

2017~2018 年，独立研究中心推特账号发文量为 1630 篇，转发量为 2.61 万条，评论量为 4434 次，点赞量为 5.35 万个。2017 年，其发文量为 808 篇，篇均转发量为 26.30 条，篇均评论量为 3.80 次，篇均点赞量为 54.80 个；2018 年，其发文量为 822 篇，篇均转发量为 5.84 条，篇均评论量为 1.68 次，篇均点赞量为 11.20 个。独立研究中心在推特平台上的发文量保持稳定，但转发量、评论量和点赞量出现了明显的下降，表明其发文质量有一定的下降。2017 年 2 月，独立研究中心在推特上转发的关于言论自由的内容②获超 1 万个点赞量。

2017~2018 年，独立研究中心在推特平台上的引用文章量为 708 篇，转发量为 1565 条，点赞量为 2978 个。2017 年，其引用文章量为 259 篇，篇

---

① 原文：The overwhelming consensus is that immigration has been one of the pillars of Australia's economic prosperity. It has also led to our nation's cultural richness: half of us were either born overseas or have at least one parent who was born abroad. However, we should be able to debate the level and composition of the increasingly controversial annual 190,000 intake without being accused of racism or bigotry. Is the rapid population growth of our major cities diminishing living standards? Are high house prices and low wage growth due to too many people arriving here? Could a significant reduction in the permanent intake ease congestion and give governments time to build infrastructure?

② 原文：Don't like Milo? Don't go to his event and use your free speech to counter his free speech. Look I solved the issue in a tweet。

均转发量为1.12条，篇均点赞量为1.71个；2018年，其引用文章量为449篇，篇均转发量为2.84条，篇均点赞量为5.65个。独立研究中心在推特平台上的引用文章量、转发量、评论量和点赞量均有所上升，表明其在推特平台上的受关注程度有所提升。

（八）世界银行研究所

世界银行研究所（World Bank Institute）是世界银行的内置研究所。该智库研究全球经济发展相关问题，旨在推进国际贸易均衡发展。作为研究机构，2017~2018年，世界银行研究所脸书账号指数表现良好，推特账号指数表现优秀，脸书引用指数和推特引用指数表现一般。

世界银行研究所在推特和脸书平台上的发文主题围绕着其国际独立研究机构的职能，发文内容主要与全球经济发展问题相关["development"（发展）、"global"（全球）、"countries"（国家）、"climate"（气候）、"poverty"（贫困）等]。具体见图5.18。

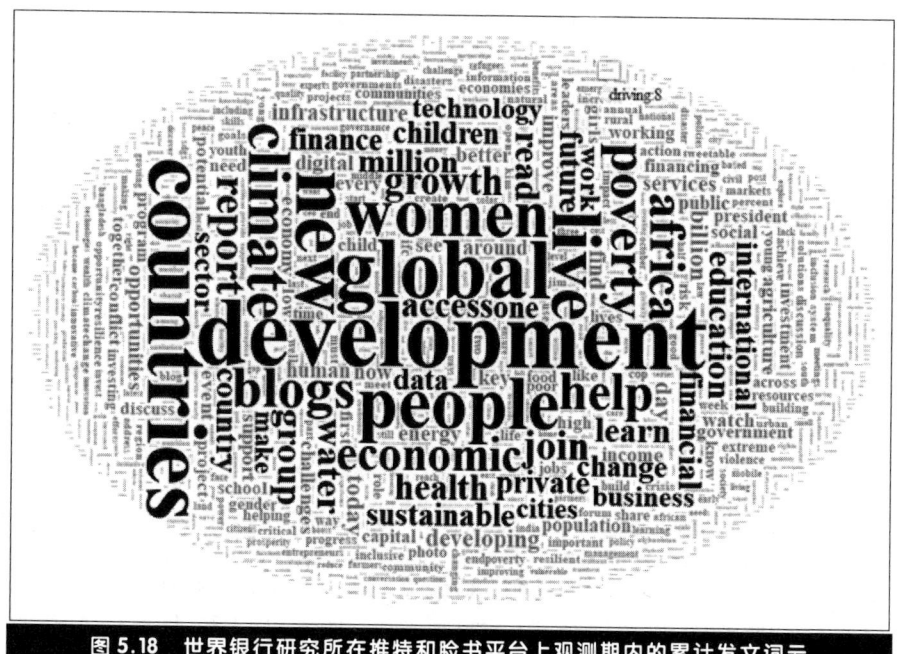

图 5.18 世界银行研究所在推特和脸书平台上观测期内的累计发文词云

2017~2018年,世界银行研究所脸书账号发文量为1312篇,转发量为9.15万条,评论量为3.27万次,点赞量为953.45万个。2017年,其发文量为634篇,篇均转发量为68.21条,篇均评论量为16.79次,篇均点赞量为6514.99个;2018年,其发文量为678篇,篇均转发量为71.23条,篇均评论量为32.64次,篇均点赞量为7970.64个。整体而言,世界银行研究所在脸书平台上的发文量较多,并且两年内较为稳定,转发量、评论量和点赞量也较为一致,影响力比较稳定。值得关注的是,世界银行研究所在脸书平台上的发文获得的点赞量远远超出转发量、评论量。2018年4月,世界银行研究所在脸书平台上发布的关于金融技术论坛信息采访的视频内容[1]获超4万个点赞量。

2017~2018年,世界银行研究所在脸书平台上的引用文章量为90篇,转发量为2.08万条,点赞量为7.38万次。2017年,其引用文章量为74篇,篇均转发量为263.36条,篇均点赞量为953.70个;2018年,其引用文章量为16篇,篇均转发量为82.13条,篇均点赞量为203.43个。世界银行研究所在脸书平台上的引用文章量、转发量和点赞量差距较大,且均呈下降趋势。

2017~2018年,世界银行研究所推特账号发文量为2313篇,转发量为12.94万条,评论量为1.13万次,点赞量为33.76万个。2017年,其发文量为842篇,篇均转发量为52.05条,篇均评论量为4.65次,篇均点赞量为94.90个;2018年,其发文量为1471篇,篇均转发量为58.21条,篇均评论量为5.02次,篇均点赞量为175.16个。世界银行研究所在推特平台上的表现良好,呈进步趋势,相比2017年,其在2018年的发文量有显著增加,转发量、评论量和点赞量也有所增多,这说明其影响力都有提升。2017

---

[1] 原文:Spring Meetings 2018 Interview Series with Imad Malhas, CEO of IrisGuard As part of our Spring Meetings 2018 Interview Series, we will be speaking LIVE with Imad Malhas, CEO of IrisGuard on how technology can help in the financial in……clusion of displaced people. He will be interviewed by Egidio Germanetti, Communications Officer, IFC. Ask Imad a question! #IFCmarkets。

年 11 月,世界银行研究所在推特平台上转发的关于"世界善良日"(World Kindness Day)的话题标签的内容①获 1.00 万个点赞量。

2017~2018 年,世界银行研究所在推特平台上的引用文章量为 773 篇,转发量为 1779 条,点赞量为 3577 个。

---

① 原文:It's # WorldKindnessDay Sometimes, it's the little things that make all the difference pic. twitter. com/pu9ibbpeFk。

第六章

结　语

第六章 结 语

作为现代公共决策中不可或缺的一类政策行动主体，面对全球和各国日益复杂的社会经济情况与治理难题，智库在联结知识与政治、增强决策科学性、协调国家与社会关系、促进国际谈判和全球合作等方面扮演着越来越重要的角色。在新媒体迅速发展并深刻影响当下政治世界的环境中，全球智库正以运营官方账户、汇集海量阅读文献、塑造意见领袖等方式积极进行声誉管理与形象建设，不断扩展自身在新媒体平台上的影响力。

新媒体改变了从微观到宏观的政策分析市场。在智库层面，新媒体的快速崛起促进了智库多种社会功能的发挥，各类智库通过服务网络受众获得影响力。在新媒体平台上，智库可以与公众建立密切的联系，通过锁定高黏性受众，准确传递研究产品，快速扩展自身影响力。在公开的网络空间中，智库发布的观点会受到社会大众的检验。若智库运行依附于强势利益集团，则很难期望智库对有争议的公共政策问题保持客观中立的分析。智库自主性和智库的经费来源、人才吸引等之间存在一个反馈机制，新媒体加快了反馈机制的运行。在行业层面，新媒体平台推动了智库的多元模式发展，促进智库优化自身运营管理模式。在此过程中智库逐步成为网络政策分析市场中的重要一员，通过传递知识、引导舆论等在政策过程中引起政府部门的注意，实现知识传播和发挥影响力的目标。过去，新组建的智库很难在短期内树立其社会声誉，而新媒体恰恰提供了这样一个相对低成本且广泛的宣传平台。智库自我营销有可能打破政策分析市场中的原有智库垄断与政府固定外包格局。在国家层面，智库与新媒体的结合促进了政策市场繁荣和决策优化。智库属于供给侧，在政策分析市场中提供的产品是政策思想、专家知识、建议，甚至是批评；政府、媒体和公众都是潜在的需求者和消费者（薛澜、朱旭峰，2009）。[①] 在需求方面，政府对智库的认同以及对待政策分析的需求决定着智库社会职能的发挥情况。在供给方面，具有不同背景的各种智库是否能在一种政治环境下共存并提供代表多种价值和利益的政策思想和方

[①] 薛澜、朱旭峰：《中国思想库的社会职能——以政策过程为中心的改革之路》，《管理世界》2009年第4期。

案，是能否形成繁荣政策分析市场的前提。在全球层面，各类新媒体平台的全球化应用有利于智库在全球范围传递知识、扩展自身影响力。不同大洲、不同地区的智库在全球新媒体平台的交流与互动有利于推动全球范围内智库与社会的互动。部分智库在新媒体平台上与政府和民众的互动能促进民间和政府间的交流和合作，有利于弥合全球地缘政治冲突，促进全球公共事务共识达成。

在本书中，我们将智库利用新媒体谋求社会影响和声誉塑造的新行为称为"数字倡导"。即在新媒体时代，智库会积极利用移动互联网等先进数字技术，即时、公开、有效地在网络空间中倡导和传播其观点。本书主要观察这一新的行为，希望了解智库新媒体平台的应用情况与影响力范围。本书通过对智库数字倡导行为的评估，希望促进新媒体时代智库之间的相互了解、竞争和学习。

为了评估智库在新媒体时代的作用，我们利用大数据评价方法来捕捉智库在新媒体平台上的活动，并追踪、提取和分析主体行为和影响。本书基于清博智能和今日头条的数据平台支持，建立了1078家中国智库和隶属于62个国家或地区的213家全球智库的样本框，收集了2016～2020年中国智库和全球智库在微信、微博、头条、脸书和推特平台上的海量痕迹数据。利用搜集到的中国智库和全球智库的大数据集，我们分别设计了中国智库大数据指数（CTTBI）综合指标体系和全球智库大数据指数（GTTBI）综合指标体系，并据此对中国智库和全球智库的数字倡导行为进行全面比较和解构分析。

观察中国智库的数字倡导行为，我们有以下发现。

通过对2016～2020年多个新媒体平台的数据分析，我们发现，中国各类智库在新媒体建设与运营方面蓬勃发展。以有影响力的新媒体平台为核心，逐步形成国内外全覆盖的新媒体传播矩阵，已成为国家智库发展的核心策略之一。2016～2020年，中国智库在新媒体平台上的活跃度和影响力不断增大，表现为智库在各平台开通账号的总体数量呈现上升趋势，智库发文量、阅读量和点赞量等数据都呈现向好趋势。

但不同类型智库在不同平台上的内容生产强度和传播效果存在较为显著的差异。从新媒体平台来看，中国智库在不同新媒体平台上的活跃度和影响力存在一定差异。中国智库在微信平台上的数字倡导行为整体呈蓬勃发展趋势，开展数字倡导活动的整体实力也在不断提升；而在微博和头条平台上中国智库的表现则呈波动发展态势，开展数字倡导活动的整体实力和影响力有所降低。具体而言，2016~2020年，智库开通微信公众号的数量不断增多，在微信平台上的发文量、阅读量和点赞量都呈稳步上升趋势，智库在微信平台上的内容生产强度和传播效果都呈上升趋势。在微博平台上，2016~2018年，开通微博专家号的智库数量在迅速上升后保持稳定，微博专家号的历史粉丝量逐年稳步增长，但超过一半的智库的发博量呈负增长趋势，微博专家号发博量、阅读量和点赞量在2016~2017年经历快速上升后又快速回落，内容生产水平和质量均有所回落。2019~2020年，在头条平台上发文的智库数量有所下降，虽然头条号发文量有所上升，但智库利用头条号扩大新媒体影响的整体效果并不显著。

从智库类型来看，中国七类智库活跃群体规模存在较大差异，但均形成了比较稳定的高影响团体，在新媒体空间持续发挥影响。在2016~2020年中国智库大数据指数均位于前300的智库中，七类智库均有分布，但排名靠前的多为企业与社会智库和党政部门智库，排名位于中后段的智库多为高校智库和党校行政学院智库。随着智库实施数字倡导行为的时间和深度的增加，不同智库逐渐明确了自身定位。虽然科研院所智库与军队智库的排名靠前的数量较少，但在各个新媒体平台上都表现优秀。企业与社会智库在微信平台上表现优异。党政部门智库在微信平台和头条平台上表现优异。

从年份来看，不同年份各类平台对整体指标的贡献度也不同。2016~2017年智库的微信引用指数得分对整体指标贡献最大。2016~2018年微博专家号和微信公众号对整体指标贡献越来越大，这说明智库通过微信公众号和微博专家号主动对外发声的活动及其影响越来越重要。2019年，头条号指数替代微信引用指数成为主要贡献者。2020年，微信公众号指数和头条号指数基本持平。

观察全球智库的数字倡导行为，我们有以下发现。

2017~2018年智库在脸书和推特平台上开展的数字倡导活动有所增加，但不同大洲的智库在两个平台上的表现差异显著。在推特平台上，智库发文量增加，但智库推特账号发文的传播效力在减小，具体表现为全球智库在推特平台上发文的转发量、评论量和点赞量在下降。同时，排名靠前的智库大多为北美洲智库和欧洲智库，虽然大部分智库的发文增长量为正，但北美洲智库和欧洲智库仍具优势。在脸书平台上，智库发文量上升，但公众对智库发文质量和发文内容的认可度只有非常微小的抬升。在脸书平台上各大洲智库的表现差异更大。不到一半的智库的发文增长量为正，除北美洲智库在脸书上的平均发文增长量为正外，其他各大洲智库的平均发文增长量均为负。北美洲智库和欧洲智库的脸书账号传播效果非常突出。亚洲智库和非洲智库也更多地进入了脸书账号发文量大、篇均点赞量高的行列，这说明部分亚洲智库和非洲智库实现了突围。

随着时间的推移，全球智库和中国智库都更加深入地参与数字倡导行为。一部分智库在新媒体平台上迅速形成有影响力的内容生产者，根据自身定位不断拓展在新媒体平台的影响力。但一部分智库由于自身资源或平台限制，实施数字倡导行为的实力略显不足。相比之下，中国智库在2016~2020年的数字倡导行为呈现蓬勃发展的态势，各类智库均在新媒体平台形成了高影响团体。而全球智库在脸书和推特平台上的数字倡导行为发展相对较慢，且各大洲智库之间差距较大，这可能受到所观察的新媒体平台和时间有限的影响。

本书创新性地提出"数字倡导"这一概念，并利用大数据评价方法，评估了2016~2020年中国智库和全球智库的数字倡导行为及其影响。可以预见，随着全球智库利用新媒体平台的进程加速，各类智库将在新媒体平台上展开新一轮竞争。在迅速发展的传媒工具面前，中国智库和全球智库若想发挥社会影响力，在网络政策市场发挥更大的作用，其核心是要明确自身在社交媒体环境中的发展定位，进行兼具顶层设计特征的战略部署。我们期待各类智库通过新媒体平台对国家治理和全球政治产生更为深刻的影响。

参考文献

参考文献

[1] Abb, P., 2015. "China's Foreign Policy Think Tanks: Institutional Evolution and Changing Roles", *Journal of Contemporary China*, 24: 531 – 553.

[2] Abb, P., and Yang, A. H., 2018. "The Impact of Democratization, Political Culture, and Diplomatic Isolation on Think-Tank Development in Taiwan", *Pacific Affairs*, 91: 73 – 94.

[3] Abelson, D. E., 2018. *Do Think Tanks Matter? Assessing The Impact of Public Policy Institutes* (Montreal: McGill-Queen's Press-MQUP).

[4] Acharya, A., 2016. *Why Govern? Rethinking Demand and Progress in Global Governance* (Cambridge: Cambridge University Press).

[5] Anduiza, E., Cantijoch, M., and Gallego, A., 2009. "Political Participation and the Internet: A Field Essa", *Information, Communication & Society*, 12: 860 – 878.

[6] Anstead, N., and Chadwick, A., 2018. "A Primary Definer Online: The Construction and Propagation of A Think Tank's Authority On Social Media", *Media, Culture & Society*, 40: 246 – 266.

[7] Bennett, W. L., and Segerberg, A., 2013. *The Logic of Connective Action: Digital Media and the Personalization of Contentious Politics* (Cambridge: Cambridge University Press).

[8] Bertelli, A. M., and Wenger, J. B., 2009. "Demanding Information: Think Tanks and the US Congress", *British Journal of Political Science*, 39 (2): 225 – 242.

[9] Bertot, J. C., Jaeger, P. T., and Grimes, J. M., 2010. "Using ICTs to Create a Culture of Transparency: E-Government and Social Media As Openness And Anti-Corruption Tools For Societies", *Government Information Quarterly*, 27: 264 – 271.

[10] Bing, N. C., 2015. "From Translation House To Think Tank: The Changing Role of The Chinese Communist Party's Central Compilation and Translation Bureau", *Journal of Contemporary China*, 24: 554 – 572.

［11］Bond, R., and Messing, S., 2015. "Quantifying Social Media's Political Space: Estimating Ideology from Publicly Revealed Preferences on Facebook", *American Political Science Review*, 109: 62 – 78.

［12］Bond, R. M., Fariss, C. J., Jones, J. J., et al., 2012. "A 61-million-person Experiment in Social Influence and Political Mobilization", *Nature*, 489: 295 – 298.

［13］Caplan, N., 1979. "The Two-Communities Theory and Knowledge Utilization", *American Behavioral Scientist*, 22: 459 – 470.

［14］Carlisle, J. E., and Patton, R. C., 2013. "Is Social Media Changing How We Understand Political Engagement? An Analysis of Facebook and the 2008 Presidential Election", *Political Research Quarterly*, 66: 883 – 895.

［15］Chadwick, A., 2017. *The Hybrid Media System: Politics and Power* (New York: Oxford University Press).

［16］Counts, S., and Fisher, K. E., 2010. "Mobile Social Networking as Information Ground: A Case Study", *Library & Information Science Research*, 32: 98 – 115.

［17］Craft, J., and Howlett, M., 2012. "Policy Formulation, Governance Shifts and Policy Influence: Location and Content in Policy Advisory Systems", *Journal of Public Policy*, 32: 79 – 98.

［18］Dadashzadeh, M., 2010. "Social Media in Government: From EGovernment to EGovernance", *Journal of Business & Economics Research*, 8: 81 – 86.

［19］Drezner, D. W., 2017. *The Ideas Industry* (New York: Oxford University Press).

［20］Glaser, B. S., and Saunders, P. C., 2002. "Chinese Civilian Foreign Policy Research Institutes: Evolving Roles and Increasing Influence", *The China Quarterly*, 171: 597 – 616.

[21] Goldman, M., 1999. "The Emergence of Politically Independent Intellectuals", in Goldman, M., and MacFarquhar, R., eds. *The Paradox of China's Post-Mao Reforms* (Cambridge, MA: Harvard University Press).

[22] Guo, C., and Saxton, G. D., 2014. "Tweeting Social Change: How Social Media are Changing Nonprofit Advocacy", *Nonprofit and Voluntary Sector Quarterly*, 43: 57 - 79.

[23] Habel, P. D., 2012. "Following the Opinion Leaders? The Dynamics of Influence Among Media Opinion, the Public, and Politicians", *Political Communication*, 29: 257 - 277.

[24] Hayward, J., 2018. "The Rise of China's New-Type Think Tanks and The Internationalization of The State", *Pacific Affairs*, 91: 27 - 47.

[25] Howard, P. N., and Hussain, M. M., 2013. *Democracy's Fourth Wave? Digital Media and The Arab Spring* (New York: Oxford University Press).

[26] Kelstrup, J. D., 2017. "Quantitative Differences in Think Tank Dissemination Activities in Germany, Denmark and the UK", *Policy Sciences*, 50 (1): 125 - 137.

[27] Köllner, P., Zhu, X., and Abb, P., 2018. "Understanding the Development of Think Tanks in Mainland China, Taiwan, and Japan", *Pacific Affairs*, 91: 5 - 26.

[28] Kwak, H., Lee, C., Park, H., et al., 2010. "What Is Twitter, a Social Network or a News Media?", Proceedings of the 19th International Conference on World Wide Web.

[29] Lee, H. S., 2014. "Analyzing the Multidirectional Relationships between the President, News Media, and the Public: Who Affects Whom?", *Political Communication*, 31: 259 - 281.

[30] Li, C., 2017. *The Power of Ideas: The Rising Influence of Thinkers And*

Think Tanks In China（Singapore：World Scientific Publishing）．

[31] Maslow, S., 2018. "Knowledge Regimes in Post-Developmental States: Assessing the Role of Think Tanks in Japan's Policymaking Process", *Pacific Affairs*, 91：95 – 117.

[32] McGann, J. G., 2008. "2008 Global Go To Think Tank Index Report", https：//repository.upenn.edu/cgi/viewcontent.cgi? article = 1000&context = think_tanks.

[33] McGann, J. G., 2020. "2020 Global Go To Think Tank Index Report", https：//www.bruegel.org/wp-content/uploads/2021/01/2020-Global-Go-To-Think-Tank-Index-Report_Bruegel.pdf.

[34] McGann, J. G., 2021. *The Future of Think Tanks and Policy Advice Around the World* (London：Palgrave Macmillan).

[35] Merchant, R. M., Elmer, S. and Lurie, N., 2011. "Integrating Social Media into Emergency-Preparedness Efforts", *New England Journal of Medicine*, 365：289 – 291.

[36] Mergel, I., 2010. "Government 2.0 Revisited: Social Media Strategies in the Public Sector", *Public Administration*, 33：7, 10.

[37] Naughton, B., 2002. "China's Economic Think Tanks: Their Changing Role in the 1990s", *The China Quarterly*, 171：625 – 635.

[38] Schlesinger, P., 2009. "Creativity and the Experts. New Labor, Think Tanks, and the Policy Process", *The International Journal of Press/Politics*, 14（1）：3 – 20.

[39] Sullivan, J., 2017. "China Scholars and Twitter", *The China Quarterly*, 229：218 – 228.

[40] Trottier, D., and Fuchs, C., 2014. *Social Media, Politics and the State: Protests, Revolutions, Riots, Crime and Policing in the Age of Facebook, Twitter and YouTube* (New York：Routledge).

[41] Tufekci, Z., and Wilson, C., 2012. "Social Media and The Decision to

Participate in Political Protest: Observations from Tahrir Square", *Journal of Communication*, 62: 363 – 379.

[42] UNDP, 2003. "Thinking the Unthinkable", Bratislava: UNDP Regional Bureau for Europe and the Commonwealth of Independent States.

[43] Weiss, C. H., 1979. "The Many Meanings of Research Utilization", *Public Administration Review*, 39: 426 – 431.

[44] Wills, D., and Reeves, S., 2009. "Facebook as a Political Weapon: Information in Social Networks", *British Politics*, 4: 265 – 281.

[45] Wittrock, B., 2004. *Social Knowledge and Public Policy: Eight Models of Interaction* (Cambridge: Cambridge University Press).

[46] Woo-Yoo, S., and Gil-de-Zúñiga, H., 2014. "Connecting Blog, Twitter and Facebook Use with Gaps in Knowledge and Participation", *Communication & Society*, 27: 33 – 48.

[47] Wübbeke, J., 2013. "China's Climate Change Expert Community: Principles, Mechanisms and Influence", *Journal of Contemporary China*, 22: 712 – 731.

[48] Xue, L., Zhu, X., and Han, W., 2018. "Embracing Scientific Decision Making: The Rise of Think-Tank Policies in China", *Pacific Affairs*, 91: 49 – 71.

[49] Zhu, X., 2009. "The Influence of Think Tanks in the Chinese Policy Process: Different Ways and Mechanisms", *Asian Survey*, 49: 333 – 357.

[50] Zhu, X., 2013. *The Rise of Think Tanks in China* (London: Routledge).

[51] Zhu, X., 2020. "Think Tanks in Politically Embedded Knowledge Regimes: Does the 'Revolving Door' Matter in China?", *International Review of Administrative Sciences*, 86: 295 – 315.

[52] Zhu, X., and Zhao J., 2019. "The New Media Influence of China's Think Tanks and Various Patterns Based on Big Data Evaluation Method", *China Policy Journal*, 1: 113 – 136.

[53]《布鲁金斯学会2020年度报告》，2020年12月17日，https://www.brookings.edu/wp-content/uploads/2020/12/2020-annual-report.pdf。

[54] 陈潭：《从大数据到大智库：大数据时代的智库建设》，《中国行政管理》2017年第12期。

[55] 陈振明、黄元灿：《智库专业化建设与公共决策科学化——当代公共政策发展的新趋势及其启示》，《公共行政评论》2019年第3期。

[56] 陈振明：《政策科学与智库建设》，《中国行政管理》2014年第5期。

[57] 广东海丝研究院：《中国智库发展现状及趋势》，2021年8月10日，https://www.gdhsyjy.com.cn/html/hsbg/704.html。

[58] 胡鞍钢：《中国特色新型智库：胡鞍钢的观点》，北京大学出版社，2014。

[59]《今日头条发布2020年度数据报告：行家创作者崛起》，2020年12月31日，http://d.youth.cn/newtech/202012/t20201231_12643292.htm。

[60] 荆林波：《全球智库评价研究报告2019》，中国社会科学出版社，2020。

[61] 李国强：《创新中国智库建设》，中国财政经济出版社，2020。

[62] 李国强：《对"加强中国特色新型智库建设"的认识和探索》，《理论参考》2014年第1期。

[63] 刘西忠：《新型智库质量提升与国家治理现代化》，江苏人民出版社，2021。

[64] 孟天广、李锋：《网络空间的政治互动：公民诉求与政府回应性——基于全国性网络问政平台的大数据分析》，《清华大学学报（哲学社会科学版）》2015年第3期。

[65] 帕瑞克·克勒纳、韩万渠：《智库概念界定和评价排名：亟待探求的命题》，《中国行政管理》2014年第5期。

[66] 彭兰：《"连接"的演进——互联网进化的基本逻辑》，《国际新闻界》2013年第12期。

[67]《苏州工业园区为开放创新综合试验配套高端智库》，2016年2月1

日，http://www.xinhuanet.com/politics/2016-02/01/c_128691157.htm。

[68] 王辉耀、苗绿：《我向世界说中国》，中信出版集团，2021。

[69] 王辉耀：《中国智库国际化的实践与思考》，《新华月报》2014年第18期。

[70] 王莉丽：《智库公共外交：概念、功能、机制与模式》，《社会科学文摘》2019年第5期。

[71] 王莉丽：《智力资本：中国智库核心竞争力》，中国人民大学出版社，2015。

[72] 王文：《调动"百万大军"——论中国智库对外传播的进展、困境与政策建议》，《智库理论与实践》2021年第1期。

[73] 王文：《伐谋：中国智库影响世界之道》，人民出版社，2016。

[74] 王卓君、余敏江：《政府决策与新型智库知识生产的良性互动——基于社会建构主义视角的研究》，《政治学研究》2016年第6期。

[75] 吴亮、夏宇、马岩：《媒体融合发展对接中国特色新型智库建设的路径研究》，《中国科学院院刊》2016年第8期。

[76] 相德宝、张文正：《新媒体时代全球智库社交网络影响力探析》，《国际展望》2018年第1期。

[77] 肖飞、李习文：《国际智库全媒体传播能力建设经验浅析》，《对外传播》2015年第7期。

[78] 薛澜、俞晗之：《迈向公共管理范式的全球治理——基于"问题－主体－机制"框架的分析》，《中国社会科学》2015年第11期。

[79] 薛澜：《智库热的冷思考：破解中国特色智库发展之道》，《中国行政管理》2014年第5期。

[80] 薛澜、朱旭峰：《中国思想库的社会职能——以政策过程为中心的改革之路》，《管理世界》2009年第4期。

[81] 薛澜、朱旭峰：《"中国思想库"：涵义、分类与研究展望》，《科学学研究》2006年第3期。

[82] 杨卫娜、郑可欣：《中外智库新媒体国际化传播现状对比研究——从

新媒体传播的维度》,《对外传播》2019 年第 12 期。

[83] 杨亚琴:《中国特色新型智库现代化建设的若干思考——以智库影响力评价为视角的分析》,《中国科学院院刊》2021 年第 1 期。

[84]《又添一"智库"!埃森哲在深圳成立全球创新研发中心》,《深圳商报》2020 年 1 月 7 日,http://duchuang.sznews.com/content/mb/2020-01/07/content_22761228.html。

[85] 张述存:《地方高端智库建设的现状、问题与前瞻》,《社会科学文摘》2017 年第 8 期。

[86] 四川省社会科学院、中国科学院成都文献情报中心:《中华智库影响力报告(2020)》,2020。

[87] 周湘智:《中国智库建设行动逻辑》,社会科学文献出版社,2019。

[88] 朱旭峰、赵静:《社交媒体时代中国智库发展面临的机遇与挑战》,《治理研究》2021 年第 1 期。

[89] 朱旭峰:《思想库都是美国式的吗?——美、英、德三国思想库发展模式比较》,《中国社会科学报》2010 年 12 月 14 日。

[90] 朱旭峰:《改革开放与当代中国智库》,中国人民大学出版社,2018。

[91] 庄雪娇:《论中国智库的国际传播新媒体矩阵:现状与未来》,《智库理论与实践》2021 年第 2 期。

附 录
中国智库与全球智库大数据指数评级

附录展示了2016~2020年中国智库与全球智库大数据指数评级的全部情况。根据中国智库大数据指数（CTTBI）和全球智库大数据指数（GTTBI）的综合指标体系，我们计算出2016~2020年中国智库与全球智库大数据指数的各项得分，并对其进行了评级。

一般情况下，我们展示了指数得分在前100名的机构情况，并根据1~10名、11~20名、21~50名和51~100名的区间，将前100名的机构分别评为A++、A+、A和A-的级别。但考虑到中国智库头条号和全球智库大数据指数板块涉及的样本量较少，这些模块只展示指数得分在前50名的机构情况，并根据1~5名、6~15名、16~30名、31~50名的区间，将前50名的机构分别评为A++、A+、A和A-的级别。

另外需要说明的是，附录评级标准与第三章（表3.1）、第四章（表4.5、表4.10、表4.15）、第五章（表5.5、表5.10）涉及的评级标准不同。第三章、第四章和第五章所用评级标准是根据相应样本在整体时间跨度上的历时数据分布而确定；附录评级标准则是根据相应样本单独年份上的截面数据分布而确定。

附录一　中国智库大数据指数评级[*]

（一）　2016年中国智库大数据指数评级

附表1.1　智库微信公众号指数评级 Top 100

评级	智库名称	智库类型	指数	发文量	阅读量	点赞量	发布频次	发布容量	头条点赞比
A++	凤凰国际智库	企业与社会智库	58.97	987	6249675	32520	0.9354	3.2467	0.5324
A++	国务院发展研究中心	党政部门智库	54.50	1313	587545	4411	0.8492	4.7572	0.6010
A++	河南省社会科学院	社科院智库	53.75	2030	87280	908	0.9754	6.4038	0.9882
A++	瞭望智库	党政部门智库	66.59	1360	50684804	198371	0.7077	5.9130	0.4747
A++	盘古智库	企业与社会智库	54.94	1262	769699	4753	0.9723	3.9937	0.5024
A++	全球化智库	企业与社会智库	56.88	1564	719771	5251	0.9569	5.0289	0.6849
A++	上海国有资本运营研究院	企业与社会智库	51.71	1034	699848	2759	0.8462	3.7600	0.3112
A++	中国城市和小城镇改革发展中心	党政部门智库	61.96	1811	3826091	17157	0.9908	5.6242	0.3998
A++	中国金融四十人论坛	企业与社会智库	52.21	800	1605274	5469	0.8923	2.7586	0.3056
A++	中国指数研究院	企业与社会智库	51.70	933	899300	3019	0.9138	3.1414	0.3446
A+	草根智库	企业与社会智库	50.62	512	719268	9044	1.0000	1.5754	1.1271
A+	察哈尔学会	企业与社会智库	49.90	869	231437	2658	0.7323	3.6513	1.2536

[*] 中国智库大数据指数评级列表按智库评级及首字母排序。为方便显示，附录中头条点赞比这一指标为原值×100后的数字。

续表

评级	智库名称	智库类型	指数	发文量	阅读量	点赞量	发布频次	发布容量	头条点赞比
A+	第一财经研究院	企业与社会智库	51.53	1177	162041	1830	0.6492	5.5782	1.5631
A+	贵州社科院	社科院智库	48.30	354	10940	919	0.3662	2.9748	8.6720
A+	千人智库	企业与社会智库	48.80	698	374431	2488	0.9723	2.2089	0.6296
A+	易观智库	企业与社会智库	51.60	643	1837673	6539	0.9846	2.0094	0.3226
A+	中国电子信息产业发展研究院	党政部门智库	48.25	1060	165834	842	0.8677	3.7589	0.4336
A+	中国科学技术协会	科研院所智库	47.64	869	141099	1393	0.4985	5.3642	0.8439
A+	中国人民大学重阳金融研究院	高校智库	51.46	939	703017	3684	0.7569	3.8171	0.4691
A+	自然之友环境研究所	企业与社会智库	48.58	540	501127	6337	0.5846	2.8421	1.1761
A	21世纪教育研究院	企业与社会智库	37.56	187	152032	1597	0.4338	1.3262	1.0481
A	阿里研究院	企业与社会智库	47.52	397	1596306	6662	0.7723	1.5817	0.4142
A	安徽省人民政府发展研究中心	党政部门智库	40.56	287	3012	257	0.5415	1.6307	7.1146
A	安徽省社科院	社科院智库	37.27	249	2976	168	0.2277	3.3649	4.9438
A	北京师范大学中国公益研究院	高校智库	37.45	251	59627	732	0.3631	2.1271	1.3506
A	大连理工大学港口发展研究中心	高校智库	45.16	6	179	27	0.0062	3.0000	21.1765

续表

评级	智库名称	智库类型	指数	发文量	阅读量	点赞量	发布频次	发布容量	头条点赞比
A	福卡智库	企业与社会智库	43.62	502	222243	1334	0.6831	2.2613	0.5163
A	复旦大学博瑞产业发展研究院	高校智库	39.23	359	85680	671	0.5569	1.9834	0.8562
A	国家发改委宏观经济研究院	党政部门智库	37.22	112	77457	1845	0.1538	2.2400	2.0362
A	湖南大学中国村落文化研究中心	高校智库	37.67	194	25555	839	0.2523	2.3659	2.8191
A	湖南省社科院	社科院智库	42.85	598	65663	632	0.4092	4.4962	0.9340
A	华中师范大学中国农村研究院	高校智库	39.18	161	92251	2497	0.4646	1.0662	2.7287
A	内蒙古自治区发展研究中心	党政部门智库	42.29	197	9572	436	0.1138	5.3243	5.3347
A	厦门大学王亚南经济研究院	高校智库	38.51	285	113392	887	0.5385	1.6286	0.8163
A	山东省社科院	社科院智库	42.70	1085	23685	129	0.5600	5.9615	0.6376
A	水利部发展研究中心	党政部门智库	43.24	289	464382	2836	0.8462	1.0509	0.6136
A	一带一路百人论坛	企业与社会智库	47.42	773	233833	1496	0.8123	2.9280	0.6283
A	知远战略与防务研究所	企业与社会智库	44.34	422	445341	2497	0.6000	2.1641	0.5767
A	中共甘肃省委党校	党校行政学院智库	43.20	525	106280	1080	0.4646	3.4768	0.9549
A	中共宁夏回族自治区委党校	党校行政学院智库	43.29	250	37635	1697	0.2677	2.8736	4.4649

续表

评级	智库名称	智库类型	指数	发文量	阅读量	点赞量	发布频次	发布容量	头条点赞比
A	中共中央党校	党校行政学院智库	43.47	246	479285	6457	0.5077	1.4909	1.3241
A	中国城市规划设计研究院	党政部门智库	40.14	205	203583	1404	0.1723	3.6607	0.7492
A	中国房地产数据研究院	企业与社会智库	40.30	515	110132	356	0.5354	2.9598	0.3359
A	中国房地产研究会	企业与社会智库	38.12	352	59564	241	0.2185	4.9577	0.2956
A	中国国际问题研究院	党政部门智库	41.19	386	43633	946	0.3938	3.0156	1.9560
A	中国人民大学国家发展与战略研究院	高校智库	41.71	435	129023	989	0.4554	2.9392	0.7794
A	中国社会保障学会	企业与社会智库	44.62	472	220525	2010	0.7323	1.9832	0.9480
A	中国社会科学院	社科院智库	37.63	173	309125	1824	0.4462	1.1931	0.5817
A	中国战略与管理研究会	企业与社会智库	37.94	260	130115	769	0.6738	1.1872	0.5821
A	中共中央编译局	党政部门智库	44.81	365	337732	4136	0.4277	2.6259	1.2349
A-	百度营销研究院	企业与社会智库	28.40	63	77485	393	0.1908	1.0161	0.5078
A-	北京大学财税法研究中心	高校智库	33.61	181	36508	196	0.1692	3.2909	0.6488
A-	北京大学国际战略研究院	高校智库	33.28	132	30900	349	0.1538	2.6400	1.2455
A-	北京理工大学能源与环境政策研究中心	高校智库	26.85	64	7722	82	0.0769	2.5600	1.1360

附　录 | 中国智库与全球智库大数据指数评级

续表

评级	智库名称	智库类型	指数	发文量	阅读量	点赞量	发布频次	发布容量	头条点赞比
A-	北京市社会科学院	社科院智库	34.07	132	7058	226	0.0985	4.1250	2.2561
A-	福睿智库	企业与社会智库	37.14	168	18332	362	0.1292	4.0000	2.6290
A-	复旦大学美国研究中心	高校智库	28.68	45	11570	321	0.0923	1.500	2.6392
A-	复旦大学宗教与中国国家安全研究中心	高校智库	26.51	36	25018	376	0.1108	1.0000	1.5029
A-	广东省社会科学院	社科院智库	30.62	76	1422	37	0.0462	5.0667	3.4632
A-	国观智库	企业与社会智库	29.87	89	23212	377	0.2277	1.2027	1.6278
A-	河南大学中原发展研究院	高校智库	30.22	130	11070	190	0.2246	1.7808	1.7273
A-	河南省人民政府发展研究中心	党政部门智库	27.63	60	6539	141	0.0923	2.0000	2.1008
A-	洪范法律与经济研究所	企业与社会智库	25.94	56	20903	194	0.1600	1.0769	1.0164
A-	华东师范大学中国现代城市研究中心	高校智库	28.14	56	23209	399	0.1692	1.0182	1.7265
A-	环境保护部环境规划院	党政部门智库	25.62	61	29609	129	0.1477	1.2708	0.4444
A-	江苏省社会科学院	社科院智库	34.22	170	12641	193	0.1477	3.5417	2.0207
A-	江苏紫金传媒智库	企业与社会智库	32.59	112	77461	759	0.3108	1.1089	0.9969
A-	江西省社会科学院	社科院智库	32.80	249	6760	104	0.2308	3.3200	1.5926

续表

评级	智库名称	智库类型	指数	发文量	阅读量	点赞量	发布频次	发布容量	头条点赞比
A-	南方民间智库	企业与社会智库	29.91	259	4799	41	0.2431	3.2785	0.8628
A-	南京大学公共事务与地方治理研究中心	高校智库	25.35	38	20367	183	0.0862	1.3571	0.9413
A-	清华-布鲁金斯公共政策研究中心	高校智库	34.18	177	77899	558	0.3785	1.4390	0.7114
A-	清华大学产业发展与环境治理研究中心	高校智库	35.68	228	57576	570	0.4308	1.6286	0.9813
A-	清华大学华商研究中心	高校智库	25.26	44	9217	170	0.1138	1.1892	1.7632
A-	清华大学中国与世界经济研究中心	高校智库	31.39	117	30921	245	0.1477	2.4375	0.800
A-	厦门大学教育研究院	高校智库	33.40	35	9145	618	0.1046	1.0294	6.7477
A-	上海国际问题研究院	党政部门智库	32.92	115	19291	421	0.1631	2.1698	2.0485
A-	上海交通大学中国发展研究院	高校智库	32.55	159	47009	398	0.3538	1.3826	0.8443
A-	上海金融与法律研究院	企业与社会智库	34.57	180	96355	583	0.5169	1.0714	0.6125
A-	社科院工业经济研究所	社科院智库	31.14	154	9293	115	0.1538	3.0800	1.3736
A-	同济大学德国研究中心	高校智库	36.53	272	50401	241	0.2123	3.9420	0.6622
A-	武汉大学国际法研究所	高校智库	35.70	194	65587	602	0.2554	2.3373	0.9427

续表

评级	智库名称	智库类型	指数	发文量	阅读量	点赞量	发布频次	发布容量	头条点赞比
A-	西南财经大学金融研究院	高校智库	36.73	148	63446	1470	0.3138	1.4510	2.2106
A-	浙江大学公共政策研究院	高校智库	32.75	193	26321	274	0.3415	1.7387	1.0984
A-	浙江大学金融研究院	高校智库	36.02	276	25007	385	0.5569	1.5249	1.5866
A-	中共安徽省委党校	党校行政学院智库	29.91	34	9459	413	0.0831	1.2593	4.3163
A-	中共广东省委党校	党校行政学院智库	36.18	199	24489	622	0.2985	2.0515	2.3312
A-	中共河南省委党校	党校行政学院智库	29.52	116	35289	188	0.2062	1.7313	0.4982
A-	中共江苏省委党校	党校行政学院智库	34.56	84	61787	1626	0.2431	1.0633	2.6254
A-	中共陕西省委党校	党校行政学院智库	31.69	62	4274	72	0.0338	5.6364	2.2425
A-	中共重庆市委党校	党校行政学院智库	37.18	322	23006	368	0.3569	2.7759	1.6192
A-	中国（深圳）综合开发研究院	企业与社会智库	36.39	195	65135	928	0.3877	1.5476	1.4459
A-	中国国际经济交流中心	企业与社会智库	26.61	41	11784	102	0.0462	2.7333	0.7461
A-	中国计量科学研究院	党政部门智库	28.99	69	26822	290	0.1262	1.6829	1.1030
A-	中国经济景气监测中心	党政部门智库	37.03	211	107952	801	0.2769	2.3444	0.8211
A-	中国现代国际关系研究院	党政部门智库	28.86	53	34482	559	0.1631	1.0000	1.6211
A-	中国新闻出版研究院	党政部门智库	30.22	96	16952	224	0.1323	2.2326	1.3027

续表

评级	智库名称	智库类型	指数	发文量	阅读量	点赞量	发布频次	发布容量	头条点赞比
A-	中国延安干部学院	党校行政学院智库	30.16	99	10811	212	0.1631	1.8679	2.1429
A-	中国资本策划研究院	企业与社会智库	35.47	303	11178	186	0.3169	2.9417	1.9981
A-	中山大学国家治理研究院	高校智库	33.27	144	56677	574	0.3077	1.4400	1.0577
A-	中山大学粤港澳发展研究院	高校智库	27.55	80	13025	175	0.1692	1.4545	1.3711

附表1.2 智库微博专家号指数评级 Top100

评级	智库名称	智库类型	指数	历史粉丝量	发博量	转发量	篇均评论量	篇均点赞量	篇均转发量
A++	盘古智库	企业与社会智库	61.20	6685837	853	12165	19.40	31.61	14.26
A++	中共中央党校	党校行政学院智库	57.87	962283	3366	92715	5.98	6.75	27.54
A++	中国科学技术协会	科研院所智库	67.18	1294805	1329	154225	91.07	173.34	116.05
A++	中国科学院	科研院所智库	71.09	7080914	49511	1081030	8.03	12.00	21.83
A++	中国青少年研究中心	党政部门智库	58.80	5290420	417	8674	0.14	33.37	20.80
A++	中国人民大学国际货币研究所	高校智库	77.33	2889380	173	40136	156.58	476.79	232.00
A++	中国人民大学重阳金融研究院	高校智库	61.04	1810191	5060	115829	7.32	21.82	22.89
A++	中国软科学研究会	企业与社会智库	62.36	711761	94	8561	158.72	300.26	91.07
A++	中国社会科学院	社科院智库	66.32	3767672	16530	352443	8.80	18.22	21.32

附 录 | 中国智库与全球智库大数据指数评级

续表

评级	智库名称	智库类型	指数	历史粉丝量	发博量	转发量	篇均评论量	篇均点赞量	篇均转发量
A++	中国战略文化促进会	企业与社会智库	70.08	511232	58	12955	215.64	472.76	223.36
A+	21世纪教育研究院	企业与社会智库	51.60	2227637	89	1666	4.88	12.92	18.72
A+	北京市社会科学院	社科院智库	51.16	689424	577	7249	10.10	10.32	12.56
A+	第一财经研究院	企业与社会智库	54.07	5062945	20	419	0.00	167.50	20.95
A+	复旦大学金融研究中心	高校智库	57.36	341962	105	11261	120.62	192.29	107.25
A+	国防大学	军队智库	54.59	93481	415	56021	78.97	135.96	134.99
A+	上海金融与法律研究院	企业与社会智库	51.31	148510	2414	88489	12.20	11.64	36.66
A+	上海市社会科学院	社科院智库	54.15	215352	9141	180852	4.95	8.59	19.78
A+	中国工程院	科研院所智库	53.05	827824	14	2391	12.14	105.14	170.79
A+	中国管理科学研究院	企业与社会智库	57.02	1091991	13729	30224	0.40	0.79	2.20
A+	中国经济体制改革研究会	企业与社会智库	54.74	182656	1972	156711	29.94	27.22	79.47
A	北京大学民营经济研究院	高校智库	36.38	101584	52	229	0.08	1.98	4.40
A	察哈尔学会	企业与社会智库	37.34	67636	652	270	0.18	0.39	0.41
A	福卡智库	企业与社会智库	39.80	15994	5878	12672	0.53	1.89	2.16
A	甘肃省社会科学院	社科院智库	42.81	27825	3948	29504	1.33	1.60	7.47
A	九鼎公共事务研究所	企业与社会智库	37.63	71367	181	591	0.46	4.06	3.27

续表

评级	智库名称	智库类型	指数	历史粉丝量	发博量	转发量	篇均评论量	篇均点赞量	篇均转发量
A	清华大学政治经济学研究中心	高校智库	46.89	611644	271	1104	3.46	11.16	4.07
A	全球化智库	企业与社会智库	48.29	1571647	498	240	0.94	1.20	0.48
A	商务部国际贸易经济合作研究院	党政部门智库	42.68	52032	4137	6340	0.39	0.42	1.53
A	世界与中国研究所	党政部门智库	40.58	98105	330	1381	1.57	2.12	4.18
A	四川省社会科学院	社科院智库	38.41	26453	526	4524	6.65	8.66	8.60
A	天津社会科学院	社科院智库	43.93	38875	806	34283	3.33	9.00	42.53
A	云南省社会科学院	社科院智库	37.82	89406	352	270	0.31	1.90	0.77
A	中国财政科学研究院	党政部门智库	49.55	197450	617	23412	13.06	28.91	37.94
A	中国城市发展研究院	企业与社会智库	36.66	38725	474	810	0.47	0.67	1.71
A	中国城市规划设计研究院	党政部门智库	37.19	48789	475	637	1.29	1.97	1.34
A	中国城市和小城镇改革发展中心	党政部门智库	42.82	2617524	16	12	1.19	1.69	0.75
A	中国传媒大学传播研究院	高校智库	39.49	69155	383	1239	3.60	9.91	3.23
A	中国传媒大学文化发展研究院	高校智库	49.26	334575	1430	9508	0.89	6.88	6.65
A	中国电子信息产业发展研究院	党政部门智库	43.49	110962	955	4017	0.94	0.80	4.21

附 录 | 中国智库与全球智库大数据指数评级

续表

评级	智库名称	智库类型	指数	历史粉丝量	发博量	转发量	篇均评论量	篇均点赞量	篇均转发量
A	中国发展战略学研究会	企业与社会智库	41.84	114620	110	2606	6.71	7.55	23.69
A	中国计量科学研究院	党政部门智库	44.27	69501	1168	15777	1.40	3.01	13.51
A	中国金融四十人论坛	企业与社会智库	46.23	781108	91	723	2.19	11.47	7.95
A	中国就业促进会	企业与社会智库	49.58	1664199	236	733	1.44	5.45	3.11
A	中国能源研究会	企业与社会智库	44.05	145048	1650	2288	0.41	0.59	1.39
A	中国人民大学金融与证券研究所	高校智库	38.43	3828292	1	0	0.00	0.00	0.00
A	中国人民银行金融研究所	党政部门智库	38.98	4013528	2	0	0.00	0.50	0.00
A	中国人民银行研究局	党政部门智库	45.36	1402347	155	90	0.15	0.17	0.58
A	中国社会科学院农村发展研究所	社科院智库	38.38	86076	94	838	1.60	2.88	8.91
A	中共中央编译局	党政部门智库	40.75	73892	555	2336	0.85	1.30	4.21
A	自然之友环境研究所	企业与社会智库	36.68	81204	136	280	0.55	1.29	2.06
A-	百度数据中心	企业与社会智库	26.45	4123	79	523	0.29	0.34	6.62
A-	北京大军智库	企业与社会智库	27.03	26989	12	20	3.33	8.92	1.67
A-	北京大学数字中国研究院	高校智库	24.76	5778	172	47	0.17	0.30	0.27
A-	北京大学中国经济研究中心	高校智库	35.01	62043	174	154	0.07	0.36	0.89

续表

评级	智库名称	智库类型	指数	历史粉丝量	发博量	转发量	篇均评论量	篇均点赞量	篇均转发量
A-	北京师范大学中国公益研究院	高校智库	29.08	14175	24	233	6.63	7.38	9.71
A-	广东省社会科学院	社科院智库	24.80	16446	9	20	1.00	1.44	2.22
A-	黑龙江省社会科学院	社科院智库	24.63	3720	506	65	0.27	0.76	0.13
A-	江苏省社会科学院	社科院智库	20.54	13877	7	1	0.43	2.43	0.14
A-	江西省社会科学院	社科院智库	34.76	46562	230	213	1.19	1.65	0.93
A-	经纬智库	企业与社会智库	35.43	156549	67	36	0.42	1.22	0.54
A-	联想研究院	企业与社会智库	35.45	102554	177	59	0.11	0.08	0.33
A-	瞭望智库	党政部门智库	35.75	25610	1101	716	0.47	0.91	0.65
A-	每经智库	企业与社会智库	30.10	17388	145	135	0.53	0.58	0.93
A-	南方民间智库	企业与社会智库	33.58	21666	1080	246	0.43	0.58	0.23
A-	南开大学国际经济研究所	高校智库	29.14	15688	294	58	0.19	0.40	0.20
A-	清华-布鲁金斯公共政策研究中心	高校智库	25.15	9955	18	61	0.17	1.50	3.39
A-	清华大学中国企业发展研究中心	高校智库	25.15	11388	79	18	0.15	0.25	0.23
A-	清华-卡内基全球政策中心	高校智库	27.10	9408	145	78	0.61	0.82	0.54

续表

评级	智库名称	智库类型	指数	历史粉丝量	发博量	转发量	篇均评论量	篇均点赞量	篇均转发量
A-	中国人事科学研究院	党政部门智库	33.99	25294	419	375	1.75	3.74	0.89
A-	山西省社会科学院	社科院智库	28.25	63992	15	5	0.33	1.47	0.33
A-	陕西省社会科学院	社科院智库	19.80	539	524	278	0.27	0.53	0.43
A-	上海市人民政府发展研究中心	党政部门智库	29.28	9505	701	129	0.07	0.70	0.18
A-	武汉大学发展研究院	高校智库	33.06	23442	1928	98	0.15	0.16	0.05
A-	易观智库	企业与社会智库	22.87	15259	38	2	0.11	0.13	0.05
A-	中共北京市委党校	党校行政学院智库	32.33	30124	268	111	0.12	0.16	0.41
A-	中共江苏省委党校	党校行政学院智库	35.12	23818	75	1806	2.57	4.00	24.08
A-	中共浙江省委党校	党校行政学院智库	23.18	5179	69	35	0.49	2.96	0.51
A-	中国（海南）改革发展研究院	企业与社会智库	22.55	55680	0	0	0.00	0.00	0.00
A-	中国创业智库	企业与社会智库	32.86	97729	23	36	1.57	2.65	1.57
A-	中国房地产研究会	企业与社会智库	26.65	46235	30	2	0.00	0.10	0.07
A-	中国国际经济交流中心	企业与社会智库	29.44	56631	50	8	0.30	0.62	0.16
A-	中国国际税收研究会	企业与社会智库	23.54	5295	35	66	0.26	1.66	1.89
A-	中国国际战略学会	企业与社会智库	22.61	11748	20	6	0.95	0.30	0.30
A-	中国环境科学研究院	党政部门智库	32.09	19356	168	342	3.03	1.69	2.04

续表

评级	智库名称	智库类型	指数	历史粉丝量	发博量	转发量	篇均评论量	篇均点赞量	篇均转发量
A-	中国教育科学研究院	党政部门智库	20.86	34746	0	0	0.00	0.00	0.00
A-	中国经济五十人论坛	企业与社会智库	28.29	8413	258	166	0.35	0.20	0.64
A-	中国决策科学院	企业与社会智库	33.80	29885	156	411	1.33	1.51	2.63
A-	中国科学院科技政策与管理科学研究所	科研院所智库	35.24	17655	1139	1242	0.34	0.69	1.09
A-	中国能源经济研究院	党政部门智库	28.92	3533	2927	482	0.18	0.26	0.16
A-	中国浦东干部学院	党校行政学院智库	27.50	17204	243	16	0.07	0.16	0.07
A-	中国人民大学国家发展与战略研究院	高校智库	29.45	5296	200	1223	0.19	2.73	6.12
A-	中国人民大学中国经济改革与发展研究院	高校智库	19.93	26857	0	0	0.00	0.00	0.00
A-	中国人民解放军军事科学院	军队智库	25.97	1475	1634	792	0.35	0.51	0.48
A-	中国社会科学院工业经济研究所	社科院智库	22.10	5228	293	6	0.05	0.02	0.02
A-	中国社会科学院金融研究所	社科院智库	35.45	62857	364	127	0.11	0.23	0.35
A-	中国文化遗产研究院	党政部门智库	34.42	30740	947	197	0.33	1.63	0.21
A-	中国新闻出版研究院	党政部门智库	25.80	6970	136	71	0.05	0.18	0.52

续表

评级	智库名称	智库类型	指数	历史粉丝量	发博量	转发量	篇均评论量	篇均点赞量	篇均转发量
A-	中国行政管理学会	企业与社会智库	35.50	30846	948	406	0.32	3.04	0.43
A-	中国政法大学知识产权研究中心	高校智库	31.23	39419	100	47	0.55	2.40	0.47
A-	中国指数研究院	企业与社会智库	22.93	12080	12	10	0.83	0.00	0.83

附表 1.3　智库微信引用指数评级 Top100

评级	智库名称	智库类型	指数	引用文章量	引用文章阅读量	引用文章点赞量	引用文章位置重要性
A++	百度数据研究中心	企业与社会智库	88.77	19719	34815673	232539	2.3049
A++	北京大学国家发展研究院	高校智库	89.44	22462	32020831	227561	2.2749
A++	北京大学中国经济研究中心	高校智库	92.31	32839	53590187	345535	2.4127
A++	中国人事科学研究院	党政部门智库	89.85	22631	36149013	311549	2.3316
A++	中国金融四十人论坛	企业与社会智库	88.96	23212	34153654	170835	2.3344
A++	中国经济五十人论坛	企业与社会智库	91.34	20440	46281941	758667	2.2965
A++	中国科学技术协会	科研院所智库	88.80	28316	15479586	159880	2.2503
A++	中国人民银行金融研究所	党政部门智库	89.14	25720	35514036	177409	2.4201
A++	中国人民银行研究局	党政部门智库	90.38	29617	36298833	126289	2.2606
A++	中国指数研究院	企业与社会智库	89.64	28870	31727889	181319	2.4056
A+	北京大学美国研究中心	高校智库	87.34	18591	32671570	185601	2.4178
A+	北京市社会科学院	社科院智库	87.42	17884	28893051	374932	2.5106
A+	湖北省人民政府发展研究中心	党政部门智库	87.77	21323	22726345	171756	2.3186
A+	清科研究中心	企业与社会智库	87.19	19680	22462506	148014	2.3055

续表

评级	智库名称	智库类型	指数	引用文章量	引用文章阅读量	引用文章点赞量	引用文章位置重要性
A+	上海市社会科学院	社科院智库	88.63	20153	30053477	231001	2.2951
A+	中共中央党校	党校行政学院智库	87.90	19753	26920470	188833	2.3112
A+	中国国际问题研究院	党政部门智库	87.91	19635	23524362	246324	2.3239
A+	中国人民大学重阳金融研究院	高校智库	86.99	18928	25701393	194247	2.4207
A+	中国人民解放军军事科学院	军队智库	87.88	20391	30759303	281990	2.4987
A+	中国战略与管理研究会	企业与社会智库	87.63	19715	30679694	301769	2.5316
A	北京大军智库经济咨询有限公司	企业与社会智库	84.66	13869	22072459	179786	2.4674
A	北京师范大学中国公益研究院	高校智库	83.98	14280	13790048	113103	2.3235
A	重庆市人民政府发展研究中心	党政部门智库	83.91	14874	15506096	81846	2.3312
A	重庆市社会科学院	社科院智库	83.85	12097	20547056	113687	2.3364
A	复旦大学中国研究院	高校智库	85.74	14853	21165384	138421	2.2635
A	广东省社会科学院	社科院智库	83.74	11830	19565309	159870	2.4061
A	广州大学广州发展研究院	高校智库	86.00	19681	20155388	107862	2.3894
A	国家发改委宏观经济研究院	党政部门智库	85.47	21279	16533548	94034	2.4524
A	国家发展和改革委员会能源研究所	党政部门智库	86.12	24130	18505961	85758	2.4704
A	国网能源研究院	企业与社会智库	85.37	19738	21407265	102502	2.5171
A	国务院发展研究中心	党政部门智库	86.54	21207	14828832	102231	2.2488
A	清华大学国家金融研究院	高校智库	83.73	15746	20886969	107928	2.6139
A	上海大学智库产业研究中心	高校智库	86.41	21751	16176771	90219	2.2890
A	武汉大学发展研究院	高校智库	85.76	17155	19521398	124110	2.3297

续表

评级	智库名称	智库类型	指数	引用文章量	引用文章阅读量	引用文章点赞量	引用文章位置重要性
A	浙江省人才发展研究院	高校智库	85.94	17009	21819625	110501	2.3033
A	浙江省政府发展研究中心	党政部门智库	83.89	15777	13295760	73278	2.3070
A	中国（海南）改革发展研究院	企业与社会智库	86.64	17618	21301921	178907	2.3276
A	中国财政科学研究院	党政部门智库	84.82	16080	23005725	97086	2.4312
A	中国电子信息产业发展研究院	党政部门智库	86.16	19738	21096258	143947	2.4583
A	中国工程院	科研院所智库	86.71	19725	16898049	160701	2.3092
A	中国国际经济交流中心	企业与社会智库	85.91	19757	17389300	117029	2.3777
A	中国环境科学研究院	党政部门智库	86.69	19653	22038447	133842	2.3565
A	中国科学院	科研院所智库	83.71	19824	14983841	158921	2.8741
A	中国农业科学院	党政部门智库	85.40	18524	19775245	127433	2.4786
A	中国人民大学国家发展与战略研究院	高校智库	83.81	14271	15725522	93679	2.3504
A	中国社会保障学会	企业与社会智库	85.88	16193	30337006	176943	2.5121
A	中国社会科学院	社科院智库	85.22	19701	12261210	109178	2.3508
A	中国社会科学院美国研究所	社科院智库	85.47	15879	24964745	153092	2.4492
A	中山大学社会发展研究院	高校智库	83.65	14520	11461517	78682	2.2430
A	中共中央编译局	党政部门智库	85.16	16481	25718069	189052	2.6268
A−	21世纪教育研究院	企业与社会智库	82.15	9814	16022305	91750	2.2980
A−	安徽省人民政府发展研究中心	党政部门智库	81.51	11227	12607826	68723	2.3704
A−	北京大学科学与社会研究中心	高校智库	83.54	13108	18734200	93280	2.3795

续表

评级	智库名称	智库类型	指数	引用文章量	引用文章阅读量	引用文章点赞量	引用文章位置重要性
A-	北京大学日本研究中心	高校智库	82.11	11479	17794205	102348	2.5210
A-	北京大学数字中国研究院	高校智库	82.52	10374	19036023	107410	2.3843
A-	当代世界研究中心	党政部门智库	83.20	10850	14038727	114480	2.2249
A-	复旦大学美国研究中心	高校智库	82.36	11089	17233073	102256	2.4270
A-	甘肃省人民政府发展研究中心	党政部门智库	81.42	10717	13183577	96643	2.4496
A-	广东省人民政府发展研究中心	党政部门智库	81.79	12838	10618141	59414	2.3467
A-	贵州省人民政府发展研究中心	党政部门智库	81.45	11029	10591832	77310	2.3329
A-	国防大学	军队智库	82.80	9900	22192141	241314	2.5705
A-	国观智库	企业与社会智库	82.34	9857	17782720	94590	2.3133
A-	国家应对气候变化战略研究和国际合作中心	党政部门智库	82.60	11124	12136876	104448	2.2719
A-	海南省人民政府发展研究中心	党政部门智库	81.80	10590	13385821	123676	2.4398
A-	河南大学中原发展研究院	高校智库	81.50	10293	12128447	52888	2.2227
A-	河南省人民政府发展研究中心	党政部门智库	81.41	10538	13501035	63491	2.3354
A-	黑龙江省人民政府发展研究中心	党政部门智库	81.73	10529	17000233	82658	2.4282
A-	胡润研究院	企业与社会智库	81.39	9881	16785850	81692	2.3853
A-	湖北省社会科学院	社科院智库	81.53	9135	14731148	133408	2.4036
A-	江苏省人民政府发展研究中心	党政部门智库	81.39	11948	11195199	63505	2.5538
A-	教育部高等学校社会科学发展研究中心	党政部门智库	82.51	9352	12193181	87882	2.1124
A-	联想研究院	企业与社会智库	81.68	9853	18036858	95276	2.4338

续表

评级	智库名称	智库类型	指数	引用文章量	引用文章阅读量	引用文章点赞量	引用文章位置重要性
A-	辽宁大学日本研究所	高校智库	82.58	11789	27513671	197427	2.8628
A-	辽宁省人民政府发展研究中心	党政部门智库	82.85	11507	17430757	123914	2.4288
A-	每经智库	企业与社会智库	82.25	9876	23507927	134816	2.5287
A-	内蒙古自治区人民政府发展研究中心	党政部门智库	81.39	13184	14451334	57388	2.4225
A-	全球化智库	企业与社会智库	82.61	9899	12419387	135512	2.2408
A-	山东省社会科学院	社科院智库	82.07	10120	15978157	152973	2.4710
A-	陕西省人民政府发展研究中心	党政部门智库	82.34	11451	11327132	88575	2.2761
A-	上海华夏社会发展研究院	企业与社会智库	83.33	12385	21978796	105921	2.4571
A-	上海交通大学中国发展研究院	高校智库	83.39	15657	18547269	97679	2.5955
A-	上海市环科院科学研究院	党政部门智库	82.39	12324	18924731	80140	2.4933
A-	上海市人民政府发展研究中心	党政部门智库	82.48	12692	11446832	72786	2.2972
A-	四川大学经济发展研究院	高校智库	82.13	12263	13872368	83304	2.3874
A-	四川省社会科学院	社科院智库	81.36	9105	12467471	157387	2.4120
A-	腾讯研究院	企业与社会智库	83.00	9912	26180953	105832	2.3695
A-	易观智库	企业与社会智库	82.09	9908	15187414	94698	2.3059
A-	云南省人民政府发展研究中心	党政部门智库	82.04	10889	12453189	99292	2.3406
A-	浙江省社会科学院	社科院智库	83.54	11460	18917325	148537	2.3799
A-	知远战略与防务研究所	企业与社会智库	82.13	9046	21396671	115691	2.4289
A-	中国传媒大学传播研究院	高校智库	82.48	11853	15403706	91608	2.3980
A-	中国传媒大学文化发展研究院	高校智库	82.49	12337	13179923	87478	2.3647
A-	中国房地产数据研究院	企业与社会智库	82.04	9910	16264595	58977	2.2264

续表

评级	智库名称	智库类型	指数	引用文章量	引用文章阅读量	引用文章点赞量	引用文章位置重要性
A-	中国老龄科学研究中心	党政部门智库	81.92	11131	12517652	71033	2.3006
A-	中国林业科学研究院	党政部门智库	82.14	10812	13234061	88675	2.3115
A-	中国气象科学研究院	党政部门智库	82.31	11542	18430287	117110	2.5404
A-	中国社会科学院金融研究所	社科院智库	83.64	15544	15228681	76205	2.3934
A-	中国证监会研究中心	党政部门智库	82.21	9877	14162663	139489	2.3548
A-	中山大学国家治理研究院	高校智库	81.75	11202	9578129	73740	2.2540
A-	自然之友环境研究所	企业与社会智库	82.81	11339	17281909	133418	2.4393

附表1.4　中国智库大数据指数评级 Top100

评级	智库名称	智库类型	总指数	微信公众号指数	微博专家号指数	微信引用指数
A++	第一财经研究院	企业与社会智库	62.05	51.53	54.07	80.55
A++	瞭望智库	党政部门智库	61.22	66.59	35.75	81.30
A++	盘古智库	企业与社会智库	62.81	54.94	61.20	72.29
A++	全球化智库	企业与社会智库	62.59	56.88	48.29	82.61
A++	中共中央党校	党校行政学院智库	63.08	43.47	57.87	87.9
A++	中国电子信息产业发展研究院	党政部门智库	59.30	48.25	43.49	86.16
A++	中国金融四十人论坛	企业与社会智库	62.47	52.21	46.23	88.96
A++	中国科学技术协会	科研院所智库	67.87	47.64	67.18	88.80

续表

评级	智库名称	智库类型	总指数	微信公众号指数	微博专家号指数	微信引用指数
A++	中国人民大学重阳金融研究院	高校智库	66.50	51.46	61.04	86.99
A++	中国社会科学院	社科院智库	63.06	37.63	66.32	85.22
A+	21世纪教育研究院	企业与社会智库	57.10	37.56	51.60	82.15
A+	北京市社会科学院	社科院智库	57.55	34.07	51.16	87.42
A+	福卡智库	企业与社会智库	54.53	43.62	39.80	80.17
A+	上海金融与法律研究院	企业与社会智库	55.48	34.57	51.31	80.54
A+	上海市社会科学院	社科院智库	56.01	25.24	54.15	88.63
A+	易观智库	企业与社会智库	52.19	51.60	22.87	82.09
A+	中国城市和小城镇改革发展中心	党政部门智库	58.31	61.96	42.82	70.16
A+	中国指数研究院	企业与社会智库	54.75	51.70	22.93	89.64
A+	中共中央编译局	党政部门智库	56.91	44.81	40.75	85.16
A+	自然之友环境研究所	企业与社会智库	56.02	48.58	36.68	82.81
A	北京师范大学中国公益研究院	高校智库	50.17	37.45	29.08	83.98
A	察哈尔学会	企业与社会智库	52.16	49.90	37.34	69.25
A	凤凰国际智库	企业与社会智库	46.60	58.97	0.00	80.83
A	复旦大学金融研究中心	高校智库	45.46	0.00	57.36	79.02
A	广东省社会科学院	社科院智库	46.38	30.62	24.80	83.74
A	国防大学	军队智库	45.80	0.00	54.59	82.8
A	国务院发展研究中心	党政部门智库	49.39	54.50	7.15	86.54
A	河南省社会科学院	社科院智库	44.79	53.75	0.00	80.62

续表

评级	智库名称	智库类型	总指数	微信公众号指数	微博专家号指数	微信引用指数
A	江苏省社会科学院	社科院智库	45.22	34.22	20.54	80.91
A	江西省社会科学院	社科院智库	48.79	32.80	34.76	78.79
A	南开大学国际经济研究所	高校智库	44.68	25.21	79.69	29.14
A	商务部国际贸易经济合作研究院	党政部门智库	49.43	25.08	42.68	80.53
A	四川省社会科学院	社科院智库	48.03	24.33	38.41	81.37
A	中共江苏省委党校	党校行政学院智库	45.94	34.56	35.12	68.15
A	中国财政科学研究院	党政部门智库	44.79	0.00	49.55	84.82
A	中国城市规划设计研究院	党政部门智库	51.41	40.14	37.19	76.90
A	中国传媒大学文化发展研究院	高校智库	43.92	0.00	82.49	49.26
A	中国房地产研究会	企业与社会智库	45.57	38.12	26.65	71.95
A	中国工程院	科研院所智库	46.59	0.00	53.05	86.71
A	中国管理科学研究院	企业与社会智库	45.29	0.00	57.02	78.85
A	中国国际经济交流中心	企业与社会智库	47.32	26.61	29.44	85.91
A	中国计量科学研究院	党政部门智库	46.84	28.99	44.27	67.25
A	中国经济体制改革研究会	企业与社会智库	49.57	21.98	54.74	71.99
A	中国科学院	科研院所智库	51.60	0.00	71.09	83.71
A	中国青少年研究中心	党政部门智库	45.73	0.00	58.80	78.41
A	中国人民大学国际货币研究所	高校智库	47.78	0.00	77.33	66.02
A	中国人民大学国家发展与战略研究院	高校智库	51.66	41.71	29.45	83.81

续表

评级	智库名称	智库类型	总指数	微信公众号指数	微博专家号指数	微信引用指数
A	中国人民银行研究局	党政部门智库	45.25	0.00	45.36	90.38
A	中国新闻出版研究院	党政部门智库	45.64	30.22	25.80	80.92
A	中国战略文化促进会	企业与社会智库	49.80	0.00	70.08	79.31
A-	IBM中国研究院	企业与社会智库	37.79	14.58	81.13	17.65
A-	阿里研究院	企业与社会智库	42.78	47.52	80.82	0.00
A-	安徽省人民政府发展研究中心	党政部门智库	42.44	40.56	81.51	5.24
A-	安徽省社会科学院	社科院智库	38.20	37.27	77.33	0.00
A-	百度数据研究中心	企业与社会智库	38.41	0.00	88.77	26.45
A-	北京大学中国经济研究中心	高校智库	42.44	0.00	92.31	35.01
A-	草根智库	企业与社会智库	41.86	50.62	74.95	0.00
A-	甘肃省社会科学院	社科院智库	43.17	15.28	71.41	42.81
A-	贵州省社会科学院	社科院智库	40.57	48.30	73.41	0.00
A-	国家发改委宏观经济研究院	党政部门智库	40.90	37.22	85.47	0.00
A-	联想研究院	企业与社会智库	39.72	2.03	81.68	35.45
A-	南方民间智库	企业与社会智库	43.40	29.91	66.69	33.58
A-	内蒙古自治区发展研究中心	党政部门智库	41.23	42.29	81.39	0.00
A-	千人智库	企业与社会智库	42.29	48.80	78.08	0.00
A-	清华-布鲁金斯公共政策研究中心	高校智库	42.44	34.18	67.98	25.15
A-	清华大学政治经济学研究中心	高校智库	40.11	0.00	73.44	46.89

续表

评级	智库名称	智库类型	总指数	微信公众号指数	微博专家号指数	微信引用指数
A-	中国人事科学研究院	党政部门智库	41.28	0.00	89.85	33.99
A-	山东省社会科学院	社科院智库	41.59	42.70	82.07	0.00
A-	上海国有资本运营研究院	企业与社会智库	38.62	51.71	64.16	0.00
A-	上海交通大学中国发展研究院	高校智库	38.65	32.55	83.39	0.00
A-	世界与中国研究所	党政部门智库	40.51	0.00	80.95	40.58
A-	天津市社会科学院	社科院智库	41.62	0.00	80.93	43.93
A-	武汉大学发展研究院	高校智库	39.61	0.00	85.76	33.06
A-	一带一路百人论坛	企业与社会智库	42.09	47.42	78.84	0.00
A-	云南省社会科学院	社科院智库	37.50	0.00	37.82	74.70
A-	知远战略与防务研究所	企业与社会智库	42.16	44.34	82.13	0.00
A-	中共安徽省委党校	党校行政学院智库	42.38	29.91	79.73	17.51
A-	中共甘肃省委党校	党校行政学院智库	39.07	43.20	74.01	0.00
A-	中共陕西省委党校	党校行政学院智库	39.98	31.69	76.07	12.19
A-	综合开发研究院（中国·深圳）	企业与社会智库	41.97	36.39	80.46	9.05
A-	中国城市发展研究院	企业与社会智库	38.66	0.00	79.32	36.66
A-	中国传媒大学传播研究院	高校智库	40.65	0.00	82.48	39.49
A-	中国创业智库	企业与社会智库	42.95	15.39	80.59	32.86
A-	中国发展战略学研究会	企业与社会智库	39.34	0.00	76.17	41.84
A-	中国房地产数据研究院	企业与社会智库	40.78	40.30	82.04	0.00

续表

评级	智库名称	智库类型	总指数	微信公众号指数	微博专家号指数	微信引用指数
A-	中国国际问题研究院	党政部门智库	43.03	41.19	87.91	0.00
A-	中国环境科学研究院	党政部门智库	39.59	0.00	86.69	32.09
A-	中国经济五十人论坛	企业与社会智库	39.88	0.00	91.34	28.29
A-	中国就业促进会	企业与社会智库	42.42	0.00	77.67	49.58
A-	中国科学院科技政策与管理科学研究所	科研院所智库	38.50	21.76	58.49	35.24
A-	中国能源研究会	企业与社会智库	42.52	13.87	69.64	44.05
A-	中国人民解放军军事科学院	军队智库	37.95	0.00	87.88	25.97
A-	中国人民银行金融研究所	党政部门智库	42.71	0.00	89.14	38.98
A-	中国软科学研究会	企业与社会智库	39.14	0.00	55.05	62.36
A-	中国社会保障学会	企业与社会智库	43.50	44.62	85.88	0.00
A-	中国社会科学院工业经济研究所	社科院智库	40.32	31.14	67.73	22.10
A-	中国社会科学院金融研究所	社科院智库	39.70	0.00	83.64	35.45
A-	中国社会科学院农村发展研究所	社科院智库	39.23	0.00	79.32	38.38
A-	中国战略与管理研究会	企业与社会智库	42.84	37.94	87.63	2.94
A-	中山大学国家治理研究院	高校智库	38.34	33.27	81.75	0.00

（二）2017年中国智库大数据指数评级

附表1.5　智库微信公众号指数评级 Top 100

评级	智库名称	智库类型	指数	发文量	阅读量	点赞量	发布频次	发布容量	头条点赞比
A++	上海春秋发展战略研究院	企业与社会智库	71.91	7409	218329481	2086483	2.9589	6.8602	1.0685
A++	凤凰国际智库	企业与社会智库	50.04	1608	8127298	37108	0.9726	4.5296	0.4695
A++	国防大学	军队智库	46.80	568	3518833	56697	0.4932	3.1556	1.4933
A++	国务院发展研究中心	党政部门智库	47.50	2255	808074	7522	1.8082	3.4167	0.9701
A++	瞭望智库	党政部门智库	64.65	2781	153275195	1726975	3.0603	2.4897	1.1794
A++	盘古智库	企业与社会智库	45.68	1661	956463	8165	1.1808	3.8538	0.7769
A++	全球化智库	企业与社会智库	48.49	2292	1234080	8388	0.9973	6.2967	0.6253
A++	中国城市和小城镇改革发展中心	党政部门智库	50.30	1967	5199431	27427	1.1123	4.8448	0.5299
A++	中国科学技术协会	科研院所智库	53.07	1612	12878003	138911	1.7918	2.4648	1.1214
A++	中国社会科学院工业经济研究所	社科院智库	51.53	2645	3042780	22668	2.2658	3.1983	0.7456
A+	察哈尔学会	企业与社会智库	43.82	1178	330001	4740	0.7671	4.2071	1.4822
A+	福卡智库	企业与社会智库	44.13	1110	708726	7817	0.6822	4.4578	0.8470
A+	贵州省人民政府发展研究中心	党政部门智库	43.45	295	14806	1071	0.2712	2.9798	6.6549
A+	贵州省社会科学院	社科院智库	43.98	622	27150	1730	0.6301	2.7043	5.4843
A+	河南省社会科学院	社科院智库	45.21	2452	123946	1468	0.9918	6.7735	1.3336

续表

评级	智库名称	智库类型	指数	发文量	阅读量	点赞量	发布频次	发布容量	头条点赞比
A+	人民网研究院	企业与社会智库	42.37	892	1738474	9699	0.9836	2.4847	0.5514
A+	腾讯研究院	企业与社会智库	42.26	753	1459459	10345	0.7342	2.8097	0.7353
A+	中国人民大学重阳金融研究院	高校智库	45.12	1253	1062771	10912	0.9205	3.7292	0.9173
A+	中国社会保障学会	企业与社会智库	44.85	1418	519817	6416	0.9699	4.0056	1.2168
A+	中国指数研究院	企业与社会智库	44.10	1121	2608619	9942	0.9479	3.2399	0.3554
A	21世纪教育研究院	企业与社会智库	35.35	262	424937	5081	0.5096	1.4086	1.2084
A	阿里研究院	企业与社会智库	36.82	329	1509513	7773	0.6247	1.4430	0.5057
A	安徽省社会科学院	社科院智库	36.41	243	3080	168	0.1863	3.5735	5.2139
A	第一财经研究院	企业与社会智库	38.95	953	125335	1177	0.6685	3.9057	1.1415
A	湖南省人民政府发展研究中心	党政部门智库	36.72	736	185154	1161	0.7205	2.7985	0.8142
A	千人智库	企业与社会智库	41.24	932	740079	5701	0.9973	2.5604	0.7497
A	清华大学国情研究院	高校智库	35.96	489	321327	3159	1.1096	1.2074	0.9827
A	山东省社会科学院	社科院智库	37.11	1366	42943	209	0.6438	5.8128	0.7229
A	上海国际问题研究院	党政部门智库	35.85	334	66688	1612	0.3973	2.3034	2.2441
A	上海国有资本运营研究院	企业与社会智库	40.48	1105	840918	2378	0.9315	3.2500	0.2718

续表

评级	智库名称	智库类型	指数	发文量	阅读量	点赞量	发布频次	发布容量	头条点赞比
A	水利部发展研究中心	党政部门智库	35.30	369	454440	4177	0.9370	1.0789	0.9186
A	西南财经大学金融研究院	高校智库	35.20	172	80595	2523	0.3178	1.4828	3.0286
A	一带一路百人论坛	企业与社会智库	39.09	831	326673	2767	0.8384	2.7157	0.8540
A	易观智库	企业与社会智库	40.56	755	2075088	6940	0.9808	2.1089	0.2999
A	知远战略与防务研究所	企业与社会智库	37.79	539	579446	3767	0.6548	2.2552	0.6889
A	中共安徽省委党校	党校行政学院智库	35.94	373	63142	1453	0.4575	2.2335	2.3048
A	中共甘肃省委党校	党校行政学院智库	39.04	705	276978	2564	0.5562	3.4729	0.8688
A	中共湖北省委党校	党校行政学院智库	40.74	345	45993	2527	0.5205	1.8158	4.8432
A	中共陕西省委党校	党校行政学院智库	37.08	80	14857	673	0.0822	2.6667	5.2501
A	中共上海市委党校	党校行政学院智库	37.16	269	49726	892	0.1315	5.6042	1.5566
A	中国（海南）改革发展研究院	企业与社会智库	37.99	863	77434	981	0.6110	3.8700	1.2662
A	中国传媒大学公关舆情研究所	高校智库	39.37	618	752704	5555	0.6795	2.4919	0.6645
A	中国电子信息产业发展研究院	党政部门智库	42.19	1178	381916	4147	1.0630	3.0361	1.1352
A	中国环境科学研究院	党政部门智库	35.28	372	237067	3003	0.8055	1.2653	1.4192

附 录 | 中国智库与全球智库大数据指数评级

续表

评级	智库名称	智库类型	指数	发文量	阅读量	点赞量	发布频次	发布容量	头条点赞比
A	中国金融四十人论坛	企业与社会智库	41.89	848	2129368	7983	0.8767	2.6500	0.3617
A	中国农业科学院	党政部门智库	37.02	393	153648	2182	0.3616	2.9773	1.4156
A	中国人民大学国际货币研究所	高校智库	38.20	874	300810	2055	0.9507	2.5187	0.6621
A	中国人民大学国家发展与战略研究院	高校智库	37.42	573	173029	1789	0.4795	3.2743	1.0148
A	中共中央编译局	党政部门智库	38.70	348	294918	4199	0.3260	2.9244	1.5687
A	自然之友环境研究所	企业与社会智库	40.57	520	534699	8879	0.6658	2.1399	1.6256
A-	北京大学国际战略研究院	高校智库	34.26	347	68259	723	0.2795	3.4020	1.1574
A-	北京恩玖非营利组织发展研究中心	企业与社会智库	31.94	309	105659	1228	0.6384	1.3262	1.1702
A-	北京师范大学中国公益研究院	高校智库	31.24	298	46388	548	0.3753	2.1752	1.2106
A-	北京师范大学中国收入分配研究院	高校智库	32.26	215	66257	1060	0.3123	1.8860	1.6678
A-	北京市社会科学院	社科院智库	31.85	153	17015	529	0.1534	2.7321	2.2933
A-	大连理工大学港口发展研究中心	高校智库	32.30	18	3868	263	0.0356	1.3846	6.8080
A-	福睿智库	企业与社会智库	34.44	179	15282	320	0.1452	3.3774	3.2874

· 245 ·

续表

评级	智库名称	智库类型	指数	发文量	阅读量	点赞量	发布频次	发布容量	头条点赞比
A-	复旦大学博瑞产业发展研究院	高校智库	30.73	309	69882	555	0.4219	2.0065	0.8100
A-	复旦大学美国研究中心	高校智库	29.81	88	16820	474	0.1205	2.0000	2.5268
A-	广东省社会科学院	社科院智库	31.40	272	6969	93	0.1315	5.6667	1.4291
A-	国家发改委宏观经济研究院	党政部门智库	34.30	206	148413	2708	0.3068	1.8393	1.6323
A-	河北省社会科学院	社科院智库	34.06	92	15170	797	0.2411	1.0455	5.3914
A-	河南大学中原发展研究院	高校智库	33.80	238	45756	1302	0.5233	1.2461	2.9727
A-	湖南大学中国村落文化研究中心	高校智库	34.73	164	41746	1162	0.2164	2.0759	3.1442
A-	湖南省社会科学院	社科院智库	32.79	214	48163	731	0.1671	3.5082	1.0318
A-	华中师范大学中国农村研究院	高校智库	30.79	87	74571	1765	0.2219	1.0741	2.3759
A-	兰州大学中亚研究所	高校智库	32.99	93	22452	777	0.1342	1.8980	3.6154
A-	南京大学中国社会科学研究评价中心	高校智库	31.59	82	204118	1130	0.0795	2.8276	0.5660
A-	内蒙古自治区发展研究中心	党政部门智库	34.67	151	10967	317	0.0932	4.4412	3.0238
A-	宁夏社会科学院	社科院智库	34.88	289	10156	347	0.2110	3.7532	3.0200

续表

评级	智库名称	智库类型	指数	发文量	阅读量	点赞量	发布频次	发布容量	头条点赞比
A-	清华-布鲁金斯公共政策研究中心	高校智库	32.33	272	113458	1461	0.5479	1.3600	1.3670
A-	清华大学产业发展与环境治理研究中心	高校智库	33.32	295	90652	2568	0.5315	1.5206	1.3530
A-	厦门大学王亚南经济研究院	高校智库	32.76	315	125363	1302	0.4904	1.7598	1.0476
A-	上海金融与法律研究院	企业与社会智库	29.62	208	175131	1130	0.5479	1.0400	0.6455
A-	同济大学德国研究中心	高校智库	32.33	339	43389	436	0.2959	3.1389	1.0433
A-	中共广东省委党校	党校行政学院智库	31.72	212	41846	886	0.3233	1.7966	1.9030
A-	中共江西省委党校	党校行政学院智库	32.71	2	27	4	0.0055	1.0000	14.2857
A-	中共宁夏回族自治区委党校	党校行政学院智库	31.48	140	32896	654	0.1562	2.4561	1.8960
A-	中共重庆市委党校	党校行政学院智库	33.55	392	42255	658	0.3699	2.9037	1.3765
A-	中国（深圳）综合开发研究院	高校智库	32.88	278	124324	1552	0.4356	1.7484	1.1641
A-	中国财政科学研究院	党政部门智库	30.18	156	60403	1025	0.3315	1.2893	1.7142
A-	中国产业发展研究院	高校智库	29.75	362	71883	352	0.4986	1.9890	0.4321
A-	中国城市规划设计研究院	党政部门智库	30.78	109	196083	1771	0.1836	1.6269	0.8947

续表

评级	智库名称	智库类型	指数	发文量	阅读量	点赞量	发布频次	发布容量	头条点赞比
A-	中国创新研究所	企业与社会智库	32.21	184	49690	785	0.1863	2.7059	1.4295
A-	中国房地产数据研究院	企业与社会智库	32.75	430	208646	741	0.5288	2.2280	0.3212
A-	中国国际经济交流中心	企业与社会智库	31.77	142	52723	619	0.1178	3.3023	1.0746
A-	中国国际问题研究院	党政部门智库	34.89	351	59186	1084	0.3178	3.0259	1.5255
A-	中国教育科学研究院	党政部门智库	35.13	256	167171	3598	0.6630	1.0579	2.2080
A-	中国经济体制改革研究会	企业与社会智库	34.57	416	127802	1205	0.4301	2.6497	0.9074
A-	中国就业促进会	企业与社会智库	34.38	268	30846	647	0.1890	3.8841	1.6953
A-	中国劳资关系研究院	企业与社会智库	31.42	516	80009	252	0.5014	2.8197	0.3188
A-	中国能源研究会	企业与社会智库	33.63	188	17985	369	0.1151	4.4762	1.9469
A-	中国人口与发展研究中心	党政部门智库	30.26	170	138069	1519	0.4274	1.0897	1.1202
A-	中国社会科学院	社科院智库	31.04	177	328954	2084	0.4164	1.1645	0.6325
A-	中国社会科学院财经战略研究院	社科院智库	32.50	352	92453	1027	0.5507	1.7512	1.1125
A-	中国社会科学院美国研究所	社科院智库	29.80	102	21736	219	0.0658	4.2500	0.9276
A-	中国社会科学院世界经济与政治研究所	社科院智库	34.72	483	157697	1613	0.8877	1.4907	1.1943

续表

评级	智库名称	智库类型	指数	发文量	阅读量	点赞量	发布频次	发布容量	头条点赞比
A-	中国延安干部学院	党校行政学院智库	30.85	242	44860	456	0.2493	2.6593	0.9863
A-	中国政法大学法治政府研究院	高校智库	32.68	275	242469	2074	0.5644	1.3350	0.8535
A-	中国资本策划研究院	企业与社会智库	31.45	300	7043	168	0.3123	2.6316	2.8360

附表1.6 智库微博专家号指数评级Top100①

评级	智库名称	智库类型	指数	历史粉丝量	发博量	转发量	篇均评论量	篇均点赞量	篇均转发量
A++	盘古智库	企业与社会智库	67.84	7938751	600	32592	42.5367	90.6867	54.3200
A++	中共北京市委党校	党校行政学院智库	63.68	1077639	1489	104983	30.4359	19.8664	70.5057
A++	中国财政科学研究院	党政部门智库	62.75	3956793	4618	93783	11.9879	22.3980	20.3081
A++	中国工程院	科研院所智库	65.01	10679026	6558	100197	10.2912	21.3335	15.2786
A++	中国经济体制改革研究会	企业与社会智库	64.19	414985	1180	92922	47.5941	64.4907	78.7475
A++	中国科学技术协会	科研院所智库	69.39	1875901	3891	221530	48.1599	93.4588	56.9340
A++	中国科学院	科研院所智库	75.28	15017783	53646	2115301	14.5472	59.6208	39.4307
A++	中国人民大学国际货币研究所	高校智库	65.32	2914990	980	39899	49.6980	81.9214	40.7133
A++	中国社会科学院	社科院智库	74.69	19050314	41186	1602802	13.8079	45.6063	38.9162

① 此表计算时将"国家行政学院"与"中共中央党校"数据合并为后者处理,因此指数结果与《清华大学智库大数据报告(2017)》有所不同。

续表

评级	智库名称	智库类型	指数	历史粉丝量	发博量	转发量	篇均评论量	篇均点赞量	篇均转发量
A++	中国战略文化促进会	企业与社会智库	78.34	619257	72	9477	155.5417	310.7083	131.6250
A+	察哈尔学会	企业与社会智库	60.54	676294	5295	137856	20.8347	33.0918	26.0351
A+	公众环境研究中心	企业与社会智库	56.51	842027	2509	49007	3.9374	6.1614	19.5325
A+	国防大学	军队智库	59.38	1139940	6070	90365	9.2115	21.9064	14.8871
A+	上海金融与法律研究院	企业与社会智库	59.03	359095	3638	131013	19.0047	26.2257	36.0124
A+	武汉大学发展研究院	高校智库	57.53	401207	5852	109159	8.8759	26.6372	18.6533
A+	中共天津市委党校	党校行政学院智库	56.98	1948473	1651	19646	4.2956	26.8843	11.8995
A+	中共中央党校	党校行政学院智库	58.65	1025362	3969	54120	4.3686	3.5530	13.6357
A+	中国管理科学研究院	企业与社会智库	58.60	1674651	13121	63824	1.0533	2.1165	4.8643
A+	中国人民大学重阳金融研究院	高校智库	58.97	2025918	4195	51131	5.5645	15.2076	12.1886
A+	中国软科学研究会	企业与社会智库	62.59	1012111	992	30241	56.1673	98.3478	30.4849
A	21世纪教育研究院	科研院所智库	51.41	2237214	155	2034	2.9548	7.3355	13.1226
A	北京大学国家发展研究院	企业与社会智库	48.77	565021	2534	1351	0.1598	0.4542	0.5331
A	北京大学现代日本研究中心	高校智库	43.80	136793	814	858	0.3857	1.3145	1.0541
A	福卡智库	科研院所智库	45.73	36243	10832	6468	0.2783	1.0493	0.5971
A	广东省社会科学院	企业与社会智库	41.90	36666	416	2033	3.8341	6.3846	4.8870

续表

评级	智库名称	智库类型	指数	历史粉丝量	发博量	转发量	篇均评论量	篇均点赞量	篇均转发量
A	南方民间智库	党校行政学院智库	42.73	83462	3016	418	0.2354	0.3770	0.1386
A	清华大学公共管理学院卫生与发展研究中心	高校智库	47.24	213094	2984	2118	0.4253	0.3847	0.7098
A	清华大学政治经济学研究中心	高校智库	43.67	610659	300	116	0.4200	1.3300	0.3867
A	全球化智库	高校智库	52.60	2322779	514	2933	4.2763	6.6109	5.7062
A	陕西省社会科学院	高校智库	48.35	147585	7302	4735	0.5063	2.4736	0.6485
A	上海市社会科学院	社科院智库	56.04	400527	5911	77669	7.0856	11.2345	13.1397
A	四川省社会科学院	企业与社会智库	46.01	93326	1810	4188	1.6635	2.4884	2.3138
A	天津市社会科学院	企业与社会智库	48.42	45521	591	20806	3.2234	13.2250	35.2047
A	中共河南省委党校	党校行政学院智库	46.45	190962	4626	1099	0.1786	1.0465	0.2376
A	中国产业发展研究院	军队智库	48.59	321260	139	2591	20.0863	9.1007	18.6403
A	中国传媒大学文化发展研究院	企业与社会智库	48.66	348642	1424	2982	1.4319	9.2640	2.0941
A	中国电子信息产业发展研究院	社科院智库	44.62	279803	360	740	0.5278	0.6806	2.0556
A	中国发展战略学研究会	企业与社会智库	45.59	120333	102	1970	19.3137	9.0392	19.3137
A	中国国际经济交流中心	企业与社会智库	47.06	764015	1529	328	0.2341	0.3767	0.2145
A	中国行政管理学会	党政部门智库	42.33	38735	1178	1897	0.9593	2.2886	1.6104

续表

评级	智库名称	智库类型	指数	历史粉丝量	发博量	转发量	篇均评论量	篇均点赞量	篇均转发量
A	中国计量科学研究院	党校行政学院智库	49.40	227016	1925	9183	1.2031	1.8426	4.7704
A	中国教育科学研究院	科研院所智库	53.52	1139096	372	8185	7.1263	9.3871	22.0027
A	中国经济五十人论坛	企业与社会智库	51.51	257768	5051	17377	1.6676	5.3184	3.4403
A	中国就业促进会	企业与社会智库	43.84	1664157	92	49	0.4457	1.6630	0.5326
A	中国科学院科技政策与管理科学研究所	党校行政学院智库	46.61	89080	5238	4192	0.2409	0.5416	0.8003
A	中国能源研究会	科研院所智库	44.57	163785	775	1102	0.5510	1.3897	1.4219
A	中国农业科学院	企业与社会智库	56.47	1027169	250	10126	26.1400	29.1200	40.5040
A	中国青少年研究中心	科研院所智库	55.61	5292773	588	3769	0.9235	29.5153	6.4099
A	中国人民解放军军事科学院	党政部门智库	48.79	538580	2861	1354	0.2600	1.2020	0.4733
A	中国人民银行研究局	科研院所智库	43.52	1398072	56	64	1.1607	4.5000	1.1429
A-	北京大学民营经济研究院	企业与社会智库	32.74	40883	77	10	0.7403	1.6883	0.1299
A-	北京大学中国国情研究中心	高校智库	29.81	22348	20	8	0.5000	1.2000	0.4000
A-	北京大学中国社会发展研究中心	高校智库	36.09	10804	719	285	0.2503	2.1252	0.3964
A-	北京师范大学中国公益研究院	党校行政学院智库	37.86	11778	1207	602	1.2577	1.9478	0.4988

附 录 | 中国智库与全球智库大数据指数评级

续表

评级	智库名称	智库类型	指数	历史粉丝量	发博量	转发量	篇均评论量	篇均点赞量	篇均转发量
A-	北京市社会科学院	企业与社会智库	35.80	8431	267	542	3.1948	2.8502	2.0300
A-	对外经济贸易大学公共政策研究所	高校智库	40.57	31068	117	1534	2.9915	7.4274	13.1111
A-	复旦大学中国经济研究中心	党校行政学院智库	35.69	41539	47	86	1.8723	11.2553	1.8298
A-	工信部国际经济技术合作中心	高校智库	31.95	24129	282	6	0.0816	0.2589	0.0213
A-	广州大学广州发展研究院	军队智库	41.69	28574	696	2657	0.6997	0.8491	3.8175
A-	国家发展和改革委员会宏观经济研究院	党政部门智库	41.25	18155	4665	1502	0.0294	0.4774	0.3220
A-	国务院发展研究中心	企业与社会智库	34.98	38271	110	50	0.1182	0.9727	0.4545
A-	吉林省人民政府发展研究中心	党校行政学院智库	31.00	1234	1252	225	0.0527	0.0359	0.1797
A-	联想研究院	高校智库	38.60	10062	311	2168	1.7460	4.4855	6.9711
A-	辽宁省社会科学院	社科院智库	38.99	28958	734	433	0.2520	0.5504	0.5899
A-	瞭望智库	党政部门智库	33.27	17572	33	104	0.8485	0.6364	3.1515
A-	南开大学国际经济研究所	科研院所智库	33.70	15540	167	71	0.4731	0.8263	0.4251
A-	宁夏回族自治区人民政府发展研究中心	党政部门智库	30.60	4878	493	28	0.0690	0.0933	0.0568

· 253 ·

续表

评级	智库名称	智库类型	指数	历史粉丝量	发博量	转发量	篇均评论量	篇均点赞量	篇均转发量
A-	山东省社会科学院	企业与社会智库	33.23	13340	266	49	0.3083	0.8195	0.1842
A-	山西省社会科学院	科研院所智库	38.00	67479	476	65	0.1429	0.9832	0.1366
A-	上海交通大学中国发展研究院	党校行政学院智库	31.33	24945	19	20	1.3684	2.1053	1.0526
A-	上海市人民政府发展研究中心	军队智库	36.85	16444	1487	158	0.0067	0.2771	0.1063
A-	新疆维吾尔自治区人民政府发展研究中心	党政部门智库	34.76	11742	99	315	0.2525	0.3333	3.1818
A-	易观智库	党校行政学院智库	33.36	19197	149	42	0.4362	0.2685	0.2819
A-	云南省社会科学院	企业与社会智库	41.62	89175	613	450	0.3605	1.7830	0.7341
A-	浙江省社会科学院	企业与社会智库	31.57	17469	252	9	0.0278	0.4841	0.0357
A-	中共湖北省委党校	高校智库	34.29	1717	1600	1104	0.3869	1.1075	0.6900
A-	中共陕西省委党校	科研院所智库	39.49	18849	1277	820	2.0728	0.9186	0.6421
A-	中共四川省委党校	党校行政学院智库	40.49	66062	1357	211	0.0796	0.2218	0.1555
A-	中共中央编译局	党政部门智库	40.01	92070	825	117	0.0521	0.1855	0.1418
A-	中国（海南）改革发展研究院	企业与社会智库	35.99	80148	227	18	0.0925	0.2247	0.0793
A-	中国城市发展研究院	企业与社会智库	38.72	41003	336	320	0.2262	0.4554	0.9524

续表

评级	智库名称	智库类型	指数	历史粉丝量	发博量	转发量	篇均评论量	篇均点赞量	篇均转发量
A-	中国城市规划设计研究院	企业与社会智库	41.19	53873	908	584	1.3073	1.6256	0.6432
A-	中国城市和小城镇改革发展中心	高校智库	35.98	2601458	1	0	0.0000	3.0000	0.0000
A-	中国传媒大学传播研究院	高校智库	41.31	75503	246	592	2.7602	10.0081	2.4065
A-	中国创业智库	科研院所智库	34.10	97476	75	6	0.3200	0.4533	0.0800
A-	中国房地产研究会	企业与社会智库	41.00	255673	339	72	0.1917	0.5428	0.2124
A-	中国国际税收研究会	高校智库	31.66	7126	101	83	0.6337	1.7624	0.8218
A-	中国决策科学院	企业与社会智库	34.07	30428	42	58	2.9524	2.8810	1.3810
A-	中国劳动保障科学研究院	党校行政学院智库	35.79	25597	272	101	0.4228	0.3750	0.3713
A-	中国能源经济研究院	党政部门智库	37.70	7554	5849	458	0.0680	0.1202	0.0783
A-	中国能源战略研究院	企业与社会智库	33.71	8204	351	136	0.4558	0.2450	0.3875
A-	中国浦东干部学院	企业与社会智库	31.72	19322	80	16	2.2375	2.7000	0.2000
A-	中国人民大学国家发展与战略研究院	企业与社会智库	36.68	7684	129	1299	1.2481	5.1085	10.0698
A-	中国人民大学金融与证券研究所	企业与社会智库	36.89	3812082	1	0	0.0000	3.0000	0.0000
A-	中国人民银行金融研究所	企业与社会智库	36.27	3993938	0	0	0.0000	0.0000	0.0000

续表

评级	智库名称	智库类型	指数	历史粉丝量	发博量	转发量	篇均评论量	篇均点赞量	篇均转发量
A−	中国未来研究会	军队智库	32.13	34978	305	3	0.0262	0.0721	0.0098
A−	中国文化遗产研究院	企业与社会智库	37.01	32717	374	123	0.5053	2.6845	0.3289
A−	中国新闻出版研究院	社科院智库	34.32	50679	89	22	0.0449	0.1910	0.2472
A−	中国政法大学知识产权研究中心	科研院所智库	38.92	41697	300	367	0.7267	1.2033	1.2233
A−	自然之友环境研究所	党校行政学院智库	40.79	107267	95	490	0.3368	1.2105	5.1579

附表1.7 智库微信引用指数评级 Top100

评级	智库名称	智库类型	指数	引用文章量	引用文章阅读量	引用文章点赞量	引用文章位置重要性
A++	国防大学	军队智库	75.58	65416	3551970	39612	2.4410
A++	国务院发展研究中心	党政部门智库	76.46	127463	3096230	32739	2.2698
A++	中共中央党校	党校行政学院智库	82.44	274941	10940550	108016	2.3430
A++	中国工程院	科研院所智库	88.13	729025	24783213	293328	2.3938
A++	中国科学技术协会	科研院所智库	77.03	115249	4515940	60178	2.1371
A++	中国科学院	科研院所智库	89.32	1066206	28170254	320497	2.3301
A++	中国农业科学院	党政部门智库	76.20	83550	2943764	42653	2.4355
A++	中国人民解放军军事科学院	军队智库	74.96	52747	2680911	27348	2.6751
A++	中国社会科学院	社科院智库	84.00	408295	11916100	140071	2.3061
A++	中国指数研究院	企业与社会智库	72.98	47142	2576994	34367	2.1869
A+	21世纪教育研究院	企业与社会智库	67.46	17233	581006	16707	2.2886
A+	国家行政学院	党校行政学院智库	71.85	83028	793633	7743	2.4074
A+	胡润研究院	企业与社会智库	69.90	36093	1444287	9780	2.2837
A+	瞭望智库	党政部门智库	72.18	26468	2190136	17456	2.7393
A+	全球化智库	企业与社会智库	71.30	30953	200832	2704	3.8325
A+	上海市社会科学院	社科院智库	67.44	30843	649178	6086	2.2085

续表

评级	智库名称	智库类型	指数	引用文章量	引用文章阅读量	引用文章点赞量	引用文章位置重要性
A+	中国电子信息产业发展研究院	党政部门智库	69.30	43263	687416	9863	2.2112
A+	中国管理科学研究院	企业与社会智库	67.01	24851	473529	3337	2.5946
A+	中国国际经济交流中心	企业与社会智库	68.86	31080	938560	8590	2.3140
A+	中国教育科学研究院	党政部门智库	69.01	31776	701151	7291	2.4844
A	阿里研究院	企业与社会智库	66.66	28197	611878	3962	2.2697
A	北京大学国家发展研究院	高校智库	63.49	18743	250332	2606	2.2103
A	北京师范大学中国公益研究院	高校智库	62.44	8799	305646	4672	2.2337
A	凤凰国际智库	企业与社会智库	63.15	4385	727672	5323	2.6353
A	国家发改委宏观经济研究院	党政部门智库	61.48	13248	203758	1856	2.1649
A	国家体育总局体育科学研究所	党政部门智库	60.09	6287	135904	1345	2.6282
A	湖南省社会科学院	社科院智库	61.34	3853	513640	2607	2.6630
A	华南理工大学公共政策研究院	高校智库	65.60	12065	232476	1493	3.3151
A	环境保护部环境规划院	党政部门智库	63.55	9482	744579	6058	2.0917
A	盘古智库	企业与社会智库	60.03	6396	182065	2085	2.3421
A	清华大学国家金融研究院	高校智库	60.95	8378	304255	2873	2.0912
A	清华大学国情研究院	高校智库	60.77	9262	179740	2281	2.2147
A	商务部国际贸易经济合作研究院	党政部门智库	59.52	8643	144498	1378	2.2168
A	四川省社会科学院	社科院智库	59.85	6842	180707	3146	2.0865
A	腾讯研究院	企业与社会智库	61.12	12940	163558	1978	2.1324
A	中国财政科学研究院	党政部门智库	62.70	8249	530064	2730	2.3992

续表

评级	智库名称	智库类型	指数	引用文章量	引用文章阅读量	引用文章点赞量	引用文章位置重要性
A	中国环境科学研究院	党政部门智库	63.18	14123	527489	2365	2.1694
A	中国金融四十人论坛	企业与社会智库	64.77	20413	563079	3146	2.1551
A	中国林业科学研究院	党政部门智库	62.07	10773	382023	1706	2.3211
A	中国青少年研究中心	党政部门智库	63.12	15632	311654	1650	2.3723
A	中国人民大学重阳金融研究院	高校智库	60.81	4980	203871	4392	2.4015
A	中国人民银行金融研究所	党政部门智库	61.03	14293	135604	1650	2.1610
A	中国人民银行研究局	党政部门智库	63.15	22096	213900	2871	2.0099
A	中国社会科学院财经战略研究院	社科院智库	65.85	35063	330384	1887	2.3729
A	中国社会科学院工业经济研究所	社科院智库	63.61	9946	524443	4390	2.3010
A	中国社会科学院金融研究所	社科院智库	62.80	10740	438975	3723	2.1575
A	中国社会科学院世界经济与政治研究所	社科院智库	63.57	9792	300317	2022	2.7718
A	中国现代国际关系研究院	党政部门智库	60.37	8890	117685	1912	2.3384
A	中国延安干部学院	党校行政学院智库	59.64	9180	152006	1369	2.1886
A	中共中央编译局	党政部门智库	66.73	28431	494104	3711	2.3669
A-	安徽省社会科学院	社科院智库	55.76	2658	34128	381	3.0986
A-	北京大学中国经济研究中心	高校智库	56.66	1588	99425	398	3.3837
A-	北京市社会科学院	社科院智库	55.91	2589	151883	1147	2.2872
A-	察哈尔学会	企业与社会智库	56.34	3695	57777	780	2.5576
A-	复旦大学中国研究院	高校智库	58.71	10612	40067	350	2.7728

续表

评级	智库名称	智库类型	指数	引用文章量	引用文章阅读量	引用文章点赞量	引用文章位置重要性
A-	公众环境研究中心	企业与社会智库	57.92	6839	105572	904	2.2520
A-	广东省社会科学院	社科院智库	57.72	6776	86838	1551	2.0529
A-	国家发展和改革委员会能源研究所	党政部门智库	56.83	8140	62757	720	2.0890
A-	国家教育行政学院	党政部门智库	55.54	4755	62403	945	2.0678
A-	河北省社会科学院	社科院智库	54.30	2362	76786	540	2.4498
A-	河南省社会科学院	社科院智库	57.37	4485	95788	1124	2.3782
A-	湖北省社会科学院	社科院智库	55.19	2271	162025	1044	2.2235
A-	华东师范大学中国现代城市研究中心	高校智库	56.05	1461	397757	1994	2.2566
A-	江苏省社会科学院	社科院智库	56.90	4835	90637	730	2.3897
A-	江西省社会科学院	社科院智库	55.66	2667	87772	906	2.4542
A-	交通运输部公路科学研究院	党政部门智库	56.95	4481	87246	941	2.3699
A-	辽宁省社会科学院	社科院智库	55.52	3577	45605	433	2.6787
A-	清科研究中心	企业与社会智库	56.32	8005	47047	598	2.1307
A-	山东省社会科学院	社科院智库	58.76	5410	158171	1264	2.3898
A-	山西省社会科学院	社科院智库	54.18	3119	40008	547	2.3923
A-	陕西省社会科学院	社科院智库	57.76	7004	69799	1395	2.1441
A-	天津市社会科学院	社科院智库	55.50	4345	40705	642	2.4047
A-	新疆维吾尔自治区社会科学院	社科院智库	56.00	2662	92566	599	2.6885
A-	易观智库	企业与社会智库	57.38	6350	65563	967	2.2851
A-	浙江省社会科学院	社科院智库	56.90	4415	180312	1029	2.1229
A-	中共北京市委党校	党校行政学院智库	58.79	3939	263631	2175	2.2743
A-	中共福建省委党校	党校行政学院智库	56.15	2036	334795	2767	1.9505
A-	中共甘肃省委党校	党校行政学院智库	54.17	3472	43800	430	2.3769
A-	中共广东省委党校	党校行政学院智库	54.47	5288	41842	429	2.1481
A-	中共辽宁省委党校	党校行政学院智库	54.86	5175	122933	452	1.9272
A-	中共山东省委党校	党校行政学院智库	58.14	3995	354083	1631	2.1308
A-	中共上海市委党校	党校行政学院智库	56.79	8816	107016	640	1.9090
A-	中共天津市委党校	党校行政学院智库	54.85	2895	237733	489	2.1431
A-	中共浙江省委党校	党校行政学院智库	57.40	8639	128086	881	1.8993
A-	中国城市和小城镇改革发展中心	党政部门智库	55.88	6319	25490	739	2.2959

续表

评级	智库名称	智库类型	指数	引用文章量	引用文章阅读量	引用文章点赞量	引用文章位置重要性
A-	中国城市科学研究会	企业与社会智库	56.62	5138	113004	1150	2.0288
A-	中国计量科学研究院	党政部门智库	54.15	3107	88184	796	2.0113
A-	中国经济体制改革研究会	企业与社会智库	57.44	7143	91655	1137	2.0507
A-	中国经济五十人论坛	企业与社会智库	57.97	6479	66525	752	2.5123
A-	中国能源研究会	企业与社会智库	54.08	4658	76467	342	2.0594
A-	中国浦东干部学院	党校行政学院智库	57.98	7931	185747	928	1.9802
A-	中国企业改革与发展研究会	企业与社会智库	54.74	2766	74933	886	2.2513
A-	中国气象科学研究院	党政部门智库	54.97	2139	325601	707	2.1655
A-	中国社会保障学会	企业与社会智库	54.69	3387	65306	544	2.3168
A-	中国社会科学院城市发展与环境研究所	社科院智库	54.77	4776	43607	537	2.2004
A-	中国社会科学院农村发展研究所	社科院智库	59.30	9402	116504	846	2.3539
A-	中国社会科学院亚太与全球战略研究院	社科院智库	55.29	2560	109863	533	2.5368
A-	中国政法大学法治政府研究院	高校智库	58.13	2762	144879	5592	2.1810
A-	中国政法大学知识产权研究中心	高校智库	54.87	3014	34430	615	2.5882
A-	自然之友环境研究所	企业与社会智库	59.36	5870	175349	4299	1.9658

附表1.8 中国智库大数据指数评级 Top 100

评级	智库名称	智库类型	总指数	微信公众号指数	微博专家号指数	微信引用指数
A++	国防大学	军队智库	60.59	46.80	59.38	75.58

续表

评级	智库名称	智库类型	总指数	微信公众号指数	微博专家号指数	微信引用指数
A++	瞭望智库	党政部门智库	56.70	64.65	33.27	72.18
A++	盘古智库	企业与社会智库	57.85	45.68	67.84	60.03
A++	全球化智库	企业与社会智库	57.46	48.49	52.60	71.30
A++	中国工程院	科研院所智库	59.51	25.40	65.01	88.13
A++	中国科学技术协会	科研院所智库	66.50	53.07	69.39	77.03
A++	中国科学院	科研院所智库	54.87	0.00	75.28	89.32
A++	中国农业科学院	党政部门智库	56.56	37.02	56.47	76.20
A++	中国人民大学重阳金融研究院	高校智库	54.97	45.12	58.97	60.81
A++	中国社会科学院	社科院智库	63.24	31.04	74.69	84.00
A+	21世纪教育研究院	企业与社会智库	51.41	35.35	51.41	67.46
A+	察哈尔学会	企业与社会智库	53.56	43.82	60.54	56.34
A+	国务院发展研究中心	党政部门智库	52.98	47.50	34.98	76.46
A+	上海市社会科学院	社科院智库	48.99	23.49	56.04	67.44
A+	中国财政科学研究院	党政部门智库	51.88	30.18	62.75	62.70
A+	中国电子信息产业发展研究院	党政部门智库	52.04	42.19	44.62	69.30
A+	中国管理科学研究院	企业与社会智库	49.31	22.32	58.60	67.01
A+	中国国际经济交流中心	企业与社会智库	49.23	31.77	47.06	68.86

续表

评级	智库名称	智库类型	总指数	微信公众号指数	微博专家号指数	微信引用指数
A+	中国教育科学研究院	党政部门智库	52.55	35.13	53.52	69.01
A+	中国经济体制改革研究会	企业与社会智库	52.07	34.57	64.19	57.44
A	阿里研究院	企业与社会智库	43.99	36.82	28.50	66.66
A	北京大学国家发展研究院	高校智库	44.76	22.03	48.77	63.49
A	北京师范大学中国公益研究院	高校智库	43.85	31.24	37.86	62.44
A	北京市社会科学院	社科院智库	41.19	31.85	35.80	55.91
A	福卡智库	企业与社会智库	47.46	44.13	45.73	52.53
A	广东省社会科学院	社科院智库	43.67	31.40	41.90	57.72
A	国家发展和改革委员会宏观经济研究院	党政部门智库	45.67	34.30	41.25	61.48
A	山东省社会科学院	社科院智库	43.03	37.11	33.23	58.76
A	上海金融与法律研究院	企业与社会智库	47.20	29.62	59.03	52.96
A	四川省社会科学院	社科院智库	43.55	24.80	46.01	59.85
A	腾讯研究院	企业与社会智库	40.97	42.26	19.53	61.12
A	易观智库	企业与社会智库	43.77	40.56	33.36	57.38
A	中共河南省委党校	党校行政学院智库	41.67	26.08	46.45	52.48
A	中共湖北省委党校	党校行政学院智库	41.43	40.74	34.29	49.28
A	中共陕西省委党校	党校行政学院智库	43.09	37.08	39.49	52.71

续表

评级	智库名称	智库类型	总指数	微信公众号指数	微博专家号指数	微信引用指数
A	中共中央编译局	党政部门智库	48.48	38.70	40.01	66.73
A	中共中央党校	党校行政学院智库	47.03	0.00	58.65	82.44
A	中国城市和小城镇改革发展中心	党政部门智库	47.39	50.30	35.98	55.88
A	中国环境科学研究院	党政部门智库	42.70	35.28	29.63	63.18
A	中国计量科学研究院	党政部门智库	44.28	29.29	49.40	54.15
A	中国金融四十人论坛	企业与社会智库	45.00	41.89	28.34	64.77
A	中国就业促进会	企业与社会智库	41.89	34.38	43.84	47.45
A	中国能源研究会	企业与社会智库	44.09	33.63	44.57	54.08
A	中国人民大学国际货币研究所	高校智库	45.10	38.20	65.32	31.78
A	中国人民大学国家发展与战略研究院	高校智库	41.12	37.42	36.68	49.26
A	中国人民解放军军事科学院	军队智库	41.25	0.00	48.79	74.96
A	中国社会保障学会	企业与社会智库	42.88	44.85	29.11	54.69
A	中国战略文化促进会	企业与社会智库	43.35	0.00	78.34	51.71
A	中国指数研究院	企业与社会智库	47.18	44.10	24.47	72.98
A	自然之友环境研究所	企业与社会智库	46.91	40.57	40.79	59.36
A-	IBM中国研究院	企业与社会智库	30.50	11.88	27.18	52.44

续表

评级	智库名称	智库类型	总指数	微信公众号指数	微博专家号指数	微信引用指数
A-	安徽省社会科学院	社科院智库	34.07	36.41	10.03	55.76
A-	百度营销研究院	企业与社会智库	30.11	24.51	26.52	39.31
A-	北京大学国际战略研究院	高校智库	32.18	34.26	13.85	48.44
A-	上海春秋发展战略研究院	企业与社会智库	39.23	71.91	0.00	45.78
A-	凤凰国际智库	企业与社会智库	37.73	50.04	0.00	63.15
A-	公众环境研究中心	企业与社会智库	38.14	0.00	56.51	57.92
A-	贵州省社会科学院	社科院智库	32.21	43.98	0.00	52.67
A-	河北省社会科学院	社科院智库	39.20	34.06	29.25	54.30
A-	河南省社会科学院	社科院智库	34.20	45.21	0.00	57.37
A-	黑龙江省社会科学院	社科院智库	30.17	18.79	18.60	53.12
A-	湖南省社会科学院	社科院智库	40.87	32.79	28.50	61.34
A-	联想研究院	企业与社会智库	38.37	25.29	38.60	51.21
A-	辽宁省社会科学院	社科院智库	31.51	0.00	38.99	55.52
A-	千人智库	企业与社会智库	37.70	41.24	25.81	46.04
A-	清华大学国情研究院	高校智库	32.24	35.96	0.00	60.77
A-	清华大学政治经济学研究中心	高校智库	30.20	0.00	43.67	46.93
A-	山西省社会科学院	社科院智库	40.10	28.13	38.00	54.18

续表

评级	智库名称	智库类型	总指数	微信公众号指数	微博专家号指数	微信引用指数
A-	陕西省社会科学院	社科院智库	35.37	0.00	48.35	57.76
A-	商务部国际贸易经济合作研究院	党政部门智库	33.27	26.93	13.38	59.52
A-	天津市社会科学院	社科院智库	34.64	0.00	48.42	55.50
A-	一带一路百人论坛	企业与社会智库	30.80	39.09	0.00	53.32
A-	云南省社会科学院	社科院智库	31.68	0.00	41.62	53.42
A-	中共北京市委党校	党校行政学院智库	40.82	0.00	63.68	58.79
A-	中共甘肃省委党校	党校行政学院智库	35.91	39.04	14.53	54.17
A-	中共山西省委党校	党校行政学院智库	32.33	15.83	29.72	51.44
A-	中共上海市委党校	党校行政学院智库	31.31	37.16	0.00	56.79
A-	中共四川省委党校	党校行政学院智库	30.98	0.00	40.49	52.45
A-	中共天津市委党校	党校行政学院智库	37.28	0.00	56.98	54.85
A-	中共浙江省委党校	党校行政学院智库	34.57	21.37	24.93	57.40
A-	中国产业发展研究院	高校智库	38.02	29.75	48.59	35.71
A-	中国城市科学研究会	企业与社会智库	32.54	24.24	16.78	56.62
A-	中国发展战略学研究会	企业与社会智库	35.36	17.39	45.59	43.10
A-	中国房地产研究会	企业与社会智库	38.91	27.40	41.00	48.34
A-	中国经济五十人论坛	企业与社会智库	37.18	2.06	51.51	57.97

续表

评级	智库名称	智库类型	总指数	微信公众号指数	微博专家号指数	微信引用指数
A-	中国科学院城市环境研究所	科研院所智库	32.52	28.41	21.20	47.94
A-	中国科学院科技政策与管理科学研究所	科研院所智库	39.81	25.26	46.61	47.57
A-	中国能源经济研究院	党政部门智库	32.70	22.42	37.70	37.97
A-	中国能源战略研究院	党政部门智库	30.61	25.62	33.71	32.50
A-	中国青少年研究中心	党政部门智库	39.57	0.00	55.61	63.12
A-	中国人民银行金融研究所	党政部门智库	32.43	0.00	36.27	61.03
A-	中国人民银行研究局	党政部门智库	35.56	0.00	43.52	63.15
A-	中国软科学研究会	企业与社会智库	33.41	0.00	62.59	37.62
A-	中国社会科学院财经战略研究院	社科院智库	32.78	32.50	0.00	65.85
A-	中国社会科学院工业经济研究所	社科院智库	38.38	51.53	0.00	63.61
A-	中国社会科学院世界经济与政治研究所	社科院智库	32.77	34.72	0.00	63.57
A-	中国文化遗产研究院	党政部门智库	38.66	26.00	37.01	52.96
A-	中国延安干部学院	党校行政学院智库	30.16	30.85	0.00	59.64
A-	中国政法大学法治政府研究院	高校智库	36.92	32.68	19.95	58.13
A-	中国政法大学知识产权研究中心	高校智库	39.39	24.40	38.92	54.87

(三) 2018年中国智库大数据指数评级

附表1.9 智库微信公众号指数评级 Top 100

评级	智库名称	智库类型	指数	发文量	阅读量	点赞量	发布频次	发布容量	头条点赞比	篇均阅读量	篇均点赞量
A++	上海春秋发展战略研究院	企业与社会智库	85.85	8493	268193614	2521334	3.0000	7.7562	1.0400	31578.1955	296.8720
A++	凤凰国际智库	企业与社会智库	61.51	1119	8521033	42218	0.9643	3.1790	0.5168	7614.8642	37.7283
A++	瞭望智库	党政部门智库	82.78	2705	175188014	1981168	3.7917	1.9545	1.1321	64764.5153	732.4096
A++	南风窗传媒智库	企业与社会智库	62.42	828	9053347	66838	1.0000	2.2685	0.7368	10933.9940	80.7222
A++	武汉大学环境法研究所	高校智库	56.07	518	387247	16293	0.3616	3.9242	4.8265	747.5811	31.4537
A++	中国城市和小城镇改革发展中心	党政部门智库	59.57	1497	4788281	24734	0.9917	4.1354	0.5585	3198.5845	16.5224
A++	中国金融四十人论坛	企业与社会智库	56.07	795	3701142	13943	0.8767	2.4844	0.3831	4655.5245	17.5384
A++	中国科学技术协会	科研院所智库	80.04	4070	92015565	773544	4.1917	2.6601	0.8413	22608.2469	190.0600
A++	中国社会科学院工业经济研究所	社科院智库	62.65	2180	4079201	49493	2.0876	2.8609	1.4659	1871.1931	22.7032
A++	中国惜数研究院	企业与社会智库	56.66	1198	4226555	12088	0.9589	3.4229	0.2690	3528.0092	10.0902
A+	胡润研究院	企业与社会智库	52.18	554	1484033	7950	0.8493	1.7871	0.5128	2678.7599	14.3502
A+	华南理工大学公共政策研究院	高校智库	55.10	283	2627214	18860	0.6712	1.1551	0.7166	9283.4417	66.6431
A+	清科研究中心	企业与社会智库	52.78	1233	1941724	4914	0.9890	3.4155	0.2514	1574.7964	3.9854
A+	全球化智库	企业与社会智库	55.71	2307	1205946	9895	0.9945	6.3554	0.7286	522.7334	4.2891

续表

评级	智库名称	智库类型	指数	发文量	阅读量	点赞量	发布频次	发布容量	头条点赞比	篇均阅读量	篇均点赞量
A+	腾讯研究院	企业与社会智库	53.86	628	1674461	11162	0.7424	2.3173	0.6820	2666.3392	17.7739
A+	中国电子信息产业发展研究院	党政部门智库	52.40	1017	1229597	6665	0.9780	2.8487	0.4826	1209.0433	6.5536
A+	中国人民大学民商事法律科学研究中心	高校智库	52.26	631	1322502	8186	0.9452	1.8290	0.6345	2095.8827	12.9731
A+	中国人民大学重阳金融研究院	高校智库	54.89	1190	1374532	12439	0.9178	3.5522	0.6871	1155.0689	10.4529
A+	中国社会保障学会	企业与社会智库	52.84	1172	809924	7688	0.8493	3.7806	0.9706	691.0614	6.5597
A+	中国铁道科学研究院	企业与社会智库	53.17	520	835279	11259	0.5205	2.7368	1.2342	1606.3058	21.6519
A	21世纪教育研究院	企业与社会智库	47.89	239	502021	4039	0.4493	1.4573	0.8010	2100.5063	16.8996
A	阿里研究院	企业与社会智库	51.07	342	1332022	6722	0.6136	1.5268	0.4983	3894.8012	19.6550
A	草根智库	企业与社会智库	51.38	322	620411	10455	0.7260	1.2151	1.6824	1926.7422	32.4689
A	察哈尔学会	企业与社会智库	50.84	1519	329616	4342	0.8109	5.1318	1.5997	216.9954	2.8585
A	重庆大学经略研究院	高校智库	50.26	379	571247	7811	0.8958	1.1590	1.3643	1507.2480	20.6095
A	福卡智库	企业与社会智库	50.37	985	745259	3940	0.7671	3.5179	0.5592	756.6081	4.0000
A	贵州省人民政府发展研究中心	党政部门智库	48.45	133	12048	1262	0.1506	2.4182	14.7095	90.5865	9.4887
A	国家信息中心	党政部门智库	47.39	326	314892	4277	0.7068	1.2636	1.3673	965.9264	13.1196
A	国务院发展研究中心	党政部门智库	48.52	707	467941	3733	0.9068	2.1360	0.8331	661.8685	5.2801
A	盘古智库	企业与社会智库	50.62	1309	593519	4342	1.0000	3.5863	0.7054	453.4141	3.3170
A	千人智库	企业与社会智库	50.37	702	707252	5733	0.9945	1.9339	0.8349	1007.4815	8.1667
A	人民网新媒体智库	企业与社会智库	50.22	431	1082934	5745	0.9753	1.2107	0.5262	2512.6079	13.3295

附录 | 中国智库与全球智库大数据指数评级

续表

评级	智库名称	智库类型	指数	发文量	阅读量	点赞量	发布频次	发布容量	头条点赞比	篇均阅读量	篇均点赞量
A	上海国有资本运营研究院	企业与社会智库	49.82	1032	1182722	2635	0.9506	2.9741	0.2043	1146.0484	2.5533
A	上海金融与法律研究院	企业与社会智库	48.98	156	548610	5654	0.3589	1.1908	1.0697	3516.7308	36.2436
A	苏宁金融研究院	企业与社会智库	48.67	450	662083	4397	0.9835	1.2535	0.6529	1471.2956	9.7711
A	腾云智库	企业与社会智库	51.93	296	1552914	9127	0.7095	1.1429	0.5749	5246.3311	30.8345
A	西北政法大学反恐怖主义研究院	高校智库	49.93	1466	325415	3939	0.9945	4.0386	1.2799	221.9748	2.6869
A	易观智库	企业与社会智库	49.77	557	1114265	4357	0.9917	1.5387	0.3505	2000.4758	7.8223
A	知远战略与防务研究所	企业与社会智库	50.13	635	779515	4682	0.6849	2.5400	0.6514	1227.5827	7.3732
A	中共北京市委党校	党校行政学智库	48.06	1346	153042	2682	0.6712	5.4939	1.3517	113.7013	1.9926
A	中共中央文献研究室	党政部门智库	48.01	165	438170	5038	0.4520	1.0000	1.1498	2655.5758	30.5333
A	中国工程院	科研院所智库	49.46	810	387312	4700	0.7452	2.9779	1.0408	478.1630	5.8025
A	中国经济体制改革研究会	企业与社会智库	50.31	316	213142	5640	0.2767	3.1287	3.0194	674.5000	17.8481
A	中国旅游研究院	党政部门智库	48.36	353	477223	4337	0.5561	1.7389	0.9385	1351.9065	12.2861
A	中国人民大学国家发展与战略研究院	高校智库	50.29	667	529302	5026	0.5698	3.2067	1.0317	793.5562	7.5352
A	中国人民解放军军事科学院	军队智库	50.22	276	563630	6990	0.4410	1.7143	1.2607	2042.1377	25.3261

· 269 ·

续表

评级	智库名称	智库类型	指数	发文量	阅读量	点赞量	发布频次	发布容量	头条点赞比	篇均阅读量	篇均点赞量
A	中国社会科学院当代中国马克思主义政治经济学创新智库	社科院智库	47.65	741	300652	2869	0.6794	2.9879	1.0577	405.7382	3.8718
A	中国信息通信研究院	党政部门智库	51.74	1348	952739	5129	1.5863	2.3282	0.5354	706.7797	3.8049
A	中央社会主义学院统一战线高端智库	党校行政学院智库	49.25	558	450860	4975	0.6547	2.3347	0.9667	807.9928	8.9158
A	自然之友环境研究所	企业与社会智库	49.91	418	318890	7055	0.6465	1.7712	2.2777	762.8947	16.8780
A−	北京大学新结构经济学研究院	高校智库	46.36	309	222975	3121	0.4904	1.7263	1.5152	721.6019	10.1003
A−	第一财经研究院	企业与社会智库	44.47	883	190329	1054	0.6931	3.4901	0.5492	215.5481	1.1937
A−	福睿智库	企业与社会智库	46.14	145	22879	1475	0.1397	2.8431	8.2568	157.7862	10.1724
A−	国防大学	军队智库	44.85	2	31997	690	0.0027	2.0000	2.0679	15998.5000	345.0000
A−	国家发展和改革委员会宏观经济研究院	党政部门智库	45.07	207	231249	2439	0.3945	1.4375	0.9064	1117.1449	11.7826
A−	海国图智研究院	企业与社会智库	46.65	762	230020	2506	0.8054	2.5918	1.1628	301.8635	3.2887
A−	河南省社会科学院	社科院智库	44.21	1511	79070	748	0.7205	5.7452	1.1688	52.3296	0.4950
A−	华中师范大学中国农村研究院	高校智库	44.33	131	143748	2486	0.3589	1.0000	1.7294	1097.3130	18.9771
A−	暨南大学广州市舆情大数据研究中心	高校智库	42.75	85	61967	1635	0.1972	1.1806	2.7046	729.0235	19.2353
A−	暨南大学经济与社会研究院	高校智库	45.68	306	187403	2802	0.5232	1.6021	1.6264	612.4281	9.1569

附　录 | 中国智库与全球智库大数据指数评级

续表

评级	智库名称	智库类型	指数	发文量	阅读量	点赞量	发布频次	发布容量	头条点赞比	篇均阅读量	篇均点赞量
A-	江苏师范大学智慧教育研究中心	高校智库	42.89	87	18297	1343	0.2191	1.0875	7.4510	210.3103	15.4368
A-	南京大学江苏长江产业经济研究院	高校智库	44.83	115	329752	2137	0.3150	1.0000	0.6481	2867.4087	18.5826
A-	南京艺术学院紫金文创研究院	高校智库	43.81	100	42382	1421	0.1178	2.3256	3.6390	423.8200	14.2100
A-	清华大学产业发展与环境治理研究中心	高校智库	44.06	245	89286	2536	0.4493	1.4939	1.9167	364.4327	10.3510
A-	清华大学国情研究院	高校智库	45.79	368	275814	2833	0.9013	1.1185	1.0278	749.4946	7.6984
A-	厦门大学王亚南经济研究院	高校智库	43.83	360	173569	1665	0.5808	1.6981	0.9866	482.1361	4.6250
A-	上海国际问题研究院	党政部门智库	43.12	297	79912	1842	0.5780	1.4076	2.2190	269.0640	6.2020
A-	上海海事大学上海国际航运研究中心	高校智库	44.47	474	172388	1837	0.6684	1.9426	1.0896	363.6878	3.8755
A-	上海市环境科学研究院	党政部门智库	44.02	255	161127	2166	0.6191	1.1283	1.3532	631.8706	8.4941
A-	上海外国语大学中东研究所	高校智库	44.72	361	139813	2561	0.9013	1.0973	1.8218	387.2936	7.0942
A-	上海外国语大学中国外语战略研究中心	高校智库	44.45	126	161913	2117	0.2410	1.4318	1.2386	1285.0238	16.8016
A-	深圳创新发展研究院	企业与社会智库	44.37	60	286948	1695	0.1616	1.0169	0.5904	4782.4667	28.2500
A-	盛京汇智库	企业与社会智库	44.49	216	19940	1882	0.3041	1.9459	7.1529	92.3148	8.7130

· 271 ·

续表

评级	智库名称	智库类型	指数	发文量	阅读量	点赞量	发布频次	发布容量	头条点赞比	篇均阅读量	篇均点赞量
A-	水利部发展研究中心	党政部门智库	46.47	366	412027	2970	0.9698	1.0339	0.7198	1125.7568	8.1148
A-	四川省社会科学院	社科院智库	43.93	288	72317	1824	0.3808	2.0719	2.7293	251.1007	6.3333
A-	武汉大学国际法研究所	高校智库	42.99	170	121192	1448	0.2849	1.6346	1.2910	712.8941	8.5176
A-	一带一路百人论坛	企业与社会智库	46.55	732	268009	2461	0.8356	2.4000	0.8646	366.1325	3.3620
A-	浙江大学公共政策研究院	高校智库	45.93	258	207318	3254	0.5424	1.3030	1.5670	803.5581	12.6124
A-	浙江清华长三角研究院	高校智库	43.65	182	74207	998	0.1232	4.0444	1.3915	407.7308	5.4835
A-	中共安徽省委党校	党校行政学院智库	43.76	420	119320	1778	0.6273	1.8341	1.4247	284.0952	4.2333
A-	中共甘肃省委党校	党校行政学院智库	45.04	431	215483	1661	0.4328	2.7278	0.7508	499.9606	3.8538
A-	中共湖北省委党校	党校行政学院智库	46.10	452	88562	3477	0.9479	1.3064	3.4971	195.9336	7.6925
A-	中共上海市委党校	党校行政学院智库	45.45	245	56448	1467	0.1232	5.4444	2.1350	230.4000	5.9878
A-	中国(深圳)综合开发研究院	企业与社会智库	44.40	364	154067	2111	0.5917	1.6852	1.2541	423.2610	5.7995
A-	中国财政科学研究院	党政部门智库	45.82	405	127314	2912	0.5917	1.8750	2.3316	314.3556	7.1901
A-	中国城市规划设计研究院	党政部门智库	44.13	85	207502	1866	0.2082	1.1184	0.9231	2441.2000	21.9529

附 录 | 中国智库与全球智库大数据指数评级

续表

评级	智库名称	智库类型	指数	发文量	阅读量	点赞量	发布频次	发布容量	头条点赞比	篇均阅读量	篇均点赞量
A-	中国法学会	企业与社会智库	43.63	239	186818	1561	0.4000	1.6370	0.8656	781.6653	6.5314
A-	中国房地产数据研究院	企业与社会智库	45.56	539	295877	1669	0.5534	2.6683	0.6080	548.9369	3.0965
A-	中国环境科学研究院	党政部门智库	43.19	230	211109	1445	0.4767	1.3218	0.6998	917.8652	6.2826
A-	中国计量科学研究院	党政部门智库	43.00	149	151344	1358	0.2575	1.5851	0.9293	1015.7315	9.1141
A-	中国南海研究院	党政部门智库	43.81	134	270229	1678	0.3369	1.0894	0.6045	2016.6343	12.5224
A-	中国农业科学院	党政部门智库	45.34	246	199215	2740	0.4657	1.4471	1.2723	809.8171	11.1382
A-	中国人口与发展研究中心	党政部门智库	44.01	271	249428	1817	0.6465	1.1483	0.7328	920.3985	6.7048
A-	中国人民大学国际货币研究所	高校智库	47.02	919	354862	2214	0.9726	2.5887	0.5969	386.1393	2.4091
A-	中国社会科学院金融研究所	社科院智库	46.59	310	264305	2873	0.3972	2.1379	1.0778	852.5968	9.2677
A-	中国社会科学院马克思主义研究院	社科院智库	44.58	269	161551	2477	0.6465	1.1398	1.5891	600.5613	9.2082
A-	中国社会科学院世界经济与政治研究所	社科院智库	44.09	429	227005	1550	0.6876	1.7092	0.7343	529.1492	3.6131
A-	中国延安干部学院	党校行政学院智库	42.67	643	83056	851	0.4739	3.7168	1.0945	129.1695	1.3235
A-	中国政法大学法治政府研究院	高校智库	46.16	367	393770	2631	0.7315	1.3745	0.6682	1072.9428	7.1689
A-	中央财经大学绿色金融国际研究院	高校智库	43.75	459	119983	1643	0.6383	1.9700	1.4687	261.4009	3.5795

· 273 ·

附表1.10　智库微博专家号指数评级 Top100

评级	智库名称	智库类型	指数	历史粉丝量	发博量	转发量	篇均评论量	篇均点赞量	篇均转发量
A++	国防大学	军队智库	59.63	2633715	2684	52816	13.5011	40.1274	19.6781
A++	盘古智库	企业与社会智库	72.56	8292986	226	30005	56.0265	179.0885	132.7655
A++	上海金融与法律研究院	企业与社会智库	61.67	616422	4430	209149	27.8819	40.1752	47.2120
A++	武汉大学质量发展战略研究院	高校智库	53.49	429638	39	2379	52.9487	91.6667	61.0000
A++	中国财政科学研究院	党政部门智库	64.88	23411541	7426	85076	7.0303	18.3645	11.4565
A++	中国科学技术协会	科研院所智库	75.39	3221469	2322	203005	94.8239	248.1727	87.4268
A++	中国科学院	科研院所智库	75.19	13520219	20605	1388260	17.8298	124.1539	67.3749
A++	中国人民大学重阳金融研究院	高校智库	56.81	2385419	2267	25892	5.6877	20.4120	11.4213
A++	中国社会科学院	社科院智库	72.32	39218222	39908	797678	15.8299	38.1676	19.9879
A++	中国战略文化促进会	企业与社会智库	71.05	878096	32	4019	165.5000	310.1875	125.5938
A+	福卡智库	企业与社会智库	48.84	49784	19142	30379	0.5120	2.5017	1.5870
A+	全球化智库	企业与社会智库	50.44	2729474	345	1733	0.5536	3.2957	5.0232
A+	上海市社会科学院	社科院智库	49.32	378267	1753	6126	3.2208	5.5528	3.4946
A+	中共中央党校	党校行政学院智库	51.28	1485248	2479	2841	0.4417	1.6805	1.1460
A+	中国城市发展研究院	企业与社会智库	50.65	11795	344	6147	0.0145	591.5930	17.8692

续表

评级	智库名称	智库类型	指数	历史粉丝量	发博量	转发量	篇均评论量	篇均点赞量	篇均转发量
A+	中国城市科学研究会	企业与社会智库	49.25	913173	2019	1676	0.9500	2.6117	0.8301
A+	中国法学会	企业与社会智库	51.47	682440	7557	5635	0.4256	0.6489	0.7457
A+	中国管理科学研究院	企业与社会智库	49.48	1369256	2616	928	0.4507	0.6498	0.3547
A+	中国科学院科技战略咨询研究院	科研院所智库	47.91	280403	3660	3119	0.2268	0.7762	0.8522
A+	中国浦东干部学院长江三角洲研究院	党校行政学院智库	48.00	336680	3691	2467	0.4462	0.4717	0.6684
A	21世纪教育研究院	企业与社会智库	47.12	2352542	92	470	1.6413	5.3370	5.1087
A	北京大学国家发展研究院	高校智库	46.62	317715	156	1443	19.0321	43.3782	9.2500
A	北京大学现代日本研究中心	高校智库	41.74	210204	305	322	0.3541	1.5410	1.0557
A	察哈尔学会	企业与社会智库	40.18	142213	315	205	0.1968	0.4667	0.6508
A	甘肃省社会科学院	社科院智库	45.81	38815	2408	15547	1.7413	3.0046	6.4564
A	广东财经大学华南商业智库	高校智库	39.80	233697	317	71	0.1451	0.6845	0.2240
A	国务院发展研究中心	党政部门智库	44.78	298061	402	1115	0.9826	5.3109	2.7736
A	清华大学政治经济学研究中心	高校智库	43.42	611094	690	115	0.3377	0.8783	0.1667
A	人民网新媒体智库	企业与社会智库	45.05	232902	49	1438	6.8571	10.2245	29.3469

续表

评级	智库名称	智库类型	指数	历史粉丝量	发博量	转发量	篇均评论量	篇均点赞量	篇均转发量
A	四川省社会科学院	社科院智库	45.11	95709	346	3953	8.7399	14.6965	11.4249
A	天津市社会科学院	社科院智库	46.31	50180	412	12442	1.9490	8.0243	30.1990
A	文化部艺术发展中心	党政部门智库	40.69	350201	593	46	0.0691	0.3373	0.0776
A	一带一路百人论坛	企业与社会智库	41.33	98603	650	503	0.4031	1.4738	0.7738
A	云南省社会科学院	社科院智库	39.44	90114	362	221	0.5000	3.3204	0.6105
A	中共四川省委党校	党校行政学院智库	39.84	66456	839	293	0.1168	0.6508	0.3492
A	中国城市规划设计研究院	党政部门智库	40.80	50273	1716	564	0.2162	0.5186	0.3287
A	中国传媒大学文化发展研究院	高校智库	47.75	356381	1400	2853	1.5014	9.9371	2.0379
A	中国发展战略学研究会	企业与社会智库	44.35	141170	250	1958	9.6920	6.5720	7.8320
A	中国工程院	科研院所智库	44.42	369488	221	756	4.0814	6.9819	3.4208
A	中国国际经济交流中心	企业与社会智库	40.96	159715	353	261	0.7479	2.3428	0.7394
A	中国国际问题研究院	党政部门智库	46.92	239542	296	2575	15.9122	28.6014	8.6993
A	中国国土资源经济研究院	党政部门智库	41.05	168264	1006	136	0.0726	1.3429	0.1352
A	中国金融四十人论坛	企业与社会智库	40.50	752774	19	75	2.8421	7.0000	3.9474
A	中国经济体制改革研究会	企业与社会智库	43.14	56043	411	2282	0.0097	64.5815	5.5523

附　录 | 中国智库与全球智库大数据指数评级

续表

评级	智库名称	智库类型	指数	历史粉丝量	发博量	转发量	篇均评论量	篇均点赞量	篇均转发量
A	中国旅游研究院	党政部门智库	39.84	53230	585	479	1.0496	4.3556	0.8188
A	中国青少年研究中心	党政部门智库	41.37	5597358	13	9	0.1538	0.7692	0.6923
A	中国人民大学国际货币研究所	高校智库	41.15	5584410	18	6	0.3889	1.8889	0.3333
A	中国人民解放军军事科学院	军队智库	46.56	589643	669	1026	1.0583	1.7952	1.5336
A	中国人民银行研究局	党政部门智库	45.22	1402255	75	342	1.3600	4.3867	4.5600
A	中国社会科学院世界经济与政治研究所	社科院智库	41.61	43990	383	2232	2.0992	3.7859	5.8277
A-	北京大学文化产业研究院	高校智库	28.03	42197	4	3	0.7500	4.7500	0.7500
A-	北京大学中国社会发展研究中心	高校智库	31.96	10841	286	42	0.1259	1.6084	0.1469
A-	北京师范大学中国公益研究院	高校智库	29.58	15080	110	8	0.0636	0.1909	0.0727
A-	北京市社会科学院	社科院智库	38.45	130150	287	75	0.1603	0.6132	0.2613
A-	对外经济贸易大学公共政策研究所	高校智库	36.46	31962	118	276	0.9407	1.9746	2.3390
A-	复旦大学中国经济研究中心	高校智库	36.63	43323	59	233	2.1017	12.0847	3.9492
A-	广东省社会科学院	社科院智库	31.26	68541	54	3	0.4444	0.9630	0.0556

· 277 ·

续表

评级	智库名称	智库类型	指数	历史粉丝量	发博量	转发量	篇均评论量	篇均点赞量	篇均转发量
A-	广州大学广州发展研究院	高校智库	36.05	25211	630	117	0.1302	0.3889	0.1857
A-	国家信息中心	党政部门智库	35.42	48841	1032	18	0.0717	0.1531	0.0174
A-	黑龙江省社会科学院	社科院智库	37.26	38392	1106	94	0.3951	1.4304	0.0850
A-	湖南省社会科学院	社科院智库	33.75	18620	205	77	0.2976	1.0341	0.3756
A-	暨南大学产业经济研究院	高校智库	28.05	211059	—	—	—	—	—
A-	江苏省科学技术情报研究所	科研院所智库	29.13	10826	99	11	0.0606	0.3939	0.1111
A-	联想研究院	企业与社会智库	28.42	11335	63	8	0.1111	0.5873	0.1270
A-	瞭望智库	党政部门智库	29.74	17348	40	14	0.5500	0.7500	0.3500
A-	南方民间智库	企业与社会智库	37.75	28715	1646	168	0.1865	0.3262	0.1021
A-	南开大学国际经济研究所	高校智库	34.26	15993	329	104	0.3860	0.5836	0.3161
A-	宁夏回族自治区人民政府发展研究中心	党政部门智库	27.56	4986	467	4	0.0557	0.1028	0.0086
A-	清华大学国情研究院	高校智库	35.27	5883	176	1167	0.2102	1.3182	6.6307
A-	陕西省人民政府发展研究中心	党政部门智库	35.40	117152	134	16	0.5896	0.9179	0.1194
A-	上海交通大学中国发展研究院	高校智库	34.24	25093	22	166	3.4091	5.5909	7.5455

续表

评级	智库名称	智库类型	指数	历史粉丝量	发博量	转发量	篇均评论量	篇均点赞量	篇均转发量
A-	上海市人民政府发展研究中心	党政部门智库	33.87	9036	1308	82	0.0145	0.1850	0.0627
A-	新疆维吾尔自治区人民政府发展研究中心	党政部门智库	31.22	11730	44	70	0.5909	0.7273	1.5909
A-	浙江省社会科学院	社科院智库	30.83	17603	244	9	0.0574	0.5410	0.0369
A-	中共湖北省委党校	党校行政学院智库	33.11	1791	1346	604	0.8522	1.7585	0.4487
A-	中共陕西省委党校	党校行政学院智库	38.03	19298	678	594	2.8569	1.4853	0.8761
A-	中共中央编译局	党政部门智库	38.64	74638	853	104	0.0668	0.1524	0.1219
A-	中国(海南)改革发展研究院	企业与社会智库	35.33	80551	191	23	0.2565	0.2723	0.1204
A-	中国城市和小城镇改革发展中心	党政部门智库	34.82	2594746	2	0	0.0000	0.0000	0.0000
A-	中国创业智库	企业与社会智库	28.85	97365	14	0	0.2143	0.1429	0.0000
A-	中国电子信息产业发展研究院	党政部门智库	39.14	281203	143	55	0.3077	0.5385	0.3846
A-	中国房地产研究会	企业与社会智库	29.51	254511	2	0	0.0000	0.0000	0.0000
A-	中国国际税收研究会	企业与社会智库	32.90	8000	519	92	0.1426	0.5665	0.1773
A-	中国环境科学研究院	党政部门智库	29.82	20632	336	2	0.6161	0.4792	0.0060
A-	中国计量科学研究院	党政部门智库	33.38	63670	269	6	0.4981	0.2639	0.0223
A-	中国经济五十人论坛	企业与社会智库	30.29	9326	111	30	0.7117	0.3604	0.2703

续表

评级	智库名称	智库类型	指数	历史粉丝量	发博量	转发量	篇均评论量	篇均点赞量	篇均转发量
A-	中国能源经济研究院	党政部门智库	38.73	8467	6630	955	0.1596	0.2665	0.1440
A-	中国能源战略研究院	党政部门智库	33.65	9211	380	151	0.3079	0.3947	0.3974
A-	中国农业科学院	党政部门智库	31.64	1016254	—	—	—	—	—
A-	中国浦东干部学院	党校行政学院智库	28.35	15953	27	7	1.0000	2.7037	0.2593
A-	中国人民大学国家发展与战略研究院	高校智库	34.76	8502	109	597	1.4220	5.1101	5.4771
A-	中国人民大学金融与证券研究所	高校智库	34.67	3812461	—	—	—	—	—
A-	中国人民银行金融研究所	党政部门智库	34.77	3993570	—	—	—	—	—
A-	中国社会科学院金融研究所	社科院智库	32.50	46308	54	17	0.3333	0.8148	0.3148
A-	中国丝路智谷研究院	企业与社会智库	34.25	30629	170	55	0.3059	2.0706	0.3235
A-	中国未来研究会	企业与社会智库	27.55	35155	15	1	0.0000	0.0000	0.0667
A-	中国新闻出版研究院	党政部门智库	35.04	54208	221	33	0.0317	0.0950	0.1493
A-	中国政法大学知识产权研究中心	高校智库	38.25	29899	284	632	0.4366	1.0810	2.2254
A-	重庆大学可持续发展研究院	高校智库	30.99	6669	302	44	0.1854	2.6026	0.1457
A-	自然之友环境研究所	企业与社会智库	29.85	105311	35	0	0.0571	0.2000	0.0000

附表1.11 智库微信引用指数评级 Top100

评级	智库名称	智库类型	指数	引用文章量	引用文章阅读量	引用文章点赞量	引用文章位置重要性
A++	北京大学国家发展研究院	高校智库	52.57	2019	3341823	27081	2.0634
A++	北京教育科学研究院	党政部门智库	59.87	3266	1973770	33467	1.7795
A++	国防大学	军队智库	62.74	2960	9032849	138753	2.1598
A++	全球化智库	企业与社会智库	46.75	1743	1642949	21508	2.1819
A++	中共中央党校	党校行政学院智库	63.12	4710	9227238	80648	2.2839
A++	中国电子信息产业发展研究院	党政部门智库	51.32	2033	1786180	14369	1.8824
A++	中国工程院	科研院所智库	86.37	17052	27124715	379734	1.9322
A++	中国科学技术协会	科研院所智库	51.96	5389	4800924	33106	3.1324
A++	中国科学院	科研院所智库	97.55	36931	59621707	723901	1.8989
A++	中国社会科学院	社科院智库	62.35	6331	9594168	60019	2.4937
A+	贵州省社会科学院	社科院智库	41.76	1034	1733620	47019	2.5145
A+	国家信息中心	党政部门智库	42.65	1348	1658684	15442	2.2717
A+	国务院发展研究中心	党政部门智库	45.10	1426	2167526	21255	2.2623
A+	湖南省人民政府发展研究中心	党政部门智库	43.75	712	1509107	162995	2.3828
A+	盘古智库	企业与社会智库	42.33	674	985340	22348	1.8798
A+	一带一路百人论坛	企业与社会智库	44.36	1550	1010568	9901	1.9940
A+	中共中央编译局	党政部门智库	43.97	731	1050270	119679	2.1915
A+	中国农业科学院	党政部门智库	46.05	2532	3229224	29762	2.8988
A+	中国人民银行研究局	党政部门智库	42.52	814	1419266	57614	2.2683
A+	中国信息通信研究院	党政部门智库	45.46	1566	1882095	26875	2.3182
A	安徽大学创新发展研究院	高校智库	38.49	828	1275376	33660	2.4603
A	安徽省社会科学院	社科院智库	38.59	764	1495940	24707	2.3482
A	北京大学文化产业研究院	高校智库	40.73	779	1278726	35814	2.2330

续表

评级	智库名称	智库类型	指数	引用文章量	引用文章阅读量	引用文章点赞量	引用文章位置重要性
A	北京服装学院首都服饰文化与服装产业研究基地	高校智库	39.30	735	1429879	38220	2.3697
A	北京交通大学北京交通发展研究基地	高校智库	38.34	673	1489264	30936	2.3464
A	北京交通大学国家经济安全研究院	高校智库	39.33	810	1734758	27179	2.3949
A	北京师范大学刑事法律科学研究院	高校智库	38.37	867	1089063	34988	2.4683
A	北京师范大学智慧学习研究院	高校智库	41.28	1086	1786807	14643	2.2532
A	北京市经济信息中心	党政部门智库	39.20	765	1697640	38324	2.4650
A	当代世界研究中心	党政部门智库	37.77	768	1269802	16470	2.2616
A	对外经济贸易大学全球价值链研究院	高校智库	37.73	730	1199364	32005	2.4049
A	福建省人民政府发展研究中心	党政部门智库	41.36	741	1712949	57974	2.3639
A	复旦大学博瑞产业发展研究院	高校智库	40.50	1014	1727575	22767	2.3925
A	广东亚太创新经济研究院	企业与社会智库	41.38	1004	1984004	35755	2.4864
A	国家发展和改革委员会国际合作中心	党政部门智库	38.94	990	1507373	12587	2.3033
A	国家发展和改革委员会能源研究所	党政部门智库	38.96	807	1346748	26156	2.3372
A	国家体育总局体育科学研究所	党政部门智库	39.22	782	1496390	34244	2.4037
A	海南省人民政府发展研究中心	党政部门智库	37.98	751	1261282	38276	2.4741
A	河北省人民政府发展研究中心	党政部门智库	39.37	735	1306028	44809	2.3830
A	黑龙江大学龙江振兴发展研究中心	高校智库	37.98	703	1256098	44143	2.4674

续表

评级	智库名称	智库类型	指数	引用文章量	引用文章阅读量	引用文章点赞量	引用文章位置重要性
A	黑龙江省人民政府发展研究中心	党政部门智库	38.79	754	1342191	32315	2.3662
A	华南理工大学公共政策研究院	高校智库	40.95	872	1587428	30894	2.3092
A	暨南大学广州市舆情大数据研究中心	高校智库	39.25	735	1232311	38400	2.3310
A	瞭望智库	党政部门智库	41.61	682	2008137	29053	2.1481
A	陕西师范大学西北历史环境与经济社会发展研究院	高校智库	39.06	521	940267	87579	2.2689
A	上海市社会科学院	社科院智库	39.77	876	1306769	19517	2.2321
A	中国教育科学研究院	党政部门智库	38.16	960	706777	9523	2.0764
A	中国浦东干部学院	党校行政学院智库	39.29	858	877486	37988	2.3297
A	中国铁道科学研究院	企业与社会智库	40.25	780	1109644	19700	2.0872
A	中国土地政策与法律研究中心	高校智库	37.99	717	1228266	39250	2.4365
A-	安徽省人民政府发展研究中心	党政部门智库	36.14	670	1303339	18235	2.3492
A-	北京大学财经法研究中心	高校智库	35.99	741	1298096	18768	2.4443
A-	北京大学风险控制研究所	高校智库	36.35	777	1350409	17574	2.4365
A-	北京大学林肯研究院城市发展与土地政策研究中心	高校智库	36.16	766	1545793	14696	2.4321
A-	北京大学中国经济研究中心	高校智库	35.67	501	1330368	39378	2.4217
A-	北京联合大学北京学研究基地	高校智库	36.28	748	1359056	16566	2.3989
A-	北京师范大学国际与比较教育研究院	高校智库	35.65	516	1008801	34608	2.3212

续表

评级	智库名称	智库类型	指数	引用文章量	引用文章阅读量	引用文章点赞量	引用文章位置重要性
A-	北京师范大学首都文化创新与文化传播工程研究院	高校智库	36.15	737	1191127	19724	2.4118
A-	北京师范大学中国公益研究院	高校智库	37.25	818	1358547	19937	2.4288
A-	北京市社会科学院	社科院智库	37.01	854	1428670	19082	2.4883
A-	成都理工大学四川矿产资源研究中心	高校智库	35.65	697	1139737	15760	2.3378
A-	东北大学中国东北振兴研究院	高校智库	36.38	746	1534668	19136	2.4721
A-	福建省社会科学院	社科院智库	36.06	748	1143239	12884	2.2930
A-	复旦大学上海市高校智库研究和管理中心	高校智库	35.83	718	1146002	13327	2.2962
A-	甘肃省社会科学院	社科院智库	36.58	762	1551682	17522	2.4438
A-	广东省社会科学院	社科院智库	36.66	1009	1250347	14409	2.5183
A-	广东外语外贸大学广东国际战略研究院	高校智库	36.95	751	1210927	17653	2.3237
A-	广西大学广西创新发展研究院	高校智库	36.96	742	1495952	13312	2.2962
A-	贵州省人民政府发展研究中心	党政部门智库	35.95	800	1220936	13756	2.3887
A-	国家税务总局税收科学研究所	党政部门智库	36.94	727	1202817	20115	2.3372
A-	海南省社会科学院	社科院智库	36.91	695	1347935	30598	2.4716
A-	河北经贸大学京津冀一体化发展协同创新中心	高校智库	35.79	754	1379101	18030	2.4847
A-	河北省社会科学院	社科院智库	36.48	750	1222564	16892	2.3552
A-	胡润研究院	企业与社会智库	37.62	674	2016058	9628	2.1770
A-	湖南省社会科学院	社科院智库	36.71	831	1289301	14145	2.3702
A-	华北电力大学北京能源发展研究基地	高校智库	36.01	712	1291752	21199	2.4484

续表

评级	智库名称	智库类型	指数	引用文章量	引用文章阅读量	引用文章点赞量	引用文章位置重要性
A-	华东师范大学高等教育研究所	高校智库	36.51	732	1365372	17015	2.3713
A-	华东师范大学国家教育宏观政策研究院	高校智库	36.13	689	1148730	23272	2.4040
A-	环境保护部环境规划院	党政部门智库	36.75	724	1123956	21773	2.3549
A-	吉林省人民政府发展研究中心	党政部门智库	36.43	735	1106855	17631	2.3281
A-	吉林省社会科学院	社科院智库	35.87	712	1099696	20517	2.4003
A-	江苏省人民政府发展研究中心	党政部门智库	36.65	729	1270618	21141	2.3980
A-	南京大学长江三角洲经济社会发展研究中心	高校智库	37.22	454	1027977	118459	2.4587
A-	南开大学中国特色社会主义经济建设协同创新中心	高校智库	37.69	748	1278221	26295	2.3865
A-	全国党的建设研究会	企业与社会智库	35.96	684	976170	16898	2.2722
A-	山东省创新战略研究院	党政部门智库	35.63	532	1159164	39385	2.4257
A-	山东省宏观经济研究院	党政部门智库	37.13	499	1295336	60195	2.4012
A-	西北工业大学西部国防科技工业发展研究中心	高校智库	35.98	699	1160680	20968	2.4000
A-	西藏大学西藏可持续发展研究所	高校智库	36.30	488	727645	47738	2.2246
A-	浙江大学"一带一路"合作与发展协同创新中心	高校智库	37.12	757	1395905	23743	2.4469
A-	中共陕西省委党校	党校行政学院智库	35.75	573	989628	17324	2.1882

续表

评级	智库名称	智库类型	指数	引用文章量	引用文章阅读量	引用文章点赞量	引用文章位置重要性
A -	中国法学会	企业与社会智库	36.68	1177	1207258	8519	2.4526
A -	中国公共外交协会	企业与社会智库	36.57	780	1342335	16101	2.3888
A -	中国经济五十人论坛	企业与社会智库	36.17	661	1208418	11398	2.1884
A -	中国浦东干部学院长江三角洲研究院	党校行政学院智库	35.98	667	1045268	18900	2.3047
A -	中国社会科学院国家全球战略智库	社科院智库	36.97	523	953066	59884	2.3527
A -	中国社会科学院台湾研究所	社科院智库	36.60	518	1016800	71222	2.4545
A -	中国社会科学院新闻与传播研究所	社科院智库	36.58	504	926376	56819	2.3382
A -	中国指数研究院	企业与社会智库	36.57	813	1335991	10903	2.3026
A -	中央财经大学政府预算管理研究所	高校智库	37.48	471	880060	96320	2.3482

附表1.12 中国智库大数据指数评级 Top100

评级	智库名称	智库类型	总指数	微信公众号指数	微博专家号指数	微信引用指数
A++	国防大学	军队智库	55.74	44.85	59.63	62.74
A++	瞭望智库	党政部门智库	51.38	82.78	29.74	41.61
A++	盘古智库	企业与社会智库	55.17	50.62	72.56	42.33
A++	全球化智库	企业与社会智库	50.97	55.71	50.44	46.75
A++	中共中央党校	党校行政学院智库	51.71	40.73	51.28	63.12
A++	中国工程院	科研院所智库	60.09	49.46	44.42	86.37
A++	中国科学技术协会	科研院所智库	69.13	80.04	75.39	51.96
A++	中国科学院	科研院所智库	57.58	0.00	75.19	97.55
A++	中国人民大学重阳金融研究院	高校智库	48.82	54.89	56.81	34.75

续表

评级	智库名称	智库类型	总指数	微信公众号指数	微博专家号指数	微信引用指数
A++	中国社会科学院	社科院智库	58.23	40.01	72.32	62.35
A+	北京大学国家发展研究院	高校智库	42.66	28.80	46.62	52.57
A+	国务院发展研究中心	党政部门智库	46.13	48.52	44.78	45.10
A+	上海金融与法律研究院	企业与社会智库	44.78	48.98	61.67	23.70
A+	上海市社会科学院	社科院智库	42.47	38.31	49.32	39.77
A+	一带一路百人论坛	企业与社会智库	44.08	46.55	41.33	44.36
A+	中国财政科学研究院	党政部门智库	46.92	45.82	64.88	30.06
A+	中国电子信息产业发展研究院	党政部门智库	47.62	52.40	39.14	51.32
A+	中国法学会	企业与社会智库	43.93	43.63	51.47	36.68
A+	中国金融四十人论坛	企业与社会智库	43.17	56.07	40.50	32.93
A+	中国人民解放军军事科学院	军队智库	43.87	50.22	46.56	34.83
A	21世纪教育研究院	企业与社会智库	39.87	47.89	47.12	24.61
A	北京市社会科学院	社科院智库	38.01	38.56	38.45	37.01
A	察哈尔学会	企业与社会智库	40.98	50.84	40.18	31.91
A	福卡智库	企业与社会智库	40.02	50.37	48.84	20.84
A	甘肃省社会科学院	社科院智库	37.67	30.62	45.81	36.58
A	国家信息中心	党政部门智库	41.82	47.39	35.42	42.65
A	华南理工大学公共政策研究院	高校智库	38.67	55.10	19.97	40.95
A	清华大学国情研究院	高校智库	37.46	45.79	35.27	31.33

续表

评级	智库名称	智库类型	总指数	微信公众号指数	微博专家号指数	微信引用指数
A	人民网新媒体智库	企业与社会智库	39.83	50.22	45.05	24.22
A	四川省社会科学院	社科院智库	40.36	43.93	45.11	32.05
A	武汉大学质量发展战略研究院	高校智库	41.71	41.28	53.49	30.37
A	中共湖北省委党校	党校行政学院智库	36.87	46.10	33.11	31.40
A	中共中央编译局	党政部门智库	41.30	41.29	38.64	43.97
A	中国城市和小城镇改革发展中心	党政部门智库	42.07	59.57	34.82	31.81
A	中国国际经济交流中心	企业与社会智库	36.30	37.66	40.96	30.28
A	中国国际问题研究院	党政部门智库	37.02	42.10	46.92	22.04
A	中国经济体制改革研究会	企业与社会智库	40.78	50.31	43.14	28.88
A	中国旅游研究院	党政部门智库	41.14	48.36	39.84	35.22
A	中国农业科学院	党政部门智库	41.01	45.34	31.64	46.05
A	中国人民大学国际货币研究所	高校智库	38.24	47.02	41.15	26.54
A	中国人民大学国家发展与战略研究院	高校智库	37.96	50.29	34.76	28.81
A	中国人民银行研究局	党政部门智库	41.11	35.58	45.22	42.52
A	中国社会保障学会	企业与社会智库	36.68	52.84	24.12	33.09
A	中国社会科学院工业经济研究所	社科院智库	38.76	62.65	25.98	27.64
A	中国社会科学院金融研究所	社科院智库	35.95	46.59	32.50	28.76
A	中国社会科学院世界经济与政治研究所	社科院智库	38.99	44.09	41.61	31.26

续表

评级	智库名称	智库类型	总指数	微信公众号指数	微博专家号指数	微信引用指数
A	中国铁道科学研究院	企业与社会智库	35.91	53.17	14.31	40.25
A	中国信息通信研究院	党政部门智库	38.51	51.74	18.34	45.46
A	中国指数研究院	企业与社会智库	37.76	56.66	20.06	36.57
A	自然之友环境研究所	企业与社会智库	37.66	49.91	29.85	33.22
A-	阿里研究院	企业与社会智库	35.08	51.07	18.62	35.55
A-	北京大学国际战略研究院	高校智库	30.43	42.22	15.76	33.32
A-	北京大学文化产业研究院	高校智库	35.52	37.80	28.03	40.73
A-	北京师范大学中国公益研究院	高校智库	35.49	39.64	29.58	37.25
A-	北京市长城企业战略研究所	企业与社会智库	31.45	40.41	22.36	31.58
A-	上海春秋发展战略研究院	企业与社会智库	33.66	85.85	0.00	15.12
A-	第一财经研究院	企业与社会智库	32.85	44.47	18.76	35.31
A-	凤凰国际智库	企业与社会智库	33.59	61.51	13.55	25.71
A-	复旦大学中国经济研究中心	高校智库	31.60	29.13	36.63	29.05
A-	广东财经大学华南商业智库	高校智库	33.89	34.65	39.80	27.23
A-	广东省社会科学院	社科院智库	34.19	34.64	31.26	36.66
A-	国家发展和改革委员会宏观经济研究院	党政部门智库	34.82	45.07	24.68	34.72
A-	胡润研究院	企业与社会智库	29.93	52.18	0.00	37.62
A-	湖南省人民政府发展研究中心	党政部门智库	30.75	40.28	8.22	43.75

续表

评级	智库名称	智库类型	总指数	微信公众号指数	微博专家号指数	微信引用指数
A-	湖南省社会科学院	社科院智库	35.51	36.08	33.75	36.71
A-	吉林省社会科学院	社科院智库	31.55	38.89	19.90	35.87
A-	暨南大学经济与社会研究院	高校智库	32.81	45.68	17.50	35.24
A-	南开大学国际经济研究所	高校智库	30.97	27.85	34.26	30.81
A-	内蒙古自治区社会科学院	社科院智库	30.23	41.63	16.63	32.42
A-	清华-布鲁金斯公共政策研究中心	高校智库	30.82	40.29	21.07	31.10
A-	清科研究中心	企业与社会智库	32.78	52.78	14.93	30.65
A-	上海交通大学中国发展研究院	高校智库	32.81	36.35	34.24	27.83
A-	上海市环境科学研究院	党政部门智库	32.15	44.02	24.70	27.73
A-	上海市人民政府发展研究中心	党政部门智库	32.65	33.80	33.87	30.28
A-	上海新金融研究院	企业与社会智库	32.01	42.58	21.36	32.10
A-	腾讯研究院	企业与社会智库	34.38	53.86	18.72	30.56
A-	武汉大学环境法研究所	高校智库	32.18	56.07	6.61	33.87
A-	易观智库	企业与社会智库	30.44	49.77	27.08	14.46
A-	中共陕西省委党校	党校行政学院智库	35.64	33.13	38.03	35.75
A-	中共四川省委党校	党校行政学院智库	35.11	36.64	39.84	28.84
A-	中共浙江省委党校	党校行政学院智库	31.17	36.34	26.27	30.90
A-	中国(海南)改革发展研究院	企业与社会智库	34.39	37.88	35.33	29.94

续表

评级	智库名称	智库类型	总指数	微信公众号指数	微博专家号指数	微信引用指数
A-	中国城市规划设计研究院	党政部门智库	35.48	44.13	40.80	21.52
A-	中国城市科学研究会	企业与社会智库	34.68	33.63	49.25	21.17
A-	中国发展战略学研究会	企业与社会智库	30.80	24.72	44.35	23.34
A-	中国管理科学研究院	企业与社会智库	32.53	24.84	49.48	23.25
A-	中国国土资源经济研究院	党政部门智库	35.14	36.76	41.05	27.62
A-	中国环境科学研究院	党政部门智库	35.73	43.19	29.82	34.17
A-	中国计量科学研究院	党政部门智库	34.78	43.00	33.38	27.95
A-	中国教育科学研究院	党政部门智库	32.89	36.53	23.99	38.16
A-	中国就业促进会	企业与社会智库	29.96	39.40	26.28	24.21
A-	中国科学院科技战略咨询研究院	科研院所智库	34.89	27.95	47.91	28.82
A-	中国能源经济研究院	党政部门智库	33.42	29.50	38.73	32.02
A-	中国能源研究会	企业与社会智库	31.76	40.21	26.76	28.31
A-	中国社会科学院农村发展研究所	社科院智库	32.74	41.88	23.98	32.35
A-	中国丝路智谷研究院	企业与社会智库	32.40	36.27	34.25	26.68
A-	中国新闻出版研究院	党政部门智库	30.59	34.83	35.04	21.92
A-	中国政法大学法治政府研究院	高校智库	31.37	46.16	18.11	29.84
A-	中国政法大学知识产权研究中心	高校智库	31.74	30.45	38.25	26.52
A-	综合开发研究院(中国·深圳)	企业与社会智库	30.28	44.40	16.64	29.81

（四）2019年中国智库大数据指数评级

附表1.13 智库微信公众号指数评级 Top 100

评级	智库名称	智库类型	指数	发文量	阅读量	点赞量	发布频次	发布容量	篇均阅读量	篇均点赞量	头条点赞比
A++	上海春秋发展战略研究院	企业与社会智库	83.09	8744	434682361	2438283	2.9918	8.0073	49712.0724	278.8521	0.8199
A++	凤凰国际智库	企业与社会智库	56.81	944	5148704	21994	0.9671	2.6742	5454.1356	23.2987	0.4303
A++	瞭望智库	党政部门智库	76.47	2162	158474702	1330242	3.3452	1.7707	73300.0472	615.2831	0.9065
A++	南风窗传媒智库	企业与社会智库	67.32	1416	32010437	243132	2.1452	1.8084	22606.2408	171.7034	0.8215
A++	苏宁金融研究院	企业与社会智库	59.59	1699	2582205	63960	1.9945	2.3338	1519.8381	37.6457	2.9710
A++	中国城市和小城镇改革发展中心	党政部门智库	57.37	1306	4409307	23061	0.9890	3.6177	3376.1922	17.6577	0.6621
A++	中国金融四十人论坛	企业与社会智库	59.12	704	5967425	50196	0.9096	2.1205	8476.4560	71.3011	0.7756
A++	中国科学技术协会	科研院所智库	79.72	4622	142860697	1040658	6.7452	1.8773	30908.8483	225.1532	0.7918
A++	中国科学院	科研院所智库	59.13	1948	4734174	40269	1.8438	2.8945	2430.2741	20.6720	0.8550
A++	中国社会科学院工业经济研究所	社科院智库	59.43	2183	5410962	38745	2.1452	2.7880	2478.6816	17.7485	0.8006
A+	北京大学国家发展研究院	高校智库	52.82	536	1553725	14668	0.8055	1.8231	2898.7407	27.3657	0.9793
A+	国防大学	军队智库	54.09	366	2100315	23636	0.9479	1.0578	5738.5656	64.5792	1.1445
A+	湖南省人民政府发展研究中心	党政部门智库	53.88	2056	2103443	10602	2.5151	2.2397	1023.0754	5.1566	0.4853

续表

评级	智库名称	智库类型	指数	发文量	阅读量	点赞量	发布频次	发布容量	篇均阅读量	篇均点赞量	头条点赞比
A+	华南理工大学公共政策研究院	高校智库	54.14	276	2477739	21335	0.6712	1.1265	8977.3152	77.3007	0.8702
A+	全球化智库	企业与社会智库	55.04	2241	1307924	13395	1.0027	6.1230	583.6341	5.9772	1.1492
A+	腾讯研究院	企业与社会智库	53.59	392	1502697	20927	0.7479	1.4359	3833.4107	53.3852	1.5383
A+	武汉大学环境法研究所	高校智库	52.93	412	352326	14365	0.2849	3.9615	855.1602	34.8665	3.9939
A+	中共中央党校	党校行政学院智库	53.53	693	1773543	18058	1.2164	1.5608	2559.2251	26.0577	1.0679
A+	中国人民大学重阳金融研究院	高校智库	55.00	1242	2063448	17146	0.9781	3.4790	1661.3913	13.8052	0.6471
A+	中国指数研究院	企业与社会智库	54.98	1584	4060934	9036	0.9836	4.4123	2563.7210	5.7045	0.2258
A	阿里研究院	企业与社会智库	50.74	349	1816029	8063	0.7534	1.2691	5203.5215	23.1032	0.4495
A	安邦智库	企业与社会智库	48.80	991	520453	4159	0.7068	3.8411	525.1796	4.1968	0.9018
A	草根智库	企业与社会智库	47.89	294	642985	5309	0.5836	1.3803	2187.0238	18.0578	0.8638
A	察哈尔学会	企业与社会智库	47.47	1473	371174	2300	0.7918	5.0969	251.9851	1.5614	0.7368
A	福卡智库	企业与社会智库	50.92	1088	1238000	5566	0.8356	3.5672	1137.8676	5.1158	0.4654
A	海国图智研究院	企业与社会智库	50.15	1329	751522	5397	0.9726	3.7437	565.4793	4.0609	0.7956
A	胡润研究院	企业与社会智库	49.98	617	1571907	5668	0.9315	1.8147	2547.6613	9.1864	0.3576
A	南京大学中国社会科学研究评价中心	高校智库	48.82	75	561557	1634	0.0466	4.4118	7487.4267	21.7867	0.3223
A	盘古智库	企业与社会智库	48.39	1311	570272	3509	0.9945	3.6116	434.9901	2.6766	0.5930
A	清科研究中心	企业与社会智库	49.41	862	1306556	4295	1.0000	2.3616	1515.7262	4.9826	0.3605
A	人民网新媒体智库	企业与社会智库	50.62	686	1421402	6765	0.8767	2.1438	2072.0146	9.8615	0.5028

续表

评级	智库名称	智库类型	指数	发文量	阅读量	点赞量	发布频次	发布容量	篇均阅读量	篇均点赞量	头条点赞比
A	上海国有资本运营研究院	企业与社会智库	50.86	1079	1497450	4839	0.8329	3.5493	1387.8128	4.4847	0.3342
A	腾云智库	企业与社会智库	46.88	252	687683	4120	0.6411	1.0769	2728.9008	16.3492	0.5982
A	易观智库	企业与社会智库	48.49	434	975922	5579	0.9945	1.1956	2248.6682	12.8548	0.5743
A	知远战略与防务研究所	企业与社会智库	48.39	521	762095	3622	0.5068	2.8162	1462.7543	6.9520	0.5439
A	中共中央党史和文献研究院	党政部门智库	46.96	194	467033	5204	0.5288	1.0052	2407.3866	26.8247	1.1139
A	中国电子信息产业发展研究院	党政部门智库	50.92	1561	1509975	5589	2.1616	1.9785	967.3126	3.5804	0.3657
A	中国工程院	科研院所智库	47.32	715	564084	3171	0.7205	2.7186	788.9287	4.4350	0.5621
A	中国旅游研究院	党政部门智库	48.22	459	631391	4909	0.6164	2.0400	1375.5795	10.6950	0.8088
A	中国人民大学国家发展与战略研究院	高校智库	48.36	797	667242	3470	0.6493	3.3629	837.1920	4.3538	0.5135
A	中国人民大学民商事法律科学研究中心	高校智库	52.28	592	1983923	11272	0.9781	1.6583	3351.2213	19.0405	0.5997
A	中国人民解放军军事科学院	军队智库	51.88	259	1622131	11536	0.5151	1.3777	6263.0541	44.5405	0.7379
A	中国社会保障学会	企业与社会智库	49.19	872	713249	4678	0.7644	3.1254	817.9461	5.3647	0.8217
A	中国社会科学院金融研究所	社会院智库	46.48	381	410171	3726	0.5781	1.8057	1076.5643	9.7795	0.9323
A	中国铁道科学研究院	企业与社会智库	50.80	549	814019	7799	0.5178	2.9048	1482.7304	14.2058	0.8946

续表

评级	智库名称	智库类型	指数	发文量	阅读量	点赞量	发布频次	发布容量	篇均阅读量	篇均点赞量	头条点赞比
A	中国信息通信研究院	党政部门智库	52.63	1232	2043949	9710	2.3507	1.4359	1659.0495	7.8815	0.4851
A	中国信息与电子工程科技发展战略研究中心	科研院所智库	48.24	274	757206	6198	0.7068	1.0620	2763.5255	22.6204	0.8189
A	中国政法大学法治政府研究院	高校智库	47.66	417	674344	4982	0.8438	1.3539	1617.1319	11.9472	0.7308
A	重庆大学经略研究院	高校智库	46.50	332	427899	4655	0.7918	1.1488	1288.8524	14.0211	1.0988
A	自然之友环境研究所	企业与社会智库	46.79	398	335034	5091	0.7288	1.4962	841.7940	12.7915	1.5919
A	21世纪教育研究院	企业与社会智库	44.52	166	302624	2469	0.3479	1.3071	1823.0361	14.8735	0.8546
A	北京大学国际战略研究院	高校智库	41.79	165	175157	1409	0.3671	1.2313	1061.5576	8.5394	0.8148
A-	北京大学新结构经济学研究院	高校智库	44.61	332	336997	2058	0.4712	1.9302	1015.0512	6.1988	0.6938
A-	第一财经研究院	企业与社会智库	44.97	792	376500	1502	0.6904	3.1429	475.3788	1.8965	0.3980
A-	国观智库	企业与社会智库	42.89	387	256242	1412	0.5808	1.8255	662.1240	3.6486	0.5616
A-	国家发展和改革委员会宏观经济研究院	党政部门智库	42.83	190	281132	1575	0.4164	1.2500	1479.6421	8.2895	0.4407
A-	国家信息中心	党政部门智库	44.53	255	429931	2453	0.6466	1.0805	1686.0039	9.6196	0.5694
A-	国务院发展研究中心	党政部门智库	45.49	693	455603	2208	0.8849	2.1455	657.4358	3.1861	0.5695
A-	暨南大学经济与社会研究院	高校智库	43.23	401	281559	1389	0.5452	2.0151	702.1421	3.4638	0.5337
A-	南京大学江苏长江产业经济研究院	高校智库	42.19	127	178613	1660	0.3315	1.0496	1406.4016	13.0709	0.9287

续表

评级	智库名称	智库类型	指数	发文量	阅读量	点赞量	发布频次	发布容量	篇均阅读量	篇均点赞量	头条点赞比
A-	内蒙古自治区社会科学院	社科院智库	41.26	878	97673	888	0.8247	2.9169	111.2449	1.0114	0.9530
A-	千人智库	企业与社会智库	45.40	424	507819	2890	0.9973	1.1648	1197.6863	6.8160	0.5673
A-	清华大学国情研究院	高校智库	44.83	314	390709	2871	0.7781	1.1056	1244.2962	9.1433	0.7464
A-	厦门大学王亚南经济研究院	高校智库	42.38	379	278306	1185	0.6274	1.6550	734.3166	3.1266	0.4614
A-	上海海事大学上海国际航运研究中心	高校智库	41.96	454	157780	1339	0.6685	1.8607	347.5330	2.9493	0.9035
A-	上海交通大学上海高级金融学院	高校智库	44.54	403	429273	2021	0.6904	1.5992	1065.1935	5.0149	0.5245
A-	上海金融与法律研究院	企业与社会智库	42.56	110	190938	1710	0.2795	1.0784	1735.8000	15.5455	0.8986
A-	上海市环境科学研究院	党政部门智库	42.89	234	288324	1770	0.6000	1.0685	1232.1538	7.5641	0.6141
A-	上海新金融研究院	企业与社会智库	45.37	325	341444	3007	0.5507	1.6169	1050.5969	9.2523	0.9461
A-	水利部发展研究中心	党政部门智库	43.55	353	373118	1952	0.9644	1.0028	1056.9915	5.5297	0.5233
A-	四川省社会科学院	社科院智库	43.96	467	180571	2309	0.6137	2.0848	386.6617	4.9443	0.1 2644
A-	武汉大学国际法研究所	高校智库	42.40	212	210068	1281	0.3370	1.7236	990.8868	6.0425	0.6486
A-	西北政法大学反恐怖主义研究院	高校智库	45.77	638	297025	1872	0.4384	3.9875	465.5564	2.9342	0.5513
A-	西南财经大学中国家庭金融调查与研究中心	高校智库	42.45	222	181888	1376	0.3370	1.8049	819.3153	6.1982	0.8241
A-	一带一路百人论坛	企业与社会智库	42.77	634	210054	1334	0.8055	2.1565	331.3155	2.1041	0.6292

续表

评级	智库名称	智库类型	指数	发文量	阅读量	点赞量	发布频次	发布容量	篇均阅读量	篇均点赞量	头条名赞比
A-	浙江大学公共政策研究院	高校智库	46.27	351	331293	4760	0.7726	1.2447	943.8547	13.5613	1.4432
A-	浙江清华长三角研究院	高校智库	43.85	216	157980	1430	0.1918	3.0857	731.3889	6.6204	0.9403
A-	中共安徽省委党校	党校行政学院智库	44.59	511	266519	2394	0.7096	1.9730	521.5636	4.6849	0.9639
A-	中共甘肃省委党校	党校行政学院智库	44.56	944	259870	1584	0.8110	3.1892	275.2860	1.6780	0.6578
A-	中共湖北省委党校	党校行政学院智库	41.77	485	188804	1425	1.1644	1.1412	389.2866	2.9381	0.7679
A-	中共宁夏回族自治区委党校	党校行政学院智库	41.80	437	122568	1265	0.5260	2.2760	280.4760	2.8947	0.9770
A-	中共云南省委党校	党校行政学院智库	42.00	579	132224	1461	0.8247	1.9236	228.3661	2.5233	1.0922
A-	中国（深圳）综合开发研究院	企业与社会智库	43.17	413	216415	1742	0.6247	1.8114	524.0073	4.2179	0.8360
A-	中国财政科学研究院	党政部门智库	45.86	711	297460	3971	1.4274	1.3647	418.3685	5.5851	1.1648
A-	中国城乡建设经济研究院	党政部门智库	41.28	184	119647	950	0.2301	2.1905	650.2554	5.1630	0.7504
A-	中国环境科学研究院	党政部门智库	42.37	274	280122	1238	0.5014	1.4973	1022.3431	4.5182	0.4650
A-	中国领导科学研究会	企业与社会智库	45.84	704	379309	3383	1.3068	1.4759	538.7912	4.8054	0.8337
A-	中国南海研究院	党政部门智库	43.41	162	228859	2202	0.4000	1.1096	1412.7099	13.5926	1.0125
A-	中国农业科学院	党政部门智库	45.49	500	426991	2451	0.6767	2.0243	853.9820	4.9020	0.5670
A-	中国人民大学国际货币研究所	高校智库	45.46	742	444641	2250	0.9726	2.0901	599.2466	3.0323	0.5063

续表

评级	智库名称	智库类型	指数	发文量	阅读量	点赞量	发布频次	发布容量	篇均阅读量	篇均点赞量	头条点赞比
A-	中国人民大学刑事法律科学研究中心	高校智库	41.37	132	114394	1502	0.3096	1.1681	866.6212	11.3788	1.3634
A-	中国社会科学院当代中国马克思主义政治经济学创新智库	社科院智库	44.39	518	289485	2013	0.6685	2.1230	558.8514	3.8861	0.7778
A-	中国社会科学院国家金融与发展实验室	社科院智库	41.73	380	229571	1157	0.7178	1.4504	604.1342	3.0447	0.5142
A-	中国社会科学院马克思主义研究院	社科院智库	42.32	314	183146	1696	0.6438	1.3362	583.2675	5.4013	1.0327
A-	中国社会科学院世界经济与政治研究所	社科院智库	43.65	418	341516	1647	0.6904	1.6587	817.0239	3.9402	0.5775
A-	中国水利水电科学研究院	党政部门智库	43.00	271	228410	1515	0.4082	1.8188	842.8413	5.5904	0.6709
A-	中国现代国际关系研究院	党政部门智库	43.07	153	209258	2175	0.4192	1.0000	1367.6993	14.2157	1.0394
A-	中国延安干部学院	党校行政学院智库	41.73	792	157314	666	0.6356	3.4138	198.6288	0.8409	0.4280
A-	中央财经大学绿色金融国际研究院	高校智库	44.34	1052	183477	1790	0.9233	3.1217	174.4078	1.7015	1.1508
A-	中央社会主义学院一战线高端智库	党校行政学院智库	45.92	680	427386	3387	1.5370	1.2121	628.5088	4.9809	0.7709

附表1.14 智库头条号指数评级 Top 50

评级	智库名称	智库类型	指数	发文量	阅读量	评论量	篇均阅读量	篇均评论量	平均阅读评论比
A++	瞭望智库	党政部门智库	87.66	1474	223450262	191155	151594.4790	129.6845	0.0855
A++	每经智库	企业与社会智库	74.47	68	346740	36449	5099.1176	536.0147	10.5119
A++	苏宁金融研究院	企业与社会智库	71.28	411	8290685	16161	20171.9830	39.3212	0.1949
A++	中国管理科学研究院	企业与社会智库	75.58	5055	40300954	68331	7972.4934	13.5175	0.1696
A++	中国科学院	科研院所智库	76.95	3845	48138512	72323	12519.7691	18.8096	0.1502
A+	盘古智库	企业与社会智库	61.65	510	1166356	6612	2286.9725	12.9647	0.5669
A+	全球化智库	企业与社会智库	66.81	470	4850910	8399	10321.0851	17.8702	0.1731
A+	综合开发研究院（中国·深圳）	企业与社会智库	62.30	465	2449482	4325	5267.7032	9.3011	0.1766
A+	中国城市和小城镇改革发展中心	党政部门智库	62.71	300	2351567	3844	7838.5567	12.8133	0.1635
A+	中国房地产数据研究院	企业与社会智库	61.21	547	2271680	3762	4152.9799	6.8775	0.1656
A+	中国科学技术协会	科研院所智库	71.07	2623	23467905	21382	8946.9710	8.1517	0.0911
A+	中国人民大学重阳金融研究院	高校智库	61.66	471	1674543	4904	3555.2930	10.4119	0.2929
A+	中国人民解放军军事科学院	军队智库	67.75	425	6493050	8095	15277.7647	19.0471	0.1247
A+	中国社会科学院	社科院智库	70.20	361	4694486	17063	13004.1163	47.2659	0.3635

· 299 ·

续表

评级	智库名称	智库类型	指数	发文量	阅读量	评论量	篇均阅读量	篇均评论量	平均阅读评论比
A+	中国指数研究院	企业与社会智库	69.01	500	9354488	9377	18708.9760	18.7540	0.1002
A	21世纪教育研究院	企业与社会智库	54.53	110	245241	1350	2229.4636	12.2727	0.5505
A	阿里研究院	企业与社会智库	57.17	312	1046953	1669	3355.6186	5.3494	0.1594
A	察哈尔学会	企业与社会智库	58.46	287	2058623	1309	7172.9024	4.5610	0.0636
A	国防大学	军队智库	60.11	165	1526566	1895	9251.9152	11.4848	0.1241
A	国家发展和改革委员会国际合作中心	党政部门智库	50.63	154	343115	432	2228.0195	2.8052	0.1259
A	国务院发展研究中心	党政部门智库	60.79	336	2524352	2328	7512.9524	6.9286	0.0922
A	华南理工大学公共政策研究院	高校智库	58.93	63	993221	1080	15765.4127	17.1429	0.1087
A	华夏新供给经济学研究院	企业与社会智库	51.96	77	301090	482	3910.2597	6.2597	0.1601
A	人民网新媒体智库	企业与社会智库	59.46	54	247689	2854	4586.8333	52.8519	1.1523
A	深圳市人民政府发展研究中心	党政部门智库	55.33	289	908414	1062	3143.3010	3.6747	0.1169
A	中国工程院	科研院所智库	58.14	89	860780	1208	9671.6854	13.5730	0.1403
A	中国金融四十人论坛	企业与社会智库	60.42	486	2320823	2784	4775.3560	5.7284	0.1200
A	中国经济体制改革研究会	企业与社会智库	57.98	336	1065125	2144	3170.0149	6.3810	0.2013

续表

评级	智库名称	智库类型	指数	发文量	阅读量	评论量	篇均阅读量	篇均评论量	平均阅读评论比
A	中国社会科学院世界经济与政治研究所	社科院智库	53.04	147	711729	458	4841.6939	3.1156	0.0644
A	中国信息通信研究院	党政部门智库	52.18	544	613311	758	1127.4099	1.3934	0.1236
A-	广州日报数据和数字化研究院	企业与社会智库	50.55	84	350928	298	4177.7143	3.5476	0.0849
A-	国观智库	企业与社会智库	34.67	2	70934	0	35467.0000	0.0000	0.0000
A-	国家信息中心	党政部门智库	42.24	46	39171	119	851.5435	2.5870	0.3038
A-	江苏省苏科创新战略研究院	企业与社会智库	35.80	41	17976	23	438.4390	0.5610	0.1279
A-	南京大学江苏长江产业经济研究院	高校智库	46.80	83	155241	194	1870.3735	2.3373	0.1250
A-	南京智库联盟	企业与社会智库	39.03	7	8715	53	1245.0000	7.5714	0.6081
A-	清华大学国情研究院	高校智库	49.87	37	208998	237	5648.5946	6.4054	0.1134
A-	清科研究中心	企业与社会智库	35.56	57	13642	33	239.3333	0.5789	0.2419
A-	上海外国语大学中东研究所	高校智库	48.69	167	291943	278	1748.1617	1.6647	0.0952
A-	武汉大学质量发展战略研究院	高校智库	33.76	17	16468	7	968.7059	0.4118	0.0425
A-	西南财经大学中国家庭金融调查与研究中心	高校智库	36.87	12	13557	28	1129.7500	2.3333	0.2065

续表

评级	智库名称	智库类型	指数	发文量	阅读量	评论量	篇均阅读量	篇均评论量	平均阅读评论比
A-	中共甘肃省委党校	党校行政学院智库	43.56	103	168097	53	1632.0097	0.5146	0.0315
A-	中国电子信息产业发展研究院	党政部门智库	34.81	54	12937	24	239.5741	0.4444	0.1855
A-	中国科协创新战略研究院	科研院所智库	41.88	33	42102	84	1275.8182	2.5455	0.1995
A-	中国农业科学院	党政部门智库	50.05	32	53420	595	1669.3750	18.5938	1.1138
A-	中国人民大学国际货币研究所	高校智库	42.88	105	112202	69	1068.5905	0.6571	0.0615
A-	中国人民大学国家发展与战略研究院	高校智库	39.67	8	37334	21	4666.7500	2.6250	0.0562
A-	中国人民大学文化产业研究院	高校智库	32.07	15	9100	7	606.6667	0.4667	0.0769
A-	中国社会科学院国家金融与发展实验室	社科院智库	40.04	69	47691	52	691.1739	0.7536	0.1090
A-	自然之友环境研究所	企业与社会智库	40.18	22	26599	60	1209.0455	2.7273	0.2256

附表 1.15　智库头条引用指数评级 Top100

评级	智库名称	智库类型	指数	引用文章量	阅读量	收藏量	分享量	评论量	点赞量
A++	国防大学	军队智库	83.05	11170	421000850	2669605	72345	1387025	6909225
A++	国务院发展研究中心	党政部门智库	82.55	20184	241911100	1687255	46565	1428930	2647550

续表

评级	智库名称	智库类型	指数	引用文章量	阅读量	收藏量	分享量	评论量	点赞量
A++	瞭望智库	党政部门智库	81.82	5145	426795600	3643525	84335	1494435	8039600
A++	中共中央党校	党校行政学院智库	91.51	42812	1275986650	7685315	257800	5895465	24451795
A++	中国电子信息产业发展研究院	党政部门智库	78.55	18775	129355500	849050	15135	481835	1133835
A++	中国科学技术协会	科研院所智库	83.26	22165	241111950	1879595	56305	1197160	3952525
A++	中国科学院	科研院所智库	100.00	247538	3056143300	26915780	792580	15824945	50749410
A++	中国农业科学院	党政部门智库	82.30	21855	166774300	1453135	53420	1021105	2677490
A++	中国人民解放军军事科学院	军队智库	80.74	7827	269971500	1836085	49720	993635	5435265
A++	中国社会科学院	社科院智库	93.00	76968	1081016150	8745900	247690	8529355	18042250
A+	国家信息中心	党政部门智库	75.61	8545	64106800	476050	12930	516620	1014260
A+	胡润研究院	企业与社会智库	77.75	10473	148121700	829205	17500	548520	1598720
A+	上海市社会科学院	社科院智库	75.09	6161	80498200	615575	15260	351395	1144160
A+	苏宁金融研究院	企业与社会智库	75.38	7858	57954650	557985	16880	545760	582980
A+	中国财政科学研究院	党政部门智库	74.59	5270	58374050	435185	16110	631015	838345
A+	中国法学会	企业与社会智库	75.83	5620	78638400	620340	19150	602010	1500730
A+	中国国际经济交流中心	企业与社会智库	77.35	7629	98992100	811170	23835	755915	1483880
A+	中国现代国际关系研究院	党政部门智库	75.83	4007	164935300	757870	13145	757665	2738515

续表

评级	智库名称	智库类型	指数	引用文章量	阅读量	收藏量	分享量	评论量	点赞量
A+	中国信息通信研究院	党政部门智库	78.46	18563	93665550	919620	18470	464350	933885
A+	中国指数研究院	企业与社会智库	77.73	13115	99742400	646115	19130	589820	1090680
A	21世纪教育研究院	企业与社会智库	71.68	3039	35015800	320030	12170	455820	481180
A	阿里研究院	企业与社会智库	68.30	3915	16048500	324065	4370	79385	160150
A	北京大学国家发展研究院	高校智库	73.45	4261	40759450	607330	15705	342370	686170
A	北京教育科学研究院	党政部门智库	73.71	7702	30160350	445040	18035	211650	390005
A	复旦大学中国研究院	高校智库	69.59	966	38375700	415645	11895	411700	891250
A	国务院参事室	党政部门智库	70.51	2717	36616800	234230	7405	373025	532585
A	国务院研究室	党政部门智库	67.83	1295	28518050	238405	7785	142765	543520
A	全球化智库	企业与社会智库	70.38	2436	34773750	254205	6890	430555	552925
A	商务部国际贸易经济合作研究院	党政部门智库	67.65	2206	31007000	123265	3025	164885	534305
A	西南财经大学中国家庭金融调查与研究中心	高校智库	67.72	1123	30092450	187160	7310	317160	413255
A	中共黑龙江省委党校	党校行政学院智库	68.06	1193	48336800	131460	5820	362555	682650
A	中共中央党史和文献研究院	党政部门智库	71.02	1660	49395800	453755	13610	237655	1245265

附　录 | 中国智库与全球智库大数据指数评级

续表

评级	智库名称	智库类型	指数	引用文章量	阅读量	收藏量	分享量	评论量	点赞量
A	中共中央政策研究室	党政部门智库	68.14	1139	33947200	300685	7500	164620	733605
A	综合开发研究院(中国·深圳)	企业与社会智库	68.38	2815	20735200	183105	4660	184275	263410
A	中国城市规划设计研究院	党政部门智库	69.22	2725	23470700	265370	8000	136085	341965
A	中国城市和小城镇改革发展中心	党政部门智库	69.42	1515	32813300	214175	6490	729805	520475
A	中国国际问题研究院	党政部门智库	72.08	2787	89807150	315810	6440	359280	1783510
A	中国环境科学研究院	党政部门智库	67.26	1740	21154100	121850	3790	300345	324725
A	中国教育科学研究院	党政部门智库	73.82	4347	34205100	765655	26275	325375	466830
A	中国金融四十人论坛	企业与社会智库	66.38	2257	11144650	170030	4355	104145	141270
A	中国旅游研究院	党政部门智库	72.17	7589	32594750	246535	6705	260435	340565
A	中国农业科学院农业信息研究所	科研院所智库	66.94	1669	19466800	102980	4035	277220	315030
A	中国浦东干部学院	党校行政学院智库	67.85	1108	51467150	218380	5345	161590	994720
A	中国青少年研究中心	党政部门智库	71.76	2446	30850650	556825	26720	190615	542660
A	中国人民大学国家发展与战略研究院	高校智库	68.52	1750	27514600	185650	5230	345635	452570
A	中国人民大学重阳金融研究院	高校智库	74.21	5669	55414900	476425	13780	385570	848930

· 305 ·

续表

评级	智库名称	智库类型	指数	引用文章量	阅读量	收藏量	分享量	评论量	点赞量
A	中国社会科学院财经战略研究院	社科院智库	74.40	6607	64846750	389595	12630	384805	873185
A	中国社会科学院农村发展研究所	社科院智库	71.42	2211	34794650	357505	12400	530315	649430
A	中国社会科学院世界经济与政治研究所	社科院智库	66.26	1582	23808350	130785	2640	152855	377005
A	中国铁道科学研究院	企业与社会智库	68.17	2442	25722300	164790	5210	131715	380535
A-	21世纪经济研究院	企业与社会智库	61.93	881	11869550	75210	1275	87610	145290
A-	北京大学国家治理研究院	高校智库	62.24	420	14685350	148575	2260	110815	280955
A-	北京大学新结构经济学研究院	高校智库	61.20	591	8163150	84365	1905	61925	179115
A-	北京师范大学刑事法律科学研究院	高校智库	61.05	579	7830150	48155	2290	118070	114085
A-	北京师范大学中国公益研究院	高校智库	63.52	552	19158800	101365	1805	174185	623255
A-	北京市社会科学院	社科院智库	63.13	1166	10025600	80890	1950	108075	125050
A-	察哈尔学会	企业与社会智库	63.77	1063	20695450	89285	1760	70500	385245
A-	复旦大学国际问题研究院	高校智库	64.80	520	29000650	129365	2805	280695	704140
A-	广东省社会科学院	社科院智库	64.63	1545	15759200	102490	3065	62285	203585

续表

评级	智库名称	智库类型	指数	引用文章量	阅读量	收藏量	分享量	评论量	点赞量
A-	国家发展和改革委员会国际合作中心	党政部门智库	62.27	1893	5092150	51020	1780	40405	85460
A-	河南省社会科学院	社科院智库	63.53	1129	8816650	74755	3070	111240	137805
A-	华夏新供给经济学研究院	企业与社会智库	65.79	1426	10380400	135915	3655	271540	154610
A-	辽宁省社会科学院	社科院智库	65.29	1291	20847400	92340	3010	118090	367440
A-	盘古智库	企业与社会智库	64.11	2031	7561050	81580	2180	79980	112745
A-	清华大学国家金融研究院	高校智库	63.66	1400	8995400	85910	2510	79505	138825
A-	厦门大学台湾研究院	高校智库	62.66	514	28067950	78990	1585	149840	403775
A-	山东省社会科学院	社科院智库	63.87	1118	9458550	75090	2690	165305	158895
A-	陕西省社会科学院	社科院智库	63.34	1132	8839200	74555	2505	127775	122785
A-	上海国际问题研究院	党政部门智库	65.25	1040	27222100	114400	2015	167755	517460
A-	上海金融与法律研究院	企业与社会智库	61.72	950	7619450	63070	1560	114165	80335
A-	四川省社会科学院	社科院智库	64.34	1601	12332600	80520	2280	89245	190515
A-	腾讯研究院	企业与社会智库	64.18	1764	10519200	148050	2480	48435	119655
A-	易观智库	企业与社会智库	62.65	2119	5618050	156975	1705	28750	43620
A-	中共北京市委党校	党校行政学院智库	63.67	837	12758400	109225	3535	112330	173510

续表

评级	智库名称	智库类型	指数	引用文章量	阅读量	收藏量	分享量	评论量	点赞量
A-	中共广东省委党校	党校行政学院智库	61.32	936	9464800	55400	2440	24325	156400
A-	中共湖北省委党校	党校行政学院智库	63.08	524	23573750	95475	3650	75205	401725
A-	中共湖南省委党校	党校行政学院智库	63.11	540	16219750	116475	3355	93340	333950
A-	中共江苏省委党校	党校行政学院智库	62.50	632	21721550	84925	2280	65740	297125
A-	中共山东省委党校	党校行政学院智库	63.97	955	18048650	115250	3815	52500	272435
A-	中共陕西省委党校	党校行政学院智库	63.42	661	20777200	86845	3570	87335	319845
A-	中共上海市委党校	党校行政学院智库	65.62	861	14480950	200730	7070	117470	309940
A-	中共四川省委党校	党校行政学院智库	62.87	927	20280750	68915	1915	51250	326850
A-	中国管理科学研究院	企业与社会智库	64.59	2120	9629000	114400	3380	40280	128690
A-	中国经济五十人论坛	企业与社会智库	64.29	892	14104750	120740	3645	137005	201015
A-	中国经济体制改革研究会	企业与社会智库	65.87	1443	13224450	118450	3315	251935	205705
A-	中国井冈山干部学院	党校行政学院智库	61.35	742	9979450	66495	2130	40755	172080
A-	中国林业科学研究院	党政部门智库	66.07	2165	15470900	141975	3870	54060	263415
A-	中国浦东干部学院长江三角洲研究院	党校行政学院智库	63.75	1924	10075300	74695	2490	42070	135365
A-	中国人口与发展研究中心	党政部门智库	61.62	450	11260900	73170	2580	139645	175535

续表

评级	智库名称	智库类型	指数	引用文章量	阅读量	收藏量	分享量	评论量	点赞量
A-	中国人民外交学会	企业与社会智库	62.08	600	18811100	86040	1915	60330	308645
A-	中国人民银行研究局	党政部门智库	62.21	1529	5960950	74265	2330	40140	64760
A-	中国社会保障学会	企业与社会智库	62.54	590	12015850	116050	3330	62435	243405
A-	中国社会科学院城市发展与环境研究所	社科院智库	61.23	906	7493450	49655	1650	76715	95375
A-	中国社会科学院工业经济研究所	社科院智库	63.20	1214	9286900	86280	2280	82535	128545
A-	中国社会科学院马克思主义研究院	社科院智库	62.19	570	5953900	124170	3860	90565	134480
A-	中国社会科学院美国研究所	社科院智库	65.00	733	27186600	138715	4195	118130	481280
A-	中国社会科学院亚太与全球战略研究院	社科院智库	64.44	787	33442500	118585	2365	82115	661715
A-	中国银行国际金融研究所	企业与社会智库	62.38	1755	8783850	50520	1680	45045	87480
A-	中国战略文化促进会	企业与社会智库	63.72	338	22822950	121600	4160	222285	626110
A-	中国政法大学知识产权研究中心	高校智库	61.83	1156	11407700	75170	1375	74875	64960

·309·

附表 1.16　中国智库大数据指数评级 Top 100

评级	智库名称	智库类型	总指数	微信公众号指数	头条号指数	头条引用指数
A++	国防大学	军队智库	65.75	54.09	60.11	83.05
A++	瞭望智库	党政部门智库	81.98	76.47	87.66	81.82
A++	全球化智库	企业与社会智库	64.07	55.04	66.81	70.38
A++	苏宁金融研究院	企业与社会智库	68.75	59.59	71.28	75.38
A++	中国科学技术协会	科研院所智库	78.02	79.72	71.07	83.26
A++	中国科学院	科研院所智库	78.69	59.13	76.95	100.00
A++	中国人民大学重阳金融研究院	高校智库	63.62	55.00	61.66	74.21
A++	中国人民解放军军事科学院	军队智库	66.79	51.88	67.75	80.74
A++	中国社会科学院	社科院智库	66.75	37.06	70.20	93.00
A++	中国指数研究院	企业与社会智库	67.24	54.98	69.01	77.73
A+	21世纪教育研究院	企业与社会智库	56.91	44.52	54.53	71.68
A+	阿里研究院	企业与社会智库	58.74	50.74	57.17	68.30
A+	察哈尔学会	企业与社会智库	56.57	47.47	58.46	63.77
A+	国务院发展研究中心	党政部门智库	62.94	45.49	60.79	82.55
A+	盘古智库	企业与社会智库	58.05	48.39	61.65	64.11
A+	综合开发研究院（中国·深圳）	企业与社会智库	57.95	43.17	62.30	68.38
A+	中国城市和小城镇改革发展中心	党政部门智库	63.17	57.37	62.71	69.42
A+	中国金融四十人论坛	企业与社会智库	61.97	59.12	60.42	66.38

续表

评级	智库名称	智库类型	总指数	微信公众号指数	头条号指数	头条引用指数
A+	中国农业科学院	党政部门智库	59.28	45.49	50.05	82.30
A+	中国信息通信研究院	党政部门智库	61.09	52.63	52.18	78.46
A	北京大学国家发展研究院	高校智库	42.09	52.82	0.00	73.45
A	上海春秋发展战略研究院	企业与社会智库	42.06	83.09	0.00	43.08
A	国观智库	企业与社会智库	44.32	42.89	34.67	55.39
A	国家发展和改革委员会国际合作中心	党政部门智库	51.24	40.81	50.63	62.27
A	国家信息中心	党政部门智库	54.13	44.53	42.24	75.61
A	胡润研究院	企业与社会智库	42.58	49.98	0.00	77.75
A	华南理工大学公共政策研究院	高校智库	56.51	54.14	58.93	56.45
A	每经智库	企业与社会智库	39.94	0.00	74.47	45.34
A	南京大学江苏长江产业经济研究院	高校智库	48.64	42.19	46.80	56.94
A	清华大学国情研究院	高校智库	50.85	44.83	49.87	57.84
A	清科研究中心	企业与社会智库	47.56	49.41	35.56	57.71
A	人民网新媒体智库	企业与社会智库	53.60	50.62	59.46	50.73
A	上海外国语大学中东研究所	高校智库	48.99	39.33	48.69	58.94
A	腾讯研究院	企业与社会智库	48.57	53.59	27.93	64.18

续表

评级	智库名称	智库类型	总指数	微信公众号指数	头条号指数	头条引用指数
A	西南财经大学中国家庭金融调查与研究中心	高校智库	49.01	42.45	36.87	67.72
A	中共甘肃省委党校	党校行政学院智库	49.32	44.56	43.56	59.83
A	中共中央党校	党校行政学院智库	48.35	53.53	0.00	91.51
A	中国财政科学研究院	党政部门智库	50.22	45.86	30.21	74.59
A	中国电子信息产业发展研究院	党政部门智库	54.76	50.92	34.81	78.55
A	中国房地产数据研究院	企业与社会智库	51.86	39.39	61.21	54.98
A	中国管理科学研究院	企业与社会智库	46.72	0.00	75.58	64.59
A	中国经济体制改革研究会	企业与社会智库	54.98	41.08	57.98	65.87
A	中国林业科学研究院	党政部门智库	44.83	40.91	27.50	66.07
A	中国旅游研究院	党政部门智库	40.13	48.22	0.00	72.17
A	中国人民大学国际货币研究所	高校智库	49.09	45.46	42.88	58.92
A	中国人民大学国家发展与战略研究院	高校智库	52.19	48.36	39.67	68.52
A	中国社会科学院工业经济研究所	社科院智库	40.88	59.43	0.00	63.20
A	中国社会科学院国家金融与发展实验室	社科院智库	44.84	41.73	40.04	52.75
A	中国社会科学院世界经济与政治研究所	社科院智库	54.32	43.65	53.04	66.26
A	自然之友环境研究所	企业与社会智库	49.21	46.79	40.18	60.67

续表

评级	智库名称	智库类型	总指数	微信公众号指数	头条号指数	头条引用指数
A-	北京大学新结构经济学研究院	高校智库	35.27	44.61	0.00	61.20
A-	北京师范大学刑事法律科学研究院	高校智库	33.85	40.51	0.00	61.05
A-	北京师范大学中国公益研究院	高校智库	34.24	39.20	0.00	63.52
A-	北京市社会科学院	社科院智库	33.63	37.77	0.00	63.13
A-	凤凰国际智库	企业与社会智库	33.27	56.81	0.00	43.01
A-	福卡智库	企业与社会智库	35.82	50.92	0.00	56.53
A-	广州日报数据和数字化研究院	企业与社会智库	34.47	0.00	50.55	52.85
A-	国家发展和改革委员会宏观经济研究院	党政部门智库	33.61	42.83	0.00	58.00
A-	华夏新供给经济学研究院	企业与社会智库	39.25	0.00	51.96	65.79
A-	南风窗传媒智库	企业与社会智库	35.73	67.32	0.00	39.87
A-	清华大学国家金融研究院	高校智库	33.42	36.60	0.00	63.66
A-	山东省社会科学院	社科院智库	34.06	38.31	0.00	63.87
A-	上海国际问题研究院	党政部门智库	34.87	39.36	0.00	65.25
A-	上海金融与法律研究院	企业与社会智库	34.76	42.56	0.00	61.72
A-	上海市社会科学院	社科院智库	37.30	36.82	0.00	75.09
A-	上海新金融研究院	企业与社会智库	34.56	45.37	0.00	58.32
A-	深圳市人民政府发展研究中心	党政部门智库	33.32	0.00	55.33	44.64
A-	四川省社会科学院	社科院智库	36.10	43.96	0.00	64.34
A-	武汉大学质量发展战略研究院	高校智库	37.96	36.00	33.76	44.13

续表

评级	智库名称	智库类型	总指数	微信公众号指数	头条号指数	头条引用指数
A-	易观智库	企业与社会智库	37.05	48.49	0.00	62.65
A-	浙江清华长三角研究院	高校智库	34.29	43.85	0.00	59.02
A-	中共安徽省委党校	党校行政学院智库	35.10	44.59	0.00	60.72
A-	中共北京市委党校	党校行政学院智库	34.01	38.37	0.00	63.67
A-	中共广东省委党校	党校行政学院智库	33.74	39.91	0.00	61.32
A-	中共湖北省委党校	党校行政学院智库	34.95	41.77	0.00	63.08
A-	中共江苏省委党校	党校行政学院智库	33.43	37.78	0.00	62.50
A-	中共陕西省委党校	党校行政学院智库	34.09	38.85	0.00	63.42
A-	中共上海市委党校	党校行政学院智库	35.29	40.24	0.00	65.62
A-	中共云南省委党校	党校行政学院智库	33.35	42.00	0.00	58.05
A-	中共中央党史和文献研究院	党政部门智库	39.33	46.96	0.00	71.02
A-	中国城市规划设计研究院	党政部门智库	36.71	40.91	0.00	69.22
A-	中国法学会	企业与社会智库	38.20	38.78	0.00	75.83
A-	中国工程院	科研院所智库	35.15	47.32	58.14	0.00
A-	中国国际经济交流中心	企业与社会智库	37.65	35.59	0.00	77.35
A-	中国国际问题研究院	党政部门智库	37.44	40.24	0.00	72.08

附 录 | 中国智库与全球智库大数据指数评级

续表

评级	智库名称	智库类型	总指数	微信公众号指数	头条号指数	头条引用指数
A-	中国环境科学研究院	党政部门智库	36.54	42.37	0.00	67.26
A-	中国教育科学研究院	党政部门智库	38.12	40.53	0.00	73.82
A-	中国南海研究院	党政部门智库	33.45	43.41	0.00	56.92
A-	中国企业改革与发展研究会	企业与社会智库	33.19	40.64	0.00	58.92
A-	中国人口与发展研究中心	党政部门智库	33.82	39.85	0.00	61.62
A-	中国人民大学民商事法律科学研究中心	高校智库	34.15	52.28	0.00	50.16
A-	中国人民大学文化产业研究院	高校智库	36.54	37.15	32.07	40.41
A-	中国社会保障学会	企业与社会智库	37.24	49.19	0.00	62.54
A-	中国社会科学院财经战略研究院	社科院智库	37.97	39.52	0.00	74.40
A-	中国社会科学院马克思主义研究院	社科院智库	34.84	42.32	0.00	62.19
A-	中国社会科学院农村发展研究所	社科院智库	37.43	40.89	0.00	71.42
A-	中国铁道科学研究院	企业与社会智库	39.66	50.80	0.00	68.17
A-	中国现代国际关系研究院	党政部门智库	39.63	43.07	0.00	75.83
A-	中国延安干部学院	党校行政学院智库	34.20	41.73	0.00	60.89
A-	中国政法大学法治政府研究院	高校智库	34.43	47.66	0.00	55.64

(五) 2020年中国智库大数据指数评级

附表 1.17 智库微信公众号指数评级 Top 100

评级	智库名称	智库类型	指数	发文量	阅读量	点赞量	发布频次	发布容量	篇均阅读量	篇均点赞量	头条点赞比
A++	上海春秋发展战略研究院	企业与社会智库	86.70	8826	646293288	8222070	3.0164	7.9946	73226.0693	931.5738	2.3743
A++	瞭望智库	党政部门智库	74.13	2089	133814858	1433298	3.1066	1.8373	64056.8971	686.1168	1.1272
A++	南风窗传媒智库	企业与社会智库	74.14	2862	110748396	1213574	2.8579	2.7361	38696.1551	424.0300	1.3510
A++	全球化智库	企业与社会智库	61.32	2418	2035250	124715	1.0000	6.6066	841.7080	51.5778	1.1295
A++	苏宁金融研究院	企业与社会智库	59.02	1797	3648029	56650	1.9918	2.4650	2030.0662	31.5248	1.6917
A++	中共中央党校	党校行政学院智库	60.68	1228	6017015	96014	2.7978	1.1992	4899.8493	78.1873	1.6046
A++	中国金融四十人论坛	企业与社会智库	58.20	761	6682609	51846	0.9536	2.1805	8781.3522	68.1288	0.8187
A++	中国科学技术协会	科研院所智库	82.71	5308	246584891	3147203	7.9617	1.8216	46455.3299	592.9169	1.4442
A++	中国科学院	科研院所智库	62.48	2032	7524663	118892	1.9399	2.8620	3703.0822	58.5098	1.5540
A++	中国人民大学重阳金融研究院	高校智库	58.58	1336	4605816	46666	0.9781	3.7318	3447.4671	34.9296	0.9870
A+	国防大学	军队智库	55.37	398	2300701	39032	1.0847	1.0025	5780.6558	98.0704	1.7003
A+	湖南省人民政府发展研究中心	党政部门智库	55.35	2242	3655503	20468	2.5929	2.3625	1630.4652	9.1293	0.5896
A+	华南理工大学公共政策研究院	高校智库	56.41	233	3527679	47081	0.6093	1.0448	15140.2532	202.0644	1.3397

· 316 ·

续表

评级	智库名称	智库类型	指数	发文量	阅读量	点赞量	发布频次	发布容量	篇均阅读量	篇均点赞量	点赞条比
A+	人民网新媒体智库	企业与社会智库	57.88	869	1518242	34721	0.8743	2.7156	1747.1139	39.9551	3.3419
A+	武汉大学环境法研究所	高校智库	54.75	386	305556	15384	0.2678	3.9388	791.5959	39.8549	3.7875
A+	中国人民大学民商事法律科学研究中心	高校智库	54.63	754	2983710	24808	0.9891	2.0829	3957.1751	32.9019	0.8237
A+	中国人民解放军军事科学院	军队智库	57.53	420	3744361	61263	1.0984	1.0448	8915.1452	145.8643	1.6800
A+	中国社会科学院工业经济研究所	社科院智库	56.22	2492	3618423	24538	2.1885	3.1111	1452.0157	9.8467	0.7000
A+	中国信息通信研究院	党政部门智库	53.88	1660	2734226	16968	2.9891	1.5174	1647.1241	10.2217	0.6294
A+	中国指数研究院	企业与社会智库	56.52	2139	5339790	16594	0.9699	6.0254	2496.3955	7.7578	0.2841
A	阿里研究院	企业与社会智库	51.40	364	2235605	13579	0.8197	1.2133	6141.7720	37.3049	0.6344
A	安邦智库	企业与社会智库	48.31	642	424758	4626	0.5082	3.4516	661.6168	7.2056	1.2223
A	北京大学国家发展研究院	高校智库	52.91	429	1553507	20155	0.8251	1.4205	3621.2284	46.9814	1.3836
A	黎哈尔学会	企业与社会智库	47.95	1159	375525	3802	0.7732	4.0954	324.0078	3.2804	1.2224
A	凤凰国际智库	企业与社会智库	53.10	287	2128056	13377	0.3060	2.5625	7414.8293	46.6098	0.6496
A	福卡智库	企业与社会智库	51.52	886	1309913	10196	0.7732	3.1307	1478.4571	11.5079	0.7570
A	海国图智研究院	企业与社会智库	51.29	1028	860534	10990	0.9836	2.8556	837.0953	10.6907	1.2345
A	胡润研究院	企业与社会智库	50.15	489	1519080	9936	0.8361	1.5980	3106.5031	20.3190	0.5653
A	盘古智库	企业与社会智库	48.35	1113	652753	4981	1.0000	3.0410	586.4807	4.4753	0.7716
A	清科研究中心	企业与社会智库	47.83	790	1066443	4479	1.0000	2.1585	1349.9278	5.6696	0.4363

续表

评级	智库名称	智库类型	指数	发文量	阅读量	点赞量	发布频次	发布容量	篇均阅读量	篇均点赞量	头条点赞比
A	上海国有资本运营研究院	企业与社会智库	51.62	1063	1833722	7762	0.7213	4.0265	1725.0442	7.3020	0.3848
A	腾讯研究院	企业与社会智库	52.83	415	1669154	20123	0.8251	1.3742	4022.0578	48.4892	1.2496
A	腾云智库	企业与社会智库	47.21	246	394906	6096	0.5738	1.1714	1605.3089	24.7805	1.5538
A	天津工业大学天津法治信访研究基地	高校智库	48.70	1733	439086	5652	2.8115	1.6842	253.3676	3.2614	1.4194
A	易观智库	企业与社会智库	47.41	469	626100	6139	0.9973	1.2849	1334.9680	13.0896	0.9946
A	知远战略与防务研究所	企业与社会智库	49.89	449	1081062	6779	0.4590	2.6726	2407.7105	15.0980	0.7158
A	中共安徽省委党校	党校行政学院智库	49.54	833	534040	8862	1.1831	1.9238	641.1044	10.6387	1.6257
A	中共湖北省委党校	党校行政学院智库	47.21	660	381251	6052	1.6230	1.1111	577.6530	9.1697	1.5879
A	中共云南省委党校	党校行政学院智库	47.64	896	203896	5602	0.9973	2.4548	227.5625	6.2522	2.1387
A	中国城市和小城镇改革发展中心	党政部门智库	51.90	982	2044899	10752	0.9754	2.7507	2082.3819	10.9491	0.5234
A	中国城乡建设经济研究院	党政部门智库	47.69	391	187971	3374	0.2541	4.2043	480.7442	8.6292	1.8658
A	中国电子信息产业发展研究院	党政部门智库	49.16	1276	976223	6750	2.2869	1.5245	765.0650	5.2900	0.7394
A	中国工程院	科研院所智库	48.75	991	627074	5441	0.8060	3.3593	632.7689	5.4904	0.8005
A	中国旅游研究院	党政部门智库	48.10	439	748986	5890	0.6120	1.9598	1706.1185	13.4169	0.7433

续表

评级	智库名称	智库类型	指数	发文量	阅读量	点赞量	发布频次	发布容量	篇均阅读量	篇均点赞量	头条点赞比
A	中国社会保障学会	企业与社会智库	49.57	895	646109	6923	0.8579	2.8503	721.9095	7.7352	1.2466
A	中国铁道科学研究院	企业与社会智库	51.86	345	816520	14594	0.5273	1.7876	2366.7246	42.3014	1.7802
A	中国政法大学法治政府研究院	高校智库	47.33	445	657257	5868	0.9153	1.3284	1476.9820	13.1865	0.9140
A	中华环境保护基金会	企业与社会智库	47.26	336	128180	4215	0.5738	1.6000	381.4881	12.5446	3.7463
A	重庆大学经略研究院	高校智库	47.64	297	461705	6900	0.7104	1.1423	1554.5623	23.2323	1.4880
A	自然之友环境研究所	企业与社会智库	51.14	563	549254	12189	0.8333	1.8459	975.5844	21.6501	2.2904
A-	北京大学国际战略研究院	高校智库	44.99	114	214851	3380	0.2787	1.1176	1884.6579	29.6491	1.5944
A-	北京大学新结构经济学研究院	高校智库	46.16	292	437547	4099	0.5027	1.5870	1498.4486	14.0377	0.9851
A-	北京大学中外人文交流研究基地	高校智库	45.76	160	127750	2194	0.1284	3.4043	798.4375	13.7125	1.7147
A-	第一财经研究院	企业与社会智库	46.56	1158	424345	2299	0.6612	4.7851	366.4465	1.9853	0.4912
A-	复旦大学发展研究院	高校智库	46.27	670	291280	3923	0.8388	2.1824	434.7463	5.8552	1.4198
A-	国家发展和改革委员会宏观经济研究院	党政部门智库	45.25	172	304856	3424	0.3443	1.3651	1772.4186	19.9070	1.1701
A-	国家信息中心	党政部门智库	46.51	315	409203	5266	0.6913	1.2451	1299.0571	16.7175	1.2385
A-	兰州大学中亚研究所	高校智库	44.38	301	90921	2734	0.5820	1.4131	302.0631	9.0831	3.0014
A-	清华大学国情研究院	高校智库	44.59	249	341898	3469	0.6557	1.0375	1373.0843	13.9317	1.0166
A-	厦门大学教育研究院	高校智库	44.85	216	173018	3360	0.4508	1.3091	801.0093	15.5556	1.9531
A-	上海国际问题研究院	党政部门智库	44.18	333	118994	2561	0.5383	1.6904	357.3393	7.6907	2.2939

· 319 ·

续表

评级	智库名称	智库类型	指数	发文量	阅读量	点赞量	发布频次	发布容量	篇均阅读量	篇均点赞量	头条点赞比
A-	上海交通大学上海高级金融学院	高校智库	45.62	468	413978	3590	0.7459	1.7143	884.5684	7.6709	0.9080
A-	上海新金融研究院	企业与社会智库	44.73	416	284266	2952	0.6530	1.7406	683.3317	7.0962	1.1246
A-	水利部发展研究中心	党政部门智库	45.90	418	489255	4676	1.1421	1.0000	1170.4665	11.1866	0.9557
A-	四川省社会科学院	社政院智库	45.99	405	271352	4011	0.6284	1.7609	670.0049	9.9037	1.5548
A-	武汉大学国际法研究所	高校智库	47.02	287	377523	4735	0.4044	1.9392	1315.4111	16.4983	1.2089
A-	浙江清华长三角研究院	高校智库	45.18	263	184111	2442	0.2650	2.7113	700.0418	9.2852	1.4108
A-	中共北京市委党校	党校行政学院智库	44.30	532	98185	1304	0.3279	4.4333	184.5583	2.4511	2.0001
A-	中共甘肃省委党校	党校行政学院智库	44.59	464	324051	2958	0.7623	1.6631	698.3858	6.3750	0.8970
A-	中共江苏省委党校	党校行政学院智库	44.91	58	86800	2594	0.1448	1.0943	1496.5517	44.7241	2.9941
A-	中共宁夏回族自治区委党校	党校行政学院智库	47.11	621	181083	4586	0.7568	2.2419	291.5990	7.3849	2.4661
A-	中共厦门市委党校	党校行政学院智库	44.71	124	46834	1998	0.2322	1.4588	377.6935	16.1129	4.4134
A-	中共中央党史和文献研究院	党政部门智库	47.21	214	417856	6364	0.5820	1.0047	1952.5981	29.7383	1.5236
A-	中国(深圳)综合开发研究院	企业与社会智库	46.19	495	306491	4307	0.7541	1.7935	619.1737	8.7010	1.3910

附录 | 中国智库与全球智库大数据指数评级

续表

评级	智库名称	智库类型	指数	发文量	阅读量	点赞量	发布频次	发布容量	篇均阅读量	篇均点赞量	头条点赞比
A-	中国财政科学研究院	党政部门智库	44.76	385	320362	3555	0.8962	1.1738	832.1091	9.2338	1.1165
A-	中国法学会	企业与社会智库	45.85	300	346113	4450	0.6585	1.2448	1153.7100	14.8333	1.3077
A-	中国核工业集团公司核科技信息与经济研究院	企业与社会智库	45.25	927	166808	2455	0.8005	3.1638	179.9439	2.6483	1.6655
A-	中国计量科学研究院	党政部门智库	46.00	163	263288	3516	0.2541	1.7527	1615.2638	21.5706	1.4210
A-	中国教育科学研究院	党政部门智库	45.66	290	535368	4103	0.6967	1.1373	1846.0966	14.1483	0.7653
A-	中国经济体制改革研究会	企业与社会智库	44.98	972	221739	2230	0.7787	3.4105	228.1265	2.2942	1.0279
A-	中国林业科学研究院	党政部门智库	44.36	207	108178	1507	0.1557	3.6316	522.5990	7.2802	1.6440
A-	中国领导科学研究会	企业与社会智库	46.38	765	372237	4610	1.2568	1.6630	486.5843	6.0261	1.1502
A-	中国南海研究院	党政部门智库	45.19	125	314698	3655	0.3224	1.0593	2517.5840	29.2400	1.1508
A-	中国农业科学院	党政部门智库	45.68	511	396980	3512	0.6858	2.0359	776.8689	6.8728	0.7902
A-	中国企业改革与发展研究会	企业与社会智库	46.73	1154	148702	3306	1.0000	3.1530	128.8579	2.8648	2.4389
A-	中国人民大学国家发展与战略研究院	高校智库	46.87	695	584217	3558	0.6885	2.7579	840.6000	5.1194	0.6117
A-	中国社会科学院当代马克思主义政治经济学创新智库	社科院智库	44.58	423	295517	2585	0.5519	2.0941	698.6217	6.1111	0.8847
A-	中国社会科学院国家金融与发展实验室	社科院智库	45.68	469	467605	3709	0.7896	1.6228	997.0256	7.9083	0.7934

· 321 ·

续表

评级	智库名称	智库类型	指数	发文量	阅读量	点赞量	发布频次	发布容量	篇均阅读量	篇均点赞量	头条点赞比
A-	中国社会科学院金融研究所	社科院智库	46.93	417	468726	5135	0.7213	1.5795	1124.0432	12.3141	1.1450
A-	中国社会科学院蓝迪国际智库项目	企业与社会智库	45.14	1154	242698	2421	0.9180	3.4345	210.3102	2.0979	0.8193
A-	中国社会科学院农村发展研究所	社科院智库	44.12	380	378027	2780	0.7978	1.3014	994.8079	7.3158	0.7339
A-	中国社会科学院世界经济与政治研究所	社科院智库	45.72	461	448081	3408	0.7158	1.7595	971.9761	7.3926	0.9349
A-	中国水利水电科学研究院	党政部门智库	44.62	250	231406	2894	0.4262	1.6026	925.6240	11.5760	1.3523
A-	中国现代国际关系研究院	党政部门智库	46.75	145	356706	5468	0.3962	1.0000	2460.0414	37.7103	1.5329
A-	中国新闻出版研究院	党政部门智库	46.45	584	129706	2955	0.4426	3.6049	222.0993	5.0599	2.3069
A-	中国信息与电子工程科技发展战略研究中心	科研院所智库	44.07	135	269987	2775	0.3306	1.1157	1999.9037	20.5556	1.0353
A-	中南大学医疗卫生法研究中心	高校智库	44.05	633	309410	2252	0.8443	2.0485	488.7994	3.5577	0.7392
A-	中山大学国家治理研究院	高校智库	44.01	7	37956	1229	0.0191	1.0000	5422.2857	175.5714	3.2380
A-	中央财经大学绿色金融国际研究院	高校智库	46.58	1298	243658	2656	0.9317	3.8065	187.7180	2.0462	1.5811
A-	中央社会主义学院统一战线高端智库	党校行政学院智库	46.88	491	356189	5923	1.3142	1.0208	725.4358	12.0631	1.6710

附录 | 中国智库与全球智库大数据指数评级

附表1.18 智库头条号指数评级 Top 50

评级	智库名称	智库类型	指数	发文量	阅读量	评论量	篇均阅读量	篇均评论量	平均阅读评论比
A++	瞭望智库	党政部门智库	76.36	1711	19408029	36026	11343.0912	21.0555	0.0019
A++	苏宁金融研究院	企业与社会智库	71.96	301	3714580	15944	12340.7973	52.9701	0.0043
A++	中国科学院	科研院所智库	75.74	5262	26386516	56029	5014.5412	10.6479	0.0021
A++	中国人民大学重阳金融研究院	高校智库	78.62	1467	21872793	48039	14909.8793	32.7464	0.0022
A++	中国社会科学院	社科院智库	92.46	1557	52406358	484286	33658.5472	311.0379	0.0092
A+	察哈尔学会	企业与社会智库	57.46	740	1803601	1939	2437.2986	2.6203	0.0011
A+	国务院发展研究中心	党政部门智库	65.96	634	4036739	6580	6367.0962	10.3785	0.0016
A+	海国图智研究院	企业与社会智库	60.39	368	1987755	2232	5401.5082	6.0652	0.0011
A+	华南理工大学公共政策研究院	高校智库	70.04	187	2757494	9379	14745.9572	50.1551	0.0034
A+	盘古智库	企业与社会智库	67.09	914	3286734	14103	3595.9891	15.4300	0.0043
A+	全球化智库	企业与社会智库	71.11	1292	2945283	46114	2279.6308	35.6920	0.0157
A+	综合开发研究院（中国·深圳）	企业与社会智库	67.75	450	3293243	9429	7318.3178	20.9533	0.0029
A+	中国城市和小城镇改革发展中心	党政部门智库	62.33	811	3156030	4159	3891.5290	5.1282	0.0013

续表

评级	智库名称	智库类型	指数	发文量	阅读量	评论量	篇均阅读量	篇均评论量	平均阅读评论比
A+	中国科学技术协会	科研院所智库	60.20	5584	4749430	5428	850.5426	0.9721	0.0011
A+	中国指数研究院	企业与社会智库	62.93	874	2983122	5492	3413.1831	6.2838	0.0018
A	阿里研究院	企业与社会智库	57.15	247	504964	2982	2044.3887	12.0729	0.0059
A	北京大学国家发展研究院	高校智库	49.33	359	443817	573	1236.2591	1.5961	0.0013
A	国防大学	军队智库	54.67	239	811687	956	3396.1799	4.0000	0.0012
A	暨南大学经济与社会研究院	高校智库	49.97	67	346090	260	5165.5224	3.8806	0.0008
A	清华大学国情研究院	高校智库	51.44	54	288137	397	5335.8704	7.3519	0.0014
A	人民网新媒体智库	企业与社会智库	56.05	297	1605622	722	5406.1347	2.4310	0.0004
A	上海交通大学中国发展研究院	高校智库	47.97	18	81466	255	4525.8889	14.1667	0.0031
A	深圳市人民政府发展研究中心	党政部门智库	47.03	1026	491435	364	478.9815	0.3548	0.0007
A	中国房地产数据研究院	企业与社会智库	56.94	474	963360	2471	2032.4051	5.2131	0.0026
A	中国工程院	科研院所智库	50.29	816	547977	1067	671.5404	1.3076	0.0019
A	中国管理科学研究院	企业与社会智库	53.67	896	1066570	1378	1190.3683	1.5379	0.0013
A	中国金融四十人论坛	企业与社会智库	56.50	368	946326	1847	2571.5380	5.0190	0.0020
A	中国人民解放军军事科学院	军队智库	54.56	527	779105	1803	1478.3776	3.4213	0.0023

续表

评级	智库名称	智库类型	指数	发文量	阅读量	评论量	篇均阅读量	篇均评论量	平均阅读评论比
A	中国社会科学院国家金融与发展实验室	社科院智库	49.59	430	397444	828	924.2884	1.9256	0.0021
A	重庆大学经略研究院	高校智库	46.34	52	176323	173	3390.8269	3.3269	0.0010
A-	21世纪教育研究院	企业与社会智库	45.36	69	78180	409	1133.0435	5.9275	0.0052
A-	北京大学国际战略研究院	高校智库	35.99	3	21816	10	7272.0000	3.3333	0.0005
A-	国家发展和改革委员会国际合作中心	党政部门智库	42.49	66	120851	105	1831.0758	1.5909	0.0009
A-	华夏新供给经济学研究院	企业与社会智库	44.27	146	99130	423	678.9726	2.8973	0.0043
A-	南京大学江苏长江产业经济研究院	高校智库	34.96	99	39767	45	401.6869	0.4545	0.0011
A-	清科研究中心	企业与社会智库	37.51	146	48498	125	332.1781	0.8562	0.0026
A-	上海交通大学上海高级金融学院	高校智库	46.03	202	146440	563	724.9505	2.7871	0.0038
A-	上海外国语大学中东研究所	高校智库	40.88	254	142432	101	560.7559	0.3976	0.0007
A-	深圳市社会科学院	社科院智库	35.19	42	44993	22	1071.2619	0.5238	0.0005
A-	中共甘肃省委党校	党校行政学院智库	41.14	111	184835	37	1665.1802	0.3333	0.0002
A-	中国财政科学研究院	党政部门智库	35.59	323	74815	15	231.6254	0.0464	0.0002

续表

评级	智库名称	智库类型	指数	发文量	阅读量	评论量	篇均阅读量	篇均评论量	平均阅读评论比
A-	中国电子信息产业发展研究院	党政部门智库	37.90	321	65036	141	202.6044	0.4393	0.0022
A-	中国法学会	企业与社会智库	38.88	186	85297	93	458.5860	0.5000	0.0011
A-	中国经济体制改革研究会	企业与社会智库	40.53	285	126333	119	443.2737	0.4175	0.0009
A-	中国科协创新战略研究院	科研院所智库	41.71	74	101824	113	1376.0000	1.5270	0.0011
A-	中国人民大学国际货币研究所	高校智库	40.80	531	118875	227	223.8701	0.4275	0.0019
A-	中国人民大学国家发展与战略研究院	高校智库	42.96	421	144543	357	343.3325	0.8480	0.0025
A-	中国人民大学中国扶贫研究院	高校智库	37.62	60	45134	78	752.2333	1.3000	0.0017
A-	中国外汇投资研究院	企业与社会智库	36.18	10	11076	66	1107.6000	6.6000	0.0060
A-	中国信息通信研究院	党政部门智库	45.46	847	272334	526	321.5277	0.6210	0.0019

附表1.19　中国智库大数据指数评级 Top 100

评级	智库名称	智库类型	总指数	微信公众号指数	头条号指数
A++	华南理工大学公共政策研究院	高校智库	63.23	56.41	70.04
A++	瞭望智库	党政部门智库	75.24	74.13	76.36

续表

评级	智库名称	智库类型	总指数	微信公众号指数	头条号指数
A++	盘古智库	企业与社会智库	57.72	48.35	67.09
A++	全球化智库	企业与社会智库	66.22	61.32	71.11
A++	苏宁金融研究院	企业与社会智库	65.49	59.02	71.96
A++	中国科学技术协会	科研院所智库	71.45	82.71	60.20
A++	中国科学院	科研院所智库	69.11	62.48	75.74
A++	中国人民大学重阳金融研究院	高校智库	68.60	58.58	78.62
A++	中国社会科学院	社科院智库	66.66	40.87	92.46
A+	中国指数研究院	企业与社会智库	59.72	56.52	62.93
A+	察哈尔学会	企业与社会智库	52.71	47.95	57.46
A+	国防大学	军队智库	55.02	55.37	54.67
A+	国务院发展研究中心	党政部门智库	54.51	43.06	65.96
A+	海国图智研究院	企业与社会智库	55.84	51.29	60.39
A+	人民网新媒体智库	企业与社会智库	56.96	57.88	56.05
A+	中国城市和小城镇改革发展中心	党政部门智库	57.12	51.90	62.33
A+	中国电子信息产业发展研究院	党政部门智库	43.53	49.16	37.90
A+	中国工程院	科研院所智库	49.52	48.75	50.29
A+	中国金融四十人论坛	企业与社会智库	57.35	58.20	56.50
A++	中国经济体制改革研究会	企业与社会智库	42.76	44.98	40.53
A	21世纪教育研究院	企业与社会智库	44.06	42.75	45.36
A	阿里研究院	企业与社会智库	54.28	51.40	57.15
A	北京大学国家发展研究院	高校智库	51.12	52.91	49.33
A	北京师范大学中国公益研究院	高校智库	32.62	40.77	24.47
A	上海春秋发展战略研究院	企业与社会智库	43.35	86.70	0.00
A	福卡智库	企业与社会智库	25.76	51.52	0.00
A	国家发展和改革委员会国际合作中心	党政部门智库	41.37	40.25	42.49
A	国家信息中心	党政部门智库	40.60	46.51	34.69
A	暨南大学经济与社会研究院	高校智库	46.61	43.24	49.97
A	南风窗传媒智库	企业与社会智库	37.07	74.14	0.00

续表

评级	智库名称	智库类型	总指数	微信公众号指数	头条号指数
A	南京大学江苏长江产业经济研究院	高校智库	39.36	43.76	34.96
A	清华大学国情研究院	高校智库	48.01	44.59	51.44
A	上海交通大学上海高级金融学院	高校智库	45.82	45.62	46.03
A	上海外国语大学中东研究所	高校智库	41.14	41.41	40.88
A	中共中央党史和文献研究院	党政部门智库	23.61	47.21	0.00
A	中共中央党校	党校行政学院智库	30.34	60.68	0.00
A	中国财政科学研究院	党政部门智库	40.17	44.76	35.59
A	中国法学会	企业与社会智库	42.37	45.85	38.88
A	中国房地产数据研究院	企业与社会智库	49.26	41.59	56.94
A	中国管理科学研究院	企业与社会智库	26.83	0.00	53.67
A	中国农业科学院	党政部门智库	30.86	45.68	16.04
A	中国人民大学国际货币研究所	高校智库	42.36	43.92	40.80
A	中国人民大学国家发展与战略研究院	高校智库	44.91	46.87	42.96
A	中国人民大学文化产业研究院	高校智库	34.21	37.97	30.45
A	中国人民大学中国扶贫研究院	高校智库	39.29	40.95	37.62
A	中国人民解放军军事科学院	军队智库	56.04	57.53	54.56
A	中国外汇投资研究院	企业与社会智库	36.15	36.13	36.18
A	中国信息通信研究院	党政部门智库	49.67	53.88	45.46
A	重庆大学经略研究院	高校智库	46.99	47.64	46.34
A	自然之友环境研究所	企业与社会智库	30.00	51.14	8.86
A-	安邦智库	企业与社会智库	24.15	48.31	0.00
A-	北京大学国际战略研究院	高校智库	40.49	44.99	35.99
A-	北京大学新结构经济学研究院	高校智库	23.08	46.16	0.00
A-	北京市长城企业战略研究所	企业与社会智库	28.37	40.39	16.35

续表

评级	智库名称	智库类型	总指数	微信公众号指数	头条号指数
A-	第一财经研究院	企业与社会智库	23.28	46.56	0.00
A-	凤凰国际智库	企业与社会智库	26.55	53.10	0.00
A-	复旦大学发展研究院	高校智库	23.13	46.27	0.00
A-	复旦大学美国研究中心	高校智库	33.22	39.52	26.91
A-	胡润研究院	企业与社会智库	25.08	50.15	0.00
A-	湖南省人民政府发展研究中心	党政部门智库	27.67	55.35	0.00
A-	千人智库	企业与社会智库	26.31	43.95	8.68
A-	清科研究中心	企业与社会智库	42.67	47.83	37.51
A-	上海国有资本运营研究院	企业与社会智库	25.81	51.62	0.00
A-	上海交通大学中国发展研究院	高校智库	43.17	38.37	47.97
A-	上海外国语大学丝路战略研究所	高校智库	27.18	37.15	17.21
A-	上海外国语大学英国研究中心	高校智库	28.72	30.41	27.03
A-	深圳市人民政府发展研究中心	党政部门智库	23.52	0.00	47.03
A-	腾讯研究院	企业与社会智库	26.41	52.83	0.00
A-	腾云智库	企业与社会智库	32.33	47.21	17.45
A-	天津工业大学天津法治信访研究基地	高校智库	24.35	48.70	0.00
A-	同济大学德国研究中心	高校智库	35.77	37.29	34.26
A-	武汉大学国际法研究所	高校智库	23.51	47.02	0.00
A-	武汉大学环境法研究所	高校智库	27.38	54.75	0.00
A-	西南财经大学中国家庭金融调查与研究中心	高校智库	24.44	38.89	9.98
A-	易观智库	企业与社会智库	23.71	47.41	0.00
A-	知远战略与防务研究所	企业与社会智库	24.95	49.89	0.00
A-	中共安徽省委党校	党校行政学院智库	24.77	49.54	0.00
A-	中共甘肃省委党校	党校行政学院智库	42.87	44.59	41.14
A-	中共湖北省委党校	党校行政学院智库	23.61	47.21	0.00
A-	中共宁夏回族自治区委党校	党校行政学院智库	23.56	47.11	0.00

续表

评级	智库名称	智库类型	总指数	微信公众号指数	头条号指数
A-	中共云南省委党校	党校行政学院智库	23.82	47.64	0.00
A-	中国（海南）改革发展研究院	企业与社会智库	32.23	39.57	24.88
A-	综合开发研究院（中国·深圳）	企业与社会智库	56.97	46.19	67.75
A-	中国城乡建设经济研究院	党政部门智库	23.85	47.69	0.00
A-	中国计量科学研究院	党政部门智库	23.00	46.00	0.00
A-	中国领导科学研究会	企业与社会智库	23.19	46.38	0.00
A-	中国旅游研究院	党政部门智库	24.05	48.10	0.00
A-	中国企业改革与发展研究会	企业与社会智库	23.36	46.73	0.00
A-	中国人民大学民商事法律科学研究中心	高校智库	27.31	54.63	0.00
A-	中国社会保障学会	企业与社会智库	24.78	49.57	0.00
A-	中国社会科学院工业经济研究所	社科院智库	28.11	56.22	0.00
A-	中国社会科学院国家金融与发展实验室	社科院智库	47.63	45.68	49.59
A-	中国社会科学院金融研究所	社科院智库	23.46	46.93	0.00
A-	中国铁道科学研究院	企业与社会智库	25.93	51.86	0.00
A-	中国现代国际关系研究院	党政部门智库	23.37	46.75	0.00
A-	中国新闻出版研究院	党政部门智库	32.76	46.45	19.07
A-	中国政法大学法治政府研究院	高校智库	23.67	47.33	0.00
A-	中华环境保护基金会	企业与社会智库	23.63	47.26	0.00
A-	中央财经大学绿色金融国际研究院	高校智库	23.29	46.58	0.00
A-	中央社会主义学院统一战线高端智库	党校行政学院智库	23.44	46.88	0.00

附录 | 中国智库与全球智库大数据指数评级

附录二 全球智库大数据指数评级[*]

(一) 2017年全球智库大数据指数评级

附表 2.1 全球智库推特账号指数评级 Top 50

评级	智库英文名称	智库中文名称	国家或地区	指数	发文量	历史关注量	历史喜欢量	转发量	评论量	点赞量	篇均转发量	篇均评论量	篇均点赞量
A++	Center for American Progress	美国进步研究中心	美国	55.07	364	78696	1297	132136	8395	247302	363.0110	23.0632	679.4011
A++	Consejo Argentino para las Relaciones Internacionales	阿根廷国际关系委员会	阿根廷	86.79	478	3953	950	1719452	71086	4605603	3597.1799	148.7155	9635.1527
A++	Demos	迪莫斯	英国	59.14	849	39298	896	483905	15629	1003730	569.9706	18.4087	1182.2497
A++	Potsdam Institute for Climate Impact Research	波茨坦气候影响研究所	德国	54.91	535	5383	261	67159	43033	148948	125.5308	80.4355	278.4075
A++	Singapore Institute of International Affairs	新加坡国际事务研究院	新加坡	63.35	390	826	331	630665	19218	1640956	1617.0897	49.2769	4207.5795

---

[*] 全球智库大数据指数评级列表见智库评级及英文名称字母排序。

· 331 ·

续表

评级	智库英文名称	智库中文名称	国家或地区	指数	发文量	历史关注量	历史喜欢量	转发量	评论量	点赞量	篇均转发量	篇均评论量	篇均点赞量
A+	Barcelona Centre for International Affairs	巴塞罗那国际研究中心	西班牙	51.49	817	16832	1774	102064	4757	165280	124.9253	5.8225	202.3011
A+	Cato Institute	卡托研究所	美国	52.19	834	330540	15031	26858	3733	37579	32.2038	4.4760	45.0588
A+	Centre for Policy Studies (UK)	政策研究中心	英国	49.03	659	217887	305	25335	8072	20721	38.4446	12.2489	31.4431
A+	Consejo Latinoamericano de Ciencias Sociales	拉丁美洲科学研究理事会	阿根廷	48.99	675	35067	2746	30306	3359	45133	44.8978	4.9763	66.8637
A+	FUNDAR, Centro de Analisis e Investigacion	研究和分析中心	墨西哥	51.89	818	97373	9908	65572	2313	51350	80.1614	2.8276	62.7751
A+	Hoover Institution	斯坦福大学胡佛研究所	美国	49.96	816	95181	4933	20907	3547	47829	25.6213	4.3468	58.6140
A+	Lithuanian Free Market Institute	立陶宛自由市场研究所	立陶宛	50.35	614	68968	9900	30529	2435	54841	49.7215	3.9658	89.3176
A+	Prague Security Studies Institute	布拉格安全研究所	捷克	51.86	823	128800	490	48899	12936	83835	59.4156	15.7181	101.8651
A+	World Bank Institute	世界银行研究所	美国	52.77	842	2726619	824	43824	3913	79904	52.0475	4.6473	94.8979
A+	World Economic Forum	世界经济论坛	瑞士	52.99	843	3245346	1779	48302	2524	58440	57.2977	2.9941	69.3238
A	Center for Global Development	全球发展中心	美国	45.25	822	81999	1127	13525	586	13821	16.4538	0.7129	16.8139

· 332 ·

续表

评级	智库英文名称	智库中文名称	国家或地区	指数	发文量	历史关注量	历史喜欢量	转发量	评论量	点赞量	篇均转发量	篇均评论量	篇均点赞量
A	Center on Budget and Policy Priorities	预算和政策优先研究中心	美国	46.61	801	38769	651	30492	1509	23231	38.0674	1.8839	29.0025
A	Centro de Investigaciones Economicas Nacionales	国家经济研究中心	危地马拉	45.05	13830	10073	4257	766	3056	14414	0.0554	0.2210	1.0422
A	Chatham House	查塔姆社——皇家国际事务研究所	英国	46.81	822	164061	412	18205	1952	19695	22.1472	2.3747	23.9599
A	Council on Foreign Relations	外交关系委员会	美国	45.89	846	361547	51	14967	2706	23417	17.6915	3.1986	27.6797
A	European Policy Centre	欧洲政策中心	比利时	48.41	812	20814	1651	25747	6045	28268	31.7081	7.4446	34.8128
A	Fundación Libertad	自由基金会	阿根廷	47.70	198	4033	645	63953	3553	49221	322.9949	17.9444	248.5909
A	Institute of Foreign Affairs and National Security	国立外交院外交事务和国家安全研究所	韩国	47.11	821	639609	165	18289	1633	24602	22.2765	1.9890	29.9659
A	International Crisis Group	国际危机组织	比利时	45.24	813	133113	4611	7825	421	6524	9.6248	0.5178	8.0246
A	Peterson Institute for International Economics	彼得森国际经济研究所	美国	46.24	810	34568	8850	10686	818	13213	13.1926	1.0099	16.3123
A	Razumkov Centre	拉祖姆科夫中心	乌克兰	47.53	535	212	0	67159	43033	148948	125.5308	80.4355	278.4075

续表

评级	智库英文名称	智库中文名称	国家或地区	指数	发文量	历史关注量	历史喜欢量	转发量	评论量	点赞量	篇均转发量	篇均评论量	篇均点赞量
A	Real Instituto Elcano	皇家埃尔卡诺研究院	西班牙	45.34	813	34103	14855	7787	469	7722	9.5781	0.5769	9.4982
A	Tokyo Foundation	公益财团法人东京财团	日本	46.12	806	1030368	29	28950	704	35633	35.9181	0.8734	44.2097
A	Urban Institute	城市研究所	美国	45.08	816	92089	7568	7356	325	6930	9.0147	0.3983	8.4926
A	World Resources Institute	世界资源研究所	美国	47.45	552	146004	122914	7075	293	8608	12.8170	0.5308	15.5942
A	Adam Smith Institute	亚当·斯密研究所	英国	44.84	761	38177	511	8629	2389	18177	11.3390	3.1393	23.8857
A-	Belfer Center for Science and International Affairs, Harvard University	哈佛大学贝尔福科学与国际事务研究中心	美国	43.63	817	19161	166	13074	1621	20034	16.0024	1.9841	24.5214
A-	Cambodia Development Resource Institute	柬埔寨发展资源研究院	柬埔寨	43.59	390	1478	540	16120	2622	49599	41.3333	6.7231	127.1769
A-	Carnegie Endowment for International Peace	卡内基国际和平基金会	美国	42.97	810	219797	851	4422	325	4861	5.4593	0.4012	6.0012
A-	Center for Strategic and International Studies	战略与国际研究中心	美国	43.06	686	3711	215	19316	1733	21484	28.1574	2.5262	31.3178
A-	Centre for Civil Society	公民社会中心	印度	43.80	681	4895	1917	10713	1288	16549	15.7313	1.8913	24.3010

续表

评级	智库英文名称	智库中文名称	国家或地区	指数	发文量	历史关注量	历史喜欢量	转发量	评论量	点赞量	篇均转发量	篇均评论量	篇均点赞量
A−	Centre for European Reform	欧洲改革中心	英国	43.61	835	22329	295	11308	1560	10982	13.5425	1.8683	13.1521
A−	Centro Euro−Mediterraneo sui Cambiamenti Climatici	欧洲−地中海气候变化研究中心	意大利	43.74	650	1420	941	24545	1329	27322	37.7615	2.0446	42.0338
A−	Comision Economica para America Latina	拉丁美洲经济委员会	智利	43.36	820	321131	2	31847	813	28963	38.8378	0.9915	35.3207
A−	Fondazione Eni Enrico Mattei	埃尼·恩里科·马特艾基金会	意大利	43.42	632	2460	1699	12862	1403	16407	20.3513	2.2199	25.9604
A−	Fraser Institute	费雷泽研究所	加拿大	44.86	804	24590	1426	10450	1829	8246	12.9975	2.2749	10.2562
A−	French Institute of International Relations	法国国际关系研究院	法国	42.96	680	19759	7271	7183	186	5764	10.5632	0.2735	8.4765
A−	Institute for International Political Studies	意大利国际政治学研究院	意大利	43.44	612	18884	1563	8163	784	10570	13.3382	1.2810	17.2712
A−	Institute of Economic Affairs	经济事务研究所	英国	43.40	807	21144	351	7541	2020	11361	9.3445	2.5031	14.0781
A−	Istituto Bruno Leoni	布鲁诺·里奥尼研究所	意大利	44.52	808	20959	1691	9354	1221	11234	11.5767	1.5111	13.9035
A−	Konrad Adenauer Foundation	康拉德·阿登纳基金会	德国	44.99	743	11140	305	14306	3641	32364	19.2544	4.9004	43.5585

· 335 ·

续表

评级	智库英文名称	智库中文名称	国家或地区	指数	发文量	历史关注量	历史喜欢量	转发量	评论量	点赞量	篇均转发量	篇均评论量	篇均点赞量
A-	Overseas Development Institute	海外发展研究院	英国	43.21	822	100419	4644	4663	163	4629	5.6727	0.1983	5.6314
A-	RAND Corporation	兰德公司	美国	44.79	822	147888	1640	7719	556	7495	9.3905	0.6764	9.1180
A-	Timbro	迪博	瑞典	43.24	822	14144	425	8895	1268	15961	10.8212	1.5426	19.4173
A-	United States Institute of Peace	美国和平研究所	美国	43.80	826	95836	5074	3946	353	5215	4.7772	0.4274	6.3136

附表 2.2 全球智库脸书账号指数评级 Top 50

评级	智库英文名称	智库中文名称	国家或地区	指数	发文量	历史关注量	历史喜欢量	转发量	评论量	点赞量	篇均转发量	篇均评论量	篇均点赞量
A++	Brookings Institution	布鲁金斯学会	美国	56.04	783	386096	387441	86120	16074	118314	109.9872	20.5287	151.1034
A++	Cato Institute	卡托研究所	美国	56.72	698	361171	380715	56773	27725	161881	81.3367	39.7206	231.9212
A++	Hoover Institution	斯坦福大学胡佛研究所	美国	57.50	674	318351	321214	154290	15011	296331	228.9169	22.2715	439.6602
A++	World Bank Institute	世界银行研究所	美国	69.76	634	2392320	2396849	43246	10648	4130506	68.2114	16.7950	6514.9937
A++	World Economic Forum	世界经济论坛	瑞士	96.94	1058	5080389	4972613	5412152	269765	4786991	5115.4556	254.9764	4524.5662
A+	Acton Institute for the Study of Religion and Liberty	阿克顿研究所	美国	50.16	669	804081	813302	6428	1885	29335	9.6084	2.8176	43.8490

· 336 ·

附录 | 中国智库与全球智库大数据指数评级

续表

评级	智库英文名称	智库中文名称	国家或地区	指数	发文量	历史关注量	历史喜欢量	转发量	评论量	点赞量	篇均转发量	篇均评论量	篇均点赞量
A+	Center for American Progress	美国进步研究中心	美国	50.64	792	89414	91234	65608	5578	36616	82.8384	7.0429	46.2323
A+	Center for Strategic and InternationalStudies	战略与国际研究中心	美国	52.62	722	543777	542562	32181	2713	67706	44.5720	3.7576	93.7756
A+	Comision Economica para America Latina	拉丁美洲经济委员会	智利	51.40	401	308520	308872	52657	1948	65524	131.3142	4.8579	163.4015
A+	Consejo Latinoamericano de Ciencias Sociales	拉丁美洲科学研究理事会	阿根廷	54.54	787	238714	238638	103044	7130	151493	130.9327	9.0597	192.4943
A+	Council on Foreign Relations	外交关系委员会	美国	52.75	740	397434	401794	28725	6802	57549	38.8176	9.1919	77.7689
A+	Fraser Institute	费雷泽研究所	加拿大	49.81	645	23694	23391	36250	27126	43920	56.2016	42.0558	68.0930
A+	Fundacao Armando Alvares Penteado	法阿琶基金会	巴西	47.29	575	174087	175903	4193	2290	59805	7.2922	3.9826	104.0087
A+	Fundacao Getulio Vargas	热图利奥·瓦加斯基金会	巴西	49.53	653	541472	544577	5120	1641	61867	7.8407	2.5130	94.7427
A+	Timbro	迪博	瑞典	48.13	580	21828	20967	36663	8568	91137	63.2121	14.7724	157.1328
A+	Adam Smith Institute	亚当·斯密研究所	英国	42.81	494	53881	54723	2315	1634	14937	4.6862	3.3077	30.2368
A	Carnegie Endowment for International Peace	卡内基国际和平基金会	美国	43.49	341	233340	234547	2525	342	9527	7.4047	1.0029	27.9384

· 337 ·

续表

评级	智库英文名称	智库中文名称	国家或地区	指数	发文量	历史关注量	历史喜欢量	转发量	评论量	点赞量	篇均转发量	篇均评论量	篇均点赞量
A	Carnegie Middle East Center	卡内基中东中心	黎巴嫩	45.41	511	76026	75815	2961	2225	82857	5.7945	4.3542	162.1468
A	Center on Budget and Policy Priorities	预算和政策优先研究中心	美国	43.32	505	19681	19673	21715	1264	8906	43.0000	2.5030	17.6356
A	Centre for Policy Studies	政策研究中心	英国	42.63	425	24604	24943	4550	2984	14516	10.7059	7.0212	34.1553
A	Chatham House	查塔姆社——皇家国际事务研究所	英国	42.62	192	84469	84310	4619	838	11934	24.0573	4.3646	62.1563
A	Corporation for Latin American Studies	拉美研究公司	智利	42.73	669	25051	24945	7035	834	17586	10.5157	1.2466	26.2870
A	Facultad Latinoamericana de Ciencias Sociales	拉丁美洲社会科学院	哥斯达黎加	44.12	174	42637	42547	14094	1462	29804	81.0000	8.4023	171.2874
A	Fernando Henrique Cardoso Institute	费尔南多·恩里克·卡多佐研究所	巴西	47.03	340	184146	186653	5377	2877	36404	15.8147	8.4618	107.0706
A	French Institute of International Relations	法国国际关系研究院	法国	46.66	667	88091	88494	12906	1384	28764	19.3493	2.0750	43.1244
A	Mercatus Center	莫卡特斯中心	美国	43.99	711	35630	36704	6109	1841	17432	8.5921	2.5893	24.5176
A	Observer Research Foundation	观察家研究基金会	印度	46.63	734	317431	318622	7698	232	16889	10.4877	0.3161	23.0095

续表

评级	智库英文名称	智库中文名称	国家或地区	指数	发文量	历史关注量	历史喜欢量	转发量	评论量	点赞量	篇均转发量	篇均评论量	篇均点赞量
A	RAND Corporation	兰德公司	美国	43.41	540	40526	40416	7446	925	15327	13.7889	1.7130	28.3833
A	United States Institute of Peace	美国和平研究所	美国	44.89	567	156504	157769	4098	829	10882	7.2275	1.4621	19.1922
A	Urban Institute	城市研究所	美国	44.60	365	28698	28608	12491	3349	24565	34.2219	9.1753	67.3014
A −	Brookings Doha Center	布鲁金斯·多哈中心	卡塔尔	40.53	278	150285	150162	341	774	9864	1.2266	2.7842	35.4820
A −	Center for Global Development	全球发展中心	美国	38.57	397	87497	88054	745	102	3250	1.8766	0.2569	8.1864
A −	Centre for Civil Society	公民社会中心	印度	40.91	351	96569	96858	455	792	20194	1.2963	2.2564	57.5328
A −	Centro de Implementación de Políticas Públicas para la Equidad y el Crecimiento	公平与增长公共政策实施中心	阿根廷	41.91	404	20035	19948	7661	868	20434	18.9629	2.1485	50.5792
A −	Chicago Council on Global Affairs	芝加哥全球事务委员会	美国	40.61	408	22882	22858	3268	816	11726	8.0098	2.0000	28.7402
A −	Energy and Resources Institute	能源与资源研究所	印度	39.40	483	31546	31816	1233	124	35173	2.5528	0.2567	72.8219
A −	Friedrich Ebert Foundation	弗里德里希·艾伯特基金会	德国	40.57	403	56012	56712	1683	379	8985	4.1762	0.9404	22.2953
A −	FUNDAR, Centro de Análisis e Investigación	研究和分析中心	墨西哥	40.43	587	17722	17704	8702	235	6172	14.8245	0.4003	10.5145

续表

评级	智库英文名称	智库中文名称	国家或地区	指数	发文量	历史关注量	历史喜欢量	转发量	评论量	点赞量	篇均转发量	篇均评论量	篇均点赞量
A-	IMANI Centre for Policy and Education	伊马尼政策与教育中心	加纳	41.20	270	36208	36157	1028	4736	8689	3.8074	17.5407	32.1815
A-	Institute of Development Studies, University of Sussex	萨塞克斯大学发展研究院	英国	41.81	617	178919	180701	1027	183	5917	1.6645	0.2966	9.5900
A-	Institute of Economic Affairs	经济事务研究所	英国	42.04	597	15281	15213	4470	2314	19482	7.4874	3.8760	32.6332
A-	Istituto Bruno Leoni	布鲁诺·里奥尼研究所	意大利	41.47	630	15108	15385	5281	919	18583	8.3825	1.4587	29.4968
A-	Konrad Adenauer Foundation	康拉德·阿登纳基金会	德国	41.44	545	46722	46858	1944	448	18070	3.5670	0.8220	33.1560
A-	KOREA Institute of Science and Technology	韩国科学技术政策研究院	韩国	38.97	182	8715	8675	2173	4242	7081	11.9396	23.3077	38.9066
A-	Lowy Institute for International Policy	洛伊国际政策研究所	澳大利亚	42.03	317	24766	24702	3015	1403	53665	9.5110	4.4259	169.2902
A-	Peterson Institute for International Economics	彼得森国际经济研究所	美国	41.20	562	11940	11564	12826	685	8261	22.8221	1.2189	14.6993
A-	Wilfried Martens Centre for European Studies	维尔弗里德·马尔滕斯欧洲研究中心	比利时	40.61	205	54603	54926	2928	405	11835	14.2829	1.9756	57.7317

评级	智库英文名称	智库中文名称	国家或地区	指数	发文量	历史关注量	历史喜欢量	转发量	评论量	点赞量	篇均转发量	篇均评论量	篇均点赞量
A-	Woodrow Wilson International Center for Scholars	伍德罗·威尔逊国际学者中心	美国	40.04	417	104910	105768	731	385	3278	1.7530	0.9233	7.8609
A-	World Resources Institute	世界资源研究所	美国	41.80	336	118515	119630	2919	230	6444	8.6875	0.6845	19.1786
A-	German Marshall Fund of the United States	德国马歇尔基金会	美国	38.42	542	44747	45348	695	198	4470	1.2823	0.3653	8.2472

附表 2.3　全球智库推特引用指数评级 Top 50

评级	智库英文名称	智库中文名称	国家或地区	指数	引用文章量	引用文章转发量	引用文章评论量	引用文章点赞量	篇均引用文章转发量	篇均引用文章评论量	篇均引用文章点赞量
A++	Cato Institute	卡托研究所	美国	70.34	36598	64310	24437	119582	1.7572	0.6677	3.2674
A++	Fraser Institute	费雷泽研究所	加拿大	64.29	17730	32605	8775	38401	1.8390	0.4949	2.1659
A++	Hoover Institution	斯坦福大学胡佛研究所	美国	64.27	15755	43764	6647	45921	2.7778	0.4219	2.9147
A++	Libertad y Desarrollo	自由与发展学会	智利	59.48	2292	20830	1694	20546	9.0881	0.7391	8.9642
A++	RAND Corporation	兰德公司	美国	69.98	43492	122629	12687	119868	2.8196	0.2917	2.7561
A+	Adam Smith Institute	亚当·斯密研究所	英国	53.28	2076	5121	1518	10089	2.4668	0.7312	4.8598

续表

评级	智库英文名称	智库中文名称	国家或地区	指数	引用文章量	引用文章转发量	引用文章评论量	引用文章点赞量	篇均引用文章转发量	篇均引用文章评论量	篇均引用文章点赞量
A+	Carnegie Europe	卡内基基金会欧洲中心	比利时	55.72	7542	12698	1067	11498	1.6836	0.1415	1.5245
A+	Chatham House	查塔姆社——皇家国际事务研究所	英国	53.29	2670	6271	1369	10092	2.3487	0.5127	3.7798
A+	Council on Foreign Relations	外交关系委员会	美国	59.28	11889	15511	2627	23988	1.3047	0.2210	2.0177
A+	Fundación Libertad	自由基金会	阿根廷	54.46	2483	10075	1342	10642	4.0576	0.5405	4.2859
A+	Institución Futuro	未来研究机构	西班牙	52.74	2334	6434	1027	11563	2.7566	0.4400	4.9542
A+	Mercatus Center	莫卡特斯中心	美国	58.52	8459	13500	2894	21498	1.5959	0.3421	2.5414
A+	Real Instituto Elcano	皇家埃尔卡诺研究院	西班牙	58.26	5277	20474	1950	23178	3.8799	0.3695	4.3923
A+	Resources for the Future	未来资源研究所	美国	53.58	3077	7365	968	16478	2.3936	0.3146	5.3552
A+	Timbro	迪博	瑞典	58.60	7697	7439	3987	26406	0.9665	0.5180	3.4307
A	Africa Institute of South Africa	南非非洲研究所	南非	52.32	474	5712	411	5666	12.0506	0.8671	11.9536
A	Brookings Institution	布鲁金斯学会	美国	52.32	1954	5573	1124	9044	2.8521	0.5752	4.6285
A	Bruegel	布鲁盖尔研究所	比利时	51.02	2228	5701	514	11890	2.5588	0.2307	5.3366
A	Center for Strategic and International Studies	战略与国际研究中心	美国	45.28	1800	2569	160	2104	1.4272	0.0889	1.1689

续表

评级	智库英文名称	智库中文名称	国家或地区	指数	引用文章量	引用文章转发量	引用文章评论量	引用文章点赞量	篇均引用文章转发量	篇均引用文章评论量	篇均引用文章点赞量
A	Centre for Strategic and International Studies	战略与国际问题研究中心	印度尼西亚	48.51	99	1171	195	1885	11.8283	1.9697	19.0404
A	Consejo Argentino para las Relaciones Internacionales	阿根廷国际关系委员会	阿根廷	48.51	38	774	76	983	20.3684	2.0000	25.8684
A	European Council on Foreign Relations	欧洲外交关系委员会	英国	45.83	1830	2445	236	2248	1.3361	0.1290	1.2284
A	Fundacao Getulio Vargas	热图利奥·瓦加斯基金会	巴西	45.59	1888	1354	264	3042	0.7172	0.1398	1.6112
A	Institute of Economic Affairs	经济事务研究所	英国	48.65	921	3381	611	4609	3.6710	0.6634	5.0043
A	International Crisis Group	国际危机组织	比利时	47.73	1703	3658	406	3608	2.1480	0.2384	2.1186
A	National Bureau of Economic Research	美国国家经济研究局	美国	48.17	646	3608	267	7907	5.5851	0.4133	12.2399
A	Peace Research Institute Oslo	奥斯陆和平研究院	挪威	44.24	116	2348	14	1984	20.2414	0.1207	17.1034
A	Urban Institute	城市研究所	美国	49.17	1638	4971	443	6172	3.0348	0.2705	3.7680
A	World Economic Forum	世界经济论坛	瑞士	52.06	1329	7301	540	12475	5.4936	0.4063	9.3868
A	World Resources Institute	世界资源研究所	美国	51.55	1763	10232	381	8714	5.8037	0.2161	4.9427

续表

评级	智库英文名称	智库中文名称	国家或地区	指数	引用文章量	引用文章转发量	引用文章评论量	引用文章点赞量	篇均引用文章转发量	篇均引用文章评论量	篇均引用文章点赞量
A-	Carnegie Endowment for International Peace	卡内基国际和平基金会	美国	42.22	1339	899	117	1404	0.6714	0.0874	1.0485
A-	Center for Strategic Studies	战略研究中心	阿塞拜疆	41.20	382	1526	123	1866	3.9948	0.3220	4.8848
A-	Center on Budget and Policy Priorities	预算和政策优先研究中心	美国	42.01	933	1390	137	1381	1.4898	0.1468	1.4802
A-	Centre for Civil Society	公民社会中心	印度	40.35	310	974	183	1122	3.1419	0.5903	3.6194
A-	Centre for Conflict Resolution	争端解决中心	南非	37.38	72	589	75	467	8.1806	1.0417	6.4861
A-	Centre for European Reform	欧洲改革中心	英国	36.39	335	436	104	451	1.3015	0.3104	1.3463
A-	Centre for Policy Studies	政策研究中心	英国	41.99	475	1250	233	1519	2.6316	0.4905	3.1979
A-	Centro de Estudios Publicos	公共研究中心	智利	41.65	390	1361	200	1393	3.4897	0.5128	3.5718
A-	Comision Economica para America Latina	拉丁美洲经济委员会	智利	38.86	615	1032	64	767	1.6780	0.1041	1.2472
A-	Consejo Latinoamericano de Ciencias Sociales	拉丁美洲科学研究理事会	阿根廷	38.25	213	1134	69	982	5.3239	0.3239	4.6103
A-	Delhi Policy Group	德里政策集团	印度	39.68	53	598	78	448	11.2830	1.4717	8.4528

续表

评级	智库英文名称	智库中文名称	国家或地区	指数	引用文章量	引用文章转发量	引用文章评论量	引用文章点赞量	篇均引用文章转发量	篇均引用文章评论量	篇均引用文章点赞量
A-	East-West Center	东西方中心	美国	43.79	1297	1333	209	2006	1.0278	0.1611	1.5466
A-	Free Market Foundation	自由市场基金会	南非	41.69	848	650	291	926	0.7665	0.3432	1.0920
A-	Institute for Security Studies	安全问题研究所	南非	39.87	458	897	171	881	1.9585	0.3734	1.9236
A-	Inter-American Dialogue	美洲国家对话组织	美国	38.89	400	540	141	1314	1.3500	0.3525	3.2850
A-	International Institute for Strategic Studies	国际战略研究所	英国	37.14	339	527	104	674	1.5546	0.3068	1.9882
A-	Istituto Bruno Leoni	布鲁诺·里奥尼研究所	意大利	39.78	675	967	105	852	1.4326	0.1556	1.2622
A-	Observer Research Foundation	观察家研究基金会	印度	40.94	224	917	166	1688	4.0938	0.7411	7.5357
A-	Stockholm International PeaceResearch Institute	斯德哥尔摩国际和平研究所	瑞典	38.71	236	1487	72	659	6.3008	0.3051	2.7924
A-	Tokyo Foundation	公益财团法人东京财团	日本	43.66	821	1681	185	3366	2.0475	0.2253	4.0999

附表 2.4 全球智库脸书引用指数评级 Top 50

评级	智库英文名称	智库中文名称	国家或地区	指数	引用文章量	引用文章转发量	引用文章评论量	引用文章点赞量	篇均引用转发量	篇均引用评论量	篇均引用点赞量
A++	Center for Social and Economic Research	社会与经济研究中心	波兰	71.01	425	21671	19931	373658	50.9906	0.0213	879.1953
A++	Foundation for Political Innovation	政治创新基金会	法国	65.03	351	6897	10047	73204	19.6496	0.0349	208.5584
A++	Institute for Development and Global Governance	全球治理开发研究所	法国	67.95	337	17864	9575	261515	53.0089	0.0352	776.0089
A++	Institute for Global Environmental Stratrgies	公益财团法人地球环境战略研究机构	日本	65.89	445	3507	2194	172969	7.8809	0.2028	388.6944
A++	Institute for International Policy Studies	国际政策研究院	日本	67.74	431	11163	6947	170035	25.9002	0.0620	394.5128
A+	Australian Institute for International Affairs	澳大利亚国际事务研究所	澳大利亚	61.81	321	2095	2232	67665	6.5265	0.1438	210.7944
A+	Center for Strategic Studies	战略研究中心	阿塞拜疆	61.37	203	23249	2771	46263	114.5271	0.0733	227.8966
A+	Consejo Latinoamericano de Ciencias Sociales	拉丁美洲科学研究理事会	阿根廷	64.22	194	55103	3445	78871	284.0361	0.0563	406.5515
A+	Fundación Libertad	自由基金会	阿根廷	63.27	220	46654	4356	28644	212.0636	0.0505	130.2000
A+	Institute for World Economy and International Relations	世界经济和国际关系研究所	俄罗斯	63.28	357	2993	2516	84707	8.3838	0.1419	237.2745
A+	Institute of Foreign Affairs and National Security	国立外交院国家安全研究所	韩国	63.95	272	10965	5322	117433	40.3125	0.0511	431.7390
A+	Instituto de Salud Pública de Chile	公共研究中心	智利	62.98	391	10596	1543	10868	27.0997	0.2534	27.7954

· 346 ·

续表

评级	智库英文名称	智库中文名称	国家或地区	指数	引用文章量	引用文章转发量	引用文章评论量	引用文章点赞量	篇均转发量	篇均引用文章评论量	篇均引用文章点赞量
A+	International Crisis Group	国际危机组织	比利时	60.59	61	46578	4145	58058	763.5738	0.0147	951.7705
A+	National Institute of Advanced Industrial and Technology	国立研究开发法人产业技术综合研究所	日本	63.64	400	4484	1672	48984	11.2100	0.2392	122.4600
A+	Tokyo Foundation	公益财团法人东京财团	日本	63.03	155	20187	15479	131351	130.2387	0.0100	847.4258
A	Asian Development Bank Institute	亚洲开发银行研究所	日本	59.93	172	17291	1096	82164	100.5291	0.1569	477.6977
A	Brookings Institution	布鲁金斯学会	美国	56.60	126	16665	1957	20929	132.2619	0.0644	166.1032
A	Bruegel	布鲁盖尔研究所	比利时	58.65	248	3831	825	20214	15.4476	0.3006	81.5081
A	Cambodia Development Resource Institute	柬埔寨发展资源研究院	柬埔寨	55.10	210	851	229	8181	4.0524	0.9170	38.9571
A	Center for Policy Studies	政策研究中心	匈牙利	54.80	83	8118	6952	38006	97.8072	0.0119	457.9036
A	Centro de Implementacion de Politicas Publicas para la Equidad y el Crecimiento	公平与增长公共政策实施中心	阿根廷	54.68	220	1317	432	2433	5.9864	0.5093	11.0591
A	Delhi Policy Group	德里政策集团	印度	52.63	71	1233	771	123283	17.3662	0.0921	1736.3803
A	Development Alternatives	另类发展	印度	60.06	145	15542	5774	75320	107.1862	0.0251	519.4483
A	Fernando Henrique Cardoso Institute	费尔南多·恩里克·卡多佐研究所	巴西	55.88	184	2380	664	22361	12.9348	0.2771	121.5272
A	Fundacion para la Educacion Superior y el Desarrollo	哥国发展联盟	哥伦比亚	59.92	298	4958	1130	10895	16.6376	0.2637	36.5604

续表

评级	智库英文名称	智库中文名称	国家或地区	指数	引用文章量	引用文章转发量	引用文章评论量	引用文章点赞量	篇均引用文章转发量	篇均引用文章评论量	篇均引用文章点赞量
A	FUNDAR, Centro de Analisis e Investigacion	研究和分析中心	墨西哥	56.38	247	2108	221	2024	8.5344	1.1176	8.1943
A	Institute for International Political Studies	意大利国际政治学研究院	意大利	54.15	134	3426	849	23449	25.5672	0.1578	174.9925
A	Institute for Security Studies	安全问题研究所	南非	56.22	85	5106	3187	118762	60.0706	0.0267	1397.2000
A	RAND Corporation	兰德公司	美国	53.47	107	4823	1834	20293	45.0748	0.0583	189.6542
A	World Bank Institute	世界银行研究所	美国	56.91	74	19489	3331	70574	263.3649	0.0222	953.7027
A-	African Centre for the Constructive Resolution of Disputes	非洲建设性解决争端研究中心	南非	52.23	224	115	338	1526	0.5134	0.6627	6.8125
A-	African Technology Policy Studies Network	非洲技术政策研究网络	肯尼亚	45.63	106	160	139	608	1.5094	0.7626	5.7358
A-	Asia Forum Japan	日本亚洲论坛	日本	49.91	120	865	169	4851	7.2083	0.7101	40.4250
A-	Center for Economic and Social Development	经济与社会发展中心	阿塞拜疆	50.55	67	2603	1433	41329	38.8507	0.0468	616.8507
A-	Center for Free Enterprise	自由企业中心	韩国	49.23	24	11470	5972	18232	477.9167	0.0040	759.6667
A-	Center for Security and Defense Studies (Foundation)	安全及国防研究中心	匈牙利	47.55	108	267	106	2311	2.4722	1.0189	21.3981
A-	Central Asian Free Market Institute	中亚自由市场研究所	吉尔吉斯斯坦	52.59	96	4258	431	45025	44.3542	0.2227	469.0104
A-	Centre for Policy Analysis	政策分析中心	加纳	48.16	56	4132	847	16923	73.7857	0.0661	302.1964
A-	Centro Euro-Mediterraneo sui Cambiamenti Climatici	欧洲-地中海气候变化研究中心	意大利	46.13	90	159	38	456	1.7667	2.3684	5.0667

· 348 ·

附录 | 中国智库与全球智库大数据指数评级

续表

评级	智库英文名称	智库中文名称	国家或地区	指数	引用文章量	引用文章转发量	引用文章评论量	引用文章点赞量	篇均引用文章转发量	篇均引用文章评论量	篇均引用文章点赞量
A-	Clingendael, Netherlands Institute of International Relations	荷兰克林根达尔国际关系研究院	荷兰	47.06	115	52	420	5046	0.4522	0.2738	43.8783
A-	Comision Economica para America Latina	拉丁美洲经济委员会	智利	49.22	88	3637	562	4095	41.3295	0.1566	46.5341
A-	Fundacao Armando Alvares Penteado	法阿琶基金会	巴西	45.95	63	933	632	7680	14.8095	0.0997	121.9048
A-	Fundacao Getulio Vargas	热图利奥·瓦加斯基金会	巴西	49.62	41	11440	2294	16078	279.0244	0.0179	392.1463
A-	Indian Council for Research on International Economic Relations	印度国际经济关系研究委员会	印度	52.19	165	343	431	9405	2.0788	0.3828	57.0000
A-	Institute for Liberty and Development	自由与发展研究所	智利	51.65	109	1882	1143	13350	17.2661	0.0954	122.4771
A-	Institute of Statistical, Social and Economic Research	统计、社会与经济研究所	加纳	47.67	60	2090	1072	14306	34.8333	0.0560	238.4333
A-	Konrad Adenauer Foundation	康拉德·阿登纳基金会	德国	47.68	59	1039	325	43842	17.6102	0.1815	743.0847
A-	Korean Institute for Education and Curriculum	韩国教育课程评价院	韩国	46.39	105	198	233	1530	1.8857	0.4506	14.5714
A-	National Institute for Research Advancement	综合研究开发机构	日本	51.55	90	3423	722	28838	38.0333	0.1247	320.4222
A-	Observer Research Foundation	观察家研究基金会	印度	48.85	85	3321	220	6877	39.0706	0.3864	80.9059

· 349 ·

附表 2.5　全球智库大数据指数评级 Top 50

评级	智库英文名称	智库中文名称	国家或地区	总指标	推特引用指数	推特账号指数	脸书引用指数	脸书账号指数
A++	Consejo Argentino para las Relaciones Internacionales	阿根廷国际关系委员会	阿根廷	50.64	48.51	86.79	34.31	32.94
A++	Consejo Latinoamericano de Ciencias Sociales	拉丁美洲科学研究理事会	阿根廷	51.50	38.25	48.99	64.22	54.54
A++	Fraser Institute	费雷泽研究所	加拿大	50.93	64.29	44.86	44.76	49.81
A++	RAND Corporation	兰德公司	美国	52.91	69.98	44.79	53.47	43.41
A++	World Economic Forum	世界经济论坛	瑞士	50.50	52.06	52.99	0.00	96.94
A+	Brookings Institution	布鲁金斯研究所	美国	49.43	52.32	32.79	56.60	56.04
A+	Bruegel	布鲁盖尔研究所	比利时	44.75	51.02	39.35	58.65	30.00
A+	Cato Institute	卡托研究所	美国	44.81	70.34	52.19	0.00	56.72
A+	Comision Economica para America Latina	拉丁美洲经济委员会	智利	45.71	38.86	43.36	49.22	51.40
A+	Fundacao Getulio Vargas	热图利奥·瓦加斯基金会	巴西	45.70	45.59	38.06	49.62	49.53
A+	Fundación Libertad	自由基金会	阿根廷	50.02	54.46	47.70	63.27	34.66
A+	Hoover Institution	斯坦福大学胡佛研究所	美国	42.93	64.27	49.96	0.00	57.50
A+	International Crisis Group	国际危机组织	比利时	46.13	47.73	45.24	60.59	30.97
A+	Libertad y Desarrollo	自由与发展学会	智利	44.64	59.48	42.62	39.96	36.48
A+	World Bank Institute	世界银行研究所	美国	50.34	21.92	52.77	56.91	69.76
A	Asian Development Bank Institute	亚洲开发银行研究所	国际组织	38.90	26.31	34.94	59.93	34.40

· 350 ·

附录 | 中国智库与全球智库大数据指数评级

续表

评级	智库英文名称	智库中文名称	国家或地区	总指标	推特引用指数	推特账号指数	脸书引用指数	脸书账号指数
A	Carnegie Europe	卡内基基金会欧洲中心	比利时	41.54	55.72	40.93	31.58	37.94
A	Centre for Civil Society	公民社会中心	印度	41.32	40.35	43.80	40.21	40.91
A	Centre for Independent Studies	独立研究中心	澳大利亚	38.36	36.20	42.76	41.81	32.66
A	Centro de Estudios Publicos	公共研究中心	智利	40.29	41.65	39.77	41.90	37.85
A	Centro de Implementacion de Politicas Publicas para la Equidad y el Crecimiento	公平与增长公共政策实施中心	阿根廷	38.14	13.88	42.07	54.68	41.91
A	Council on Foreign Relations	外交关系委员会	美国	39.48	59.28	45.89	0.00	52.75
A	French Institute of International Relations	法国国际关系研究院	法国	42.81	36.05	42.96	45.58	46.66
A	FUNDAR, Centro de Analisis e Investigacion	研究和分析中心	墨西哥	41.49	17.26	51.89	56.38	40.43
A	Institute for Security Studies	安全问题研究所	南非	40.09	39.87	28.73	56.22	35.54
A	Istituto Bruno Leoni	布鲁诺·里奥尼研究所	意大利	41.14	39.78	44.52	38.79	41.47
A	Konrad Adenauer Foundation	康拉德·阿登纳基金会	德国	41.66	32.54	44.99	47.68	41.44
A	Observer Research Foundation	观察家研究基金会	印度	39.63	40.94	22.09	48.85	46.63
A	Timbro	迪博	瑞典	37.49	58.60	43.24	0.00	48.13
A	Tokyo Foundation	公益财团法人东京财团	日本	38.20	43.66	46.12	63.03	0.00
A−	Adam Smith Institute	亚当·斯密研究所	英国	35.23	53.28	44.84	0.00	42.81

· 351 ·

续表

评级	智库英文名称	智库中文名称	国家或地区	总指标	推特引用指数	推特账号指数	脸书引用指数	脸书账号指数
A-	Australian Institute for International Affairs	澳大利亚国际事务研究所	澳大利亚	36.94	20.81	40.20	61.81	24.92
A-	Center for Policy Studies	政策研究中心	匈牙利	37.41	30.94	41.56	54.80	22.33
A-	Center for Social and Economic Research	社会与经济研究中心	波兰	37.44	18.73	32.53	71.01	27.47
A-	Center for Strategic and International Studies	战略与国际研究中心	美国	35.24	45.28	43.06	0.00	52.62
A-	Centre for Strategic and International Studies	战略与国际问题研究中心	印度尼西亚	36.68	48.51	38.60	30.99	28.60
A-	Centro de Investigaciones Economicas Nacionales	国家经济研究中心	危地马拉	34.14	17.97	45.05	43.54	30.00
A-	Chatham House	查塔姆社——皇家国际事务研究所	英国	35.68	53.29	46.81	0.00	42.62
A-	Energy and Resources Institute	能源与资源研究所	印度	36.36	27.06	39.53	39.44	39.40
A-	Facultad Latinoamericana de Ciencias Sociales	拉丁美洲社会科学院	哥斯达黎加	36.83	32.45	33.66	37.09	44.12
A-	Foundation for Political Innovation	政治创新基金会	法国	35.33	3.97	41.59	65.03	30.73
A-	Friedrich Ebert Foundation	弗里德里希·艾伯特基金会	德国	35.65	27.81	33.79	40.42	40.57
A-	Fundacao Armando Alvares Penteado	法阿琶基金会	巴西	36.93	28.73	25.74	45.95	47.29
A-	Institute for Defence Studies and Analyses	国防研究院	印度	34.09	33.57	37.20	29.35	36.23

附 录 | 中国智库与全球智库大数据指数评级

续表

评级	智库英文名称	智库中文名称	国家或地区	总指标	推特引用指数	推特账号指数	脸书引用指数	脸书账号指数
A-	Mercatus Center	莫卡特斯中心	美国	36.17	58.52	42.17	0.00	43.99
A-	Potsdam Institute for Climate Impact Research	波茨坦气候影响研究所	德国	34.05	27.63	54.91	29.70	23.99
A-	Real Instituto Elcano	皇家埃尔卡诺研究院	西班牙	34.95	58.26	45.34	0.00	36.19
A-	Singapore Institute of International Affairs	新加坡国际事务研究院	新加坡	35.87	15.44	63.35	38.68	26.01
A-	Urban Institute	城市研究所	美国	34.71	49.17	45.08	0.00	44.60
A-	World Resources Institute	世界资源研究所	美国	35.20	51.55	47.45	0.00	41.80

（二）2018年全球智库大数据指数评级

附表 2.6 全球智库推特账号指数评级 Top 50

评级	智库英文名称	智库中文名称	国家或地区	指数	发文量	历史关注量	历史喜欢量	转发量	评论量	点赞量	篇均转发量	篇均评论量	篇均点赞量
A++	Centre for Geopolitical Studies	地缘政治研究中心	立陶宛	66.66	1402	187	77	62854	50615	232013	44.8317	36.1020	165.4872
A++	Demos	迪莫斯	英国	76.24	983	41210	2913	174107	5830	354274	177.1180	5.9308	360.4008
A++	Hoover Institution	斯坦福大学胡佛研究所	美国	69.40	922	101946	5506	59443	15949	185639	64.4718	17.2983	201.3438
A++	World Bank Institute	世界银行研究所	美国	66.41	1471	2942767	1136	85627	7386	257660	58.2101	5.0211	175.1598

· 353 ·

续表

评级	智库英文名称	智库中文名称	国家或地区	指数	发文量	历史关注量	历史喜欢量	转发量	评论量	点赞量	篇均转发量	篇均评论量	篇均点赞量
A++	World Economic Forum	世界经济论坛	瑞士	77.71	8685	3326481	1769	996398	44923	1406801	114.7263	5.1725	161.9805
A+	Asan institute for policy studies in Seoul	峨山政策研究院	韩国	57.50	113	3187	86	17795	146	36093	157.4779	1.2920	319.4071
A+	Bertelsmann Foundation	贝塔斯曼基金会	德国	61.76	644	2450	896	54651	3691	143617	84.8618	5.7314	223.0078
A+	Cato Institute	卡托研究所	美国	62.54	1002	353092	15832	46649	7284	81071	46.5559	7.2695	80.9092
A+	Centre for European Reform	欧洲改革中心	英国	60.72	1034	28173	1167	52040	9126	113199	50.3288	8.8259	109.4768
A+	Consejo Latinoamericano de Ciencias Sociales	拉丁美洲科学研究理事会	阿根廷	66.34	1280	50881	7666	81900	13540	181302	63.9844	10.5781	141.6422
A+	Council on Foreign Relations	外交关系委员会	美国	57.60	1410	388825	137	47650	6670	105433	33.7943	4.7305	74.7752
A+	Friedrich Ebert Foundation	弗里德里希·艾伯特基金会	德国	58.67	899	6404	360	46649	9886	87536	51.8899	10.9967	97.3704
A+	FUNDAR, Centro de Analisis e Investigacion	研究和分析中心	墨西哥	59.02	1097	105448	11219	51451	3604	59910	46.9015	3.2853	54.6126
A+	Lithuanian Free Market Institute	立陶宛自由市场研究所	立陶宛	57.66	766	72423	13868	27156	2498	65947	35.4517	3.2611	86.0927

附录 | 中国智库与全球智库大数据指数评级

续表

评级	智库英文名称	智库中文名称	国家或地区	指数	发文量	历史关注量	历史喜欢量	转发量	评论量	点赞量	篇均转发量	篇均评论量	篇均点赞量
A+	Potsdam Institute for Climate Impact Research	波茨坦气候影响研究所	德国	58.56	514	7748	382	46521	2766	73720	90.5078	5.3813	143.4241
A	Adam Smith Institute	亚当·斯密研究所	英国	56.95	999	46492	737	26375	6283	96887	26.4014	6.2893	96.9840
A	Brookings Institution	布鲁金斯学会	美国	52.60	1790	354281	1313	20020	2266	23315	11.1844	1.2659	13.0251
A	Bruegel	布鲁盖尔研究所	比利时	50.50	6907	54234	1451	19032	678	17105	2.7555	0.0982	2.4765
A	Center for American Progress	美国进步研究中心	美国	55.41	915	84224	1628	31271	3029	50010	34.1760	3.3104	54.6557
A	Center for Strategic and International Studies	战略与国际研究中心	美国	52.03	665	5394	257	22859	3330	44121	34.3744	5.0075	66.3474
A	Centre for Civil Society	公民社会中心	印度	51.77	554	5591	1994	17575	1549	38823	31.7238	2.7960	70.0776
A	Comision Economica para America Latina	拉丁美洲经济委员会	智利	51.22	974	357179	2	43772	1652	54858	44.9405	1.6961	56.3224
A	Foundation for Political Innovation	政治创新基金会	法国	51.86	596	21421	2799	16260	2052	22621	27.2819	3.4430	37.9547
A	Institute for International Political Studies	国际事务研究院	意大利	57.39	1027	33032	4269	36768	4548	71207	35.8014	4.4284	69.3350
A	Institute of Development Studies, University of Sussex	萨塞克斯大学发展研究院	英国	50.72	983	62808	5568	12227	930	22557	12.4385	0.9461	22.9471

· 355 ·

续表

评级	智库英文名称	智库中文名称	国家或地区	指数	发文量	历史关注量	历史喜欢量	转发量	评论量	点赞量	篇均转发量	篇均评论量	篇均点赞量
A	Institute of Economic Affairs	经济事务研究所	英国	52.63	1262	32161	605	19599	5692	35519	15.5301	4.5103	28.1450
A	Instituto de Salud Pública de Chile	公共研究中心	智利	53.39	1232	9107	660	35761	4280	49288	29.0268	3.4740	40.0065
A	International Crisis Group	国际危机组织	比利时	51.63	1106	148690	6247	15271	1083	16836	13.8074	0.9792	15.2224
A	Prague Security Studies Institute	布拉格安全研究所	捷克	51.98	195	274	8	12611	3806	25067	64.6718	19.5179	128.5487
A	World Resources Institute	世界资源研究所	美国	56.64	1052	154635	134650	17496	2106	39220	16.6312	2.0019	37.2814
A-	African Economic Research Consortium	非洲经济研究协会	肯尼亚	49.01	739	2882	688	13763	1985	30957	18.6238	2.6861	41.8904
A-	Carnegie Endowment for International Peace	卡内基国际和平基金会	美国	48.38	1156	223412	1934	6748	740	9958	5.8374	0.6401	8.6142
A-	Centro de Implementación de Políticas Públicas para la Equidad y el Crecimiento	公平与增长公共政策实施中心	阿根廷	48.06	1484	28332	2283	6181	1161	15735	4.1651	0.7823	10.6031
A-	Chatham House	查塔姆社——皇家国际事务研究所	英国	50.00	893	183655	459	13089	1590	19346	14.6573	1.7805	21.6641

续表

评级	智库英文名称	智库中文名称	国家或地区	指数	发文量	历史关注量	历史喜欢量	转发量	评论量	点赞量	篇均转发量	篇均评论量	篇均点赞量
A-	Consejo Mexicano de Asuntos Internacionales	墨西哥国际关系协会	墨西哥	47.85	3088	21839	1540	4635	2506	8167	1.5010	0.8115	2.6448
A-	Economic Policy Research Centre	经济政策研究中心	乌干达	49.39	703	1991	440	19950	2363	25296	28.3784	3.3613	35.9829
A-	Fraser Institute	费雷泽研究所	加拿大	49.05	819	27360	2112	9963	1863	10806	12.1648	2.2747	13.1941
A-	German Marshall Fund of the United States	德国马歇尔基金会	美国	49.55	1002	36855	6355	7035	1450	16108	7.0210	1.4471	16.0758
A-	International Institute for Strategic Studies	国际战略研究所	英国	48.71	1029	106230	2638	8679	864	9656	8.4344	0.8397	9.3839
A-	Istituto Bruno Leoni	布鲁诺·里奥尼研究所	意大利	49.04	1360	23853	1697	9365	2090	14758	6.8860	1.5368	10.8515
A-	Konrad Adenauer Foundation	康拉德·阿登纳基金会	德国	50.11	627	14140	452	8309	3982	26820	13.2520	6.3509	42.7751
A-	Lowy Institute for International Policy	洛伊国际政策研究所	澳大利亚	49.00	1212	51737	761	10332	1236	25267	8.5248	1.0198	20.8474
A-	Organization for Social Science Research in Eastern and Southern Africa	东部和南部非洲社会科学研究组织	埃塞俄比亚	47.85	196	1031	269	7408	1214	19112	37.7959	6.1939	97.5102
A-	Overseas Development Institute	海外发展研究院	英国	47.98	1107	109293	6158	6620	375	8565	5.9801	0.3388	7.7371

续表

评级	智库英文名称	智库中文名称	国家或地区	指数	发文量	历史关注量	历史喜欢量	转发量	评论量	点赞量	篇均转发量	篇均评论量	篇均点赞量
A-	Peterson Institute for International Economics	彼得森国际经济研究所	美国	49.18	962	42581	9017	9517	625	12167	9.8929	0.6497	12.6476
A-	RAND Corporation	兰德公司	美国	50.08	1325	166763	2613	11846	956	13590	8.9404	0.7215	10.2566
A-	Real Instituto Elcano	皇家埃尔卡诺研究院	西班牙	49.05	1331	40930	15540	8500	517	9288	6.3862	0.3884	6.9782
A-	Timbro	迪博	瑞典	48.49	940	15390	1116	8608	1568	23682	9.1574	1.6681	25.1936
A-	United States Institute of Peace	美国和平研究所	美国	49.95	1474	105547	6505	7839	1044	13657	5.3182	0.7083	9.2653
A-	Urban Institute	城市研究所	美国	47.83	1025	98548	11175	6149	265	7983	5.9990	0.2585	7.7883

附表 2.7 全球智库脸书账号指数评级 Top 50

评级	智库英文名称	智库中文名称	国家或地区	指数	发文量	历史关注量	历史喜欢量	转发量	评论量	点赞量	篇均转发量	篇均评论量	篇均点赞量
A++	Cato Institute	卡托研究所	美国	56.60	699	360234	377430	68580	26371	120223	98.1116	37.7268	171.9928
A++	Consejo Latinoamericano de Ciencias Sociales	拉丁美洲科学研究理事会	阿根廷	56.75	755	303054	301561	107839	14350	218894	142.8331	19.0066	289.9258
A++	Hoover Institution	斯坦福大学胡佛研究所	美国	57.02	632	334950	336992	118463	17623	184863	187.4415	27.8845	292.5047
A++	World Bank Institute	世界银行研究所	美国	68.20	678	2563305	2560184	48291	22133	5404092	71.2257	32.6445	7970.6372

续表

评级	智库英文名称	智库中文名称	国家或地区	指数	发文量	历史关注量	历史喜欢量	转发量	评论量	点赞量	篇均转发量	篇均评论量	篇均点赞量
A+	World Economic Forum	世界经济论坛	瑞士	99.31	609	7068425	6781085	5670164	317222	6359253	9310.6141	520.8900	10442.1232
A+	Brookings Institution	布鲁金斯学会	美国	56.44	981	407291	406967	70138	19247	99745	71.4964	19.6198	101.6769
A+	Center for American Progress	美国进步研究中心	美国	49.11	721	91686	93007	16674	2851	14819	23.1262	3.9542	20.5534
A+	Center for Strategic and International Studies	战略与国际研究中心	美国	51.11	750	545161	542728	12966	1852	26760	17.2880	2.4693	35.6800
A+	Comision Economica para America Latina	拉丁美洲经济委员会	智利	49.67	383	331025	330312	21331	854	29410	55.6945	2.2298	76.7885
A+	Council on Foreign Relations	外交关系委员会	美国	53.22	777	411282	414166	28031	5971	46771	36.0759	7.6847	60.1943
A+	Fraser Institute	费泽泽研究所	加拿大	50.52	629	26440	25825	26678	18243	38243	42.4134	29.0032	60.7997
A+	French Institute of International Relations	法国国际关系研究院	法国	49.68	452	101177	100932	17028	2819	64339	37.6726	6.2367	142.3429
A+	Fundacao Getulio Vargas	热图利奥·瓦加斯基金会	巴西	52.52	850	796330	800457	7621	3431	99681	8.9659	4.0365	117.2718
A+	Institute for International Political Studies	国际事务研究院	意大利	49.32	687	87680	86617	13429	2592	42971	19.5473	3.7729	62.5488
A+	Timbro	迪博	瑞典	50.09	668	27435	25869	26311	7414	80853	39.3877	11.0988	121.0374

续表

评级	智库英文名称	智库中文名称	国家或地区	指数	发文量	历史关注量	历史喜欢量	转发量	评论量	点赞量	篇均转发量	篇均评论量	篇均点赞量
A	Acton Institute for the Study of Religion and Liberty	阿克顿研究所	美国	48.63	694	787938	797008	3722	852	10944	5.3631	1.2277	15.7695
A	Adam Smith Institute	亚当·斯密研究所	英国	45.22	604	53761	54401	3003	1240	14023	4.9719	2.0530	23.2169
A	Chatham House	查塔姆社——皇家国际事务研究所	英国	46.38	128	95805	94460	23389	990	11310	182.7266	7.7344	88.3594
A	Chicago Council on Global Affairs	芝加哥全球事务委员会	美国	45.27	409	28399	28109	5897	1902	17944	14.4181	4.6504	43.8729
A	Demos	迪莫斯	英国	45.72	177	16008	15108	12807	2896	45609	72.3559	16.3616	257.6780
A	Facultad Latinoamericana de Ciencias Sociales	拉丁美洲社会科学院	哥斯达黎加	46.70	274	53452	53163	12635	1368	31984	46.1131	4.9927	116.7299
A	Fernando Henrique Cardoso Institute	费尔南多·恩里克·卡多佐研究所	巴西	47.91	371	200881	203141	4083	3409	24199	11.0054	9.1887	65.2264
A	Fundacao Armando Alvares Penteado	法阿琶基金会	巴西	47.89	388	181442	182715	3333	7162	12474	8.5902	18.4588	32.1495
A	Heinrich Boll Foundation	伯尔基金会	德国	47.40	613	77088	75655	9091	1219	21855	14.8303	1.9886	35.6525
A	Mercatus Center	莫卡特斯中心	美国	46.17	699	36223	37062	5386	2367	12916	7.7053	3.3863	18.4778

附录 | 中国智库与全球智库大数据指数评级

续表

评级	智库英文名称	智库中文名称	国家或地区	指数	发文量	历史关注量	历史喜欢量	转发量	评论量	点赞量	篇均转发量	篇均评论量	篇均点赞量
A	Observer Research Foundation	观察家研究基金会	印度	46.78	708	313349	314130	5229	254	8448	7.3856	0.3588	11.9322
A	RAND Corporation	兰德公司	美国	45.40	442	46010	45113	6592	1083	12404	14.9140	2.4502	28.0633
A	United States Institute of Peace	美国和平研究所	美国	48.01	618	173752	174142	3738	1828	37446	6.0485	2.9579	60.5922
A	Woodrow Wilson International Center for Scholars	伍德罗·威尔逊国际学者中心	美国	45.43	629	104906	105371	2682	1895	3495	4.2639	3.0127	5.5564
A	World Resources Institute	世界资源研究所	美国	46.96	367	185937	186358	5750	615	32680	15.6676	1.6757	89.0463
A-	Brookings Doha Center	布鲁金斯·多哈中心	卡塔尔	44.34	190	168660	168310	1273	1564	16049	6.7000	8.2316	84.4684
A-	Carnegie Endowment for International Peace	卡内基国际和平基金会	美国	42.68	320	230911	231725	1234	223	3283	3.8563	0.6969	10.2594
A-	Carnegie Europe	卡内基欧洲中心	比利时	42.23	319	33976	33895	1671	506	13482	5.2382	1.5862	42.2633
A-	Carnegie Middle East Center	卡内基中东中心	黎巴嫩	44.98	454	82569	82153	1702	1811	14497	3.7489	3.9890	31.9317
A-	Centre for Civil Society	公民社会中心	印度	43.46	327	151533	151724	655	552	25110	2.0031	1.6881	76.7890
A-	Centro de Estudios Publicos	公共研究中心	智利	42.14	293	19797	19490	2428	989	8398	8.2867	3.3754	28.6621

· 361 ·

续表

评级	智库英文名称	智库中文名称	国家或地区	指数	发文量	历史关注量	历史喜欢量	转发量	评论量	点赞量	篇均转发量	篇均评论量	篇均点赞量
A-	Energy and Resources Institute	能源与资源研究所	印度	41.80	647	33466	33606	1486	157	8256	2.2968	0.2427	12.7604
A-	Free Market Foundation	自由市场基金会	南非	42.50	662	4851	4788	5089	1169	7539	7.6873	1.7659	11.3882
A-	Friedrich Ebert Foundation	弗里德里希·艾伯特基金会	德国	43.49	397	60877	61138	2042	675	8801	5.1436	1.7003	22.1688
A-	FUNDAR, Centro de Analisis e Investigacion	研究和分析中心	墨西哥	44.92	695	21831	21649	17102	326	6316	24.6072	0.4691	9.0878
A-	German Marshall Fund of the United States	德国马歇尔基金会	美国	41.58	443	47080	47450	992	307	6855	2.2393	0.6930	15.4740
A-	IMANI Centre for Policy and Education	伊马尼政策与教育中心	加纳	42.16	418	37781	37630	895	1329	5690	2.1411	3.1794	13.6124
A-	Institute for National Security Studies	国家安全研究所	以色列	42.41	166	8383	8249	4589	1707	23896	27.6446	10.2831	143.9518
A-	Institute of Development Studies, University of Sussex	萨塞克斯大学发展研究院	英国	44.67	630	182422	183572	1616	554	4769	2.5651	0.8794	7.5698
A-	Institute of Economic Affairs	经济事务研究所	英国	44.91	698	179990	17645	4545	2141	12136	6.5115	3.0673	17.3868
A-	International Institute for Strategic Studies	国际战略研究所	英国	45.02	158	53361	52811	1738	673	201081	11.0000	4.2595	1272.6646

续表

评级	智库英文名称	智库中文名称	国家或地区	指数	发文量	历史关注量	历史喜欢量	转发量	评论量	点赞量	篇均转发量	篇均评论量	篇均点赞量
A-	Istituto Bruno Leoni	布鲁诺·里奥尼研究所	意大利	43.37	730	16741	16866	3361	584	10942	4.6041	0.8000	14.9890
A-	Konrad Adenauer Foundation	康拉德·阿登纳基金会	德国	43.31	448	51770	51543	1662	756	9352	3.7098	1.6875	20.8750
A-	KOREA Institute of Science and Technology	韩国科学技术政策研究院	韩国	44.11	198	62559	62467	1975	4132	6757	9.9747	20.8687	34.1263
A-	Stockholm International Peace Research Institute	斯德哥尔摩国际和平研究所	瑞典	42.48	830	21424	21138	2951	204	6178	3.5554	0.2458	7.4434

附表 2.8 全球智库推特引用指数评级 Top 50

评级	智库英文名称	智库中文名称	国家或地区	指数	引用文章量	引用文章转发量	引用文章评论量	引用文章点赞量	篇均引用文章转发量	篇均引用文章评论量	篇均引用文章点赞量
A++	Bruegel	布鲁盖尔研究所	比利时	59.64	27072	82797	7338	213884	3.0584	0.2711	7.9006
A++	Cato Institute	卡托研究所	美国	79.22	6001	538912	86359	1570283	89.8037	14.3908	261.6702
A++	Demos	迪莫斯	英国	75.10	79393	1852018	279288	4817162	23.3272	3.5178	60.6749
A++	Fraser Institute	费雷泽研究所	加拿大	59.01	21902	56990	16133	103659	2.6020	0.7366	4.7329
A++	World Economic Forum	世界经济论坛	瑞士	78.75	14551	1453494	135677	2623927	99.8896	9.3242	180.3262

续表

评级	智库英文名称	智库中文名称	国家或地区	指数	引用文章量	引用文章转发量	引用文章评论量	引用文章点赞量	篇均引用文章转发量	篇均引用文章评论量	篇均引用文章点赞量
A+	Brookings Institution	布鲁金斯学会	美国	53.42	8304	26744	4220	50674	3.2206	0.5082	6.1024
A+	Center for American Progress	美国进步研究中心	美国	51.98	3741	29373	4687	68383	7.8516	1.2529	18.2793
A+	Chatham House	查塔姆社——皇家国际事务研究所	英国	58.62	4943	132990	9789	381141	26.9047	1.9804	77.1072
A+	Council on Foreign Relations	外交关系委员会	美国	57.50	16504	57270	9649	94198	3.4701	0.5846	5.7076
A+	Fundación Libertad	自由基金会	阿根廷	56.21	7872	84334	8654	124350	10.7132	1.0993	15.7965
A+	Institucion Futuro	未来研究机构	西班牙	53.17	6000	27959	5283	70946	4.6598	0.8805	11.8243
A+	Libertad y Desarrollo	自由与发展学会	智利	56.13	7174	75223	9797	127219	10.4855	1.3656	17.7333
A+	Resources for the Future	未来资源研究所	美国	55.53	13137	30711	5688	75100	2.3377	0.4330	5.7167
A+	Timbro	迪博	瑞典	57.56	19066	25629	11857	99078	1.3442	0.6219	5.1966
A+	Urban Institute	城市研究所	美国	56.58	15730	36851	7676	78290	2.3427	0.4880	4.9771
A	Adam Smith Institute	亚当·斯密研究所	英国	50.25	2851	22794	3160	51340	7.9951	1.1084	18.0077
A	Carnegie Europe	卡内基基金会欧洲中心	比利时	48.86	5129	9243	1358	12894	1.8021	0.2648	2.5139
A	Comision Economica para America Latina	拉丁美洲经济委员会	智利	44.78	1513	10402	892	11112	6.8751	0.5896	7.3443

续表

评级	智库英文名称	智库中文名称	国家或地区	指数	引用文章量	引用文章转发量	引用文章评论量	引用文章点赞量	篇均引用文章转发量	篇均引用文章评论量	篇均引用文章点赞量
A	Consejo Latinoamericano de Ciencias Sociales	拉丁美洲科学研究理事会	阿根廷	49.02	508	9776	3398	34618	19.2441	6.6890	68.1457
A	Development Alternatives	另类发展	印度	50.13	5850	10956	2002	20495	1.8728	0.3422	3.5034
A	Free Market Foundation	自由市场基金会	南非	45.96	2889	4152	1225	7839	1.4372	0.4240	2.7134
A	Fundacao Getulio Vargas	热图利奥·瓦加斯基金会	巴西	47.30	2593	9863	1406	22168	3.8037	0.5422	8.5492
A	Hoover Institution	斯坦福大学胡佛研究所	美国	49.80	2898	21489	2182	57152	7.4151	0.7529	19.7212
A	Institute of Economic Affairs	经济事务研究所	英国	51.81	3216	46129	3743	62250	14.3436	1.1639	19.3563
A	International Crisis Group	国际危机组织	比利时	46.50	2460	8520	1487	10558	3.4634	0.6045	4.2919
A	Mercatus Center	莫卡特斯中心	美国	49.20	2529	13833	3310	35856	5.4698	1.3088	14.1779
A	National Bureau of Economic Research	美国国家经济研究局	美国	45.67	1346	7123	2171	14085	5.2920	1.6129	10.4643
A	RAND Corporation	兰德公司	美国	48.40	2636	16653	1753	30810	6.3175	0.6650	11.6882
A	Real Instituto Elcano	皇家埃尔卡诺研究院	西班牙	47.49	2605	15606	1131	21933	5.9908	0.4342	8.4196
A	World Resources Institute	世界资源研究所	美国	46.28	2221	9735	954	18889	4.3832	0.4295	8.5047

续表

评级	智库英文名称	智库中文名称	国家或地区	指数	引用文章量	引用文章转发量	引用文章评论量	引用文章点赞量	篇均引用文章转发量	篇均引用文章评论量	篇均引用文章点赞量
A-	Africa Institute of South Africa	南非非洲研究所	南非	43.11	1588	3668	628	6115	2.3098	0.3955	3.8508
A-	Asan institute for policy studies in Seoul	峨山政策研究院	韩国	43.20	11	2186	19	4515	198.7273	1.7273	410.4545
A-	Carnegie Endowment for International Peace	卡内基国际和平基金会	美国	41.56	1050	3203	512	6299	3.0505	0.4876	5.9990
A-	Center for Strategic Studies	战略研究中心	阿塞拜疆	42.94	349	23878	372	7248	68.4183	1.0659	20.7679
A-	Center on Budget and Policy Priorities	预算和政策优先研究中心	美国	42.32	1084	4176	544	9836	3.8524	0.5018	9.0738
A-	Centre for Civil Society	公民社会中心	印度	38.41	656	1809	251	3318	2.7576	0.3826	5.0579
A-	Centre for Independent Studies	独立研究中心	澳大利亚	37.66	449	1275	481	2536	2.8396	1.0713	5.6481
A-	Centro de Estudios Publicos	公共研究中心	智利	41.88	684	6716	759	7528	9.8187	1.1096	11.0058
A-	East-West Center	东西方中心	美国	42.79	1548	2198	598	8051	1.4199	0.3863	5.2009
A-	European Council on Foreign Relations	欧洲外交关系委员会	英国	44.69	2593	5107	506	5891	1.9695	0.1951	2.2719
A-	LSE IDEAS	伦敦政治经济学院国际事务与外交战略研究中心	英国	41.82	1510	2583	329	4636	1.7106	0.2179	3.0702

续表

评级	智库英文名称	智库中文名称	国家或地区	指数	引用文章量	引用文章转发量	引用文章评论量	引用文章点赞量	篇均引用文章转发量	篇均引用文章评论量	篇均引用文章点赞量
A-	Institute for Security Studies	安全问题研究所	南非	40.47	864	2452	528	4080	2.8380	0.6111	4.7222
A-	Institute of Southeast Asian Studies	东南亚研究所	新加坡	39.75	55	2557	302	7892	46.4909	5.4909	143.4909
A-	Inter-American Dialogue	美洲国家对话组织	美国	38.33	511	2273	354	3504	4.4481	0.6928	6.8571
A-	Istituto Bruno Leoni	布鲁诺·里奥尼研究所	意大利	42.79	1042	4717	966	7192	4.5269	0.9271	6.9021
A-	Observer Research Foundation	观察家研究基金会	印度	38.79	724	1191	366	3346	1.6450	0.5055	4.6215
A-	Stockholm International Peace Research Institute	斯德哥尔摩国际和平研究所	瑞典	38.18	614	2466	228	2586	4.0163	0.3713	4.2117
A-	Tokyo Foundation	公益财团法人东京财团	日本	43.64	1369	4513	684	14520	3.2966	0.4996	10.6063
A-	United States Institute of Peace	美国和平研究所	美国	39.93	778	2397	310	6573	3.0810	0.3985	8.4486
A-	World Bank Institute	世界银行研究所	美国	38.37	657	1755	236	3555	2.6712	0.3592	5.4110

附表 2.9 全球脸书引用指数评级 Top 50

评级	智库英文名称	智库中文名称	国家或地区	指数	引用文章量	引用文章转发量	引用文章评论量	引用文章点赞量	篇均引用文章转发量	篇均引用文章评论量	篇均引用文章点赞量
A++	Chatham House	查塔姆社——皇家国际事务研究所	英国	80.53	94	85059	5104	47002	904.8830	54.2979	500.0213
A++	Consejo Mexicano de Asuntos Internacionales	墨西哥国际关系协会	墨西哥	73.18	65	9038	16183	7237	139.0462	248.9692	111.3385
A++	Demos	迪莫斯	英国	78.69	100	60035	4288	50758	600.3500	42.8800	507.5800
A++	Institucion Futuro	未来研究机构	西班牙	70.40	80	38199	3281	17035	477.4875	41.0125	212.9375
A++	World Economic Forum	世界经济论坛	瑞士	92.11	107	52857	27189	77851	493.9907	254.1028	727.5794
A+	Brookings Institution	布鲁金斯学会	美国	59.84	88	1756	917	3484	19.9545	10.4205	39.5909
A+	Bruegel	布鲁盖尔研究所	比利时	64.99	91	11740	932	13174	129.0110	10.2418	144.7692
A+	Carnegie Endowment for International Peace	卡内基国际和平基金会	美国	58.91	64	4841	450	6483	75.6406	7.0313	101.2969
A+	Cato Institute	卡托研究所	美国	68.19	101	7525	6896	8380	74.5050	68.2772	82.9703
A+	Centro de Estudios Publicos	公共研究中心	智利	64.30	88	9719	1574	8849	110.4432	17.8864	100.5568
A+	Comision Economica para America Latina	拉丁美洲经济委员会	智利	61.58	89	3217	1002	6153	36.1461	11.2584	69.1348
A+	Consejo Latinoamericano de Ciencias Sociales	拉丁美洲科学研究理事会	阿根廷	65.13	92	13663	1049	11667	148.5109	11.4022	126.8152
A+	Ecologic Institute	生态研究所	德国	63.46	31	5663	6091	3920	182.6774	196.4839	126.4516
A+	Fundacao Armando Alvares Penteado	法阿琵基会	巴西	59.44	103	600	853	2376	5.8252	8.2816	23.0680
A+	Kazakhstan Institute for Strategic Studies	哈萨克斯坦战略研究中心	哈萨克斯坦	59.85	20	5786	644	12736	289.3000	32.2000	636.8000

附　录 | 中国智库与全球智库大数据指数评级

续表

评级	智库英文名称	智库中文名称	国家或地区	指数	引用文章量	引用文章转发量	引用文章评论量	引用文章点赞量	篇均引用文章转发量	篇均引用文章评论量	篇均引用文章点赞量
A	Center for Strategic Studies	战略研究中心	阿塞拜疆	57.55	56	2092	2101	1909	37.3571	37.5179	34.0893
A	Centro Brasileiro de Relacoes Internacionais	巴西国际关系研究中心	巴西	55.39	91	845	107	928	9.2857	1.1758	10.1978
A	Centro de Implementacion de Politicas Publicas para la Equidad y el Crecimiento	公平与增长公共政策实施中心	阿根廷	57.29	85	1196	385	1848	14.0706	4.5294	21.7412
A	Centro de Investigaciones Economicas Nacionales	国家经济研究中心	危地马拉	56.86	81	1829	300	1591	22.5802	3.7037	19.6420
A	Council on Foreign Relations	外交关系委员会	美国	57.06	21	4390	1626	6364	209.0476	77.4286	303.0476
A	Facultad Latinoamericana de Ciencias Sociales	拉丁美洲社会科学院	哥斯达黎加	58.31	90	4016	190	2044	44.6222	2.1111	22.7111
A	Fundación Libertad	自由基金会	阿根廷	55.54	102	1189	47	694	11.6569	0.4608	6.8039
A	Fundacion para la Educacion Superior y el Desarrollo	哥伦比亚发展联盟	哥伦比亚	55.24	100	576	64	866	5.7600	0.6400	8.8600
A	Institute for Security Studies	安全问题研究所	南非	57.61	21	666	880	13226	31.7143	41.9048	629.8095
A	Inter-American Dialogue	美洲国家对话组织	美国	57.08	22	1119	2383	6718	50.8636	108.3182	305.3636
A	International Institute for Strategic Studies	国际战略研究所	英国	56.58	39	2213	1143	6335	56.7436	29.3077	162.4359
A	Mercatus Center	莫卡特斯中心	美国	55.73	27	5540	1148	4970	205.1852	42.5185	184.0741
A	Timbro	迪博	瑞典	56.49	103	558	182	844	5.4175	1.7670	8.1942

· 369 ·

续表

评级	智库英文名称	智库中文名称	国家或地区	指数	引用文章量	引用文章转发量	引用文章评论量	引用文章点赞量	篇均引用文章转发量	篇均引用文章评论量	篇均引用文章点赞量
A	Tokyo Foundation	公益财团法人东京财团	日本	56.42	49	1302	445	8143	26.5714	9.0816	166.1837
A	World Resources Institute	世界资源研究所	美国	57.04	61	1257	166	9684	20.6066	2.7213	158.7541
A-	Adam Smith Institute	亚当·斯密研究所	英国	49.85	42	777	126	1465	18.5000	3.0000	34.8810
A-	Africa Institute of South Africa	南非非洲研究所	南非	49.41	20	3271	381	2730	163.5500	19.0500	136.5000
A-	African Economic Research Consortium	非洲经济研究协会	肯尼亚	45.58	36	129	66	830	3.5833	1.8333	23.0556
A-	Asia Society Policy Institute	亚洲社会政策研究所	美国	47.86	26	1385	210	1747	53.2692	8.0769	67.1923
A-	Center for American Progress	美国进步研究中心	美国	47.55	22	1927	430	1166	87.5909	19.5455	53.0000
A-	Center for Economic and Social Development	经济与社会发展中心	阿塞拜疆	47.29	9	3139	327	2976	348.7778	36.3333	330.6667
A-	Centro Studi Internazionali	国际研究中心	意大利	46.72	39	403	37	872	10.3333	0.9487	22.3590
A-	Chicago Council on Global Affairs	芝加哥全球事务委员会	美国	49.21	34	711	443	986	20.9118	13.0294	29.0000
A-	European Policy Centre	欧洲政策中心	比利时	47.17	35	412	109	995	11.7714	3.1143	28.4286
A-	Fundacion para el Analisis y los Estudios Sociales	分析和社会研究基金会	西班牙	48.79	94	65	6	126	0.6915	0.0638	1.3404
A-	Instituto Ecuatoriano de Economia Politica	厄瓜多尔政治经济研究所	厄瓜多尔	51.06	79	251	52	230	3.1772	0.6582	2.9114
A-	International Crisis Group	国际危机组织	比利时	51.26	59	705	104	634	11.9492	1.7627	10.7458

续表

评级	智库英文名称	智库中文名称	国家或地区	指数	引用文章量	引用文章转发量	引用文章评论量	引用文章点赞量	篇均文章转发量	篇均文章评论量	篇均引用文章点赞量
A-	Peterson Institute for International Economics	彼得森国际经济研究所	美国	53.05	27	6427	320	4216	238.0370	11.8519	156.1481
A-	RAND Corporation	兰德公司	美国	50.59	46	660	195	1177	14.3478	4.2391	25.5870
A-	Stockholm International Peace Research Institute	斯德哥尔摩国际和平研究所	瑞典	45.83	30	681	86	738	22.7000	2.8667	24.6000
A-	Sustainable Development Policy Institute	可持续发展政策研究所	巴基斯坦	53.87	71	637	68	2572	8.9718	0.9577	36.2254
A-	United States Institute of Peace	美国和平研究所	美国	49.54	28	485	1032	1336	17.3214	36.8571	47.7143
A-	Urban Institute	城市研究所	美国	53.72	63	604	197	2109	9.5873	3.1270	33.4762
A-	Wilfried Martens Centre for European Studies	维尔弗里德·马尔滕斯欧洲研究中心	比利时	51.87	80	176	44	788	2.2000	0.5500	9.8500
A-	World Bank Institute	世界银行研究所	美国	46.91	16	1314	251	3255	82.1250	15.6875	203.4375

附表 2.10　全球智库大数据指数评级 Top 50

评级	智库英文名称	智库中文名称	国家或地区	总指标	推特引用指数	推特账号指数	脸书引用指数	脸书账号指数
A++	Cato Institute	卡托研究所	美国	66.64	79.22	62.54	68.19	56.60
A++	Chatham House	查塔姆社——皇家国际事务研究所	英国	58.88	58.62	50.00	80.53	46.38
A++	Consejo Latinoamericano de Ciencias Sociales	拉丁美洲科学研究理事会	阿根廷	59.31	49.02	66.34	65.13	56.75

续表

评级	智库英文名称	智库中文名称	国家或地区	总指标	推特引用指数	推特账号指数	脸书引用指数	脸书账号指数
A++	Demos	迪莫斯	英国	68.94	75.10	76.24	78.69	45.72
A++	World Economic Forum	世界经济论坛	瑞士	86.97	78.75	77.71	92.11	99.31
A+	Adam Smith Institute	亚当·斯密研究所	英国	50.57	50.25	56.95	49.85	45.22
A+	Brookings Institution	布鲁金斯学会	美国	55.58	53.42	52.60	59.84	56.44
A+	Bruegel	布鲁盖尔研究所	比利时	53.13	59.64	50.50	64.99	37.40
A+	Center for American Progress	美国进步研究中心	美国	51.01	51.98	55.41	47.55	49.11
A+	Comision Economica para America Latina	拉丁美洲经济委员会	智利	51.81	44.78	51.22	61.58	49.67
A+	Council on Foreign Relations	外交关系委员会	美国	56.35	57.50	57.60	57.06	53.22
A+	Hoover Institution	斯坦福大学胡佛研究所	美国	54.35	49.80	69.40	41.19	57.02
A+	Timbro	迪博	瑞典	53.16	57.56	48.49	56.49	50.09
A+	World Bank Institute	世界银行研究所	美国	54.97	38.37	66.41	46.91	68.20
A+	World Resources Institute	世界资源研究所	美国	51.73	46.28	56.64	57.04	46.96
A	Carnegie Endowment for International Peace	卡内基国际和平基金会	美国	47.88	41.56	48.38	58.91	42.68
A	Carnegie Europe	卡内基基金会欧洲中心	比利时	44.74	48.86	47.37	40.51	42.23
A	Centro de Estudios Publicos	公共研究中心	智利	48.11	41.88	44.11	64.30	42.14
A	Consejo Mexicano de Asuntos Internacionales	墨西哥国际关系协会	墨西哥	46.42	28.00	47.85	73.18	36.65
A	Fraser Institute	费雷泽研究所	加拿大	46.43	59.01	49.05	27.15	50.52

附　录 | 中国智库与全球智库大数据指数评级

续表

评级	智库英文名称	智库中文名称	国家或地区	总指标	推特引用指数	推特账号指数	脸书引用指数	脸书账号指数
A	Fundacao Getulio Vargas	热图利奥·瓦加斯基金会	巴西	44.94	47.30	40.95	38.99	52.52
A	Fundación Libertad	自由基金会	阿根廷	47.29	56.21	38.51	55.54	38.89
A	Institucion Futuro	未来研究机构	西班牙	48.98	53.17	45.04	70.40	27.33
A	International Crisis Group	国际危机组织	比利时	46.31	46.50	51.63	51.26	35.86
A	International Institute for Strategic Studies	国际战略研究所	英国	46.89	37.25	48.71	56.58	45.02
A	Mercatus Center	莫卡特斯中心	美国	49.27	49.20	45.97	55.73	46.17
A	RAND Corporation	兰德公司	美国	48.62	48.40	50.08	50.59	45.40
A	Real Instituto Elcano	皇家埃尔卡诺研究院	西班牙	45.28	47.49	49.05	44.05	40.52
A	United States Institute of Peace	美国和平研究所	美国	46.86	39.93	49.95	49.54	48.01
A	Urban Institute	城市研究所	美国	49.52	56.58	47.83	53.72	39.95
A-	African Economic Research Consortium	非洲经济研究协会	肯尼亚	40.72	27.91	49.01	45.58	40.38
A-	Center for Global Development	全球发展中心	美国	42.02	36.07	46.62	44.41	40.98
A-	Center for Strategic and International Studies	战略与国际研究中心	美国	43.83	33.40	52.03	38.78	51.11
A-	Centre for Civil Society	公民社会中心	印度	41.83	38.41	51.77	33.69	43.46
A-	Centre for European Reform	欧洲改革中心	英国	40.83	36.64	60.72	33.74	32.24
A-	Centro de Implementacion de Politicas Publicas para la Equidad y el Crecimiento	公平与增长公共政策实施中心	阿根廷	41.89	23.83	48.06	57.29	38.36

· 373 ·

续表

评级	智库英文名称	智库中文名称	国家或地区	总指标	推特引用指数	推特账号指数	脸书引用指数	脸书账号指数
A-	Centro de Investigaciones Economicas Nacionales	国家经济研究中心	危地马拉	40.77	23.39	47.15	56.86	35.69
A-	Chicago Council on Global Affairs	芝加哥全球事务委员会	美国	42.03	32.89	40.74	49.21	45.27
A-	European Council on Foreign Relations	欧洲外交关系委员会	英国	41.32	44.69	43.97	41.59	35.02
A-	Facullad Latinoamericana de Ciencias Sociales	拉丁美洲社会科学院	哥斯达黎加	43.59	31.98	37.37	58.31	46.70
A-	Institute for International Political Studies	意大利国际政治学研究院	意大利	41.59	28.81	57.39	30.83	49.32
A-	Institute for Security Studies	安全问题研究所	南非	44.26	40.47	38.11	57.61	40.84
A-	Institute of Economic Affairs	经济事务研究所	英国	43.52	51.81	52.63	24.74	44.91
A-	Inter-American Dialogue	美洲国家对话组织	美国	43.29	38.33	44.98	57.08	32.76
A-	Istituto Bruno Leoni	布鲁诺·里奥尼研究所	意大利	42.57	42.79	49.04	35.05	43.37
A-	National Bureau of Economic Research	美国国家经济研究局	美国	42.68	45.67	41.08	42.44	41.53
A-	Observer Research Foundation	观察家研究基金会	印度	41.74	38.79	43.40	37.97	46.78
A-	Peterson Institute for International Economics	彼得森国际经济研究所	美国	44.00	34.27	49.18	53.05	39.50
A-	Stockholm International Peace Research Institute	斯德哥尔摩国际和平研究所	瑞典	43.28	38.18	46.62	45.83	42.48
A-	Sustainable Development Policy Institute	可持续发展政策研究所	巴基斯坦	42.29	27.73	46.29	53.87	41.28

图书在版编目（CIP）数据

数字倡导：新媒体时代的中国与全球智库 / 朱旭峰，赵静，孔媛著． -- 北京：社会科学文献出版社，2022.8
（公共政策前沿论丛）
ISBN 978 - 7 - 5201 - 9868 - 4

Ⅰ.①数… Ⅱ.①朱… ②赵… ③孔… Ⅲ.①咨询机构 - 研究 - 中国 Ⅳ.①C932.82

中国版本图书馆 CIP 数据核字（2022）第 042904 号

公共政策前沿论丛
数字倡导：新媒体时代的中国与全球智库

著　　者 / 朱旭峰　赵　静　孔　媛

出 版 人 / 王利民
责任编辑 / 史晓琳
责任印制 / 王京美

出　　版 / 社会科学文献出版社·国际出版分社（010）59367142
　　　　　 地址：北京市北三环中路甲29号院华龙大厦　邮编：100029
　　　　　 网址：www.ssap.com.cn
发　　行 / 社会科学文献出版社（010）59367028
印　　装 / 三河市龙林印务有限公司

规　　格 / 开　本：787mm × 1092mm　1/16
　　　　　 印　张：24.25　字　数：363 千字
版　　次 / 2022 年 8 月第 1 版　2022 年 8 月第 1 次印刷
书　　号 / ISBN 978 - 7 - 5201 - 9868 - 4
定　　价 / 128.00 元

读者服务电话：4008918866

版权所有 翻印必究